42

edition suhrkamp

Redaktion: Günther Busch

Das Urteil über den Grundlagen-Vertrag, das Hochschul-Urteil und insbesondere das Urteil zur Novellierung des § 218 StGB haben die Institution des Bundesverfassungsgerichts ins Blickfeld der wissenschaftlichen und publizistischen Kritik gerückt. Es geht dabei um das Problem der »unvermeidbaren« Vermischung von Justiz und Politik. Unser Sammelband antwortet auf dieses Problem.

Eine der leitenden Absichten bei der Auswahl der Beiträge war es, die wichtigsten Elemente der gegenwärtigen Diskussion über die verfassungsrechtliche Stellung und Funktion des Bundesverfassungsgerichts und über die Frage, ob es sich bei den höchstrichterlichen Entscheidungen bloß um eine Interpretation der normativen Aussagen der Verfassung und eine rechtsprechende Tätigkeit im materiellen Sinne handelt bzw. handeln soll oder auch um die deutliche Artikulierung eines politischen »Gestaltungswillens«, zu markieren und zu entfalten.

Verfassung, Verfassungsgerichtsbarkeit, Politik

Zur verfassungsrechtlichen und politischen Stellung und Funktion des Bundesverfassungsgerichts

Herausgegeben von Mehdi Tohidipur
Beiträge von M. Tohidipur, O. Negt, O. Massing, H. Laufer, J. Seifert, Th. Rasehorn, E. Denninger, G. Püttner, H. E. Troje

Suhrkamp Verlag

edition suhrkamp 822
Erste Auflage 1976

Satz, in Linotype Garamond, Druck und Bindung bei Georg Wagner, Nördlingen. Gesamtausstattung Willy Fleckhaus.

Inhalt

In memoriam Th. W. Adorno

Vorwort

Das Urteil über den Grundlagenvertrag, das Universitäts- bzw. Professorenurteil, das Radikalen-Urteil und insbesondere das Urteil zur Novellierung des § 218 des Strafgesetzbuches haben das Bundesverfassungsgericht wissenschaftlicher und publizistischer Kritik ausgesetzt. Es geht dabei um die Frage der »unvermeidbaren« Vermischung von Justiz und Politik und der Kompetenzüberschreitung des Gerichts. – Der vorliegende Sammelband versucht eine erste kritische Antwort auf diese Frage.

Einer der leitenden Gesichtspunkte bei der Auswahl der Beiträge, die mit drei Ausnahmen (die Beiträge von Massing und Denninger, die für diesen Band überarbeitet und erweitert wurden) alle Originalbeiträge sind, war es, die Schwerpunkte der gegenwärtigen verfassungsrechtlichen und verfassungspolitischen Diskussion über Stellung und Funktion des Bundesverfassungsgerichts sowie über die Frage zu bezeichnen, ob es sich bei den höchstrichterlichen Entscheidungen, die vom Bundesverfassungsgericht gefällt werden, um Interpretation der normativen Aussagen der Verfassung und rechtsprechende Tätigkeit im materiellen Sinne handelt bzw. handeln soll oder auch um die deutliche Artikulierung eines politischen Gestaltungswillens.

Mein Dank gilt meiner Frau, die das Manuskript betreut hat, und allen Autoren des Bandes für ihre Mitarbeit.

Hattersheim/M. – Bonn, im Juni 1976 *Mehdi Tohidipur*

Mehdi Tohidipur
Einleitung: Zu Status und Funktion des Bundesverfassungsgerichts

> »Wahrlich, wer immer die absolute Autorität besitzt, irgendein schriftlich festgelegtes oder mündlich überliefertes Recht auszulegen, der ist in jeder Hinsicht der Schöpfer des Rechts, und nicht die Person, die es zuerst niedergeschrieben oder ausgesprochen hat.«
>
> *Bischof Hoadly, 1717*

Die verfassungsmäßige Ordnung des Grundgesetzes – obwohl sie im Liberalismus des 19. Jahrhunderts wurzelt und teils auf dem Weimarer Vorbild aufbaut, teils sich bewußt von ihm distanziert – unterscheidet sich von der traditionellen bürgerlich-rechtsstaatlichen Ordnung, die im positivistischen Legalitätsdenken und zu rein formalen Grundsätzen erstarrte, dadurch, daß in ihr eine Verbindung von Form und konkretem Inhalt hergestellt ist. Die Staatsform des Grundgesetzes ist daher nicht nur ein demokratischer und sozialer Rechtsstaat (Art. 20, 28 GG), in dem die Herrschaft vom Volke ausgeht, die soziale Gerechtigkeit ein leitendes Prinzip ist und der somit eine Erweiterung des liberalen Rechtsstaats bedeutet, sondern auch eine Staatsform, in der eine Verbindung von materialen und formalen Elementen besteht. Der Rechtsstaat des Grundgesetzes ist als ein formales *und* als ein materiales Prinzip zu verstehen.

Das Grundgesetz kennt außerdem keine universale Machtfülle des Staates und seiner Organe. Sein Grundgedanke ist dem John Lockes verwandt, der, im Gegensatz zu Hobbes und Hegel, den Staat als einen Verband der Bürger zum Schutze ihrer Rechte, insbesondere der Rechte auf »Leben, Freiheit und Eigentum« begreift und die Notwendigkeit ausbalancierter Staatsgewalten betont.

Das Grundgesetz hat somit, in der Überzeugung, daß die Demokratie ihre höchste Ausprägung und wahre Entfaltung als freiheitsichernde Herrschaft erst in der Form des pluralistischen Rechtsstaates finden kann[1], durch den Zusammenhang von Art. 9, 20, 21, 28, 38 ein politisch lebendiges pluralistisches System plebiszitärer Demokratie geschaffen, das durch die funktionale Gewaltenteilung des Art. 20 Abs. 2 im Gleichgewicht gehalten werden und zugleich dem einzelnen Bürger einen Freiheitsraum gewährleisten soll, um diesen Pluralismus vor Verfestigungen zu schützen.

Aufgrund der Erfahrungen in der Weimarer Republik und der nationalsozialistischen Zeit und in dem Bestreben, die freiheitlich-demokratische, rechts- und sozialstaatliche Grundordnung des Grundgesetzes institutionell sicherzustellen und den Staat daran zu hindern, die Prinzipien des Rechtsstaates zu verletzen, gab es nach 1945 im Parlamentarischen Rat keine Diskussion darüber, daß die Verfassungsgerichtsbarkeit in der Verfassung selbst verankert werden müßte und nicht von einem Gesetz, wie z. B. das Reichsgesetz vom Jahre 1921 aufgrund des Art. 108 der Weimarer Verfassung von 1919, abhängen dürfte.

Mit der Schaffung und Organisierung des Bundesverfassungsgerichts mit weitreichenden Kompetenzen ging das Grundgesetz neue Wege. Ihm zufolge liegt die Konzentration des richterlichen Prüfungsrechts – in Gestalt des »negativen Entscheidungsmonopols« – beim Bundesverfassungsgericht (Art. 100 GG, BVerfGE 2/130). Es ist zugleich ein oberstes Bundesorgan, das in gleichem Range z. B. neben dem Bundestag und dem Bundesrat steht. Jedoch kann dieses Gericht nicht von sich aus tätig werden; es muß angerufen werden.

Die einzelnen Zuständigkeiten des Bundesverfassungsgerichts finden sich in §§ 13, 90 des Gesetzes über das Bundesverfassungsgericht (BVerfG) von 1971, das die im Grundgesetz verstreut geregelten Kompetenzen zusammenfaßt.

Die Vielfalt der möglichen Kompetenzen läßt sich im wesentlichen auf folgende Grundformen reduzieren:

A. *Normenkontrolle; Normenqualifikation; Vorlageverfahren.*

In diesen Fällen wird das Bundesverfassungsgericht im Interesse der einheitlichen Rechtsanwendung innerhalb der Bundesrepublik Deutschland tätig.

– *Normenkontrolle* heißt die richterliche Prüfung von Rechtssätzen auf ihre Verfassungsmäßigkeit. Durch die Kompetenz der abstrakten oder konkreten Normenkontrolle konzentriert sich das richterliche Prüfungsrecht beim Bundesverfassungsgericht.

– Das Bundesverfassungsgericht übt *Normenqualifikation*, wenn ein Gericht in einem Rechtsstreit bezweifelt, ob eine Regel des Völkerrechts als Bestandteil des Bundesrechts gilt oder ob sie unmittelbar Rechte und Pflichten für den einzelnen erzeugt (Art. 25 GG).

– Die *Vorlageverfahren* dienen der Vermeidung widersprechender Entscheidungen innerhalb der Senate des Bundesverfassungsgerichts oder zwischen dem Bundesverfassungsgericht und anderen gerichtlichen Instanzen.

B. *Quasistrafrechtliche Verfahren.*

Sie dienen der Bewahrung der Verfassungsordnung des GG durch ein strafrechtsähnliches Verfahren, z. B.

- Verbotsverfahren gegen politische Parteien
- Verfahren zur Verwirkung von Grundrechten gegen Feinde des Rechtsstaates
- Anklage gegen Bundespräsidenten und Richter.

C. *Beschwerde- oder Anfechtungsverfahren.*

Zu ihnen gehören:

- Wahlprüfungsbeschwerde
- Beschwerde aus Anlaß der Neugliederung des Bundesgebiets
- Verfassungsbeschwerde.

Mit einer Verfassungsbeschwerde kann sich jedermann an das Bundesverfassungsgericht wenden, der glaubt, er sei durch die öffentliche Gewalt in seinen Grundrechten beeinträchtigt worden (§ 90 BVerfGG).

D. *Kontradiktorische Verfahren.*

Zu diesen gehören:

- Organstreitigkeiten
  Streitigkeiten zwischen Organen des Bundes
- *Bund/Länderklage*
  Streitigkeiten zwischen Bund und Ländern bzw. zwischen den Ländern. Dies ist übrigens eine traditionelle Aufgabe der Verfassungsgerichtsbarkeit.

Die Macht des Bundesverfassungsgerichts erwächst nicht nur aus der Fülle seiner Kompetenzen, die ohne Parallelen in Gegenwart und Geschichte ist, sondern auch aus der politischen Bedeutung dieser Befugnisse für den Regierungsprozeß. Hinzu kommt, daß das gesetzlich normierte Verfassungsprozeßrecht, das BVerGG, nicht alle verfahrensrechtlichen Fragen beantwortet, sondern sich nur darauf beschränkt, einige »charakteristische Verfahrensregeln« festzulegen.[2] »Dem Bundesverfassungsgericht ist damit eine legislativähnliche Aufgabe gestellt: Es ist ihm aufgegeben, rechtsschöpferisch tätig zu sein, nicht nur vorgegebenes Prozeßrecht zu erkennen, sondern selbst Verfahrensrecht zu kreieren und damit eigenes Ermessen an die Stelle der gesetzgeberischen Aktivität zu setzen«.[3] Es ist also statt richterlicher Deduktion durchaus eine politisch motivierte Gestaltung des Prozeßrechts möglich, um durch Einzelfallentscheidungen »weit darüber hinausgehende, allgemeingeltende Regeln festzulegen«.[4]

In diesem Zusammenhang erhebt sich die Frage, ob eine Institution mit solch ungewöhnlichen Kompetenzen den Rechtsstaat nicht zum Richterstaat macht und zu einer Jurifizierung der Politik führt, oder ob es möglich ist, daß ein Gericht, das sich mit Verfassungsstreitigkeiten beschäftigt, bei denen politische Sachverhalte zu beurteilen sind, sich auf die Entscheidung rein rechtlicher Probleme beschränkt.

Eine andere Frage wäre, ob die Normenkontrolle, die eine der wichtigsten Kompetenzen des Bundesverfassungsgerichts ausmacht, nicht die richterliche Funktion übersteigt und im Widerspruch zur klassischen bürgerlichen Rechtsstaats-Idee steht, die – wenn auch im Gegensatz zur Realität der bürgerlichen Gesellschaft – die Legitimation des Richters allein aus dem Gesetz als dem Inbegriff der Volkssouveränität ableitet.

Trotz wiederholter Versicherung von vielen Seiten[5], daß das Bundesverfassungsgericht nur nach dem Recht und nicht nach den politischen Erwägungen entscheidet, müssen wir uns der Tatsache bewußt sein, daß der Richter – entgegen der Annahme Montesquieus – die Entscheidung nicht im Gesetz »findet«, sondern durchweg selbst »fällt«[6] und gerade bei den Fragen der Verfassungsinterpretation eine Reihe von subjektiven und also auch politisch signifikanten Faktoren und Einstellungen eine Rolle spielen.

Das eigentliche Wirkungsfeld der Verfassungsgerichtsbarkeit liegt im Schutz des Rechts und der Rechte in der täglichen Praxis. Vor allem in den Formen des Organstreites und der Verfassungsbeschwerde unterwirft die Verfassungsgerichtsbarkeit alles staatliche Wirken dem Maßstab des Rechts. Insofern gehört die Verfassungsgerichtsbarkeit in vielen Staaten zum Wesen des Rechtsstaates.

Allerdings bleibt die Verfassungsgerichtsbarkeit eine Fremdkontrolle für die politischen Instanzen und schränkt deren Entscheidungsfreiheit ein. So gelangen die verfassungsgerichtlichen Entscheidungen in die Nähe einer Einmischung in den Prozeß der Politik. Die Problematik der Verfassungsgerichtsbarkeit besteht in der Tat darin, daß sie einen politischen Grundzug hat. Denn die Verfassungsstreitigkeiten werden, wenn auch nicht immer, so doch häufig, unter der Hülle eines Rechtsstreites zu politischen Streitigkeiten, bei denen das Urteil von politischen Werturteilen der Richter abhängt. Daher ist die rechtsprechende Tätigkeit des Verfassungsgerichts im Gegensatz zu derjenigen der anderen Gerichte stets auch ein politischer Akt. Die verfassungsgerichtliche Rechtsprechung hat, wie Leibholz meint, inhaltlich insofern politischen Charakter, als das Material ihrer Rechtsfindung das politische Recht ist.

Schon der *Staatsgerichtshof* für das Deutsche Reich, errichtet aufgrund des Art. 108 WRV und mit weit weniger Kompetenzen ausgestattet als das Bundesverfassungsgericht, hat festgestellt, daß im Hintergrund jedes Verfassungsstreites eine politische Frage steht, die geeignet ist, zu einer Machtfrage zu werden. Und die Grundgesetzgeber nannten die Verfassungsgerichtsbarkeit eine Gerichtsbarkeit mit politischem Akzent. Auch das Bundesverfassungsgericht selbst hat nie verkannt, daß das Verfassungsrecht politisches Recht ist; so hat es den Weg zu einer eigenständigen Interpretation der Verfassung und einer entwickelten Methode »flexibler Verfassungsinterpretation« geebnet.

Nach der Auffassung von Leibholz ist zwischen einer *politischen Streitigkeit* und einer *politischen Rechtsstreitigkeit* zu unterscheiden, denn »im Gegensatz zu einer solchen politischen Streitigkeit ist eine politische Rechtsstreitigkeit eine solche, die anhand einer mit Hilfe der üblichen Interpretationsmethoden inhaltlich näher bestimmbaren Norm rechtlich entschieden werden kann. Ob ein solcher politischer Rechtsstreit im einzelnen politische oder gar hochpolitische Wirkungen hat, ist nicht von Belang, da auch eine hochpolitische Frage dadurch, daß sie an einer justiziablen Norm meßbar ist, zu einer Rechtsfrage wird und damit zum Gegenstand rechtlicher Beurteilung werden kann«.[7] Offenbar übersieht Leibholz hier, daß die Grenzen zwischen politischen Streitigkeiten und politischen Rechtsstreitigkeiten fließend sind. Für ihn ist die »political-question-Doktrin« eine Zufluchtsmöglichkeit des amerikanischen Supreme Court, »um gelegentlich einer Entscheidung auszuweichen«.[8] An anderer Stelle freilich nennt er den *»judicial self-restraint«* das »Lebenselixier der Rechtsprechung des Bundesverfassungsgerichts«.[9] Dabei muß man nun allerdings bedenken, daß die »political-question-Doktrin« inhaltlich mit dem Gebot des »judicial self-restraint« eng verknüpft ist; außerdem ist zu beachten, daß, wie von Ipsen mit Recht hervorgehoben wird, »das Bundesverfassungsgericht ohne jede spätere Kontrollmöglichkeit entscheidet und selbst ohne unmittelbare demokratische Legitimation ist«.[10]

Auf der Feier am 8. Dezember 1971 anläßlich des Präsidentenwechsels beim Bundesverfassungsgericht sagte Bundesratsvizepräsident Dr. Röder: »Das Bundesverfassungsgericht hat die hervorragende Aufgabe, die Verfassung in Distanz zum politischen Tageskampf anzuwenden.« Sieht man genauer hin, so gewinnt man freilich die Überzeugung, daß wenn nicht alle, so doch zahlreiche Verfassungsgerichtsentscheidungen, insbesondere seit 1973 und seit dem unverhüllten Bruch mit der richterlichen Selbstbeschränkung (angefangen mit dem Universitätsurteil), deutlich den Stempel des Politischen und der Kompetenzüberschreitung tragen. Hier seien nur einige Beispiele genannt:

– *Das Saar-Urteil* (1955), das unter dem massiven Druck der Adenauer-Regierung zustande kam.

– *Das KPD-Verbotsurteil* (1956), das im Zeichen des kalten Krieges entstand und zur Entliberalisierung des politischen Lebens in der Bundesrepublik Deutschland beitrug und sozialpsychologische und rechtliche Fernwirkungen gegen alle linkssozialistischen und linksdemokratischen Bewegungen hervorrief. In dieser Entscheidung kündigte sich eine Tendenz zur Restauration an, die bis zur Gegenwart in der verfassungsgerichtlichen Judikatur zu beobachten ist.

– *Die Nichtigerklärung der Volksbefragungsgesetze* von Hamburg und Bremen zur Frage der Atombewaffnung der Bundeswehr (1958), die dem im Grundgesetz anerkannten Prinzip der Volkssouveränität nicht zu entsprechen vermochte[11], desto mehr aber den Interessen der damaligen Bundesregierung.

– *Das Universitätsurteil* (1973), mit dem das Bundesverfassungsgericht seine Kontrollfunktion überschreitet und sich an die Stelle des Gesetzgebers setzt, indem es unter anderem aus dem Grundgesetz genaue Ansprüche auf eine spezifische Gestaltung der Wissenschaftsorganisation herleitet.[12]

– *Das Grundlagenvertragsurteil* (1973), in dem das Bundesverfassungsgericht wiederum seine Kompetenzen überschreitet und, durch die inhaltliche Fixierung der künftig abzuschließenden Folgevereinbarungen und -verträge für die Gestaltung der innerdeutschen Verhältnisse, den Handlungsspielraum der Bundesregierung und des Gesetzgebers festlegt bzw. sich die Richtlinienkompetenz des Bundeskanzlers aneignet.

– *Das Urteil zur Novellierung des § 218* (1975), in dem in ähnlicher Weise wie bei dem Grundlagenvertragsurteil die Entscheidungskompetenzen des Gesetzgebers auf das Bundesverfassungsgericht verlagert wurden.[13]

– *Das Radikalen-Urteil* (1975), das »nicht nur im Inhalt, sondern auch in der äußeren Form Ausdruck eines neuen Freund–Feind-Denkens« ist. »Statt – wie im Grundgesetz festgelegt – die Zuständigkeit für Illegalitätserklärungen nur besonderen Gremien zuzuerkennen, hat das Bundesverfassungsgericht mit der Berufsverbotsentscheidung den Damm unterhöhlt, der verhindern soll, daß in unserem Lande erneut jedermann den Andersdenkenden in eine Illegalitätsecke drängen kann.«[14]

An allen diesen Fällen zeigt sich, daß einer der Schwerpunkte der Tätigkeit des Bundesverfassungsgerichts in der Beilegung von Auseinandersetzungen mit politischem Einschlag, in der Entscheidung politischer Fragen liegt. In der Funktion und Praxis des Bundesverfassungsgerichts laufen die normativen und politischen Linien zusammen. Selbst bei der Auswahl der Richter spielen politische Gesichtspunkte eine maßgebliche Rolle: Die Bundesverfassungsrichter werden je zur Hälfte von besonderen Ausschüssen des Bundestages und des Bundesrates gewählt (Art. 94 Abs. 1 GG). Parteipolitische Affiliationen sind dabei von nicht geringer Bedeutung. Der Wahlkampf um den Nachfolger von Gebhard Müller und die Wahl von Ernst Benda zum Präsidenten des Bundesverfassungsgerichts waren dafür ein neues, unverkennbares Beispiel.

Anmerkungen

1 Vgl. Ernst Fraenkel, *Die Selbstbestimmung in der Demokratie und in der Volksdemokratie*, in: *Deutsche Rundschau* 1960, Nr. 9, S. 778 ff.

2 Vgl. Protokoll der 55. Sitzung des Rechtsausschusses des Bundestages.

3 G. Zembsch, *Verfahrensautonomie des Bundesverfassungsgerichts*, Köln 1971, S. 17 ff.

4 G. Zembsch, a.a.O.

5 Vgl. *Statusbericht*, in: JöR, Bd. 6, 1957, S. 120, 170 ff.; H. v. Mangoldt: *Komm. z. GG*, S. 501, 506; Hamann/Lenz, *Komm. z. GG*, S. 44, 601; Geiger: *Komm. z. BVerfGG*, S. 5, 206; Scheuner, *Festg. f. Smend*, S. 295 ff.; Scheuner: *DVermBl.*, 1952, S. 296; Leibholz, *Aussprache*, *VVdStRL*, H. 20, S. 119; Friesenhahn, *Aussprache*, *VVdStRL*, H. 20, S. 121.

6 Vgl. Hermann Isay, *Rechtsnorm und Entscheidung*, Berlin 1929.

7 Vgl. *VVdStRL*, H. 20, S. 118 ff.

8 *VVdStRL*, a.a.O.

9 *VVdStRL*, a.a.O., S. 119.

10 *VVdStRL*, H. 20, S. 120.

11 Vgl. Hans Nawiaskys Gutachten, berichtet im *Telegraf*, Berlin 15. 4. 1958.

12 Vgl. Erwin Stein, *Das Bundesverfassungsgericht als Ersatzgesetzgeber*, in: *Gegenwartskunde*, H. 4, 1975, S. 408.

13 Vgl. hierzu: *Die abweichende Meinung der Richterin W. Rupp-v. Brünneck und des Richters H. Simon*, in diesem Band, S. 255 ff.

14 Jürgen Seifert, *Rechtsprechung nach dem »was auf der Hand liegt«. Das Bundesverfassungsgericht zur Frage der Beschäftigung sogenannter Radikaler im öffentlichen Dienst*, in: *Vorgänge*, Nr. 17, 1975, S. 9.

Oskar Negt
Warum die Deutschen keine ›Marseillaise‹ haben*

I.

Wer den Versuch macht, nach der nun schon fast vergessenen, aber Mitte der sechziger Jahre bis in das Denken und Verhalten liberaler Kreise eingedrungenen Aufbruchsbewegung von Studenten und Jugendlichen das gesamtgesellschaftliche Klima der Bundesrepublik näher zu charakterisieren, wird kaum daran vorbeikommen, es im Begriffshorizont der Restauration zu deuten. Der Radikalenerlaß ist, gemessen an der großen Zahl viel weniger ans Licht der Öffentlichkeit tretenden, gleichwohl äußerst folgenreichen Veränderungen der Verfassungswirklichkeit und an den Verschiebungen des Rechtszusammenhangs zugunsten der Staatsräson, nur die Spitze eines Eisbergs. Die Extremistenhysterie verweist nicht zuletzt dadurch, daß sich manche der Initiatoren mittlerweile selber von ihren Auswirkungen betroffen zeigen, deutlich auf die politische Strategie, welche die häufig disparaten, ja widersprüchlichen Einzelfälle zusammenfaßt und in ihrem wesentlichen Gehalt durchsichtig macht. Die »deutsche Frage« ist wieder aktuell, wenn auch unter veränderten Vorzeichen; und sie war immer eine Frage der Restauration.[1]

Warum ist die deutsche Geschichte so reich an Restaurationen? Eine vielleicht nicht voll befriedigende, aber doch an vielen Symptomen empirisch belegbare Antwort lautet: Weil es auf deutschem Boden nie die konkrete Erfahrung einer *wirklichen,* auch in Volkstraditionen und in der Kultur der Gesamtgesellschaft sich niederschlagenden Revolution gegeben hat.

Die *Marseillaise,* dieses unfriedfertige Kampflied der Französischen Revolution, wird noch heute von Bürgerlichen und Arbeitern gleichermaßen gesungen, und der 14. Juli ist auch

* Geringfügig erweiterte Fassung eines Vortrags, den ich am 4. 4. 1976 im Norddeutschen Rundfunk gehalten habe.

ein Festtag der französischen Arbeiterklasse. Die deutsche Nationalhymne dagegen ist nicht das Resultat eines kollektiven Kampfes, sondern der individuellen Sehnsucht nach Einheit und Freiheit; sie kompensiert die politische Restauration, in der sie entstanden ist, allenfalls musikalisch.

Die gegenwärtige Restaurationsphase aus der ökonomischen Krisensituation allein erklären zu wollen, ist nicht möglich; gerade in einem Lande, in dem in den letzten 50 Jahren nichts so konstant war wie die gesellschaftlichen Katstrophen, wo kein Ansatz eines Befreiungsversuchs autonom zu Ende geführt wurde, schlägt die Geschichte bis in die Alltagsrealität durch. Daß es der deutschen bürgerlichen Klasse an eigenen revolutionären Traditionen fehlt, aus denen sie ihre Identität im Kampf um demokratische Freiheitsrechte, in der kulturellen und politischen Sprache, in kollektiven Symbolen und in Liedern hätte gewinnen können, trägt bei zur Aufhellung dessen, was man gegenwärtig in der Bundesrepublik verharmlosend »Tendenzwende« nennt. Diese »Tendenzwende« hat ihre politischen und ideologischen Vorläufer.

Bereits Luther und Schiller, jeder auf seine Weise mit der Gloriole des Freiheitsdenkers umgeben, bringen die Gebrochenheit dieser Erfahrungen sehr genau zum Ausdruck. Die große Bauernrevolution, in der es um die Wiederherstellung uralter, von den Fürsten und der korrupten Kirche mißachteter Lebensrechte der Bauern ging, erscheint in der kraftvollen Darstellung Luthers als eine Zusammenrottung wilder Haufen, die von religiösen Schwärmern angeführt und verführt werden; solange es gegen das »rasende Wüten« der römischen Pfaffen ging, wußte Luther »keinen besseren Rat und keine wirksamere Arzney, dem schändlichen Spiel ein Ende zu machen, als mit Waffen, nicht mit Worten [zu strafen], so wie wir Diebe mit Schwert, Mörder mit Strang, Ketzer mit Feuer strafen, warum greifen wir nicht vielmehr an diese schädlichen Lehrer des Verderbens, als Päpste, Kardinäle, Bischöfe und das ganze Geschwärm der römischen Sodoma mit allerlei Waffen und waschen unsere Hände in ihrem Blut?« Luther schreckt jedoch zurück, als er das von ihm selber geschürte Feuer sich ausbreiten sieht; als er erkennt, daß die *Einheit von Wort und Waffe* genau das ist, was die verstreuten Bauernrevolten, Landpfarrer, Handwerker sowie die proletarischen

Schichten der Städte mit dem in seiner Existenz gefährdeten niederen Adel in eine Front zusammenzuschließen droht. Er, der den Bauern die Bibel in ihrer Sprache zu lesen ermöglichte und auf den sie anfangs ihre Hoffnungen setzten, stellt dem Adel und der staatlichen Obrigkeit einen kirchlichen Freibrief aus für die Ausrottung der Bauern; denn es geht nicht nur um Sieg, sondern um Vergeltung. Man solle sie »zerschmeißen, würgen und stechen, heimlich und öffentlich, wo jeder kann, wie man einen tollen Hund totschlagen muß. [...] bitten sollen wir für sie, daß sie gehorchen; und wo nicht, so gilt hier nicht viel Erbarmen. Lasset nur die Büchsen unter sie sausen, sie machens sonst tausendmal ärger.«

Aber selbst als Revolutionen in den Ausmaßen des großen Bauernkriegs gar nicht zu befürchten waren, erschien den inzwischen aufgestiegenen Bürgern die Eigeninitiative des Volkes – und das bedeutete damals wesentlich: der bürgerlichen Klasse – als etwas schlechthin Bedrohliches, Zerstörerisches, als eine gesellschaftliche Naturkatastrophe. In dem wohl berühmtesten deutschen Gedicht, das für jedes Haus, für jeden Schüler und Lehrer geeignete Sinnsprüche bereitstellte, in Schillers *Lied von der Glocke*, steht der »heil'gen Ordnung«, dieser »segensreichen Himmelstochter«, die Warnung des Dichters gegenüber: »Wenn sich die Völker selbst befrein, da kann die Wohlfahrt nicht gedeihn.« Schiller konfrontiert dem organischen, behutsamen Zerbrechen der Form, das nur der Meister mit »weiser Hand, zur rechten Zeit« vornehmen könne – dies kann nur als Hinweis auf den kompetenten Staatsmann, der allenfalls eine »Revolution von oben« ins Werk setzt, verstanden werden – den Aufruhr, die rohe Gewalt, die entsteht, wenn das Volk zur Selbsthilfe greift. »›Freiheit und Gleichheit‹ hört man schallen, der ruhige Bürger greift zur Wehr, die Straßen füllen sich, die Hallen, und Würgerbanden ziehn umher.«

Überaus tief geht die Verdrängung der organisierenden, gerade auf die Beseitigung des Chaos des Ancien régime gerichteten Kraft der Revolution; schon einem Zeitgenossen der Französischen Revolution fällt es schwer zu begreifen, daß der ruhige, in Arbeit und Besitz durch Freiheitsrechte gesicherte Bürger, der sich nicht mehr vor der Willkür der »Würgerbanden« feudaler und absolutistischer Gewaltherrscher fürchten muß, Forderung und Resultat eben der Revolution, der Selbstbefreiungsaktion der Völker, ist.[2] Diese Fetischisierung von Ruhe und Ordnung ist um so erstaunlicher, als Schiller in den *Räubern*, die sich auf eine Vorlage des republikanisch gesinnten Dichters Schubart stützten, der, wie er wußte, im württembergischen Staatsgefängnis auf dem Hohenasperg saß, noch sehr genau die wirklichen Feinde von Gesetz und Ordnung kannte. Das »In tyrannos« hat einen eindeutigen Adressaten.

II.

Die Bundesrepublik Deutschland versteht sich nicht nur als Rechtsnachfolger des Deutschen Reiches; sie hat in vielfacher Hinsicht auch das Erbe der deutschen Geschichte angetreten, wenig verarbeitet, häufig verdrängt und verzerrt. Es ist deshalb keineswegs zufällig, daß ein Franzose an Bekanntes erinnern mußte. In der Paulskirche, dem Versammlungsort des ersten deutschen Parlaments, hielt Alfred Grosser, ein eher konservativer französischer Demokrat, am 12. Oktober 1975 anläßlich der Verleihung des Friedenspreises des Deutschen Buchhandels eine Rede, in der er auf zwei gefährliche Tendenzen in der Bundesrepublik hinwies: auf die Glorifizierung von Staat und Ordnung und auf die Selbsttäuschung, als seien Faschismus und die Auszehrung der demokratischen Grundrechte ein Produkt von Extremisten. Er sagte: »Vielleicht bin ich zu sehr Franzose oder denke ich zu sehr an 1933, aber es scheint mir doch, als ob in der Bundesrepublik immer mehr von der Verteidigung der Grundordnung durch den Staat die Rede sei, und immer weniger von der Verteidigung der Grundfreiheiten gegen den Staat.« Ein halbes Jahr später hat Grosser seinen Vorwurf, daß die größere Gefahr für die Demokratie vom Zentrum der Gesellschaft her drohe und nicht von den radikalen Randgruppen, noch verschärft.

Wer in Deutschland von der Bedrohung der Demokratie spricht, muß in der Tat, will er nicht alle geschichtliche Erfahrung in den Wind schlagen, in erster Linie vom *Staat* reden. Erschrocken zeigten sich zwei Justizminister von Landesregierungen, Ulrich Klug und Dieter Posser – der eine ein um die Erhaltung liberaler Restpositionen bemühter Liberaler, der andere Sozialdemokrat, bekannt geworden als Verteidiger in KPD-Prozessen – über Form, Inhalt und Resultat der Überprüfungen von 500 000 Personen, u. a. gestützt auf Befragungen von Nachbarn und Arbeitskollegen, wobei herauskam, daß nur etwa 300 von ihnen in den öffentlichen Dienst nicht aufgenommen werden konnten. »Das haben wir nicht gewollt!« erklärten beide und leiteten damit eine Serie von Schuldbekenntnissen führender liberaler und sozialdemokratischer Politiker ein, die die Radikalenerlasse mit initiiert und praktiziert hatten. Sind die, welche die Ministerpräsidentenbeschlüsse von 1972 mitformuliert und befürwortet haben, nicht Herr der Folgen und Absichten ihrer Handlungen? Ich vermute: nein.

III.

Es ist das fehlende oder verdrängte Bewußtsein von der Geschichte des eigenen Landes, das viele an der Erkenntnis hindert, daß panische Revolutionsfurcht das politische Selbstverständnis des deutschen Bürgertums prägt und auch heute noch das Verhalten der staatstragenden Parteien und den Staatsapparat bestimmt. Einem aufgeklärten Franzosen oder Italiener muß es schwerfallen einzusehen, daß ein Lokomotivführer, der der DKP angehört, den Staat der Bundesrepublik gefährde, wo in Italien und Frankreich doch ganze Städte und Regionen in der Verwaltung der Kommunistischen und der Sozialistischen Partei sind.

In der hektischen Radikalenfurcht spielt sicherlich, wie Schelsky angedeutet hat, eine Rolle, daß das, was in der Zeit der Protestbewegungen vollständig auseinanderfiel: die politische Radikalität an den Hochschulen und Schulen und das Verhalten der Arbeiter (die Mitte der sechziger Jahre abwehrend reagierten), unter den veränderten Bedingungen wachsender Krisenanfälligkeit des Kapitalismus, vor allem der Arbeitslosigkeit, zu neuen Kampfformen verschmelzen könnte. Aber ökonomische und sozialpsychologische Erklärungen, die sich auf den gegenwärtigen Krisenzusammenhang beschränken, greifen zu kurz. Die kollektiven Verfolgungsängste, welche die Neigung zur staatsautoritären, ja totalitären Transformation der bürgerlich-repräsentativen Demokratie haben, sind nicht neu; sie ziehen sich durch die deutsche Geschichte und sind vermutlich ein Produkt des gebrochenen politischen Selbstbewußtseins des deutschen Bürgertums.

Im Vergleich zu Frankreich und England ist es ein charakteristisches Merkmal der Geschichte des deutschen Bürgertums, daß es ihm nicht gelungen ist, sich in einer selbstbewußten revolutionären Aktion von der feudalen Gewaltherrschaft und vom absolutistischen Staat zu befreien und sich als autonome *politische* Klasse zu konstituieren; erst dadurch hätte es sich die objektive Möglichkeit geschaffen, liberale Freiheitsrechte als seine eigene Angelegenheit zu betrachten. Dieser Konstitutionsmangel hat viele Gründe. Einer davon ist, daß das deutsche Bürgertum nicht die Kraft in sich hatte, mit der Durchsetzung eigener ökonomischer und politischer Klasseninteressen das allgemeine Problem der territorialen Einheit und der nationalstaatlichen Identität zu lösen. Die in die »machtgeschützte Innerlichkeit« (Thomas Mann) gewendete Identitätssuche, die ewige Irredenta, die »unerlösten« Gebiete an allen Grenzen, die Tatsache, daß fremde Truppen über Jahrhunderte hinweg auf deutschem Boden sich festsetzten, schließlich der verpaßte Anschluß an den kolonialen Imperialismus der ersten Stunde – all dies hat dazu beigetragen, daß sich ein »von unten« ausgehendes, befriedigtes und materiell gesättigtes Nationalbewußtsein nicht ausbilden konnte. Die These von der »verspäteten Nation« ist nur zum Teil richtig; im Grunde hat es nie *eine* deutsche Nation gegeben.

Was das Bürgertum nicht leistete, oblag dem preußischen Staat, der sich praktisch alternativlos zum deutschen Gesamtstaat erweiterte. Auf dem »preußischen Wege des Kapitalismus« (Engels) sind die feudalen Gewalten nicht zerstört, sondern in den Staatsaufbau assimiliert worden. Der Staat stellte unter dem Druck ökonomischer Zwänge nationalstaatliche Einheit mit Blut und Eisen her und leitete schon nach der katastrophalen Niederlage von Jena und Auerstedt eine »Revolution von oben« ein, die sich alsbald als eine subtile Ausprägung von Gegenrevolution erwies; sie band die kritischen Teile der bürgerlichen Intelligenz in zweifacher Weise an den Staat: einerseits mit praktischen Reformaufgaben, die jeder möglichen bürgerlichen Revolution von vornherein die Spitze abbrachen, andererseits durch Aufstiegsorientierungen der literarischen und philosophischen Intelligenz zur höfischen Gesellschaft hin, die ihr einziges Publikum darstellte. Zwischen Bürgertum, das nach Nobilitierung, nach einer Art Hoffähigkeit zweiter Klasse strebte, und den absolutistischen Staat schob sich eine sehr leistungsfähige Bürokratie, in Gang gebracht von so bedeutenden Köpfen wie Stein und Hardenberg, Scharnhorst, Boyen und Humboldt.

IV.

Von dieser – durch die Bismarcksche Sozialgesetzgebung fortgesetzten – »Revolution von oben« waren selbst die deutsche Arbeiterklasse und ihre politische Organisation, die Sozialdemokratie, im Innern betroffen. Daß es der bürgerlichen Klasse nicht gelang, sich vom absolutistischen Staatszusammenhang zu emanzipieren und zu einer autonomen politischen Kraft zu entwickeln, hat dazu geführt, daß auch die Sozialdemokratische Partei und die Gewerkschaften ihren Kampf von Anbeginn *staatsbezogen* führten – die Partei unter den Parolen: Volksstaat, Zukunftsstaat; die Gewerkschaften im Interessenzusammenhang des »Gegenwartsstaates«. Denn jede Konfrontation mit dem Klassengegner mußte gleichzeitig als eine direkte Konfrontation mit dem Staat erscheinen.

Marx und Engels führten gegen diese Staatsorientierung der deutschen Sozialdemokratie unter dem Titel des Lassalleanismus einen vergeblichen Kampf. Max Weber, der eine hohe Sensibilität gerade für jene gesellschaftlichen Tendenzen besaß, in denen sich gegenrevolutionäre Stabilität andeutete, sprach 1907 auf der Generalversammlung des Vereins für Sozialpolitik davon, daß »auf die Dauer nicht die Sozialdemokratie die Städte oder den Staat erobert, sondern daß umgekehrt es der Staat ist, der die Partei erobert«. »Und ich sehe nicht«, fügte Max Weber zur Beruhigung seiner Zuhörer hinzu, »wie die bürgerliche Gesellschaft als solche eine Gefahr darin erblicken soll.«

Wie groß das Selbstbewußtsein der den Militär- und Verwaltungsapparat dirigierenden preußischen Bürokratie, welche mit der Kontinuität gleichzeitig die kollektive Identität garantierte, gegenüber allen revolutionären Ansprüchen gewesen ist, zeigt die Äußerung des Admirals von Hintze, der in engem Kontakt zur Obersten Heeresleitung stand und angesichts des drohenden Zusammenbruchs des Wilhelminischen Reichs eine Parlamentarisierung der Reichsregierung mit der Begründung vorschlug, das sei die »letzte Revolution von oben«, das einzige Mittel, der »Revolution von unten vorzubeugen«.

Wo bleibt in diesem Spektrum der Liberalismus, der Nährboden für die Bildung selbstbewußter staatskritischer Einstellungen eines Citoyen? Als das liberale Bürgertum 1848 den Versuch machte, sich politisch zu befreien, stand (ein Blick nach Frankreich zeigte es) bereits die Arbeiterklasse vor der Tür. Indem die bürgerliche Klasse ökonomisch erstarkte, verlor sie das Interesse, die politische Macht zu erobern; zwei Feinde, die Arbeiterklasse und der absolutistische, selbst der institutionelle Staat, wären zuviel gewesen. Seitdem die Paulskirchenbewegung gescheitert war, hatte sich die staatsbezogene Versöhnung von Citoyen und Bourgeois endgültig vollzogen; ihr Ausdruck und Ergebnis war der *Staats-Bürger.* Ein möglichst starker Staat, der die Stabilisierung ihres gebrochenen politischen Selbstbewußtseins versprach, hatte fortan alle Schrecken für die Liberalen verloren.

V.

So ist es denn nicht weiter erstaunlich, daß die Revolutionsvorstellungen des deutschen Bürgers viel mehr mit Verschwörungen und mit von Rädelsführern inszeniertem Aufruhr assoziiert sind als mit jenen objektiven Prozessen, wie sie für alle geschichtlich bekannten Revolutionen kennzeichnend sind und gegen die auch gut ausgerüstete Polizei, Geheimdienste und die repressiven Gesetze nichts mehr ausrichten können. In Deutschland meint man, eine Revolution werde »gemacht«, so wie man eine Brücke baut oder einen Verein gründet oder einen gegenrevolutionären Putsch organisiert. Da jedoch bei Revolutionen die Interessen von Bevölkerungsmehrheiten im Spiele sein müssen, wenn sie gelingen sollen, vollziehen sie sich prinzipiell nach anderen »Gesetzmäßigkeiten« als denjenigen, deren man sich bedienen kann, um sie zu bekämpfen oder niederzuschlagen.

Aufgrund dieser Verzerrungen und Projektionen hat die

Gewalt der Gegenrevolutionen und der Restaurationen in Deutschland stets ein Element von *Übervergeltung*, buchstäblich von Rache für unbotmäßiges Verhalten, und steht niemals in einem angemessenen Verhältnis der eingesetzten Mittel zur realen Bedrohtheit der Klassenherrschaft. Diese Blutlinie zieht sich durch die gesamte deutsche Geschichte: die Rache an den bereits geschlagenen Bauernheeren, die Jagd auf die deutschen Jakobiner, die Sympathisanten der Französischen Revolution, keineswegs des Terrors waren, die Karlsbader Beschlüsse, welche die sogenannten Demagogenverfolgungen einleiteten, die Sozialistengesetze, der Faschismus, der (sieht man vom Reichstagsbrand ab) besonderer Anlässe eigentlich nicht mehr bedurfte. Was diese Beispiele miteinander verknüpft, ist die Tatsache, daß die gegenrevolutionäre Gewalt in Deutschland präventiv eingesetzt wird, so daß die Anlässe beliebig auswechselbar sind. Die gegenwärtige Repressionsphase in der Bundesrepublik Deutschland trägt Züge einer solchen vorbeugenden Konterrevolution; alle gegen die Linke gerichteten Gesetze haben den Zweck, präventiv zu verhindern, was sich in Italien und Frankreich an sozialistischen und kommunistischen Veränderungen der Gesellschaft, auf die sich die Hoffnungen großer Bevölkerungsteile dort richten, andeutet und was eines Tages auch auf Westdeutschland übergreifen könnte.

Es ist dieses Irreale, Gespenstische der deutschen Restauration, was Marx im Auge hatte, als er sagte: »Ja, die deutsche Geschichte schmeichelt sich einer Bewegung, welche ihr kein Volk am historischen Himmel weder vorgemacht hat noch nachmachen wird. Wir haben nämlich die Restaurationen der modernen Völker geteilt, ohne ihre Revolutionen zu teilen. Wir wurden restauriert, erstens, weil andere Völker eine Revolution wagten, und zweitens, weil andere Völker eine Konterrevolution litten, das eine Mal, weil unsere Herren Furcht hatten, und das andere Mal, weil unsere Herren keine Furcht hatten.«

Die Protestbewegung der Studenten und Jugendlichen war weit mehr auf das Einklagen bürgerlicher, *politischer* Freiheitsrechte als auf Revolution gerichtet. Die Reste dieser Bewegung und die Aktionen einzelner Gruppen müssen nun dazu herhalten, eine neue Gegenrevolution in Deutschland einzuleiten. Sie vollzieht sich nicht immer spektakulär. Stellte sich zum Beispiel der Verfassungsschutz bisher in der Regel die Aufgabe, die Verfassungswidrigkeit der Handlungen des Angeschuldigten zu belegen, so muß jetzt häufig der in Verdacht Geratene seine *positive Verfassungstreue* unter Beweis stellen. Das kann er nur durch ein »Globalbekenntnis«. Es bekundet sich hier ein universelles Mißtrauen in die Verfassungstreue des ganzen Volkes; von solchem Mißtrauen zehren alle autoritären Systeme. So ist es nur konsequent, wenn der Begriff der *verfassungswidrigen Handlung* zu dem der verfassungsfeindlichen Gesinnung verkürzt wird, der meines Wissens weder im Grundgesetz noch in der Rechtsprechung des Bundesverfassungsgerichts vorkommt. Der Staat gewährt, indem er nonkonformistische Verhaltensweisen bestraft, Prämien auf das Mitläufertum.

Aber es wäre falsch, wollte man über der mit Radikalenerlaß und Berufsverboten verbundenen gegenwärtigen Repressionsphase jene Zeit aus dem Auge verlieren, die für Linke teilweise sehr viel bedrohlicher gewesen ist. Die nach dem KPD-Verbot von 1956 gegenüber Hunderten von Kommunisten und Funktionären der FDJ, die wegen Staatsgefährdung oder Vorbereitung eines hochverräterischen Unternehmens eingesperrt wurden – nicht wenige von ihnen hatten in den Gefängnissen des Dritten Reiches gesessen –, geübte Gewalt war für die Betroffenen mehr als ein bloßes Berufsverbot. Juristisch fragwürdige Formeln wie die von der »Kontaktschuld«, Verurteilungen für Vergehen, die vor dem Verbotsurteil lagen, Überwachung von einzelnen und Organisationen, die in Verdacht geraten waren, mit Kommunisten zusammengearbeitet zu haben oder auch nur in Kontakt getreten zu sein, kennzeichneten ein Verfolgungsklima, das der McCarthy-Ära durchaus vergleichbar ist. Auch die Gewaltparagraphen des Strafgesetzbuches standen damals bereits zur Diskussion, nicht im Blick auf die Produktion der Schriftsteller und Wissenschaftler, was damals kaum nötig war, sondern um Agitation für Streiks oder gar den Streik selbst den Tatbestandsmerkmalen der Gewalt im Sinne des Paragraphen 80 StGB zu subsumieren.[3] Und ist die Rolle, die der Verfassungsschutz in allen Kampagnen spielte, die sich gegen Remilitarisierung, gegen atomare Bewaffnung der Bundeswehr, gegen die Notstandsgesetze richteten, schon vergessen?

Sicherlich, es ist unwahrscheinlich, daß der Faschismus in der alten Form wiederkehren wird. Möglich dagegen ist eine autoritäre Transformation der Gesellschaft, so daß zwar die Institutionen des Parlaments, die Rechtsweggarantien, die von Weisungen der Exekutive unabhängigen Gerichte und die Existenz mehrer Parteien gewährleistet sind, gleichwohl aber ein Klima herrscht, in dem es die politische Meinung des Andersdenkenden, den aufrechten Gang, die formulierten Alternativen zum kapitalistischen Wirtschaftssystem nicht mehr gibt. Ein Schritt auf diesem Wege ist dann getan, wenn *Grundgesetz* und *Kapitalismus* praktisch und im Normgehalt des Rechtssystems identisch gesetzt werden; wenn staatliche Behörden festlegen können, daß Sozialismus in jeder möglichen Gestalt grundgesetzwidrig sei. Adolf Arndt, ein bedeutender sozialdemokratischer Jurist, hat, wohl nicht zufällig in der Zeit des KPD-Verbotsurteils, auf diese subtile Methode der Aushöhlung der Demokratie hingewiesen: »Keine Unterwanderung des Rechts ist so tückisch und bedrohlich wie eine, die im gestohlenen Mantel des Rechts auftritt und sich legalistischer Mittel bedient.«

Anmerkungen

1 Es ist deshalb nicht erstaunlich, wenn Restauration hierzulande im politischen Sprachgebrauch keineswegs die negative Wertigkeit hat, die sich mit diesem Wort in Ländern mit revolutionären Traditionen verbindet. »Restauration ist die Wiederherstellung eines Staates, welcher durch bürgerlichen Zwist, durch feindliche Besetzung oder andere Ursachen zerrüttet war . . .« (*Vollständiges politisches Taschenwörterbuch*, Leipzig 1849).

2 Schiller lag dieses durch und durch konterrevolutionäre Gedicht, wie er an Goethe schrieb, besonders am Herzen. Erste Gedanken zur *Glocke* formulierte er bereits vor der Französischen Revolution, aber erst 1799 wurde es fertig. Schillers Biograph Emil Palleske, der 1858 eine Biographie schrieb, die bis 1891 13 Auflagen erlebte, sagt über die *Glocke:* »Der ›Glocke‹ läßt sich in der gesamten Poesie nichts an die Seite stellen. Vielleicht keine Dichtung ist so tief in unser edleres Bürgertum eingedrungen, ist so sehr eine poetische Verklärung unseres Städtelebens. [. . .] Der Dichter ist nicht mehr er selbst, es ist das Bürgertum, welches aus ihm singt, des arbeitenden Menschen Wohl und Wehe, zu dem er seine Brust erweitert hat. Alles was dieses Bürgertum ziert, Frömmigkeit, Zucht, Fleiß, Ordnung, der Freiheit Schutz, des Hauses Ehre, klingt voller oder leiser an, die kommenden und gehenden

Geschlechter, die Gefahr des Elementes, die Revolution, alles was sich ungezwungen in den Gesichtskreis des fleißigen, ruhigen Bürgers, des Meisters drängt und an sein Werk anschließt, ist in ebenso einfach kernigen Weisen, als gesteigerten Schilderungen eingewebt.« Emil Palleske, *Schillers Leben und Werke*, Stuttgart 1891, Bd. 2, S. 278 ff.

3 Die wichtigsten Analysen zu diesen Zusammenhängen finden sich bei Wolfgang Abendroth, *Arbeiterklasse, Staat und Verfassung*, Frankfurt/M.–Köln 1975.

Otwin Massing

Das Bundesverfassungsgericht als Instrument sozialer Kontrolle

Überlegungen zu einer funktionskritischen Formanalyse der Verfassungsgerichtsbarkeit in der Bundesrepublik Deutschland

> »Es ist schon früher darauf hingewiesen worden, daß im Rahmen der sogen. ›Gewalten‹-Trennung der Begriff ›Gewalten‹ einen mehr figurativen Sinn hat und durch den Begriff ›Funktionen‹ ersetzt werden sollte, welcher verschiedene Bereiche der staatlichen Tätigkeit bezeichnet.« (Karl Loewenstein, *Verfassungslehre*)[1]

I.

Unter den Bedingungen oligopolistisch strukturierter politischer Herrschaftsverhältnisse, derart, daß die dualistische Trennung von ›Recht‹ und ›Politik‹ sich als interessengebundener Standpunkt sozialkonservativer Prägung erweist[2], der gegenüber die Analyse auf die inhaltliche Identität ihrer (phänomenologisch gleichwohl unterscheidbaren) Entfaltung als Normensetzung und Normenvollzug sich verwiesen sieht, läßt sich eine materiale Verfassungstheorie einzig als sozialwissenschaftlich-politische Gesellschaftstheorie[3] adäquat begreifen und empirisch wie theoretisch entfalten. Um so berechtigter erscheint der Versuch, sozialwissenschaftliche Erkenntnisse systemtheoretischer Observanz[4] in historisch-kritischer Absicht auf eine Materie anzuwenden, die der sozialwissenschaftlichen Fragestellung lange Zeit verschlossen, wenn nicht gar tabu war: die Jurisprudenz, und sie hinsichtlich des Problems der Verfassungsgerichtsbarkeit auf ihre analytische Reichweite hin zu ›testen‹.

Dabei kann es sich nicht darum handeln, das den folgenden Überlegungen zugrunde liegende theoretische Konzept oder die in ihm verarbeiteten Materalien und Theoriefragmente isoliert vorzuführen. Auch ist dieser Beitrag ausdrücklich kein Versuch, eine derartige politische Gesellschaftstheorie etwa in toto zu entwickeln, sosehr das Desiderat nach einer solchen von dieser Feststellung unberührt bleibt; vielmehr handelt es sich lediglich darum, einige methodische Prämissen durchzuspielen und materiale Einsichten in praktischer Absicht zu entfalten, die als die zentralen Voraussetzungen einer funktionskritischen Verfassungstheorie, unter besonderer Berücksichtigung der verfassungsgerichtlichen Fragestellung, zu verstehen sind.

Erörtert wird infolgedessen zunächst das transzendentale Muster des politischen Interaktionsprozesses, wobei die vorherrschend juristische Betrachtungsweise durch die sozialwissenschaftliche Fragestellung notwendigerweise eine Korrektur erfährt (II.). In dieser veränderten Perspektive stellt sich die Verfassungsgerichtsbarkeit dar als ein Instrument zur Erzeugung und Erhaltung systeminterner Gleichgewichts- und Stabilitätsbedingungen, als bestimmtes Moment im Interventionssystem staatskapitalistischer Tätigkeit (III.). Im Kontinuum von Herrschaft hat die Verfassungsgerichtsbarkeit ihr spezifisches Gravitationszentrum im Monopol zur Geltungssicherung sanktionierter Normen. Sie ist Bestandteil des politischen Krisen-Managements bei der Bewältigung von Legitimitätskrisen und Modernisierungsproblemen innerhalb einer politisch konsistenten Norm-Kultur (IV.). Als ›Hüter der Verfassung‹ unterliegt das Bundesverfassungsgericht (BVerfG) nur einer gleichartigen administrativen Kompetenzkontrolle. In dem Maße nämlich, wie sich die politischen Strukturen des parlamentarischen Repräsentativsystems ausdifferenzieren, wird das politische Risiko zunehmend auf judikative Funktionsträger überwälzt (V.). Dabei zeichnet sich eine neuartige funktionale Klassenstruktur ab, die durch den Konsensus der herrschenden Funktionseliten bedingt ist und sich primär in der Erhaltung der vorgegebenen Struktur politischer Einflußchancen niederschlägt. Rekrutierungsbasis, Karrierewege und seine konstitutiven Interpretationskriterien präformieren das Entscheidungsideal des BVerfG. Metajuristische Kommunikationsmuster staffieren es gesellschaftspolitisch aus (VI.).

II.

Während sich die traditionelle verfassungsrechtliche Betrachtungsweise in erster Linie um die spezifischen Inhalte ihrer

Untersuchungsgegenstände und die ihnen zugrunde liegenden und durch sie in spezifischer Weise strukturierten Wandlungsprozesse kümmert, sind systemtheoretisch orientierte Analysen vor allem daran interessiert, jene strukturellen Aspekte und funktionalen Leistungen hervorzukehren, »welche eher von allgemeinen Eigenschaften der Systeme als von ihrem spezifischen Inhalt stammen«.[5]

Dieser Ausgangspunkt legt es nahe, zunächst in einer allgemeinen Explikation die Rahmenbedingungen des politischen Systems zu erörtern, innerhalb dessen sich die Verfassungsgerichtsbarkeit überhaupt erst entfalten und konkret auswirken kann. Das politische System konstituiert sich nicht als die Gesamtheit aller in ihm versammelten und isolierten sozialen Einheiten, sondern als die Totalität der sinnkonstituierenden Interdependenzen zwischen solchen Einheiten. Entsprechend lassen sich politische Handlungssysteme funktional definieren als »Sinnbeziehung zwischen Handlungen, die [sc. soziale] Komplexität reduzieren durch Stabilisierung einer Innen/Außen-Differenz«.[6] Nicht minder jedoch kommt es auf die Funktionen an, die gesellschaftlichen Institutionen wie der Verfassungsgerichtsbarkeit innerhalb eines differenzierten politischen Regelungssystems zugeschrieben werden oder die sie sich im Laufe der Zeit angeeignet haben – ob ihnen zugefallen, von ihnen erarbeitet oder usurpiert, ist eine hier nicht weiter zu erörternde Frage.

Während die überwiegend juristisch orientierten Analysen mit Vorliebe von den »Grenzen der Verfassungsgerichtsbarkeit« zu reden belieben[7] – als wolle man sich von vornherein vor der Frage nach der Usurpation nichtlegitimierter Justiz-Macht drücken – und ihre ›Möglichkeiten‹ bescheiden in den Grenzen der ihr verfahrensrechtlich und gesetzlich übertragenen Zuständigkeiten diskutieren, sich also primär um eine systematisch begründbare, gegenseitige Begrenzung innerhalb der verfassungsrechtlich und gesetzlich definierten Kompetenzzuweisungen bemühen, um drohende und tatsächliche Friktionen der verschiedenen ›Machtträger‹ unter Kontrolle zu halten und als Gefahrenherde möglichst systemgerecht einzudämmen, käme es im Bereich sozialwissenschaftlicher Erkenntnisinteressen mindestens ebensosehr darauf an, sowohl die ›Grenzen‹ wie die ›Möglichkeiten‹ der Verfassungsgerichtsbarkeit zuallererst auf die Rahmenbedingungen des politischen Systemganzen zu beziehen und nach ihrem funktionalen Sinn in diesem zu fragen. Auf diese Weise wäre es immerhin möglich, ohne in der deskriptiv-erläuternden, affirmativen Verdoppelung der faktischen Kompetenzverhältnisse durch Wissenschaft zu verharren, nicht nur interessierten (Justiz-)Amtsanwärtern und staatlichen Stellen Herrschaftswissen zur Rationalisierung der politischen Prozesse zur Verfügung zu stellen, sondern darüber hinaus auch auf die Aufklärung der Verhältnisse und Vorgänge im Sinne orientierenden, zu kritischer Reflexion befähigenden Verstehens hinzuarbeiten.

Unzulänglich ist die vorwiegend juristisch orientierte Betrachtungsweise und die von ihr betriebene Monopolisierung der Behandlung der ›Dritten Gewalt‹ gegenüber der sozialwissenschaftlich inspirierten vor allem deshalb, weil sie die soziologisch interessante Frage, die nach der sozialstrukturellen Verteilung von Macht und Einflußchancen auf angebbare gesellschaftliche Schichten, Klassen und Gruppen im Wege einer Institutionalisierung der verschiedenen Kontrollfunktionen, auf die Erörterung der organisatorischen Strukturen und ihrer Ausbalancierung in einem umfassend regulierten gewaltenteilenden System sowie auf die integrationistische Beschreibung der Funktionsverteilung verkürzt. Soziale Gruppen als (partielle) Nutznießer institutionalisierter Kontrollfunktionen und der auf lizenzierten Wegen zu erreichenden Ausbalancierung gesellschaftlicher Konfliktsituationen erscheinen in dieser Perspektive als *quantité négligeable.* Der staatsrechtlich-analytische Ansatz zerschneidet bereits auf der theoretischen Ebene die (wenn auch weitgehend undurchschauten) empirischen Beziehungen zwischen Kontrolleistungen und Steuerungsfunktionen – der Verfassungsgerichtsbarkeit beispielsweise – und ihrer Verfilzung mit partikularen sozialen Interessen, so daß schließlich die Evidenz des Zusammenhanges von politischer Herrschaft und gesellschaftlich privilegierter Macht via Besetzung zentraler Einflußpositionen zum Phantombild verblaßt.

Diese Neigung, die Verteilungsverhältnisse politischer Macht als ›funktionale‹ zu beschreiben (und zu rechtfertigen), wird selbst durch eine kritische Systemtheorie vordergründig eher noch gestützt, freilich mit dem Unterschied, daß ihr eine vorgängige analytische Einsicht in die sozialstrukturellen Zusammenhänge zugrunde liegt, deren impliziten Voraussetzungen zufolge in hochdifferenzierten und komplexen industriellen Gesellschaften des spätkapitalistischen Typus[8] soziale Macht sich ebensowenig bruchlos auf sozialstrukturell bedingte Markt-Macht rückbeziehen, wie sich umstandslos in politische Herrschaft überführen läßt. Da sich in den politischen Systemen des spätkapitalistischen Typus die Konfliktgrenzen des Klassenkampfes in die sozio-ökonomischen Schichten selber verlagert haben und quer durch die ökonomisch determinierten Machtgruppierungen traditioneller Art verlaufen[9], kommt es heute weniger auf die Erhellung und Bestimmung der ökonomischen, klassenmäßig bedingten Herrschaftsverhältnisse an – so wichtig diese Konstellationen partiell und zur Erklärung von Disproportionalitäten in Teilbereichen noch immer sein mögen –, als vielmehr auf die Analyse der durch die Institutionen und ihre Positionsinhaber zustande gebrachten funktionalen, d. h. systemgerechten ›Leistung‹ für die Bestandserhaltung und Umweltstabilisierung des jeweiligen politischen Systems, dessen Elemente sie unter anderen sind.

Die Konfliktfronten in entwickelten konstitutionellen Systemen bestehen und verlaufen keineswegs mehr eindeutig zwischen den angeblich herrschenden Schichten und soziale Verfügungsgewalt monopolisierenden Interessengruppen einerseits und unterdrückten, zur politischen Artikulation unfähigen oder von ihr ausgeschlossenen minoritären Gruppierungen andererseits, als vielmehr innerhalb der institutionalisierten Funktionsweisen und Bestandsbedingungen rechtlich rigid verfaßter sozialer Handlungssysteme. Sie verlaufen entlang den via Institutionen erreichbaren Distributions- und Verteilungschancen und der über sie sich vollziehenden Durchsetzung politischer Zielvorstellungen, kurz: in den funktionalen Machteliten selber. Die oligopolistisch zentrierte Macht, die dezentralisierte Auftragsverwaltung der staatlichen Ämter und ihrer untergeordneten ›Stellen‹ sowie der geltende Konsensus einer verbändepluralistisch strukturierten Massengesellschaft[10] geben diejenigen formellen und informellen Rahmenbedingungen ab, innerhalb deren politische Ansprüche überhaupt erst die Chance erhalten, sich zu artikulieren und sozialrelevant in Folgewirkungen umzusetzen. Dieses transzendentale Muster des politischen Interaktionsprozesses definiert schließlich auch die »Grenzen der Verfassungsgerichtsbarkeit«.[11] Wenn soziale Gruppen mit eindeutig definierten und definierbaren Interessenansprüchen als intervenierende Variablen des politischen Prozesses und als Interessenmakler an der parlamentarischen Verteilerbörse auszumachen sind[12], dann fungieren sie in dieser Sicht bestenfalls als Katalysatoren eines global zu verstehenden gesellschaftlichen Regelungsprozesses, der in sich selbsttätig funktioniert und der Idee nach auf die Abschaffung derartiger Residualgrößen zielen muß.

Weil sozialkybernetische Reglersysteme, als deren Konkretion jede Gesellschaft analytisch zu begreifen ist, sämtliche Einheiten und Variablen nach den von ihnen erbrachten und systemintern verwertbaren ›Leistungen‹ bewerten, muß auch die Analyse der verfassungsgerichtlichen Institutionen und Praxis vorab die Perspektive ihrer ›relativen Bedeutung‹ für das gesamte soziale System einschließlich des politischen Subsystems betonen. Fiele sie aus diesem globalen Interdependenzzusammenhang, der den eigentlichen Raster des politikwissenschaftlichen Erkenntnisinteresses ausmacht, heraus, aus Gründen des Desinteresses oder der methodischen und wissenschaftstheoretischen Unzulänglichkeit[13], dann müßte sie, wie in ihrer traditionell überkommenen Gestalt, formalistisch-positivistisch an Oberflächenphänomenen haften bleiben, deren Differenzierung sie sich allenfalls angelegen sein lassen könnte, und fürs Ganze halten, was doch nur Teil, Funktion, *Form* und nicht die *Grundlage* für diese ist. Bliebe sie dagegen an den Formen und ihrer relativen Selbständigkeit weitgehend desinteressiert, dann würde sie wiederum die Grundlagen überbewerten und in die Gefahr einer orthodoxen marxistischen Blickverengung geraten, die die Dialektik von relativer Selbständigkeit und Eigengesetzlichkeit politischer Formen, erst recht in ihrer justizförmigen Ausgliederung, im Verhältnis zu ihren Funktionen aus den Augen verliert.[14] Gerade weil die Rahmenbedingungen, unterhalb deren das soziale und politische Handeln vor sich geht, von der herkömmlichen juristischen Literatur bisher kaum systematisch berücksichtigt worden sind, treten juristische Analysen zu kurz, insofern sie den sozialhistorischen, erst recht den strukturell-funktionalen Kontext verkennen, in dem die gesellschaftlichen Institutionen ihren Funktionen obliegen, vor allem solche, die sich justizförmiger Verfahren und Mittel bedienen.[15]

Es hätte wenig Zweck – und liefe bloß auf die gängige Rekapitulation von bereits bekannten, nicht weiter zu erörternden De-facto-Verhältnissen hinaus –, die vordergründige Kompetenzverteilung zugunsten der Verfassungsgerichte des Bundes und der Länder (unter Hintanstellung der Kompetenzen und Ansprüche anderer Funktionsträger, der klassischen ›Gewalten‹-Träger) zu erörtern, nach den Graden der Legalität ihrer Arbeit, die ihnen durch Verfassung und ›verfassungsrechtliche Nebengesetze‹ auferlegt worden ist, zu fragen und theoretische Konsequenzen, hinsichtlich einer Verfassungslehre in systematischer Absicht etwa, zu ziehen. Die Politikwissenschaft verfolgt andere Erkenntnisinteressen, die sowohl durch die ihr eigentümlichen Akzentuierungen methodischen Vorgehens gegenüber einem gleichwohl identischen Gegenstand bedingt als auch durch ihr Selbstverständnis als einer kritischen Orientierungswissenschaft ihr vorgezeichnet sind. Primär käme es dem zufolge auf die Erörterung an, welchen Stellenwert das BVerfG innerhalb des repräsentativen Regierungssystems der Bundesrepublik hat, welcher gesamtgesellschaftliche ›Funktionswert‹ ihm zugefallen ist, vor allem aber darauf, ohne sich auf verfassungsrechtliche Detailprobleme und ihre Funktionsgliederung post festum etwa zu kaprizieren, das Datum ›Verfassungsgerichtsbarkeit‹ selber noch einmal kritisch zu prüfen.

III.

In der Phase des »organisierten Kapitalismus«[16], die gekennzeichnet ist durch Interdependenz aller funktionalen, systemstabilisierenden Momente und Institutionen einschließlich deren gesteigerter Leistungskapazität für ein zunehmend politisiertes Gemeinwesen, wäre die Isolierung der Judikativsphäre mit dem Hinweis auf ihre verfassungsrechtlich garantierte Unabhängigkeit zwar verfassungsrechtlich legitim, illegitim jedoch im Hinblick auf sozialwissenschaftliche Erkenntnisinteressen, weil ein derartiger Ansatz der wissenschaftlichen Spezialisierung via gesellschaftlich erzwungener Arbeitsteilung sich anbequemte, anstatt diese Departementalisierung als funktionale selber noch einmal der Analyse zu unterziehen. Unterstellt würde, daß ausgerechnet das empirische Verhältnis der ›Dritten Gewalt‹ als vorpolitisch-naturwüchsig noch gelten dürfe, während alle anderen gesellschaftlichen Sektoren samt ihrer wissenschaftlich betriebenen Domänenverwaltung durch umfassende gesellschaftlich-politische Interventionen determiniert werden. Die Schutzbehauptung von der Autonomie der Judikativsphäre[17], deren ideologischer Charakter offen zutage liegt, die Versicherung ihres quasi privaten Charakters inmitten einer politisierten gesellschaftlichen Umwelt entzieht gerade die dort herrschenden Zustände dem prüfenden Blick und hängt vor die tatsächlichen empirischen Verhältnisse in dieser Sphäre und die Auswirkungen von deren politisch vermittelter Organisation und Zweckbestimmung den ideologischen Schleier aus interessenunspezifischer Kompetenz und gesellschaftspolitischer Neutralität.[18] In der Tat ist vor jeder Frage nach den konkurrierenden gesellschaftlichen Gruppen und ihren Interessenstandpunkten, die sie mit Hilfe der Verfassungsgerichte und ihrer Spruchtätigkeit eventuell durchzusetzen bzw. zu disqualifizieren wünschen, auf deren Funktionswert zu achten, der ihnen innerhalb eines vom Staatsapparat und seinen Zentral- und Nebeninstanzen zustande gebrachten und garantierten labilen Institutionengleichgewichts zukommt, das auch den interessen*un*spezifischen Horizont der Judikativsphäre und ihres verfassungsgerichtlichen Sonderbereichs als politisch vermittelten begreifen lehrt. Keineswegs ist die Rechtsordnung, auf die als letzten Grund, der in der Regel nicht weiter mehr untersucht wird, auch die Judikatur des BVerfG sich bezieht, als regulativer Mechanismus zur Durchsetzung spezifischer Kontrollintentionen von den strukturellen Bedingungen und den Stabilitätserfordernissen des gesellschaftlichen Gesamtsystems isoliert zu betrachten. Im Gegensatz zu einem Stil der Machtausübung, die nur die Anwendung bloß physischer Zwangsmittel verfügt, zeichnet sich die Rechtsordnung gerade dadurch aus, daß sie gegenüber der gesellschaftlichen Status- und Rollenverteilung keineswegs indifferent und von den bestimmten politischen Systemstrukturen nicht unabhängig, vielmehr als Teil eines umfassenderen Ganzen anzusehen ist, dessen Momente durch interessenspezifische Gruppenkohäsion (und sei es nur die der *classe politique* selber) und interessenbedingten Gruppenkonflikt (und käme er nur zustande durch das Rivalitätsverhältnis der ›Stellen‹ innerhalb einer hierarchisierten Kompetenzstruktur), nicht zuletzt aber durch die vorherrschende, allgemein als verbindlich anerkannte Wertordnung, in die das spezifische Rollenverständnis eingearbeitet ist, konstituiert werden.[19]

Bei der anstehenden Analyse kommt es daher weniger auf den intentionalen Gebrauch der der ›Dritten Gewalt‹ und insbesondere der Verfassungsgerichtsbarkeit zur Verfügung stehenden justizförmigen Machtmittel an[20] als vielmehr auf die funktionale Verwendung solcher institutionalisierten ›incentives‹ im Verwertungsprozeß der politisch organisierten gesellschaftlichen Macht. Die in justizförmigen Verfahren sich abspielenden und mit justizförmigen Mitteln durchgeführten Kontrolleistungen sind analytisch und im Verhältnis zu den gängigen staatskapitalistischen Interventionsinstrumenten, wie Globalsteuerung, Subventionen, Lizenzierung, Delegation usw.[21], als je unterschiedlich intensive Formen politischer Kontrolle auf einem Kontinuum gesellschaftlicher Disziplinierung der Partizipationsprozesse und der an diesen teilhabenden Partizipanten zu interpretieren und keineswegs als eigenständige, voneinander isoliert zu betrachtende Maßnahmen.[22]

Da es sich sowohl theoretisch wie praktisch empfiehlt, die Verfassungsgerichtsbarkeit als spezifische Teilhabe an der suprema potestas zu begreifen[23], als zentralen Bestandteil des administrativen und exekutiven Steuerungssystems des bundesrepublikanischen (spätkapitalistischen) Interventionsstaates[24], ist auch ihre spezifische Kontrolltätigkeit als bestimmtes Moment im wohlfahrtsstaatlichen Interventionssystem zu interpretieren. In einem staatlicherseits umfassend geregelten Interaktionsprozeß eröffnet sie legitimen Intentionen eine Durchsetzungschance, während sie den illegitimen die Handlungsmöglichkeiten zu versperren sucht.[25] So wie in diesem System die vom Staat als autonom garantierte Unternehmer-Initiative unangetastet bleibt, die Bestimmungsfaktoren des ökonomischen Datenkranzes jedoch, die die Investitionsentscheidungen der privaten Unternehmer beeinflussen und ihre Initiative erst stimulieren, zentral gesteuert und in einer Weise manipuliert werden, daß die Wirtschaftssubjekte, unbeschadet ihrer Subjekt-Qualität, zu bloßen »Vollstreckern seiner [sc. des Staates] aufgeklärten Wirtschaftspolitik avancieren«[26], so lassen sich auch die Judikativinstanzen, trotz der verfassungsrechtlichen Garantie ihrer Verfassungsorgan-Qualität und der über sie erstrittenen Unabhängigkeit, funktional als Vollstrekker eines umfassenderen systemimmanenten Regulierungsbedürfnisses: der Erhaltung des innenpolitischen Fließgleichgewichts bei Vermeidung unnötiger Reibungsverluste, deuten. Sie dienen (u. a.) der Erzeugung und Erhaltung systeminterner (und intern beeinflußbarer) Gleichgewichts- und Stabilitätsbedingungen.[27]

In der in traditionellen Begriffsdualismen wie ›Recht‹ und ›Politik‹, ›Statik‹ und ›Dynamik‹ oszillierenden Formulierung Gebhard Müllers nimmt sich das folgendermaßen aus: »Die schwierigste Aufgabe und größte Verantwortung des Amtes, das ich übernehme, wird darin bestehen, *die rechte Mitte, den Ausgleich* zwischen den Notwendigkeiten des Gemeinwohls und dem Schutz der Einzelpersönlichkeit, zwischen den das politische Leben bewegenden Kräften und Institutionen und unverrückbaren rechtlichen Vorschriften und Ordnungen zu finden«[28]; und Winfried Steffani erläutert die Aufgabe des Verfassungsgerichts, soziale Konflikte zu reduzieren und als justizförmige Innovationsinstanz für kontrollierten sozialen Wandel zu sorgen, wie folgt: »Zu den schwierigsten Aufgaben des Verfassungsgerichts gehört es, im Blick auf die Sicherung und Förderung der freiheitlich-demokratischen Grundordnung die je gegebenen und im Verfassungswandel immer wieder in neuen Konstellationen aufbrechenden Spannungen zwischen Rechtssatz und Wirklichkeit verringern zu helfen, den Grundrechten Neuland zu verschaffen [. . .], den demokratischen Entscheidungsprozeß offenzuhalten, den sozialen Frieden sichern zu helfen und damit sowohl als Bewahrer wie als Gestalter der Rechtsordnung im Gemeinwesen integrierend zu wirken.«[29]

Die exzessive Entfaltung der Staatsgerichtsbarkeit in der Nachkriegsepoche, von vielen als »Siegeszug«[30] apostrophiert und in ihrer bundesrepublikanischen Variante als »krönender Abschluß des rechtsstaatlichen demokratischen Regimes«[31] gefeiert – unbeschadet der empirisch ausstehenden Überprüfung dieser Qualifizierung und auch der darin enthaltenen apodiktischen Ruhigstellung des demokratischen Prozesses und seiner Hypostasierung als gleichsam ›vollendet‹[32] –, läßt sich, soweit sie als Bestandteil eines umfassend intervenierenden und kontrollierenden Staatsmechanismus gelten kann und, obschon im einzelnen durch unterschiedliche historische Momente bedingt und unterschiedlich ausgestaltet, gleichwohl als Indiz ansehen für die Weiterentwicklung des spätkapitalistischen Gesellschaftssystems aus seinen frühbürgerlichen Ursprungs- und Lebensformen, zu deren Zeit der Bereich der Judikative noch nicht im gleichen Maße den zentralen administrativen Regulierungsmechanismen inkorporiert war. Hier wird nun im letzten exemten Bereich, dem der vollen Unabhängigkeit kraft ideologisierenden Verfassungsspruchs sich erfreuenden Dritten Gewalt, die längst fällige rationalisierende Anpassung an die Bedingungen des interventionistischen Staatskapitalismus abverlangt und gleichzeitig vollzogen.

Über das ihm (inzwischen neidlos und mit dem Gefühl der Erleichterung) zugestandene verfassungsrechtliche Interpretationsmonopol hinaus wird also dem BVerfG (mindestens) sowohl ein funktionierendes System des Grundrechtsschutzes als auch der sozialen Konfliktentscheidung zu erträglichen Bedingungen – in einer Art Kosten-Nutzen-Kalkulation aller Beteiligten – als zu erbringende Integrationsleistung abverlangt. Über die spezielle Funktion als ›Hüter der Verfassung‹ hinaus, die gleichwohl vom Gericht im Verlaufe seiner institutionellen Etablierung in dieser Ausschließlichkeit usurpiert wurde, wenn auch sowohl das GG wie das BVerfGG die Grundlage zu dieser Entwicklung schufen[33], werden seine Aufgaben auf eine Art Gesamtverantwortung dem demokratisch-politischen Gemeinwesen gegenüber bezogen. Ihrer Definition obliegt das BVerfG durch ständige Rechtsprechung, gerichtliche Übung und explizite Selbstinterpretation.

Die Kontrollfunktionen, zu deren Wahrnehmung das BVerfG ins Leben gerufen wurde, lassen sich nach zwei Dimensionen hin analytisch aufschlüsseln:

a) in systematisch-beschreibender Absicht – danach käme ihm die ›positive‹ (induktive) Aufgabe zu, für den geregelten Ablauf eines durch Kompromißaktionen induzierten, zu sozial erträglichen Bedingungen zustande gekommenen rechtspolitisch vertretbaren (Verfassungs-)Wandel zu sorgen und kontrollierte gesellschaftliche Wandlungsprozesse durch Eröffnung lizenzierter und/oder durch Blockierung nichtlizenzierter Wege sicherzustellen. In dieser Perspektive hat das BVerfG, sobald es den Exzessen der exekutiven Instanzen gegenüber dem schwächeren Individuum vorzubeugen bzw. sie zu heilen versucht und unkontrollierten sozialen Wandel, soweit er sich nicht überhaupt der Justiziabilität entzieht, unter verfassungsrechtliche Aufsicht stellt, teil am Verwertungsprozeß politischer Macht;

b) in kritischer Absicht einer historischen Rechtstatsachenforschung – hierbei wäre etwa der Frage nachzugehen, ob das BVerfG, vorwiegend damit befaßt, den Zirkulationsmechanismus politischer Macht und ihrer Verwertung zu stabilisieren und auf Dauer sicherzustellen, und vorwiegend an der Erhaltung eines relativen Fließgleichgewichts der institutionalisierten Instanzen interessiert und an der Durchsetzung von deren Geltungsautorität über selbstinteressierte Rückkoppelung, darüber nicht die Kategorie ›nicht antizipierter Folgen‹ vernachlässigt habe und folglich die Distributionsstruktur sozialer Macht grosso modo unangetastet lasse.

Es wäre ferner zu prüfen, ob nicht das Desinteresse an dem Problem, daß möglicherweise nicht nur die Verwertungsmodalitäten, sondern auch das ›Rohmaterial‹ des politischen Prozesses auf partikulare Machtprivilegien zurückgehen und zudem die Rückbindung jener Modalitäten an justiziable Kategorien, wie sie aus dem Text der Verfassung gefolgert werden, interessenbedingt ist, seinerseits die Verfestigung solcher partikularen Machtprivilegien gerade besiegelt, also sozialkonservierend sich auswirkt.[34]

Zugleich indiziert die Entfaltung der Verfassungsgerichtsbarkeit, daß spätkapitalistische Systeme bei Gefahr ihres Zusammenbruchs ohne umfassende Regulierungsmaßnahmen nicht mehr auszukommen vermögen, selbst wenn die Judikativsphäre aufgrund des geltenden regulativen Prinzips der richterlichen Unabhängigkeit den von den staatlichen Instanzen unter Kontrolle gehaltenen und vom intervenierenden Personal der politischen Parteien monopolisierten Regulierungsmaßnahmen nicht unmittelbar unterworfen und dementsprechend durch sie gebunden werden kann. Darüber hinaus wurde zugunsten des Bundesverfassungsgerichts immer wieder zusätzlich geltend gemacht, da es nur auf Antrag tätig werden könne (§§ 36 ff. BVerfGG)[35], bestehe erst recht keine Gefahr, daß es den aktiven politischen Instanzen im Vorgriff regulierend und konkurrierend ins Gehege kommen könne. Indes macht die jugoslawische Entwicklung schlagartig deutlich, daß der gesetzlich erzwungene (und nicht, wie es immer wieder apologetisch heißt, freiwillig geleistete) ›Judicial self-restraint‹ der Verfassungsgerichte eine systematische Inkonsequenz darstellt, die, wenn der politische Charakter der Administrationsfunktionen der Verfassungsgerichtsbarkeit unverdeckt durch Rückbindung an eine Vorstellung von abstraktem ›Recht‹ offen einbekannt wird, konsequent dazu führt, den Verfassungsrichtern nicht nur die Aufgaben eines Gerichtes zu übertragen, sondern die von politischen Initiativkörperschaften. In Art. 4 Abs. 3 des »Gesetzes über das Verfassungsgericht von Jugoslawien« vom 24. Dez. 1963 (SL 52/1963: Position 715) heißt es nämlich: »Das Verfassungsgericht kann das Verfahren zur Prüfung der Verfassungs- und Gesetzmäßigkeit einer Vorschrift oder eines sonstigen allgemeinen Aktes *auch aufgrund eigener Initiative* einleiten. Jedes Mitglied des Verfassungsgerichts kann verlangen, daß das Verfahren eingeleitet wird und daß das Verfassungsgericht darüber entscheidet.«[36]

Insofern bringen die ausgedehnte Errichtung von Verfassungsgerichten in der Nachkriegszeit und die über sie sich abzeichnenden neuen politischen Kontrollmechanismen – der neue politische Stil bei der Abwicklung des politischen Prozesses in der Bundesrepublik[37] – latente, längerfristige Trends in der Entwicklung spätkapitalistischer Gesellschaften und ihrer durch zentral gesteuerte Rationalisierung tendenziell politisierten Formen zum Ausdruck, die es ratsam erscheinen lassen, die theoretische »Verortung« von überkommenen Strukturen und eingespielten Verhaltensweisen in den Beziehungen der traditionellen und längst etablierten ›Gewalten‹ zueinander wenn nicht als überholt, so doch zumindest als revisionsbedürftig anzusehen. »Die *capitis diminutio* der übrigen Gewalten, womit diese die sicher auch entlastende Ausgliederung von Funktionen aus ihrem traditionellen Zuständigkeitsbereich haben hinnehmen müssen, zugunsten eines neuen Funktionsträgers [sc. des BVerfG] läßt sich freilich nicht mehr mit Kategorien, die dem traditionellen Gewaltenteilungsschema verhaftet bleiben, wie ›Politisierung der Justiz‹ oder ›Juridifizierung der Politik‹ (C. Schmitt), angemessen erfassen; sie verkennen den Charakter des Neuen: politischer Schiedsrichter zu sein mit politischer Erkenntnis, aber umfassend geregelter Zuständigkeit vermittels justizförmiger Verfahren. Diese, gedacht zur förmlichen Erledigung des Gewaltenexzesses, wenn nicht gar zu seiner Verhinderung, sind daher das eigentlich stilbildende Element der ›neuen‹ Machtverhältnisse in der Bundesrepublik, eine Art höfischer Etikette im republikanischen Gemeinwesen . . .«[38]

IV.

Innerhalb des oligopolistisch strukturierten Machtsystems der entwickelten konstitutionellen Staaten bildet die Verfassungsgerichtsbarkeit ein spezifisches Gravitationszentrum aus, spezifisch insofern, als ihr innerhalb eines komplexen Institutionengefüges das Monopol zur Geltungssicherung sanktionierter Normen zuerkannt worden ist. Für die Bundesrepublik ist diese Entwicklung nachweisbar im Kampf um die Verfassungsorgan-Qualität des Karlsruher Gerichts.[39] Als Spitze eines rechtsförmig hierarchisierten Instanzenzuges zu Zwekken staatlicher Integration ist es, selbst auf der Ebene ihrer symbolischen Rechtfertigung und Sanktionierung, die konsequenteste Ausprägung eines strikt limitierten, d. i. restriktiven Bedingungen unterworfenen politischen Systems, innerhalb dessen nachweisliche Formierungstendenzen, die auf eine allseits funktionstüchtige Leistungsgesellschaft hinarbeiten[40], sich auf das abstrakte Argument von der Stabilitätserhaltung einer »wehrhaften Demokratie« berufen, das gleichwohl technokratische Plausibilität für sich in Anspruch nehmen kann.

Zwar läßt sich ein Zusammenhang zwischen der totalitären, faschistischen Unrechtsherrschaft und der Ausbreitung der Verfassungsgerichtsbarkeit nach deren Zusammenbruch nicht leugnen[41]; dennoch bleibt er relativ oberflächlich chronologisch fixiert. Andererseits ist die mit gesellschaftlichen Naturkonstanten operierende Glorifizierung der Verfassungsgerichtsbarkeit als eine jener »transhistorischen und transtopisch-ubiquitären Institutionen des menschlichen Zusammenlebens«[42], ihre Stilisierung zum Areopag der Menschheitsentwicklung, zu jenem »zeit- und raum*un*gebundenen Ratselement (consilium), das in jeder wie immer gearteten politischen Gemeinschaft [...] zu finden ist, weil es gleichsam als Apriori aller politischen Erfahrung und Weisheit vorausgeht«[43], ebenso nichtssagend generalisierend wie die Rückbeziehung der institutionellen und instanzlichen Gewaltenteilung in differenzierten leistungsfähigen Gesellschaften auf ›Denken‹ und seine dogmengeschichtlichen Traditionen, wie beispielsweise Wildenmann sie zum Ausdruck gebracht hat[44], idealistisch verschleiernd.

Plausibler dürfte sich der sozialwissenschaftlich inspirierte Versuch ausnehmen, die institutionalisierten Kommunikationsstrukturen und lizenzierten Kommunikationswege der politischen Gesellschaft des spätkapitalistischen Typus nicht aus dem Kontinuum von Herrschaft herauszubrechen, sei es die von privilegierten partikularen Gruppen, der fusionierten Machtelite[45] oder des Zwangssystems der »plutokratischen Demokratie«[46] selber, wenn anders der Interdependenzzusammenhang für die Analyse von Bedeutung sein soll. In der Tat belegt die bestehende Gesellschaft sowohl das ihre manifesten Zusammenhänge transzendierende Erkenntnisinteresse wie das über sie hinausgehende Handeln mit strafenden Sanktionen: sie werden definiert als die etablierten Gesetze mißachtende und die herrschende Ordnung verletzende Ambitionen. »Eines der wirksamsten Rechte des Souveräns besteht darin, durchsetzbare Definitionen von Wörtern festzulegen. Politische Linguistik ist ein Schutzpanzer des Establishments.«[47]

Um zu vermeiden, daß eine affirmative Wissenschaft in ihren Kategorien wie in den ihr aufoktroyierten Erkenntnisgrenzen und in den arbeitsteiligen Sparten der eigenen Disziplin die vorherrschende politische Linguistik abbildet[48] und bloß eine ins wissenschaftliche System gebrachte Wirklichkeitsverdoppelung abgibt, ist daher die Erkenntnis zu spezifizieren, daß sich in Relation zum Stand der fortgeschrittenen Produktivkräfte auch die Produktionsverhältnisse, die Organisation der politischen und zwischenmenschlichen Beziehungen, zu differenzierteren Formen entwickeln und sich an jene anpassen.

In Korrelation zu den fortgeschrittenen Industrienationen kapitalistischer Prägung, deren Bestands-, Integrations- und Entwicklungsprobleme auf vergleichbaren Ebenen liegen und in identischen Kategorien sich beschreiben lassen, hat die Herausbildung neuer Institutionen wie der Verfassungsgerichtsbarkeit einen spezifischen historischen Stellenwert, mag deren als Problem anstehende Ortsbestimmung auch die »staatsrechtlich-politische Frage der Fragen«[49] sein. In sozialwissenschaftlicher Erkenntnisabsicht geht es nicht um das normlogische Problem des begrifflichen »Selbstandes«[50] verfassungsrechtlicher Vorschriften – die juristisch nicht beantwortbare Frage nach des Kaisers neuen Kleidern –, sondern um die praktische Vermittlung konkreter Ordnungsprobleme und via Institutionen zu erbringender Leistungen, die einer empirisch falsifizierbaren Analyse zugänglich sind und sich mit hermeneutisch ausgelegten Begriffen historisch angemessen beschreiben lassen.

In dieser Sicht dient das Institut der Verfassungsgerichtsbarkeit ebenso der Bewältigung von Legitimitätskrisen wie von Modernisierungsproblemen in dem (durch die Entwicklung des Staatsinterventionismus notwendig) erweiterten Zusammenhang der Sicherstellung eines gleichgewichtigen Wirtschaftswachstums unter (kollektiv erst noch zu verwirklichenden) Bedingungen der organisierten Friedenssicherung nach innen sowie der permanenten Legitimierung der von den aktiven politischen Instanzen zu bewältigenden Systemanforderungen von außen.[51] Die Tätigkeit des BVerfG läßt sich infolgedessen als eine in die staatlich-politische Sphäre verlagerte systemkongruente Art von ›overprotection‹ beschreiben.[52] Die an das Gericht in Karlsruhe delegierten (gewählten) Justizbeamten sind als hochspezialisierte Funktionsträger und als Teil des staatlichen, präventiv verfahrenden, auf vorbeugende Heilung von möglichen Regelverletzungen bedachten Krisen-Managements anzusehen, die mit den ihnen zur Verfügung stehenden justizförmigen Mitteln systemgefährdende Konfliktpotentiale zu entschärfen und deren Konfliktschwelle auf ein erträgliches Niveau herabzusetzen haben.[53]

Dabei sind die judikativen Schlichtungsinstanzen (ob sie nun kraft Antizipation oder ex post ›heilen‹) darauf angewiesen, mit den übrigen, mit ihnen möglicherweise auch in den Kompetenzen und Funktionen konkurrierenden Instanzen einverständlich, *de concert,* zu handeln, wenn es nicht zu partieller Ungleichgewichtigkeit in einzelnen Sektoren kommen und wenn ihnen die Gewißheit sicher sein soll, daß ihrem Richterspruch Folge geleistet wird.[54] Nicht zuletzt besteht ja die Aufgabe der Verfassungsgerichtsbarkeit darin, den verbindlichen Konsens einer politisch konsistenten Norm-›Kultur‹[55] zu erzeugen und darauf hinzuwirken, daß kollektive Handlungsimperative sich freiwillig und wie selbstverständlich auf ihn beziehen.

Mit Hilfe des ihm eigentümlichen Zirkulationsmittels ›Rechtsprechung‹ antizipiert das Gericht – *positiv* – das primär an »Vermeidungsimperativen«[56] orientierte Entscheidungshandeln sowohl der aktiven politischen wie der exekutiv-administrativen Instanzen. Zuweilen greift es auch aktiv gestaltend in den politischen Prozeß ein, sei es, daß es von sich aus Strukturdaten setzt, wie über die Rechtsprechung zur Parteienfinanzierung[57], sei es, daß es ordnungspolitische Versäumnisse der politischen Instanzen korrigiert, indem es diese ultimativ zum Handeln auffordert.[58]

Daß derartige rechtsvereinheitlichende und integrative Funktionen mit Befriedungseffekten nach innen (Domestikationsfunktion) der Verfassungsgerichtsbarkeit überlassen worden sind, hängt nicht zuletzt mit der Zuverlässigkeit zusammen, mit der das umfassend ausgebildete System eines rigiden Verfassungsrechts und der aus ihm abgeleiteten (konkretisierten) ›verfassungsrechtlichen Nebengesetze‹ mit Geltung für Fallösungen der unterschiedlichsten Art die reglementierenden Instanzen und ihre bestallten Vollstrecker in die Lage versetzt, mögliche Konfliktherde in ihre Regie zu übernehmen und sich die Betroffenen, d. h. virtuell alle, zu unterwerfen. Gleichwohl steht hinter der empirischen Geltung einer Rechtsordnung, in der sich die politische Gesellschaft in einer Art Metasprache symbolisch (d. i. rechtsförmig) auslegt, als letzte Instanz die institutionell garantierte physische und psychische Gewaltanwendung. »Heute ist der gewaltsame Rechtszwang Monopol der Staatsanstalt.«[59] Als Instrument auch zur nationalen und sozialen Integration[60] bezweckt die Verfassungsgerichtsbarkeit in erster Linie, auf dem Weg der

Erzeugung und Verinnerlichung integrativer Symbole: der von ihr sanktionierten Rechtssätze und von ihr formulierten Leitlinien des politischen Interaktionsprozesses, in den von ihr definierten weltanschaulichen Toleranzen usw.[61], auf die legitimerweise, nach dem Prinzip der Verfolgung des geringsten Widerstandes, alle sich einigen können, die potentiell Betroffenen zu Einverständnishandeln anzuhalten.[62] In jenen vom Verfassungsgericht entwickelten integrativen Symbolvorstellungen wird antizipatorisch ein Modell sozialer Beziehungen veranschaulicht und verdeutlicht, die, sobald sie justiziabel geworden sind, allen authentisch als verbindliche vorgeführt werden.

Antizipierte Verfassungskonflikte und ihre justizförmige Erledigung gehen freilich von einem verbändepluralistischen Strukturmodell aus, dem zufolge das jeweils betroffene (staatliche) Organ aufgrund seiner gesellschaftlichen und politischen Bedeutung, ausdrückbar in politischer ›pressure‹ und politischen Einflußchancen[63], die von ihm erwarteten ›Leistungen‹ entweder tatsächlich zu verweigern oder doch zumindest diese Verweigerung allen anderen ins gesellschaftlich-politische Funktionensystem integrierten und folglich auf die Funktionsfähigkeit und Funktionsbereitschaft angewiesenen Instanzen und Funktionsgruppen glaubhaft anzudrohen vermag. Das aber können mit dem gehörigen Nachdruck nur solche Instanzen, deren erwartete Leistungen für die Erhaltung des politischen Funktionensystems insgesamt lebenswichtig sind, weil alle anderen sonst Einbußen an Funktionalität und Effizienz hinzunehmen hätten.[64]

Weil also das BVerfG darauf angewiesen ist, auf der Ebene der symbolischen Legitimation seinen Integrationsfunktionen nachzukommen, können diese auch nur so lange Geltungsautorität für sich in Anspruch nehmen, wie die Variablen ›Wille‹ und ›Kapazität‹[65] des sozialen Systems in der Bundesrepublik, also auch seiner zentralen politischen Steuerungsinstanzen, intentional darauf abgestimmt sind, das durch systeminterne Unsicherheitsfaktoren und intern bedingte Zweck-Mittel-Konflikte entstandene Ungleichgewicht (von außenpolitischen Faktoren einer Stabilitätsbeeinträchtigung einmal abgesehen) verfassungsgerichtlich stabilisieren zu lassen. Das ist mit der Bereitschaft der zentralen politischen Instanzen gemeint, noch im Grenzfall *de concert* miteinander zu kooperieren, sich auf geltende Spielregeln einzulassen und die »rational standards«, die »justiziable Norm« – oder wie immer dergleichen symbolische Spielmarken genannt werden mögen – als für ihre Interaktionen und deren Ausgleich verbindlich anzuerkennen. Nur auf diese Weise wird es möglich, in einer Art praktizierter Grenznutzen-Theorie selbst Randbedürfnisse noch zu befriedigen.[66]

Die Rechtsprechung des BVerfG wirkt sich aber auch – *negativ* – in einer Weise antizipierend aus, daß abweichende politische Bedürfnisartikulationen von vornherein entmutigt und unkontrollierte Motivbildungen bereits in statu nascendi vereitelt werden. In der Perspektive, wie systemüberwindende Strategien, gemessen am Maßstab des GG und seines materiellen Bedeutungsgehalts, zu verhindern, utopische Vorstellungen zu unterdrücken und neue Interaktionsmuster zu unterbinden seien, hat das Gericht eindeutige Abschreckungsfunktionen übernommen. Handelt es sich um Vorstellungen, die auf eine sozialstaatliche Entfaltung der demokratischen Anfangsgründe in der Bundesrepublik hin tendieren, dann werden sie auf die wie immer inhaltlich verstandenen Wesensgehaltsgarantien des GG limitiert.[67] In deren Schranken werden sie verwiesen, wenn es sich um die Weiterbildung des Rechtsstaates im Sinne von Fundamentaldemokratisierung handeln sollte, jedoch extensiv interpretiert, wenn es um Bestandsgarantien und deren rechtstheoretische und -technische Fixierung über den Weg der Verfassungsinterpretation geht.[68] In ähnlicher Weise wurden zur Zeit der Weimarer Republik diejenigen Grundrechte, die auf eine Demokratisierung der Wirtschaft hinausliefen, zu Programmsätzen verharmlost, die der positiv-rechtlichen Präzisierung und Positivierung angeblich bedurften, um aktuelles Recht begründen zu können, während diejenigen, die der Bestandsgarantie traditioneller Institutionen dienten, wie etwa der Erhaltung des Berufsbeamtentums und seiner »hergebrachten Grundsätze« (vgl. auch Art. 33, Abs. 5 GG) oder der Sedimentierung ökonomischer Machtverhältnisse, als unmittelbar geltende subjektive öffentliche Rechte gedeutet wurden[69]; dementsprechend nahmen sich die aus ihnen abgeleiteten Konsequenzen aus.

Die Verfassungsgerichtsbarkeit als Sanktionsmechanismus

und Instrument der sozialen Kontrolle definiert dergestalt die »ins« und die »outs« (Integrations- bzw. Ausbürgerungsfunktion). Und wie beim Wahlakt nicht nur die dem gewählten Kandidaten zugefallenen, sondern auch die seinem unterlegenen Kontrahenten zukommenden Stimmen jenen als Sieger legitimieren[70], so dient auch die Diskriminierung und Distanzierung von (realen oder imaginären) Feinden und ›Abweichlern‹ im Innern[71] der Bestätigung der positiv legitimierten Instanzen und ihrer Tätigkeiten, nicht zuletzt der Rollenstabilisierung des BVerfG selber. »Es ist / Dein Ruhm das allgemeine Zutraun.«[72]

Ob das BVerfG überhaupt als schiedsrichterliches Organ zu Zwecken der politischen Streitentscheidung[73] angerufen wird, hängt in der Tat wesentlich von der Reputation ab, die es sich erworben hat und die ständig neu sich zu sichern es unermüdlich selbstdarstellerisch tätig ist. Obwohl das Karlsruher Gericht selbst Öffentlichkeit seines Willensbildungs- und Entscheidungsprozesses nur zögernd hergestellt hat – seine frühen *dissenting opinions* sind regelmäßig in den Geheimarchiven des Gerichts verschwunden und nicht wiederaufgetaucht[74] –, besteht doch die prinzipielle Anerkennung des Gerichts durch die bundesrepublikanische Öffentlichkeit darin, daß die Streitparteien (konfligierenden Interessenten) aufgrund der in ihm versammelten, institutionell privilegierten Interpretations- und Entscheidungskompetenzen einen jeweils erträglichen Formelkompromiß von ihm erwarten zu können vermeinen, d. h. sich prinzipiell kooperationsbereit zeigen. Erst die allgemeine, unspezifische Variable ›erwartete Entscheidung‹, die eine Analogie zum Grenznutzen-Kalkül von konkurrierenden Unternehmen abgibt[75], hat es möglich werden lassen, den Handlungsspielraum, den demokratische und pluralistische Loyalitätsmuster eröffnen, im Sinne der (nicht weiter in Frage gestellten) Erwartungen entsprechend auszufüllen und eine Resonanz auf die Entscheidungen des Gerichts zu erzeugen, die von vornherein möglicherweise aufkeimendes Mißtrauen reduzieren mußte und dem Gericht die Wächterrolle gegenüber Verfassung, Mitbürgern und Staatsorganen wie auf den Leib zugeschnitten erscheinen ließ. So spiegeln die subjektiven Verhaltenserwartungen jeweils das, was objektiv durch die Institutionen erreicht werden sollte – und in dem

Rückkoppelungsprozeß einer *self-fulfilling-prophecy* auch erreicht werden konnte.[76]

In dieser Perspektive lassen sich die *Grenzen* der Verfassungsgerichtsbarkeit neu bestimmen: sie verlaufen entlang den Linien eines allgemein gebilligten Konsensus der legitimen, pluralistischen Bedürfnisartikulationen, die ein Spektrum bilden, dessen Respektierung Voraussetzung dafür ist, daß den Entscheidungen und Maßnahmen des Gerichts überhaupt Erfolg zuteil wird. Es ließe sich sogar die These vertreten, in die Kontrollfunktionen, denen das BVerfG obliegt, seien die Erfolgs- und Mißerfolgswahrscheinlichkeiten selber bereits eingelassen[77], und zwar über das mit Wahrscheinlichkeit zu erwartende, d. i. kalkulierbare, Konsensverhalten der betroffenen Instanzen, deren allgemeine Konformitätserwartungen durch die Rechtsprechungstätigkeit des Gerichts schließlich sowohl bestätigt als auch stabilisiert werden. Über sie vollzieht sich die Legitimierung akzeptabler Motive und politischer Bedürfnisartikulationen, so wie diejenigen, deren Zuschnitt unlegitimiert bleibt, von dieser Chance ausgesperrt werden.

Eine weitere wichtige Voraussetzung für die öffentliche Anerkennung des BVerfG ist freilich eine systemimmanente: der politische Prozeß des bundesrepublikanischen Regierungssystems (im weitesten Sinne verstanden) darf seinerseits keinen allzu starken Friktionen, Konflikten und gruppenspezifischen Vorbehalten ausgesetzt sein. Das politische System selber muß in sich schon einigermaßen gleichgewichtig ausbalanciert sein; seine Instanzen dürfen nicht exzessiv beansprucht oder gar überbeansprucht werden. Erst dann läßt sich die Tätigkeit des BVerfG mit Aussicht auf Erfolg und Gehorsam ausüben, lassen sich von ihr auch stabilisierende Rückwirkungen auf den politischen Gesamtprozeß erwarten.[78] Die Schlichtungs- und Ordnungsfunktionen, über deren Wahrnehmung es zugleich die herrschenden (politischen und weltanschaulichen) Milieuwerte in symbolischer Affirmation bestätigt und bekräftigt, können nur dann mit Aussicht auf nachhaltigen Erfolg wahrgenommen werden, wenn die Beanspruchung des höchstrichterlichen Spruchs mit Folgelasten definitiv als Ausnahmefall und seine Entscheidungen als endgültig angesehen werden können. Eine Dauerkonfrontation entzöge den konfligierenden Instanzen und der von diesen in

Anspruch genommenen Methode der verfassungsgerichtlichen Streitbeilegung jenen begrenzten (kurzfristigen) Kredit, den sie unbedingt brauchen, um die von ihnen in Form von Rechtsstreitigkeiten betriebene kontroverse Politik genügend effektiv vertreten zu können und nicht in der Stress-Situation eines permanenten Verfassungskonflikts Prestigeschaden zu leiden.[79]

Eine stetige bzw. unvermittelte Konfrontation konfligierender Instanzen wäre entweder nicht durchzuhalten (die Waffe der permanenten Drohung wird durch Nichtbenutzung stumpf) oder sie würde über kurz oder lang zu bürgerkriegsähnlicher Entladung und also zu gewalttätiger Konfliktbereinigung führen, was beides den konfligierenden Gruppen, solange verbändepluralistische Austragungsmodalitäten als verbindlich gelten, zur Durchsetzung ihrer Zielvorstellungen abträglich sein müßte. Insofern hat Steffani recht, wenn er sagt: »Rechtliche Konfliktregelung erweist sich demgemäß als eine spezielle, rational humanisierte Form politischer Konfliktregelung.«[80] Darüber hinaus aber ist systematisch von Bedeutung, daß deren Verweisung ins »Gewand von Rechtskonflikten« und ihre Überweisung an dritte, ›neutrale‹ Schiedsinstanzen ein rational kalkuliertes, institutionell garantiertes Retardierungsmoment ins Spiel bringen.[81]

Diesen Zwecken dienen in erster Linie die verfassungsrechtlich und gesetzlich vorgesehenen Verfahren. Die fallweise, quasi natürliche ›Entladung‹ von sich anbahnenden und tatsächlichen Verfassungskonflikten auf lizenzierten Wegen der reglementierten Streitaustragung erlaubt sowohl gesellschaftlich-sozialen Überdruck (die »Ventilfunktion« in der Formulierung Marcics)[82] abzuleiten, als auch der politischen Handlungssituation, jeweils nach ergangener Entscheidung, sich neu zu strukturieren.[83] Nur solange die verfassungsgerichtliche Rechtsprechung – durch vielfältig verschlungene, hierarchisierte Instanzenzüge der unmittelbaren Konfliktaustragung entrückt (... »erst nach Erschöpfung des Rechtsweges« ..., § 90, 2 BVerfGG) und auf die komplizierten Vorschaltungen differenzierter Verfahren verwiesen – als Ausnahmefall gelten kann, dürfte dem Gericht die motivationale Zustimmung der Betroffenen sicher sein und folglich seine Legitimation nicht in Frage gestellt werden.

Freilich unterstreicht die Zwischenschaltung von gerichtsförmigen Instanzen bei der Definition dessen, was Recht und rechtens sei, sowie bei der Interpretation dessen, was der historische (Verfassungs-)Gesetzgeber – möglicherweise im Gegensatz zu den Intentionen des gegenwärtig tätigen – gemeint und gewollt haben könnte, einmal mehr, in welchem Ausmaß Funktionen, die der Beratung parlamentarischer Körperschaften vorbehalten waren, an exekutive Instanzen übergegangen sind, mögen diese auch – scheinbar interessenneutral – als »Dritte Gewalt« firmieren.

V.

Ebenso wie der Bundesrechnungshof oder die Deutsche Bundesbank als ›Hüterin der Währung‹ ist das spezialisierte Kontrollorgan BVerfG als ›Hüter der Verfassung‹ zugleich Ausdruck und Symptom einer strukturellen Schwäche des parlamentarisch-repräsentativen Regierungssystems. Insofern derartige neutrale Instanzen, die keiner politischen, prinzipiell nur einer gleichartigen administrativen Kompetenzkontrolle für den Fall mißbräuchlicher Gewaltanwendung unterliegen[84], begründete Zweifel an der systemimmanenten Regenerierungsfähigkeit zum Ausdruck bringen, ist die allmähliche Verlagerung parlamentarisch vermittelten, staatlichen Entscheidungshandelns auf judikative Organe erst dann richtig einzuordnen, wenn sie von einer systematischen Parlamentarismuskritik gedeckt wird. Umgekehrt muß diese, wenn sie solche Funktionsverschiebungen auf spezielle Organe der Justiz systematisch unberücksichtigt läßt, zentrale Entwicklungen übersehen und vorschnell mit kurzgeschlossenen Analysen aufwarten.[85]

Die Kompetenzausdehnung zugunsten eines judikativen Organs (eben des BVerfG) macht sich freilich nicht nur im Verhältnis zu den parlamentarischen, den exekutiven und administrativen Instanzen (vgl. BVerfGE 25, 167 [181 ff.])[86] bemerkbar, sondern ebensosehr gegenüber den traditionellen Trägern der ›Dritten Gewalt‹ selber. Die Zentralisierung seiner Kompetenzen ist in der Tat umfassend. »Wo, wie in der Bundesrepublik, die ordentliche, die Verwaltungs- und die sonstige Gerichtsbarkeit dem wachsamen Auge des Verfassungsgerichts empfohlen wird, dort wirkt das Verfassungsgericht an der übrigen Gerichtsbarkeit mit, einerlei, ob man sich terminologisch auf ›Superrevision‹, ›Superkassation‹ oder ähnlich festlegt.«[87]

Wenn daher Wildenmann infolge nicht nur tatsächlich erfolgter, sondern jederzeit möglicher Antizipation von Entscheidungen des BVerfG durch die übrigen politischen Instanzen auch »bei anderen Fragen [sc. Wahlrecht u. a.] einen Immobilismus im Parlament«[88] befürchten zu müssen glaubt, dann läßt sich dieser Befund systematisch lokalisieren: die Tätigkeit der Verfassungsgerichte ist zu interpretieren als eine Form der Überwälzung des politischen Risikos auf judikative Funktionsträger, die sich noch weniger als die parlamentarischen Körperschaften auf eine demokratische Legitimation hinausreden können.[89]

Die Parlamente der westlichen Welt, soweit sie nicht aus oktroyierten Körperschaften hervorgegangen waren, zeichneten sich ja gerade dadurch aus, daß sie gegen die angestammten Autoritäten bereit und entschlossen waren, das Risiko der politischen Herrschaft zu tragen, d. h. die Ziele der von ihnen gestützten und legitimierten gesellschaftlichen Entwicklung autonom zu setzen (und zu verwirklichen). Zunehmend bereitwilliger jedoch, scheint es, überlassen die zumindest noch scheindemokratisch-plebiszitär legitimierten Herrschaftsgruppen der parlamentarischen Distributionssphäre die Ausübung *ihrer* Herrschaft anonymen unkontrollierten Machtgruppen, die allein fachlich legitimiert sind.[90]

Die Ohnmacht der Parlamente, von der allenthalben ohne Dementis gesprochen werden kann, ist (auch) darauf zurückzuführen, daß in den modernen, demokratisch verfaßten Gesellschaften des spätkapitalistischen Typus die Staatsführung nicht mehr einer privilegierten Schicht überlassen ist, die des Konsens einer homogenen Rekrutierungsbasis sicher sein und deshalb das Risiko politischer Entscheidungen ungehindert in persönlicher Verantwortung übernehmen konnte, sondern zunehmend einer politischen Funktionärsschicht in Auftragsverwaltung überlassen wird, die im Zuge der quantitativ anwachsenden Bürokratisierung alle Probleme, die der Entscheidung bedürfen, zunächst einmal dem Arrangement der Verwaltungsbürokratien und Macht-Techniker überläßt. Die vielbeklagte Entschlußlosigkeit der politischen Instanzen, die

Umständlichkeit der Entscheidungsfindung im Wege des parlamentarischen *bargaining*[91], auch die individuell virtuos gehandhabte Verschleppungstaktik sind subjektiv die Widerspiegelung dieses objektiven Zustandes.

Infolge der vom BVerfG bisher geleisteten und mit letztinstanzlicher Verbindlichkeit ausgestatteten Rechtsschöpfung aus der konkreten Verfassung und generellen, verfassungspolitischen Grundsatzerwägungen ist es den politisch aktiven Instanzen prinzipiell nur möglich, innerhalb des von seinen Normvorstellungen geprägten regulativen Rahmenwerkes zu operieren, jedoch nicht selber die Rahmenbedingungen, wie sie von ihm definiert worden sind, zu ändern, es sei denn um den Preis einer (krisenhaften) Verfassungssuspension unter höchst erschwerten Bedingungen.[92] Obwohl es nur auf Antrag tätig werden kann, sind ihm inhaltlich keine Beschränkungen aufzuerlegen, weil für seine Beweiserhebung die Offizialmaxime (§ 26, 1 BVerfGG) gilt, die es dem Gericht erlaubt, die ihm in der Antragsabhängigkeit auferlegte Limitierung prinzipiell zu überspielen, so daß es indirekt doch in die Lage versetzt wird, wie Ridder es formuliert hat, »durch die Entscheidung konkreter Einzelfälle den Raum möglicher Verfassungsentfaltung, *das* aktuelle politische System *und* das ihm gegebene Erweiterungsfeld«[93] definitiv zu umschreiben.

Parallel zum Funktionswandel des Gesetzes im bürgerlichen Rechtsstaat[94] haben sich auch die Funktionen judikativer Instanzen, vorab der Staatsgerichtsbarkeit, gewandelt. Wird jenes tendenziell durch Generalklauseln ersetzt, die inhaltlich beliebig und nach Ermessen der administrativen Instanzen ausgefüllt werden können[95], und seine strikte Rationalität zugunsten weitmaschiger Blankettbegriffe aufgelöst, dann verstärken die judikativen Instanzen die Auflösung des generellen Gesetzes und die (Selbst-)Bindung der staatlichen Gewalten an die *ratio legis*, indem sie – als Hilfswillige der exekutiven Organe und über diese als Handlanger ökonomisch mächtiger Interessenaggregate[96] – die Generalklauseln zusätzlich extensiv auslegen.[97]

So wie es sich bereits im Zeitalter des aufgeklärten Absolutismus mit der Justiz verhielt, ist sie auch heute wieder ein Herrschaftsinstrument, das die Maßnahmen der staatlichen Administration durch eigene Unternehmen über die Flanken absichert und rechtstechnisch ergänzt.[98]

Die Ersetzung genereller Normen, durch welche die Exekutive bei willkürlichem und systemwidrigem Verhalten unmittelbar kontrolliert werden konnte, durch Generalklauseln und die Notwendigkeit fallrichterlicher und normenkontrollrichterlicher[99] Fortbildung des Verfassungsrechts sowie der verfassungskonformen Gesetzesauslegung bei der Rechtsfindung haben zur Folge, daß durch die Judikatur gerade des BVerfG (von den Verfassungsgerichten der Länder einmal abgesehen) die legislativen, zumindest dem Anspruch nach demokratisch legitimierten Instanzen der Kontrolle eines ›elitären‹, jedenfalls nichtdemokratisch legitimierten Repräsentativ-Organs unterworfen werden. In der gemischt-repräsentativen Verfassungswirklichkeit der Bundesrepublik schiebt sich – als Ersatz gleichsam für die verschwundenen Veto-Instanzen einer Zweiten Kammer oder der Krone – ein aristokratisches Element in den Vordergrund, beruhend auf Kompetenz, Sachverstand und Exklusivität, das den Staat »justizlastig« zu machen droht. Denn so wie sich staatliches Handeln im Verlauf dieser Entwicklung selber nicht mehr streng an die generelle Norm gebunden zu fühlen braucht (trotz Art. 20, Abs. 3 GG), weil in den Formen von Gesetz und Recht gleichwohl fallregulierende, maßnahmeähnliche Akte das staatliche Entscheidungshandeln dominieren[100], so werden erst recht die Restnormen über die Interpretationstechniken, Zugriffsgewohnheiten, hermeneutischen Auslegungskünste sowie über die im Zuge der jüngsten Topik-Restauration entwickelten juridischen Zurechnungsformen generell zur Disposition der judikativen Entscheidungsinstanzen gestellt.[101]

Wurden in der Ära der ›liberalen Amtsrichter‹ nur die Verordnungen der Exekutive daraufhin überprüft, ob sie sich innerhalb der Grenzen der gesetzlichen Delegation bewegten und auf gesetzliche Ermächtigung zu stützen vermochten – was zur Folge hatte, daß die Emanzipationsbestrebungen eines freihändlerisch eingestellten Bürgertums durch Ausschaltung obrigkeitsstaatlicher Übergriffe von der Rechtsprechung unterstützt wurden[102] –, so wird jetzt durch die gerichtliche Inzidentkontrolle und das verfassungsgerichtliche Verwerfungsmonopol die gesetzgeberische Tätigkeit der Legislative (in Bund und Ländern) prinzipiell auf die materiellen

Vorstellungsgehalte der Verfassung(en) hin bezogen, auf sie hin auch relativiert. Dadurch gerät aber der Gesetzgeber bzw. die gesetzesinitiative Regierung unter die verfassungsgerichtliche Kontrolle und Oberhoheit, zumal über die Inzidentkontrolle der Gerichte (Art. 100, Abs. 1) die ›Dritte Gewalt‹ sich gegenseitig in die Hände arbeiten kann, so daß beamteten Organen eine lückenlose Prüfungsbefugnis gegenüber den demokratisch legitimierten und politisch verantwortlichen Instanzen eröffnet wird, die noch dadurch verschärft wird, daß vorkonstitutionelles Recht überhaupt den Einzelgerichten zur Prüfung überlassen blieb (Art. 123). Erst recht löst die Rückbeziehung der materiellen Prüfungskompetenz auf der Verfassung vorgegebene (›vorstaatliche‹) Wertvorstellungen und naturrechtliche Grundsatzerwägungen[103] die positivistisch strenge Bindung der Rechtsprechungsorgane an die vorgängige Willenskundgebung der parlamentarischen Gesetzgebungskörperschaften auf und dehnt die Zugriffsmöglichkeiten verfassungsgerichtlicher Rechtsprechung gegenüber staatlichem Hoheitshandeln noch weiter aus, insofern die Kontrolltätigkeit des BVerfG zu gewährleisten hat, daß das Entscheidungshandeln der aktiven politischen Instanzen nicht nur nach formell-rechtlichen, sondern ebenso nach materiell-rechtlichen Gesichtspunkten beurteilt wird.

In dieser Konstellation besteht das politisch folgenreiche Dilemma der verfassungsgerichtlichen Kontrolle darin, daß zwar die strittigen Gesetze (bei Inzident- und abstrakter Normenkontrolle) am Maßstab des Grundgesetzes zu messen sind (auch regelmäßig gemessen werden), daß aber zu solchen Zwecken der Vergleichbarkeit und des Maßnehmens die in seinen Vorschriften artikulierten Willensäußerungen als politische Formelkompromisse nicht ohne weiteres einer eindeutigen und unkontroversen Auslegung sich anbieten, soll nicht gerade ihr spezifischer Charakter verlorengehen. Wildenmann unterstreicht daher zu Recht, daß, sollte das Rollenverständnis der gegenwärtig handelnden Akteure in unabhängigen Institutionen wie dem BVerfG zu den ursprünglichen Motiven ihrer Schöpfer differieren, die Annahme ihrer Identität »keineswegs selbstverständlich«[104] ist.

Wer den Willen eines politischen Organs (sc. des ›einfachen‹ Gesetzgebers oder des historischen Verfassungsgesetzgebers) zu erkunden, darzustellen, auszulegen und nutzanwendend zu interpretieren hat, erst recht, wenn der Versuch sich argumentativ begründet, sei es historisierend oder in dezisionistischer Manier, der handelt politisch konkret in einem Argumentations- und Entscheidungszusammenhang, der durch spezifisch voluntative Momente der Intensivierung und Selektion gekennzeichnet ist, die sich ihrerseits zur Allgemeinheit des Rechtssatzes durchaus beliebig verhalten können.

Der möglichen Interpretationsherrschaft über das Gesetz wurde in den juristischen Methodenlehren zwar immer schon Rechnung getragen durch die Anerkennung und systematische Durchsetzung von Rechtsfindungsregeln wie ›Güterabwägung‹, ›Verhältnismäßigkeit der Mittel‹, ›Ermessensspielraum‹ oder auch, zur Versüßung der Pille, richterlichen *»self-restraint«* usw. Dadurch wurde eine gewisse Breite von richterlicher Entscheidungsfreiheit und folglich auch Entscheidungskompetenz erarbeitet, die als die ›normale‹ Abweichungsmarge vom intendierten Sinn des Gesetzes und der in ihm enthaltenen Obersätze gelten durfte. In diesem toten Winkel konnte dann das subjektive Rechtsgefühl der Rechtsanwendenden eine theoretisch wie praktisch ungeklärte Schmarotzerexistenz fristen, die notdürftig als solipsistischer Zustand ideologisiert wurde.

»Das Bild vom ›Hin- und Herwandern des Blickes zwischen Obersatz und Lebenssachverhalt‹ (Karl Engisch, *Logische Studien zur Gesetzesanwendung*, 3. Aufl., Heidelberg 1963, S. 15) ist kennzeichnend hierfür. Der Richter findet aber sein Urteil nicht in Klausur vor einem Text oder physikalischen Ereignis; er befindet sich – auch wenn er noch so regungslos dasitzt – in einer [. . .] *Handlungssituation*, in der kommuniziert und argumentiert wird. In einem Prozeß werden kaum *deduktive* Argumente (Syllogismen), vielmehr *kommunikative Argumente* vorgetragen, mit denen die Überzeugung anderer getroffen werden soll – und das Gesetz ist nur eine unter zahllosen Argumentations-Instanzen, auf die man sich beruft, um eine Meinung zu begründen.«[105]

Der Rechtsanwendende ist alles andere als ein isoliertes soziales Atom, auch nicht frei von spezifischen oder unspezifischen Beweggründen und Erwartungen, sondern von kollektiven Vorstellungen seiner Bezugsgruppe ebenso affiziert wie von allgemein gültigen Standards geprägt, die um so präziser funktionieren, je umstandsloser sie abweichendes, rechtsverletzendes Verhalten signalisieren.

Nicht nur bieten sich die streitigen Normen, die das BVerfG an den Prinzipien und Wertvorstellungen der Verfassung zu überprüfen und zu messen hat, infolge ihrer inhaltlichen Unbestimmtheit den intentional-selegierenden Handlungspräferenzen des Gerichts ihrerseits als kontroverse an, die Erwartungen selber, die durch seine Interpretationen strukturiert und eindeutig befriedigt werden sollen, richten sich als konfligierende auf die Lösung von Konflikten. Die Situation, in der das Gericht also tätig zu werden hat, ist durch allseitige Multivalenz der Normen gekennzeichnet. Die oft zu beobachtende Inkonsistenz seiner Rechtsprechung hat darin seinen Grund.[106] Mit Hilfe des Verbots der Veröffentlichung von *dissenting-opinions* konnte es allenfalls kurzfristig gelingen, seine Judikatur mit der Aura einer Scheinkonsistenz ideologisch zu verbrämen. In Wirklichkeit setzen sich die gesellschaftlichen Widersprüche, als deren Ausdruck und zu deren Bewältigung Rechtsnormen fungieren, in der Widersprüchlichkeit ihrer Interpretation als multidimensionaler, präskriptiver Handlungsalternativen sowie in den divergierenden Ansichten ihrer richterlichen Interpreten fort. In Abwandlung einer Paraphrase von Adolf Arndt, daß unter dem Grundgesetz nicht mehr ›Staat‹ sein könne, als die Verfassung hergibt, läßt sich daher auch vom BVerfG behaupten, daß es schwerlich vollkommener zu sein vermag, als der Politik- und Demokratiebegriff es zuläßt, der dem Grundgesetz zugrunde liegt und der den politischen Kräften der Gesellschaft zur theoretischen und praktischen Entfaltung in stetiger Auseinandersetzung überantwortet bleibt oder aber verkümmern muß, sollten diese versuchen, ihn in restriktive Bedingungen einzuschnüren.

VI.

In die institutionalisierte Verfassungsgerichtsbarkeit ist ein doppelter Selektionsmechanismus zur Vermeidung »autoritätsverzehrender Überanstrengung«[107] ihrer Geltungsautorität eingebaut: einmal haben die aktiven politischen Instanzen initiativ tätig zu werden, bevor das BVerfG seinerseits aktiv werden kann[108], zum anderen treffen deren Bedürfnisse nach ›Rechtsprechung‹, d. h. nach Klärung und Durchsetzung ihrer kontroversen politischen Zielvorstellungen, in Konkurrenz zu anderen Betroffenen, auf die vom BVerfG qua authentisches Rechtsprechungsorgan entwickelten justizförmigen Selektionsraster. Die durch die aktiven politischen Instanzen artikulierten Bedürfnisse sind dabei anzusehen als die *»inputs«* jenes Rechtssuche- und Rechtsfindeprozesses, den die Entscheidung des BVerfG letztinstanzlich zu beenden hat. Wer derartiges ›Rohmaterial‹ rechtsförmig zu verarbeiten, Erwartungs-*»inputs«* in systemkongruente Erfüllungs-*»outputs«* umzusetzen hat, reagiert aktiv und zugleich kontrollierend auf rational kalkulierte Erwartungen, die er seinerseits den eigenen Beurteilungskriterien unterwirft. Rational unüberprüfbare ›Wertvorstellungen‹, auch der Bundesverfassungsrichter, sind jedoch primär deren standes- und klassengebundene, jedenfalls funktional verwertbare Vorurteile.[109] Sie staffieren die konkrete Handlungssituation jeweils mit metajuristischen Kommunikationsmustern aus, die über gruppenspezifische Leitvorstellungen und Erwartungen gesellschaftspolitisch affiziert sind. Bei der Analyse der Kontrollfunktionen (-leistungen) des BVerfG kommt es daher ebensosehr darauf an, zu erläutern, in welcher Weise seine Regulativfunktionen *präventiv* auf verfahrensrechtlich und gesetzlich ausgegrenzte (zu erwartende) Konfliktmöglichkeiten bezogen worden sind, wie darauf, in welcher Weise *aktuelle* Risiken bewältigt werden, und zwar mit Hilfe von Beurteilungskriterien, die primär vom Selbstverständnis und dem spezifisch normativen Politikbegriff der betreffenden Funktionsgruppe abhängen.[110]

Mit Hilfe derartiger Auswahl- und Gewichtungskriterien wird es möglich, bestimmten politischen Intentionen, seien sie zentral oder peripher, funktionale Unentbehrlichkeit zur Reproduktion des gesellschaftlich-politischen Systems offziell zu bescheinigen, woraus zu deren Gunsten nicht nur erhöhtes Prestige, sondern auch präferentielle Subventionierung, d. h. erhöhte Wirkungsmöglichkeiten resultieren, die dysfunktionale Gruppen und Bedürfnisartikulationen vom politischen Markt ausschließen, so daß die bereits vorhandenen Disparitäten der gesellschaftlichen Kräfte und Lebensbereiche durch explizite richterliche Rangabstufung kumulativ verstärkt und zugleich befestigt werden. Daß bestimmte ›Kategorien‹, gemessen am Entscheidungsideal des BVerfG, seinem normativen *eidolon*, qua dysfunktionale ›unterbewertet‹ werden, ist dann ein Grund und Vorwand mehr, ihnen in sublimer Verkehrung des Kausalnexus auch de facto politische Irrelevanz zu unterstellen.

Die Verfassungsgerichtsbarkeit läßt sich in der Tat nicht nur unter dem Gesichtspunkt behandeln (er mag noch so ergiebig sein), welchen verwertbaren, legitimierenden Beitrag sie zur Bestandserhaltung des politischen Systems in der Bundesrepublik – unter Verzicht auf die Analyse der sozialstrukturellen Machtverteilung bei deren Entstehung und der damit ex tunc legitimierten Herrschaftsverhältnisse – leistet, sondern auch unter dem Aspekt, wie und auf welchen Wegen (der Interpretation und der inhaltlich normierenden, d. i. selegierenden, Kontrolle) der Judikativsouverän auf die Verteilung von sozialen, verfassungspolitisch vertretbaren Einflußchancen, d. h. auf die Veränderung des sozio-ökonomischen Datenkranzes gestaltend einwirkt bzw. welche politischen Bedürfnisartikulationen von ihm unterdrückt werden.[111]

Zu analysieren wären daher vor allem die mit der Institution des BVerfG verknüpften Selektivitätskriterien und die über sie mittelbar zustande kommenden Privilegierungen bzw. Unterprivilegierungen. Wenn nach der Selektivitätsleistung der Verfassungsgerichtsbarkeit in der Bundesrepublik gefragt wird, dann müßte vorab nachgewiesen werden, welche Bedürfnisartikulationen bevorzugt die Chance erhalten, durch gerichtliche Entscheidung zu ihren Gunsten Folgewirkungen zu zeitigen, die den Datenkranz für zukünftige Entscheidungen der exekutiven und administrativen Instanzen neu definieren und potentielle Konfliktsituationen neu umschreiben, welche hingegen unterdrückt werden. Die in die gesellschaftlichen Institutionen eingelassenen Disziplinierungsmechanismen wirken sich erst auf der Ebene der Selektionsvornahme repressiv aus. Das juridisch vermittelte und sedimentierte Normensystem samt den an es geknüpften sozialen Sanktionen ist das eigentlich integrative Zwangssystem, das den gesellschaftlichen Leistungs- und Entfremdungszusammenhang als Sphäre politischer Herrschaft ideell konstituiert und normativ abzirkelt.[112]

Von analytischem Erkenntniswert ist jedoch nicht nur die Frage nach den vom BVerfG verwandten, seinen Judikaten zugrunde liegenden konstitutiven Interpretationskriterien hinsichtlich deren Herkunft sowie der Richtung, in die sie zielen, sondern auch eine Erörterung der soziologischen Dimension der Rekrutierungsbasis der Verfassungsrichter als einer speziellen Funktionsgruppe im Rechtsstab des allgemeinen Justizapparates.[113]

Weil von Bedeutung ist, welche Personengruppen die institutionell verankerten Positionen über welche Karrierewege besetzen, aus welchen Schichten sie sich rekrutieren und welches die ausschlaggebenden sozialen und sozialpsychologischen Merkmale sind, die sie als die ›richtigen‹ Positionsinhaber qualifizieren, warum demgegenüber anderen, andersartig qualifizierten Gruppen der Zugang zu ihnen versperrt bleiben muß[114], deshalb ist die Frage nach den in gesellschaftlich privilegierte Positionen einrückenden und via Institutionen herrschenden Gruppen alles andere als beiläufig. Mögen es auch solche nicht sein, die sich auf ökonomische Privilegierung unmittelbar berufen können, so verfügen doch auch sie als unentbehrliche Funktionsträger über exklusive Herrschaftspositionen, in denen sie gesellschaftliche Macht ›funktional‹ verwalten, insofern sie zusammen mit anderen Funktionsträgern im Größenmaßstab von Überlebenschancen und -wahrscheinlichkeiten des gesamten gesellschaftlichen Systems dessen (und ihre) Zielintentionen verfolgen und sozialwirksam durchzusetzen vermögen.

Voraussetzung dafür ist die undiskutiert hingenommene Geltung eines allgemeinen Konsensus, wie ihn die öffentliche Meinung reflektiert und der vorab der Konsensus der herrschenden Funktionseliten selber ist, die ihrerseits über die Medien und Institutionen zu seiner Beeinflussung und zur Sicherstellung seiner Geltungsdauer verfügen.[115] Zu definieren wäre er als jener technokratisch getönte, an der Erhaltung eines funktionstüchtigen sozio-ökonomischen Leistungssystems interessierte *esprit de corps*, aus dessen vorgegebener Struktur sämtliche Funktionseliten[116] ihr Selbstverständnis beziehen und der ihren Begriff von politischem Prozeß bestimmt, in dem sie selbst, wenn auch mit unterschiedlichen *»inputs«* und unterschiedlicher Intensität, die entscheidenden

Variablen darstellen.[117]

Daß über die Verfassungsgerichtsbarkeit das semi-demokratische Repräsentativsystem der Bundesrepublik um eine elitistische Variante mehr erweitert wird, läßt sich erläutern an der Qualifizierung des BVerfG als kompetentes, nicht jedoch als koompetitives Organ. Zwar gibt es auch in ihm, wie in allen Institutionen, eine Rivalität der ›Stellen‹, der Senate beispielsweise untereinander, die sich meist in internen Auseinn rsetzungen um Geschäftsordnungen und Neufestsetzung von Geschäftsverteilungsplänen entlädt, auch den offeneren Frontverlauf zwischen dem Gericht und anderen Verfassungsorganen[118]; dennoch handelt es sich bei ihnen als Funktionsträgern innerhalb des staatlichen Regulierungszusammenhanges um in sich gleichartige, relativ homogene Letztinstanzen, die eine Zentralisierung und Verdichtung von Sachlegitimation für sich in Anspruch nehmen können, die – auf der gleichen Kompetenzebene – von keiner anderen, ebenso bürokratisierten Zentralanstalt erreicht wird und folglich mit Gegenstrategien nicht weiter mehr auskonkurrenziert werden kann.[119]

Die Legitimation der Verfassungsrichter einzig durch Kompetenz (und indirekte Wahl) macht es möglich, das Koordinatensystem der demokratischen Rückkoppelung an Wählerstimmen und innerparteiliche Oligarchien, um die geworben werden muß, weil sie die bestimmenden Variablen im Nutzen- und Gewinnkalkül der parteipolitisch gebundenen Politiker darstellen, zu überspringen und ein elitäres an dessen Stelle zu setzen: das der juridischen Kompetenz und Berufskarriere im System der Dritten Gewalt.[120] Wäre das BVerfG nichts weiter als eine Art redaktionelles Hilfskomitee, das den rechtstechnischen Dilettantismus der unter Zeitdruck handelnden und weniger kompetenten legislativen Organe im Wege der Normenkontrolle sozusagen *ex post* zu korrigieren und auf Systemgerechtigkeit umzumodeln hätte, eine einseitig positiv-rechtliche Spezialisierung des Verfassungsrichters in spe würde kaum als ein Manko empfunden, das seinen Karriereabsichten auf eine Planstelle am Karlsruher Gericht unter Umständen abträglich sein könnte. So aber leistet der Formulierungshelfer zugleich Gedankenhilfe. Infolgedessen wird die Befähigung zur höchstrichterlichen Streitentscheidung bei allen Verfassungsrichtern, vor allem aber bei den sogenannten Berufsrichtern (§ 4,1; vgl. auch § 3,2 BVerfGG), an einen sozialen Status geknüpft, der in einer Art Rotationsverfahren durch andere Rechtsbereiche hindurch erworben werden muß. Die dort geübten und verinnerlichten Kontrollfunktionen, die sich individualpsychologisch als gesteigerte Selektionsfähigkeit und Selektionsbereitschaft umsetzen und so die objektive Befähigung des Richters für das höchste Amt der bundesrepublikanischen Justizkarriere abgeben, kommen der Notwendigkeit einer zentral vereinheitlichenden Rechtsprechung durch das BVerfG besonders zugute. Die Beherrschung auch der übrigen Rechtsmaterie bietet hinreichende Garantien, den Kontrolleistungen von ›Recht‹ und seinen verschiedenen Untersystemen zu genügen, ist jedenfalls Grund genug, die darin spezialisierte Personengruppe in die engere Auswahl aufzunehmen. Dieser Selbstselektionsprozeß innerhalb der juristischen Ausbildung und ihres informellen Karrierekanons wird schließlich durch den fachpolitischen Zugriff der Richterwahlausschüsse (und des Proporzdenkens) noch verstärkt.

In der Tat lassen sich bestimmte Auswahlkriterien vor und anläßlich der Bestallung von Verfassungsrichtern als relativ grobe Raster zur Reglementierung politischer Einflußchancen beschreiben.[121] Daß die Verfassungsrichter vertiefte Kenntnisse auf anderen Rechts- und Lebensgebieten zu ihren Gunsten reklamieren können (in der ursprünglichen Fassung des § 3, 2 BVerfGG: daß »sich die Richter durch besondere Kenntnisse im öffentlichen Recht auszeichnen und im öffentlichen Leben erfahren sein müssen«), läßt sich zwar leicht als ›Gewinn‹ interpretieren, der ihrem Erfahrungshorizont und der realitätsgerechten Einschätzung der zu lösenden Kontroverssachverhalte zugute kommt[122], objektiv jedoch vollzieht sich über die Auswahlmechanismen einer so ausgestalteten Justizkarriere ihre offizielle Bestätigung und Bestallung zu republikanischen Großinquisitoren.

Mag es noch so viele Disproportionalitäten und individuelle Unterschiede (hinsichtlich Temperament, politischen Zielvorstellungen usw.) unter den Richtern des BVerfG geben, die sich möglicherweise auch in der Inkonsistenz seiner Rechtsprechung bemerkbar machen, die Einheitlichkeit ihres Interessenstandpunktes wird – dessen ungeachtet – über die impliziten Voraussetzungen ihrer judiziellen Funktionen sowie über gleichartige Prozesse ihrer sekundären Sozialisation zustandegebracht und zementiert. In der Regel werden Funktionseliten, erst recht, wenn sie sich aus relativ homogenen Schichten rekrutieren, einer systemadäquaten Ausbildung unterworfen, in deren Verlauf funktionale Auswahlkriterien als konstitutive verinnerlicht werden, denen die Rolle von präskriptiven Handlungsanleitungen zufällt, aus deren Zwängen auszubrechen dem Individuum nur um den Preis schwerwiegender persönlicher Nachteile und gesellschaftlicher Isolierung möglich sein dürfte.

Daß über dem Horizont der Verfassungsgerichtsbarkeit und der von ihr getragenen Rechtsprechung das alte Gespenst der Klassenjustiz in neuartiger Verkleidung auftaucht, ist mehr als bloße Fata Morgana. Es hat den Anschein, als ob in den Streitigkeiten vor dem BVerfG, gleichwohl in sublimierter Gestalt, die Klassenlagen als konfligierende Bewußtseinslagen und als unterschiedlich strukturierte Mentalitätsmuster wiederkehrten, um im Medium symbolischer Rechtfertigung dynamische historische Prozesse zu legitimieren und/oder zu stornieren.[123] In der (Interpretations-)Herrschaft des verfassungsgerichtlichen (letztinstanzlichen) Funktionsbereiches über alle anderen Funktionsträger (›Gewalten‹) bildet sich so eine neuartige (funktionale) Klassenstruktur ab, die sich nicht unmittelbar mehr als Reflex ökonomisch bestimmter Klassenverhältnisse begreifen läßt.[124]

Gleichwohl kann die Frage nach den privilegiert herrschenden gesellschaftlichen Gruppen in einer demokratischen Gesellschaft, die dieses Problem entwicklungsgeschichtlich und intentional im Sinne einer Minimierung, d. i. Bändigung, der expliziten Herrschaftsgewalt »gelöst« hat: in ihr soll bloß die abstrakte Gewalt, die Verfassung, herrschen, gleichsam nur noch in ihrer spiegelverkehrten Fassung gestellt werden. Die erwähnten formalen und inhaltlichen Selektivitätskriterien sind ihrerseits bestimmte Momente eines gesamtgesellschaftlichen Disziplinierungszusammenhanges, in dem die Frage nach der Verwendung von Judikativorganen als Herrschaftsinstrumenten zur Durchsetzung von partikularen Interessen, die ihrerseits *vorpolitisch* konstituiert sind, sekundär geworden ist.[125]

Demgegenüber gewinnt die Frage zunehmend an Bedeutung, welche politischen Kontrollen über die verfassungsgerichtliche Letztinstanz und seine Judikatur mittelbar in das kulturelle Normensystem des Rechts und die politische Rechtsordnung transformiert werden und wie es möglich ist, daß diese Kontrolltransformation Geltung für sich zu beanspruchen und Geltungsglauben schließlich nach sich zu ziehen vermag.

Innerhalb des gesellschaftlichen, politisch vermittelten Reglementierungssystems, in dem die durch Institutionen übermittelten Gratifikationen je nach Wohlverhalten und Strafen nach dem Grad der Abweichung vom allgemein akzeptierten, mittleren Verhaltenslevel ausgeteilt werden, wirkt die Verfassungsgerichtsbarkeit (als Teil des Ordnungsgaranten Justiz) auf spezifische Weise: Durch die Erzeugung integrativer Symbole und deren Verbindlichkeitserklärung zu handlungsanleitenden Orientierungshilfen für politisches Entscheidungshandeln wirkt sie nicht nur an der Erzeugung von Massenloyalität mit – das besorgen vor allem die Apparate der politischen Parteien und die ihnen affiliierten Massenmedien –, sie betreibt vor allem die Sicherstellung von Legitimität. Durch die Erweckung von Geltungsglauben gegenüber der vorgegebenen und für verpflichtend erklärten Ordnung und deren aktiv handelnden Repräsentanten, seien es die demokratisch gewählten oder die auf Grund von erworbenem sozialen Status, also kompetenzgerecht in ihre Positionen einrückenden Funktionsgruppen, reduziert das BVerfG soziale Komplexität[126] in einer Weise, daß es mehr auf die *symbolische* Verifizierung geglückter Konflikt- und Problemlösungen ankommt als auf tatsächlich hergestellte ›billige‹ Gerechtigkeit.[127]

Nicht nur wird durch verfassungsgerichtliche Tätigkeit im Zuge von Streit-Entscheidungen die Konfliktschwelle jedesmal auf ein erträgliches Maß wieder herabgesetzt[128] und Konflikt-Latenz reduziert; sie garantiert die Leistungskapazität des politischen Systems auch dadurch, daß sie die Prozesse der Elitenzirkulation und Elitenkonfrontation vom autoritätsverzehrenden, permanenten Legitimationsdruck entlastet. In dieser Perspektive, diesseits der durch verfassungsgerichtliche Rechtsprechung sanktionierten Linie legitimen Handelns, erweisen sich die materiell-rechtlichen Vorschriften der Verfassung allererst als verfahrensrechtliche (funktionale) Normierungen, um die Verlaufsprozesse des politischen Machtkampfes homologer Funktionseliten gesamtgesellschaftlich ins Gleichgewicht zu bringen, ohne daß es darüber zu systembedrohenden Konflikten kommt.[129]

Infolgedessen zeigt sich die verfassungsgerichtliche Judikatur – vor allem wenn sie die Prinzipien des *»self-restraint«* streng beachtet – notwendigerweise primär an der Erhaltung und Bewahrung der vorgegebenen Verteilungsstruktur der politischen Einflußchancen interessiert. Daraus ließe sich mit einiger Berechtigung eine inhaltliche Parallele ziehen zu den Verhältnissen während der Weimarer Republik, über die Franz Neumann befand: »Die Anerkennung des richterlichen Prüfungsrechts war dazu bestimmt, die bestehende Sozialordnung zu sanktionieren. Eine Analyse aller Entscheidungen, die das Prüfungsrecht bejahen, zeigt dies deutlich.«[130]

Ob es nach diesem Befund noch angebracht sein kann, dem »gut funktionierenden« Karlsruher Gericht durch *Schweigen* Reverenz zu erweisen, weil es um die Verfassungsgerichtsbarkeit in der Bundesrepublik angeblich gut steht[131], darf füglich bezweifelt werden. Schließlich ist das Medium der wissenschaftlichen Analyse die *Sprache der Kritik.*

Anmerkungen

1 Karl Loewenstein, *Political Power and the Governmental Process,* University of Chicago Press 1957 (dt.: *Verfassungslehre,* Tübingen 1959, S. 110).

2 Vgl. Otwin Massing, *Recht als Korrelat der Macht? Überlegungen zu Status und Funktion der Verfassungsgerichtsbarkeit,* in: Schäfer/Nedelmann, *Der CDU-Staat. Analysen zur Verfassungswirklichkeit der Bundesrepublik,* 2. erweiterte Auflage (*edition suhrkamp* Nr. 370), Frankfurt 1969, S. 211–258.

3 Gegen eine erneut drohende begriffsjuristische Einengung der Rechtswissenschaft wird dies ausdrücklich gefordert von Rudolf Wiethölter, *Anforderungen an den Juristen heute,* in: Rudolf Wassermann (Hrsg.), *Erziehung zum Establishment. Juristenausbildung in kritischer Sicht,* Karlsruhe 1969, S. 3 ff. (10 f.). Dort heißt es: »Rechtstheorie in einer politischen Gesellschaft ist *politische Rechtstheorie.* Politische Rechtstheorie ist die aus kritischer Empirie und Reflexion zu gewinnende und auszuführende Gesellschaftstheorie. Anforderungen an den modernen Juristen heute sind mithin insoweit: eine Mitarbeit an sozialer und politischer Theorie wie an den notwendigen Veränderungen der politischen Verhältnisse und politischer Pra-

xis«. (S. 19); und an anderer Stelle: »[...] juristische Arbeit ist Teil der an politischer Theorie orientierten politischen Praxis« (S. 25). –

Wiethölters abstrakte Hoffnung auf »Entzauberung durch Aufklärung« ist freilich nicht minder idealistisch und dem politischen Prozeß äußerlich, zumal die konkreten Vermittlungsmechanismen nicht reflektiert werden, wie die Positionen, gegen die er sich wendet, wenn auch weniger unmittelbar und ungeschützt dem Ideologieverdacht ausgesetzt. Bereits in seinem Buch *Rechtswissenschaft. Funkkolleg 4* (Frankfurt/M. 1968) hatte er eine selbstkritische Position des problematisierten Unbehagens vertreten, aufgrund der er den »lag« des rechtswissenschaftlichen Bewußtseins zu beklagen, nicht jedoch über die immanente Kritik an der Disziplin hinauszugehen vermochte. Ausgehend von der Diskrepanz zwischen der empirischen Erfahrungswelt, wie sie die sozialwissenschaftlichen Orientierungswissenschaften vermitteln, und der ›ideellen‹ Wert- und Vorstellungswelt der herrschenden Auffassung von ›reiner‹ (Rechts-)Wissenschaft, verknüpfte er die Bestandsanalyse der Rechtswissenschaft mit einer Ideologiekritik, die sich vordergründig wieder zu beruhigen schien. »Die Rechtswelt befindet sich insgesamt in *selbstverschuldeter Unmündigkeit.* Ausgang aus dieser Unmündigkeit ist – nach *Kant* – Aufklärung. [...] Für das Recht ist es mithin lebenswichtig, besser: überlebenswichtig, zu sehen oder sich zeigen zu lassen, wo die wesentlichen Ursachen seiner Unmündigkeit sowie seiner Hemmungen und Widerstände gegen Aufklärung liegen« (S. 28).

Wiethölter argumentiert unter dem Denk-Druck der funktionskritischen Sozialwissenschaften. Deshalb fordert er: *»Entzauberung der Rechtswelt,* Götter- und Götzendämmerung, Entmythologisierung, um des Menschen und deshalb auch ›des‹ Rechts [sic!] willen, sowie *Besinnung auf das Feld,* das vom Recht bestellt werden kann« (S. 26). Sozialwissenschaftlich informiert, steuert er auf eine stromlinienförmige Anpassung des Rechts an die empirischen Befunde der modernen Lebenswelt und der die Wissenschaft von ihm konstituierenden Bewußtseinsformen zu. Motiviert wird diese technokratische Variante einer kritischen Rechtswissenschaft von einem abstrakten demokratischen Humanismus, der sich zu seinen Basiswerten dezisionistisch bekennt, ohne sie in einen umfassenderen argumentativen Zusammenhang zu bringen und als Problem der rechtswissenschaftlichen Optik selber noch einmal zu reflektieren. »Recht kann unpoetische, demütige, ehrliche, oft hilflose, tränenreiche, immer aber letztlich unzulängliche und erdenschwere *Beiträge* leisten, eine brauchbare, auf ›Gerechtigkeit‹ und ›Vernunft‹ zielende Friedensordnung für jedermann hier und jetzt zu verwirklichen, nicht hingegen sollte Recht beteiligt sein an der Opferung von Menschen heute ...« (S. 26).

Die Position des kritischen Realismus läßt zwar das Recht humaner, aber auch funktionstüchtiger werden: es kann jetzt noch ›bewußter‹ eingesetzt werden. Über die bewußte Formierung der Kader des Rechtsstabes avanciert die Rechtswissenschaft zu einer Sparte der gesellschaftlich nützlichen (arbeitsteiligen) ›Arbeitswissenschaften‹, versteht sie sich als Teil gesellschaftlich aufgeklärter Praxis. Es ist kein Zufall, daß Wiethölter, wenn er analytisch argumentiert, seine Appelle immer wieder an die eigene Bezugsgruppe adressiert. Über eine immanente Kritik des Rechtsbetriebs und seiner mangelnden (blinden) Angepaßtheit gelangt er infolgedessen kaum hinaus. Rechtspolitik versteht sich in dieser Hinsicht als Instrument des gesamtgesellschaftlichen Rationalisierungs- und Modernisierungsprozesses. Weniger auf die Funktionen des Rechts in der modernen, »nachemanzipatorischen« Gesellschaft gerichtet als auf die »lags« im Verhältnis zu den übrigen Sozialwissenschaften, gilt die Modernität eines ›emanzipierten‹ Rechts (und einer ›aufgeklärten‹ Rechtswissenschaft) als Wert an sich. Wird Recht qua Bestandteil der Kulturordnung als notwendig angesehen, nicht nur als Form, sondern als Inhalt begriffen, dann wird auch die Herrschaft selber als notwendiges Konstituens hypostasiert und zur gesellschaftlichen Naturkonstante verzaubert.

Aufklärung jedoch hätte das Datum ›Recht‹ und dessen Funktionen noch einmal zu hinterfragen und sich des gesellschaftlichen Zwangssystems, dessen Formen es abbildet, kritisch zu vergewissern. Von einer kritischen, nicht nur Theoreme der modernen Sozialwissenschaft adaptierenden Rechtswissenschaft wäre die Fragestellung in den Mittelpunkt ihres Erkenntnisinteresses zu rücken, warum es des Rechts als einer kulturellen Zwangsordnung überhaupt bedarf. –

Im übrigen hat es den Anschein, als kehrten über die von Wiethölter prononciert vertretenen Positionen Fragen des »Republikanischen Richterbundes« in abgewandelter Form wieder, wie sie bereits in dessen Zeitschrift *Die Justiz* in den Jahren nach 1925 problematisiert waren. Damals hatte in der ersten Nummer der neuen Zeitschrift Hugo Sinzheimer, als er für eine einheitliche Rechtsauffassung plädierte, in der öffentlich-rechtliche und privatrechtliche Gesichtspunkte ineinander aufgehen sollten, die Absichten der Redaktion programmatisch formuliert: »Nur wenn in diesem umfassenden Sinn die juristische Anschauung sich loslöst von einer nur technischen Einstellung, ist zu erwarten, daß der Jurist seine hohe soziale Funktion erfüllen kann, die darin besteht, den tiefsten Fundamenten des Gemeinschaftslebens Halt, Form und Sicherheit zu geben. Neben der Rechtskenntnis fordern wir Rechtserkenntnis und Rechtsgestaltung. [...] *Die neue Zeit will neue Juristen*« (in: Fraenkel/Sinzheimer, *Die Justiz in der Weimarer Republik. Eine Chronik.* Mit einer Einführung von Otto Kirchheimer, herausgegeben von Thilo Ramm, Neuwied 1968, S. 21 f.).

Tatsächlich taucht der Sinn, der »kritisch und positiv ist« (a.a.O., S. 23), bei Wiethölter als revenant wieder auf.

4 Vgl. vor allem Talcott Parsons, *Essays in Sociological Theory*, rev. ed., Glencoe Ill. 1954 (dt.: *Beiträge zur soziologischen Theorie*, herausgegeben und eingeleitet von Dietrich Rüschemeyer, Neuwied 1964); ders., *The Pattern Variables Revisited*, in: *Am. Soc. Rev.*, Bd. 25, 1960, S. 467 ff.; David Easton, *A Framework of Political Analysis*, Englewood Cliffs, N. J., 1965; Gabriel A. Almond/Sidney Verba, *The Civic Culture. Political Attitudes and Democracy in Five Nations*, Princeton, N. J., 1963; Walter Buckley, *Sociology and Modern Systems Theory*, Englewood Cliffs, N. J., 1967; ders. (Hrsg.), *Modern Systems Research for the Behavioral Scientist*, Chicago 1968; vgl. außerdem den literaturkritischen Überblick von Wolf-Dieter Narr, *Theoriebegriffe und Systemtheorie*, Stuttgart 1969, bes. Teil II.

Im übrigen ließen sich interessante Parallelen ziehen zwischen dem Systembegriff des integrationistischen Ansatzes und dem Begriff der gesamtgesellschaftlichen Totalität, der als Basiskategorie der ›kritischen Theorie‹ anzusehen ist. »Ohne die Antizipation jenes strukturellen Moments, des Ganzen, das in Einzelbeobachtungen kaum je adäquat sich umsetzen läßt, fände keine einzelne Beobachtung ihren Stellenwert. [...] Totalität ist in den demokratisch verwalteten Ländern der industriellen Gesellschaft eine *Kategorie der Vermittlung*, keine unmittelbarer Herrschaft und Unterwerfung. [...] Die gesellschaftliche Totalität führt kein Eigenleben oberhalb des von ihr Zusammengefaßten, aus dem sie besteht. Sie produziert und reproduziert sich durch ihre einzelnen Momente hindurch. [...] So wenig aber jenes Ganze vom Leben, von der Kooperation und dem Antagonismus seiner Elemente abzusondern ist, so wenig kann irgendein Element auch bloß in seinem Funktionieren verstanden werden ohne Einsicht in das Ganze, das an der Bewegung des einzelnen selbst sein Wesen hat. System und Einzelheit sind reziprok und nur in ihrer Reziprozität zu erkennen« (Th. W. Adorno, *Zur Logik der Sozialwissenschaften,* wieder abgedruckt in: Adorno/Dahrendorf u. a., *Der Positivismusstreit in der deutschen Soziologie,* Neuwied 1969, S. 127. Hervorhebung von mir, O. M.).

5 Anatol Rapoport, *Allgemeine systemtheoretische Analysen bei der Behandlung soziologischer Probleme,* in: Leopold Rosenmayr/Sigurd Höllinger (Hrsg.), *Soziologie. Forschung in Österreich. Methoden, theoretische Konzepte, praktische Verwertung,* Wien-Köln-Graz 1969, S. 117–131 (117).

6 Niklas Luhmann, *Moderne Systemtheorien als Form gesamtgesellschaftlicher Analyse,* in: *Spätkapitalismus oder Industriegesellschaft,* Verhandlungen des 16. Deutschen Soziologentages, Stuttgart 1969, S. 253–266 (259).

7 So u. a. Erich Kaufmann/Martin Draht, *Die Grenzen der Verfassungsgerichtsbarkeit,* in: *Veröffentlichungen der Vereinigung der Deutschen Staatsrechtslehrer,* Heft 9, Berlin 1952.

Von rechtspolitisch interessierter Seite scheint neuerdings die Erkenntnis lanciert zu werden, daß als immanente Grenze der Verfassungsgerichtsbarkeit die »Erhaltung der Funktionsfähigkeit des Staatsganzen« (Peter Wittig, *Politische Rücksichten in der Rechtsprechung des Bundesverfassungsgerichts?,* in: *Der Staat,* 8. Band, 1969, H. 2, S. 137-158 (149)) vorrangig Berücksichtigung verdiene. Vgl. außerdem Hans H. Klein, *Bundesverfassungsgericht und Staatsraison. Über Grenzen normativer Gebundenheit des Bundesverfassungsgerichts,* Frankfurt/M. 1968. – Die (rechtspolitischen und -systematischen) Konsequenzen dieser Umorientierung sind im Augenblick kaum schon abzuschätzen.

8 Vgl. dazu Niklas Luhmann, *Grundrechte als Institution. Ein Beitrag zur politischen Soziologie,* Berlin 1965, vor allem Kap. 9: *Theorie der sozialen Differenzierung;* ferner Claus Offe, *Politische Herrschaft und Klassenstrukturen. Zur Analyse spätkapitalistischer Gesellschaften,* in: Kress/Senghaas (Hrsg.), *Politikwissenschaft. Eine Einführung in ihre Probleme,* Frankfurt/M. 1969, S. 155-189.

9 Vgl. das Gemeinschaftsreferat von Joachim Bergmann, Gerhard Brandt u. a., *Herrschaft, Klassenverhältnis und Schichtung,* in: *Spätkapitalismus oder Industriegesellschaft,* a.a.O., S. 67 ff.; ebenso Claus Offe, a.a.O.

10 Vgl. Arthur F. Bentley, *The Process of Government. A Study of Social Pressures,* 3. Aufl., Bloomington, Ind., 1949; David B. Truman, *The Governmental Process. Political Interests and Public Opinion,* New York 1951; vgl. auch die theoretisch fundierte Rekonstruktion des Interdependenzzusammenhanges, in dem ein bestimmtes Gesetzgebungsvorhaben über die politische Bühne geht, bei Otto Stammer u. a., *Verbände und Gesetzgebung. Die Einflußnahme der Verbände auf die Gestaltung des Personalvertretungsgesetzes,* Köln-Opladen 1965; außerdem Otwin Massing, *Politische Soziologie. Paradigmata einer kritischen Politikwissenschaft* (edition suhrkamp Nr. 724), Frankfurt/M. 1974, S. 76 ff.; vgl. auch Klaus von Beyme, *Interessengruppen in der Demokratie,* München 1969, vor allem Kap. X.

11 Dieses transzendentale Muster des politischen Interaktionsprozesses erschließt sich der integrationistischen Theorie im Begriffssymbol des Systems, die ›kritische Theorie‹ bedient sich zu seiner Umschreibung der Basiskategorie der gesamtgesellschaftlichen Totalität. Vgl. hierzu auch Anm. 7.

12 Vgl. Ernst Forsthoff, *Verfassungsprobleme des Sozialstaates,* Münster 1954; Walter Euchner, *Zur Lage des Parlamentarismus,* in: Schäfer/Nedelmann (Hrsg.), a.a.O., S. 105-132; Otwin Massing, *Politische Soziologie,* a.a.O.

13 In diese Kategorie ist leider zum größten Teil die Literatur zu dem Thema »Die Rechtsprechung des Bundesverfassungsgerichts zu ...« einzuordnen. Eine Analyse des Entscheidungsideals des BVerfG hätte indes nicht nur – auf Lückenlo-

sigkeit bedacht – summarisch Bilanz zu ziehen, sondern die einzelnen Posten in diesem Interdependenzzusammenhang systematisch auf ihren Stellenwert zu untersuchen.

14 Dieser Gegensatz liegt auch der Kontroverse zwischen bürgerlich-liberaler und marxistisch inspirierter Rechtssoziologie zugrunde. Während Autoren wie Ernst Fraenkel sich die größten Chancen bei dem Versuch, die Klassenjustiz wenn nicht abzuschaffen, so doch zu mildern, davon versprachen, auf die Justiz*verwaltungen* Druck auszuüben und die Mitwirkung der Laien an der Rechtsprechung auszubauen, um die Formqualität des Rechts zugunsten materialer Anforderungen und ihrer Durchsetzung zu unterlaufen, glaubten Autoren wie Max Weber, erst der Formalismus des Rechts garantiere in einer bürgerlichen Gesellschaft die Durchsetzung auch nichtbürgerlicher materialer Anforderungen. »Übrigens ist nicht sicher, ob die heute negativ privilegierten Klassen, speziell die Arbeiterschaft, von einer unformalen Rechtspflege für ihre Interessen das zu erwarten haben, was die Juristen-Ideologie [sc. bes. der Freirecht-Schule, O. M.] annimmt« (Max Weber, *Rechtssoziologie*, aus dem Manuskript herausgegeben und eingeleitet von Johannes Winckelmann, Neuwied 1960, S. 288). Demgegenüber hatte Fraenkel argumentiert: »Die Justiz ist eines der Mittel, deren sich die herrschende Klasse in ihrem latenten Kampf gegen das Proletariat bedient. Verschließen die Richter weiterhin krampfhaft die Augen vor dem Ringen der Klassen, [...] so werden sie auch in Zukunft ein Werkzeug in der Hand der herrschenden Klasse sein, um so weniger objektiv, je mehr sie subjektiv von ihrer Objektivität überzeugt sind. Hat ein Richter jedoch den Klassenkampf als den treibenden Faktor der geschichtlichen Entwicklung erkannt, ist er sich erst des Klassencharakters unserer Rechtsordnung bewußt geworden, dann wird er in der Lage sein – soweit das Gesetz ihm nicht entgegensteht [eine systematische Inkonsequenz, die nicht weiter reflektiert wird, O. M.] –, bei seinen Entscheidungen die Interessen der unterdrückten Klasse zu berücksichtigen; er wird bemüht sein, durch seine richterliche Tätigkeit den einseitigen Klassencharakter der Gesetze abzuschwächen mit dem Ziel, nicht nur das Gesetz anzuwenden, sondern auch der Gerechtigkeit zu dienen« (Ernst Fraenkel, *Zur Soziologie der Klassenjustiz und Aufsätze zur Verfassungskrise 1931-32*, mit einem Vorwort zum Neudruck, Darmstadt 1968, S. 40 f.).

Max Weber hatte in den idealtypisch konstruierten Rationalitätsstufen der historischen Rechtsentwicklung (vgl. § 4 der *Rechtssoziologie*) die relative Eigenständigkeit des juristischen Fachbildungsrechts als eine Garantie dafür angesehen, daß der darin aufgehobene Rechtsrationalismus nicht zugunsten eines beliebigen Wertirrationalismus unterlaufen werden könne und daß erst die Qualität des formalen Rechts den antiformalen Tendenzen in der modernen Rechtsentwicklung Stabilität und Dauer, d. i. Effektivität würde verleihen können. Vgl. hierzu die Frankfurter soziologische Diplomarbeit von Christian Siara, *Bürgerliches Formalrecht bei Max Weber* (1968).

15 Vgl. Otto Kirchheimer, *Politische Justiz*, Neuwied 1965. Auch für Max Weber war es selbstverständlich, daß im Wege der zunehmend sich entwickelnden »Verbandspolyarchien« nicht nur der Instrumentalcharakter des staatlichen Zwangsverbandes mehr und mehr in Erscheinung treten würde, sondern daß sich vor allem dessen spezifisch rechtsförmige Mittel als Medium des Interessenausgleichs zwischen den großen Interessensatrapien anbieten und bewähren würden. Vgl. dazu: *Gesammelte Politische Schriften*, 2., erweiterte Auflage, Tübingen 1958. In dem *Die Wirtschaft und die gesellschaftlichen Ordnungen* betitelten 1. Teil der *Rechtssoziologie*, a.a.O., S. 82 f., heißt es im § 3: »Die universelle Herrschaft der *Markt*vergesellschaftung verlangt einerseits ein nach rationalen Regeln *kalkulierbares* Funktionie-

ren des Rechts. Und andererseits begünstigt die Marktverbreiterung [...] kraft der ihr immanenten Konsequenzen die Monopolisierung und Reglementierung aller ›legitimen‹ Zwangsgewalt durch *eine* universalistische Zwangsanstalt vermöge der Zersetzung aller partikulären, meist auf ökonomischen Monopolen ruhenden ständischen und anderen Zwangsgebilden.«

16 Vgl. Maurice Dobb, *Organisierter Kapitalismus. Fünf Beiträge zur politischen Ökonomie,* Frankfurt/M. 1966; Paul A. Baran, *Zur politischen Ökonomie der geplanten Wirtschaft,* Fankfurt/M. 1968; Andrew Shonfield, *Modern Capitalism. The Changing Balance of Public and Private Power,* London 1965 (dt.: *Geplanter Kapitalismus. Wirtschaftspolitik in Westeuropa und USA,* Köln 1968).

17 Nur zu oft verbindet sich die Behauptung von der (notfalls zu restaurierenden) Autonomie der Judikativsphäre mit dem dégout am parteipolitischen Gezänk und an angeblich staatspolitisch bedrohlichen Entscheidungslähmungen der exekutiven Instanzen, die zusehends von chaotischen gesellschaftlichen Interessengruppierungen ›überlagert‹ würden. »In einer Zeit, da der Staat ganz von den Parteien und Interessenverbänden getragen, aber auch in Anspruch genommen wird, da er auf die Parteien- und Interessenverbände verteilt und infolgedessen im parlamentarischen Sinn ganz auf das Parteiische und Interessengebundene ausgerichtet ist; in einer Zeit, da es scheint, daß die Parteien und Interessenverbände der Staat sind: in solch einem Augenblick ist es psychologisch verständlich, daß ein unwiderstehliches Verlangen des Menschen nach einer Oase der Unparteilichkeit aufkommt. Das Verlangen nimmt im Vertrauen zu jener Höchstinstanz [sc. das BVerfG] Gestalt an, die ihrer Natur nach und gemäß der ureigenen Methode ganz und gar auf das Unparteiische, das Über-den-Parteien-Stehende (supra partes), auf Neutralität (potestas neutralis, pouvoir neutre) und gewaltlose Autorität eingestellt ist ...« (René Marcic, *Der verborgene Souverän. Das Bundesverfassungsgericht garantiert als Areopag die konstitutionelle Republik Deutschland,* in: *Politische Studien,* 16. Jg., 1965, S. 667-679 [677]).

18 Wildenmann rückt das (fatale) Kontrollmotiv, parlamentarisch-repräsentative Institutionen durch gleichsam ›sachneutrale‹ Beobachtungs- und Entscheidungsgremien unter Aufsicht zu stellen, in den Zusammenhang des apolitischen deutschen ›Denkens‹ und seiner vertrauensseligen Faszination durch ›zuverlässige‹ Fachleute. »Der Glaube an die Unantastbarkeit des Fachmannes im Kontrast zum ›unzuverlässigen‹ Politiker ist ein alter Irrglaube deutschen politischen Denkens. Ein Satz wie der von Volkmar Muthesius: ›In unserer Währungsverfassung ist die Verantwortung für die Stabilität des Geldes den Fachleuten, den Leitern der Notenbank, zugeteilt‹ (Vorwort zu Wilhelm Vocke, *Gesundes Geld,* Frankfurt 1956, S. 14), kann auf ungeteilte und unkritische Zustimmung rechnen, begreifen sich doch selbst alle Arten von Interessenten gern als Fachmann« (Rudolf Wildenmann, *Die Rolle des Bundesverfassungsgerichts und der Deutschen Bundesbank in der politischen Willensbildung. Ein Beitrag zur Demokratietheorie,* Stuttgart 1969, S. 6). Wie jedoch ›Denken‹ und ›Sein‹ politisch vermittelt sind, bleibt (bei Wildenmann jedenfalls) völlig im dunkeln. Vlg. außerdem Anm. 44, 119 und 120.

19 Im Gegensatz zu sozialen Systemen, die sich selbst ausdrücklich als Rechtsgebilde begreifen (und das tun konstitutionelle Regierungssysteme ausnahmslos) und die sich justizförmiger, rechtlicher Mittel zur Interessendurchsetzung, d. i. zur Umsetzung von Marktmacht in Entscheidungsmacht bedienen, kombinieren solche, die sich vornehmlich physischer Machtmittel bedienen, deren Vorzüge, wie universelle Verwendbarkeit, hohe Belastungsgrenzen und Unabhängigkeit von Systemstrukturen, zu völlig andersartigen Grundmustern. Vgl. hierzu Niklas Luhmann,

Klassische Theorie der Macht. Kritik ihrer Prämissen, in: *Zeitschrift f. Politik*, Jg. 16, 1969, H. 2, S. 149-170 (156 f.).

20 Das würde außerdem angebbare, sozialstrukturell definierbare Machtgruppen voraussetzen, die daran interessiert sind, die justizförmigen Mittel zu ihren Gunsten einzusetzen und die entsprechenden Funktionen des Staatsapparates im bestimmten Sektor der Rechtspflege auf ihre Intentionen hin zu instrumentalisieren, nach dem Motto, daß »ein Staat, dessen Lebensnerv die Aufrechterhaltung der Klassenherrschaft ist, auch die Justiz in den Dienst dieser Aufgabe [stellt]« (Ernst Fraenkel, a.a.O., S. 41).

So unvermittelt läßt sich auf einer Stufe der gesellschaftlichen Entwicklung, die dem von Engels kritisierten Bewußtseinszustand, als ob »die der ganzen Gesellschaft gemeinsamen Geschäfte und Interessen nicht anders besorgt werden [könnten], als [...] durch den Staat und seine wohlbestallten Behörden« (F. Engels, *Einleitung zu ›Der Bürgerkrieg in Frankreich‹*, 3. Auflage, Berlin 1891, in: Karl Marx, *Politische Schriften*, II. Band, herausgegeben von Hans-Joachim Lieber, Stuttgart 1960, S. 1132), inzwischen die entsprechende Basis nachgeliefert hat, kaum noch argumentieren.

21 Vgl. Fritz Neumark, *Wirtschafts- und Finanzpolitik des Interventionsstaates*, Tübingen 1961; Karlheinz Kleps, *Langfristige Wirtschaftspolitik in Westeuropa*, Freiburg i. Br. 1966; Andrew Shonfield, a.a.O. Welche Bedeutung einer wissenschaftlich angeleiteten Konjunkturpolitik für die »aufgeklärte Marktwirtschaft« (Karl Schiller, Stuttgart 1969) zukommt, um die Zielprojektionen wirtschaftliches Wachstum, Vollbeschäftigung und ausgeglichene Zahlungsbilanz bei möglichst stabilen Preisen optimal zu erreichen, wird anschaulich geschildert bei Börje Kragh, *Konjunkturforschung in der Praxis. Prognosen und ihre Anwendung in der Konjunkturpolitik*, Reinbek b. Hamburg 1969. Vgl. außerdem Joachim Hirsch, *Zur politischen Ökonomie des politischen Systems*, in: Kress/Senghaas, a.a.O., S. 190-214.

22 Dieses Kontinuum gesellschaftlicher Disziplinierung läßt freilich immer noch Raum für systematisch einkalkulierte Innovationen. Insofern diese finanztechnisch in den einzelnen Jahreshaushalten eingeplant werden müssen, hat sich ihr Spielraum jedoch kaum erweitert, eher wird er eingeschränkt, weil durch die Zunahme von Ausgabenprogrammen, die mehrjährig festliegen, und durch die langfristig wirkenden Finanzgesetze die Aktionsmöglichkeiten einer finanz- und wirtschaftspolitisch abgesicherten Ausgabenplanung im vorhinein in einer Weise determiniert werden, daß die Chancen nicht antizipierter Dezision und der durch sie zu kalkulierenden Folgelasten zunehmend marginaler werden. Vgl. hierzu Joachim Hirsch, *Parlament und Verwaltung*, Teil 2: *Haushaltsplanung und Haushaltskontrolle*, Stuttgart 1968.

23 Gegen den rechtspolitisch eindeutigen Versuch einer Minimisierung der politischen Funktionen des BVerfG, wie er vor allem von Gerhard Leibholz und Friedrich Klein unternommen wurde, richtet sich nicht zuletzt meine Analyse von Status und Funktion der Verfassungsgerichtsbarkeit, in: Schäfer/Nedelmann, a.a.O., besonders S. 219 ff. und passim.

24 Spätkapitalistisch kann dieses System des Interventionsstaates insofern bezeichnet werden, als die Zentralinstanzen bei ihren Problemlösungsversuchen der innenpolitischen, vor allem ökonomischen Stabilisierung die privatwirtschaftlichen (und vom Grundgesetz mit der Eigentumsgarantie umhegten) Grundeinheiten zwar unangetastet lassen, sie jedoch funktional für diese ›politisierten‹ Zwecke als »Bewegungsenergie« (Schiller) einsetzen, in einer Weise, daß die privatwirtschaftliche Autonomie gleichwohl auf die global gesteuerten Investitionsanreize zentraler Planungsgremien angewiesen ist.

25 Zu den hierbei verwandten Kategorien vgl. Albert K. Cohen, *Deviance and Control*, Englewood Cliffs, N. J. (dt.: *Abweichung und Kontrolle*, München 1968, S. 193 ff. und passim).

26 Karl Schiller, *Zukunftsaufgaben der Industriegesellschaft*, Vorwort zu Andrew Shonfield, *Geplanter Kapitalismus*, a.a.O., S. XX.

27 An dieser Stelle wäre u. a. zu erörtern, in welcher Weise die Übergänge zwischen Eingriffen der aktiven politischen Instanzen und den durch sie gezeitigten Folgen und den lediglich mit Symbolwerten operierenden justizförmigen Eingriffen seitens der Judikativorgane, vorab des BVerfG, fließend sind. Weiter wäre zu diskutieren, inwieweit sich nicht eigenständige Zentralanstalten gegenüber dem gesamtgesellschaftlichen (übergeordneten) Erfordernis der Systemerhaltung doch zu verselbständigen drohen, wie Max Weber es bereits in der *Rechtssoziologie* thematisierte. Die Verlängerung dieses Frageansatzes würde zweifellos in die allgemeine sozialwissenschaftliche Bürokratiediskussion einmünden. Weil darüber hinaus offenkundig zu sein scheint, daß das BVerfG im Bewußtsein vieler, vor allem aber der Betroffenen, als die gerichtsförmige, in rechtsstaatlicher Charaktermaske auftretende, gleichwohl obrigkeitsstaatlich verstandene letztinstanzliche Ordnungsbehörde fungiert, müßten an der Stelle empirische Untersuchungen ansetzen etwa dazu, was sich die Beschwerdeführer subjektiv von der Tätigkeit des BVerfG jeweils erhofften. Zu erwarten ist freilich eher eine solipsistische, lediglich auf die Erfüllung eigener Ambitionen und Interessen reflektierende Einstellung als die Rationalisierung der objektiven (verfassungsgerichtlichen) Ordnungsfunktionen in gesamtgesellschaftlicher Hinsicht.

28 Gebhard Müller, *Ansprache bei der Amtseinführung am 13. Februar 1959*, in: *Bundesverfassungsgericht*, herausgegeben vom Bundesverfassungsgericht, Karlsruhe 1963, S. 20 (Hervorhebung von mir, O. M.).

29 Winfried Steffani, *Verfassungsgerichtsbarkeit und demokratischer Entscheidungsprozeß*, in: *Aus Politik und Zeitgeschichte. Beilage zur Wochenzeitung ›Das Parlament‹*, B 21/68, vom 22. Mai 1968, S. 10.

30 Vgl. u. a. Winfried Steffani, a.a.O.; René Marcic, a.a.O.

31 Heinz Laufer, *Das demokratische Regime der Bundesrepublik. Prinzipien, Institutionen, Probleme*, in: *Aus Politik und Zeitgeschichte. Beilage zur Wochenzeitung ›Das Parlament‹*, B 30/65, vom 28. Juli 1965. Dort heißt es wörtlich: »Das Bundesverfassungsgericht ist eine der kühnsten Konstruktionen der Schöpfer der neuen demokratischen Ordnung im freien Teil Deutschlands. Es bildet den krönenden Abschluß des rechtsstaatlichen demokratischen Regimes. Ist es doch die Institution, durch die die Selbstbindung der politischen Gemeinschaft im Recht, besonders im Verfassungsrecht, erst richtig durchgesetzt werden kann. Erst durch das Bundesverfassungsgericht wird es dem Bürger möglich [...], erst das Verfassungsgericht ...« (S. 16). Diese eindimensionale Dithyrambe auf den Rechtsstaat verballhornt nicht nur das analytische Instrumentarium, mit dessen Hilfe sein Zustand evtl. gerade noch zu beschreiben wäre, sondern erst recht den Gegenstand und dessen ihn determinierenden Basisprobleme, über deren prekäre Lage sie hymnisch hinwegträgt.

32 Die Fixierung an die herrschende Auffassung sowohl von realisierter Demokratie als auch von der Rolle des BVerfG innerhalb des bundesrepublikanischen Regierungssystems schlägt selbst dort durch, wo sie offenbar noch unter Vorbehalten steht. »Friedrich Gieses Feststellung, die Verfassungsgerichtsbarkeit gelte heute als die Krönung des Rechtsstaates, formuliert unstreitig die herrschende Auffassung« (Winfried Steffani, a.a.O., S. 5). Laufer »krönte« mit ihr sogar die bundesre-

publikanische Demokratie (vgl. Anm. 31). Auf Grund solcher Fixierungen werden politische Tendenzen nur zu schnell und bereitwillig pönalisiert, die auf eine demokratische und sozialstaatliche Weiterentwicklung der grundgesetzlichen Ordnung hinarbeiten, selbst wenn die von ihnen antizipierten Realitäten als Denkmöglichkeiten die veränderte Gestalt des Grundgesetzes und der staatlich-politischen Form der westdeutschen Gesellschaft bereits implizieren. So wird möglicherweise der Art. 146 GG inhaltlich ausgehöhlt, und zwar gerade durch die Realisierung politischer Ziele in den Formen legaler und verfassungskonformer Rechtspflege, obwohl er die Konstituierung eines neuen Deutschland für den Fall seiner Wiedervereinigung oder seiner zwischenstaatlichen Assoziierung auf Grund freier Wahlen vorsieht, die die Bindung an das Grundgesetz nicht kennen und also die Vorbereitung auf diese politische Zielphase implizieren müßten. In dieser Perspektive zeigt auch Art. 21 GG seine Ambivalenz. Durch die in Abs. 2 ausgesprochene Verbotsdrohung wird die in Abs. 1 vorgenommene Aufwertung der Parteien zu verfassungsrechtlich inkorporierten Institutionen als Privilegierung noch verschärft, noch effektiver: prinzipiell werden alle politischen Kräfte in ihrem Wirkungsradius auf die bestehende Ordnung, auf das darin mitgesetzte politische System limitiert. Die sogen. Radikalenbeschlüsse ziehen daraus die eindeutigste Konsequenz: Sie etablieren eine neue Staats(schutz-)metaphysik.

So wird auch das Grundrecht der freien Meinungsäußerung durch entgegenstehende Schranken der allgemeinen Gesetze (Art. 5, Abs. 2) relativiert, insbesondere, wenn darunter solche sind, die, wie die §§ 80, 81 StGB, die verfassungsmäßige Ordnung schützen und so auch jenes Grundrecht limitieren. Streng genommen wird dadurch das garantierte Recht der Meinungsfreiheit auf diejenigen reduziert, die es sich angelegen sein lassen, auf die Bestandserhaltung der verfassungsmäßigen Ordnung zu reflektieren (BVerfGE 9, 166), denjenigen jedoch abgesprochen, die diese zu transzendieren sich genötigt sehen und infolgedessen (notwendigerweise) über die darin implizierten Rahmenbedingungen hinausgehen müssen, wenn anders sie sich durchsetzen wollen. Hier zeigt sich etwas von der konservativen Dynamik verfassungsmäßiger Institutionen und ihren restringierenden Folgewirkungen auf Denken und politisches Handeln (vgl. Anm. 47). Auch hierbei legitimiert die Spruchpraxis der Judikativorgane die aktuelle, verschärfte Auseinandersetzung der politischen Kräfte im Ächtungskampf um neue Zielvorstellungen.

Heute ist das Verhältnis des Justizstabes zur Demokratie nicht unmittelbar mehr problematisch – als ob die Richter, wie noch größtenteils in der Weimarer Republik, dem demokratischen und republikanischen Staat ablehnend gegenüberstünden –, wohl aber mittelbar über die Faszination durch das herrschende System, das, als absolut verbindliches verinnerlicht, sich in der isoliert-subjektiven Wahrnehmungswelt als normative Kategorie zu verselbständigen droht. Die Frontstellung gegen die Demokratie verläuft jetzt auf vertracktere Weise entlang der Verabsolutierung des einmal erreichten Verfassungszustandes, der gegenwärtigen Verfassungsrealitäten und ihrer ideologischen Begründung. Affirmativ wird die Form mit dem Wesen von Demokratie, unbeschadet der Disproportionalitäten in den verschiedensten gesellschaftlichen Sektoren, identifiziert und auf den Wegen wissenschaftlicher Rationalisierung die Gesellschaft vom akuten Legitimationsdruck entlastet.

Wissenschaftliche ›Veranstaltungen‹ dieser Art sind infolgedessen als Rationalisierungsversuche zur Rechtfertigung bestehender Verhältnisse zu interpretieren – in der Tat gesellschaftlich nützliche Arbeit. Wissenschaftstheoretisch gewandt läßt sich der Vorgang erläutern als eine Art Osmose, wobei die deskriptiv-analytische Kritik mit der normativen sich vermengt. Diese dominiert zuletzt, weil sie zu suggerieren vermag, sie dürfe der Anstrengung überhoben sich wähnen, die konkrete Vermittlung von Begriff und realer Wirklichkeit auf der neuen Stufe der historischen Entwicklung und des Standes der analytischen Erkenntnismittel jeweils neu leisten zu müssen.

33 Vgl. zu dieser Entwicklung und als Interpretationsmatrix zum Selbstverständnis des BVerfG in seiner frühesten Phase und seines wichtigsten damaligen ›opinion-leaders‹, Gerhard Leibholz, die äußerst aufschlußreiche Materialsammlung des sogen. ›Statusberichts‹: *Der Status des Bundesverfassungsgerichts. Materialien - Gutachten, Denkschriften und Stellungnahmen mit einer Einleitung von Gerhard Leibholz,* in: *Jahrbuch des öffentlichen Rechts,* N. F., Bd. 6, Tübingen 1957, S. 109-221. Kritisch dazu Otwin Massing, *Recht als Korrelat* . . ., a.a.O. Ausführlich wird diese Entwicklung dargestellt in dem materialhaltigen Buch von Heinz Laufer, *Verfassungsgerichtsbarkeit und politischer Prozeß. Studien zum Bundesverfassungsgericht der Bundesrepublik Deutschland,* Tübingen 1968.

34 Zur Bestimmung der Zielrichtung, der Intensität und Schnelligkeit einer derartigen Systemtransformation sowie zur Messung des Anteils der verfassungsgerichtlichen Judikatur am sozialen Mobilisierungsprozeß müßten freilich erst einmal plausible Kriterien erstellt werden, die es gestatteten, die Variablen wie interne politische Stabilität, sozio-ökonomisches Niveau, soziale Trends, außenpolitische Souveränitätsansprüche, Prestigeverluste usw. sinnvoll und plausibel miteinander zu verknüpfen. Vgl. dazu Karl W. Deutsch, *Social Mobilization and Political Development,* in: *Am. Pol. Sc. Rev.,* vol. LV., Sept. 1961, S. 493-514. Erst dann ließe sich ausmachen, ob sich die verfassungsgerichtliche Rechtsprechung zu den allgemeinen sozialen Entwicklungstrends des bundesrepublikanischen Gemeinwesens homolog oder kontradiktorisch, stimulierend oder verzögernd auf dessen Formwandel ausgewirkt hat.

Derartige Fragen bloß andeuten heißt zugleich, ein Programm formulieren, zu dessen Detaillierung noch allzu wenig Vorarbeit geleistet wurde. Nicht zuletzt läßt sich an solchen Problemstellungen kontrastieren, um wie wenig theoretische Relevanz die meisten einschlägigen Arbeiten bemüht sind und wie selten kumulierte Forschungsergebnisse zu theoretisch-systematischen Zwecken verwandt werden können. Vgl. neuerdings Peter Wittig, a.a.O., und die dort angegebene Literatur.

35 Zu den damit aufgeworfenen Scheinproblemen vgl. Otwin Massing, *Recht als Korrelat* . . ., a.a.O., bes. S. 220 ff.

36 Dieses Gesetz wurde nach der neuen jugoslawischen Bundesverfassung vom 7. April 1963 erlassen. Zitiert bei Steffani, a.a.O., Anm. 7, S. 5 (Hervorhebung von mir, O. M.).

37 Otwin Massing, *Recht als Korrelat* . . ., a.a.O., S. 241 f.

38 Ebd.

39 Dazu vor allem als ausführliche historische Darstellung der verschlungenen Zusammenhänge Heinz Laufer, a.a.O.; vgl. auch Otwin Massing, a.a.O., bes. S. 228 ff.

40 Hierzu vor allem verschiedene Beiträge in: Schäfer/Nedelmann, a.a.O. Ihnen hinzuzurechnen sind nicht nur die Formierungstendenzen, wie sie im ›Großen Plan‹ der CDU von der ›formierten Gesellschaft‹ offen zutage traten, sondern auch die Praxis von Partei- und Berufsverboten, die Diskussion um die geplante Wahlrechtsreform zwecks Rationalisierung der parlamentarischen Demokratie (kontinentaleuropäischer Prägung), die in Angriff genommene Finanzreform, das außenwirtschaftliche Absicherungsgesetz, Vorbeugehaft und was dergleichen Gesetzgebungsprojekte zur sozio-ökonomischen Stabilisierung mehr sind. Vgl. dazu auch: Wolf-

gang Abendroth/Barbara Dietrich, *Chancen des Grundgesetzes,* in: Friedrich Hitzer/Reinhard Opitz (Hrsg.), *Alternativen der Opposition,* Köln 1969, S. 87-104.

41 Für viele andere seien genannt: Hermann Mosler (Hrsg.), *Verfassungsgerichtsbarkeit in der Gegenwart* (= *Beiträge zum ausländischen öffentlichen Recht und Völkerrecht,* Bd. 36), Köln/Berlin 1962; Winfried Steffani, a.a.O.; René Marcic, a.a.O.; Heinz Laufer, a.a.O.

42 René Marcic, a.a.O., S. 673.

43 René Marcic, a.a.O., S. 676, (Hervorhebung von mir, O. M.).

44 Daß Wildenmann seine Analyse auf tradiertes ›Denken‹ bezieht, enthüllt nicht nur Befangenheit in geistesgeschichtlichen Problemformulierungen, sondern vereitelt auch die adäquate Erfassung der tatsächlichen Funktionen des BVerfG. »Alle vier zentralen Aufgaben des Gerichts: die Normenkontrolle von Gesetzen, die höchstrichterlichen Entscheidungen über Organstreitigkeiten bzw. Streitigkeiten zwischen dem Bund und seinen Gliedern und die Verfassungsbeschwerde, beruhen auf einer alten Tradition institutionell-gewaltenteiligen Denkens« (Rudolf Wildenmann, a.a.O., S. 4). Im übrigen reduziert er die Kontrollfunktionen und folglich die notwendige Erörterung ihres systematischen Stellenwertes dauernd auf den »Kontrollgedanken« resp. auf ein »Kontrollmotiv«, das zum Grundmotiv umstilisiert erscheint, als würden die politischen Akteure von ›Gedanken‹ motiviert – die passende idealistische Entsprechung zu seinem Postulat einer starken, dezisionistisch verfahrenden Regierung. Vgl. auch Anm. 18 und 57.

45 In Anlehnung an die amerikanische Verschwörer-Theorie-Variante von der ›power elite‹ formuliert Helge Pross: »Grundsätzlich enthält diese (pluralistische) Demokratie unter den Bedingungen der antagonistischen Gesellschaft weder Sicherheiten gegen ihre Rückbildung in ein autoritäres System noch ist sie aus sich heraus imstande, weiteren Fortschritt im Sinn einer Ausweitung individueller Freiheit und der Herstellung von Gleichheit zu garantieren ... Akut ist vielmehr die Gefahr einer Verschmelzung der konkurrierenden Oligarchien, ihrer Fusion zu einer geschlossenen Machtelite, deren Mitglieder sich auf Kosten der beherrschten Einzelnen arrangieren.« (*Zum Begriff der pluralistischen Gesellschaft,* in: *Zeugnisse. Th. W. Adorno zum 60. Geburtstag,* Frankfurt/M. 1963, S. 445).

46 Vilfredo Pareto, *Traité de Sociologie Générale,* Lausanne/Paris 1919, 2. Band, § 2180, S. 1393.

47 Herbert Marcuse, *Versuch über die Befreiung,* Frankfurt/M. 1969, S. 110.

48 Wie sehr selbst im Bewußtsein von ansonsten recht resolut auftretenden Vertretern der Sparte Politikwissenschaft angebliche oder vermeintliche ›Grenzüberschreitungen‹ in andere Bezirke des wissenschaftlich (meist unwissenschaftlich) aufgeteilten Terrains als Tabuverletzung empfunden werden, vor allem, wenn es sich um traditionelle Bezirke wie Jurisprudenz und Wirtschaftswissenschaften handelt, wird an den umständlichen Entschuldigungsversuchen Wildenmanns deutlich. »Angesichts des *Prestiges* der Rechts- und Wirtschaftswissenschaften, die ohnehin mit leichtem Lächeln auf den Neukömmling ›Politische Wissenschaft‹ herabsehen, bin ich versucht, ebenfalls von vornherein um *Generalabsolution* zu bitten, wenn ich mit meinen Ansichten gehütete Bezirke der Jurisprudenz oder der Wirtschaftswissenschaft tangieren *sollte*« – in jedem Falle versichert er die etablierten Disziplinen ausdrücklich der Harmlosigkeit seines Unterfangens, wenn er ihnen gegenüber bekräftigen zu müssen glaubt, daß »keinerlei Gefahr für Leib und Leben des corpus iuris oder des homo pecuniarum« drohe (Rudolf Wildenmann, a.a.O., S. 3). Möglich wäre indes vor allem gewesen, das Versagen der traditionellen Disziplinen aus deren Wissenschaftsverständnis und aus ihrer Funktion im herkömmlichen Kontext der

Gelehrtenrepublik zugleich zu belegen.

49 René Marcic, a.a.O., S. 667.

50 Walter Leisner, *Von der Verfassungsmäßigkeit der Gesetze zur Gesetzmäßigkeit der Verfassung. Betrachtungen zur möglichen selbständigen Begrifflichkeit im Verfassungsrecht,* Tübingen 1964, S. 71.

51 Vgl. Joseph LaPalombara/Myron Weiner (Hrsg.), *Political Parties and Political Development,* Princeton, N. J., 1966. Die Autoren versuchen, strukturell-funktionale Einsichten nutzbringend auf die Probleme der Innovation und der Stabilisierung dynamischer politischer Prozesse anzuwenden, wie sie von politischen Parteien übernommen und gelöst werden. Dazu Otto Kirchheimer, *Der Wandel des westeuropäischen Parteisystems,* in: *Politische Vierteljahresschrift,* 6. Jg., 1965, S. 20-41; ferner Otwin Massing, *Politische Soziologie,* a.a.O., besonders S. 82 ff.

52 Vgl. dazu D. M. Levy, *Maternal Overprotection,* New York, 5. Auflage, 1957; ferner Horst-Eberhard Richter, *Eltern, Kind und Neurose. Die Rolle des Kindes in der Familie,* 3. Auflage, Reinbek b. Hamburg 1969. – In Analogie zu psychiatrischen Erkenntnissen über abwegiges mütterliches Verhalten in der Mutter-Kleinkind-Beziehung ließen sich die Folgen der Tätigkeit auch des BVerfG beschreiben als ein Festhalten und Fixieren von mündigen Staatsbürgern in besonderer Abhängigkeit mit allen Folgen einer ›prolongation of infantilization‹, und zwar so, daß die Gängelung durch ›dominating overprotection‹, die ontogenetisch in der Regel eine »akzelerierte Entwicklung aggressiver Persönlichkeitsmomente« (Richter, a.a.O., S. 43) begünstigt, auch im politischen Sektor zu irrationalen Verhaltenserwartungen und Einstellungen, jedenfalls zu einer affektiven Einschränkung und Fehlentwicklung gegenüber einer ›normalen‹ Anpassung an die Realitätszwänge führen dürfte. ›Overprotection‹ widerspricht in jedem Falle der demokratischen Ideologie mit dem Individualitätsideal der autonomen Persönlichkeit, dürfte darüber hinaus ein Indiz mehr dafür sein, daß individuelle Autonomie noch längst nicht in allen gesellschaftlich-politischen Beziehungen realisiert ist, daß sie vielmehr, vor allem institutionell, hintertrieben wird. Vgl. zu den damit angeschnittenen Möglichkeiten eines auch um psychologische Dimensionen erweiterten Problembewußtseins der Politikwissenschaft, Klaus Horn, *Politische Psychologie. Erkenntnisinteresse, Themen und Materialien,* in: Kress/Senghaas, a.a.O., S. 215 ff.

53 »Rechtliche Regelung erweist sich demgemäß als eine spezielle, rational humanisierte Form politischer Konfliktregelung. Je gravierender die Machtkonflikte sind, die im Gewande von Rechtskonflikten zur Entscheidung anstehen, desto deutlicher wird das potentielle Spannungsverhältnis zwischen Zweckmäßigkeit und Rechtmäßigkeit zu einem politischen Problem.« Winfried Steffani, a.a.O., S. 9. Steffani geht leider der Frage nicht nach, die hier allein von theoretischer Relevanz ist, warum politische Konfliktregelung der Tendenz nach in den Formen rechtlicher Konfliktregelungen sich abspielt. Daß Machtkonflikte diese Art der ›Bemäntelung‹ überhaupt erforderlich zu machen scheinen, rührt erst an das Politikum ›Justizstaat‹. An diesem Punkt dürfte eine Erörterung des Politikbegriffs, den das BVerfG entwickelt hat und verwendet, zu aufschlußreichen Resultaten führen, weil der Umstand, daß ein soziales Gebilde wie die Bundesrepublik vorwiegend als Rechtsgemeinschaft begriffen wird, sozialstrukturell determinierte Verwertungsprozesse politischer Macht hinter dem Schleier der Rechtsordnung in ihrer Unmittelbarkeit verschwinden läßt. Dem ›Recht‹ fällt hierbei die Aufgabe zu, Macht als potestas hinter der zivilisierten Vorstellung von ihr als Durchsetzungsvermögen abstrakter, handlungsleitender Rechtsnormen und Werte zurücktreten zu lassen und gegen die Wucht materialer Anforderungen die Dämme des (Rechts-)Formalismus zu bauen.

54 Die ambivalente Einstellung des BVerfG wurde besonders deutlich, als es etwa gerichtliche Maßnahmen gegenüber ›Unterlassungen‹ des Gesetzgebers hätte vornehmen oder sich dazu äußern sollen, ob es im Bereich der konkurrierenden Gesetzgebung nach Art. 72 Abs. 2 GG *seinerseits* prüfen dürfte, ob ein Bedürfnis nach bundesgesetzlicher Regelung vorliege oder nicht. Vgl. dazu Heinz Laufer, *Verfassungsgerichtsbarkeit* ..., a.a.O., S. 363 f. und passim; ferner Helmut Ridder, *In Sachen Opposition: Adolf Arndt und das Bundesverfassungsgericht,* in: *Festschrift f. Adolf Arndt zum 65. Geburtstag,* Frankfurt/M. 1969, S. 323-348. Die prinzipielle Vermutung des Gerichts beispielsweise zugunsten von Rechtsstaatlichkeit und Richtigkeit staatlichen Handelns ist zwar funktional adäquat, hat jedoch sozialkonservierende Auswirkungen, die den etablierten Mächten notwendigerweise zugute kommen. »›Zurückhaltung‹ des BVerfG ›im ursprünglich politischen Raum‹ ist indes de facto Gewährung eines weiteren Zuschlags an die schon vorgängig tätig gewesenen Machthaber.« (Helmut Ridder, a.a.O., S. 332); dazu auch Otwin Massing, *Recht als Korrelat* ..., S. 252.

55 Immerhin ist es denkbar, auf diesem Wege das technokratische Konzept, das das Entscheidungshandeln der exekutiven Instanzen weitgehend dominiert, zu konterkarieren und argumentative Kriterien für kollektive, durch Konsens gebilligte Handlungsorientierungen durchzusetzen, die demokratisches Potential zu aktivieren vermögen. Vgl. zu den einschlägigen Problemen Gabriel Almond/Sidney Verba, *The Civic Culture. Political Attitudes and Democracy in Five Nations,* Princeton, N. J., 1963; Lucian W. Pye/Sidney Verba (Hrsg.), *Political Culture and Political Development,* Princeton, N. J., 1965; um kritische Rezeption bemüht Ekkehart Krippendorf, *Politische Kultur,* in: *Neue Politische Literatur,* Bd. 11, 1966, S. 398 ff.; die Spezifizierung des soziologischen Theorems, das politische System sei ein Subsystem des allgemeinen sozialen Systems, wird, wie es empirisch angereichert und im internationalen Vergleich getestet worden ist, erörtert bei Otwin Massing, *Politische Soziologie,* a.a.O., S. 37 ff. (61 ff.).

56 Claus Offe, a.a.O., S. 187. Es selber unterwirft sich regelmäßig dem Vermeidungsimperativ des *›judicial self-restraint‹,* wenn es die möglichen Folgen seiner Judikate reflektiert. Da es zugegebenermaßen nicht die Aufgabe des BVerfG sein kann, den Staat zugrunde zu richten, nach dem Motto ›fiat justitia, pereat mundus!‹, »kann und darf [es] diese [sc. Folgen] nur berücksichtigen, *wenn evident ist, daß die wirtschafts-, finanz-, innen- oder außenpolitischen Folgen eine Gefährdung für die Funktionsfähigkeit des Staatsganzen bedeuten würden.«* (Peter Wittig, a.a.O., S. 149). Wittig erläutert die verfassungsgerichtliche Rücksichtnahme an den Fällen der noch 1963 geltenden, jedoch wegen Verletzung der Wahlrechtsgleichheit verfassungsrechtlich für bedenklich erachteten Wahlkreiseinteilung von 1951 (BVerfGE 16, 130 ff.) und der (relativen) Verfassungsmäßigkeit der damals geltenden Allphasenumsatzsteuer (BVerfGE 21, 12 ff.). In beiden Fällen waren Gesetzesänderungen die Reaktion auf die verfassungsgerichtlichen Drohgebärden. Für die Ablösung »apokrypher Souveränitätsakte des Bundesverfassungsgerichts« zugunsten offener, kontrollierbarer plädiert in diesem Zusammenhang, und zwar in Anlehnung an Carl Schmitt, auch Hans H. Klein, a.a.O., S. 41. Seine Empfehlung an das Gericht resp. die rechtspolitisch zuständigen Instanzen, aus der ihm in § 35 BVerfGG eingeräumten selbständigen Regelungskompetenz die Befugnis zu eruieren und ihm zu übertragen, »die gesetzlich festgelegten Folgen einer Entscheidung (Bindungswirkung, Nichtigkeit) zeitweise auszusetzen und Anordnungen zu treffen, die geeignet sind, möglichst rasch verfassungsmäßige Zustände herzustellen« (S. 42), bewegt sich nur knapp unterhalb der Schwelle, dem BVerfG auch Initiativbefugnisse einzuräumen,

um von sich aus verfassungswidrige Zustände zu beseitigen – möglicherweise gegen widerstrebende politische Kräfte und Instanzen –, wie es bereits das jugoslawische Gesetz dem höchsten Gericht seines Landes einräumt (vgl. Anm. 36); wagt sich also noch nicht zur letzten Radikalität vor.

57 Diese Seite der verfassungsgerichtlichen Tätigkeit und ihrer Auswirkungen nimmt Wildenmann zum Anlaß seiner Befürchtungen hinsichtlich der zunehmenden »Aushöhlung von Entscheidungsbefugnissen in den Parlamenten« (a.a.O., S. 15); an konkreten Verbesserungsvorschlägen, diesen Tendenzen entgegenzuwirken, hat er allerdings nur vorzubringen, »die Regierung in der Interaktion der vielfältigen politischen Partizipanten mit der ›Kraft eines Riesen‹ auszustatten« (a.a.O., S. 17). Vgl. Anm. 18 und 44.

58 Noch Laufer konnte nur von einigen wenigen Fällen berichten, in denen das BVerfG eine Pflicht des Bundesgesetzgebers statuierte, innerhalb einer ›absehbaren Zeit‹ das dem Grundgesetz entgegenstehende Recht zu ändern (es handelte sich um die Höfeordnung der britischen Besatzungszone aus dem Jahre 1947, a.a.O., S. 373, und um die [am 10. Dezember 1963 gesetzlich geänderte Wahlkreiseinteilung von 1951; vergl. Anm. 56]); als Limit setzte es damals das Ende der 4. Legislaturperiode des Bundestages (BVerfGE 15, 337 ff. und 16, 130-146 [142]). Inzwischen ist am 29. Januar 1969 ein vielbeachteter Beschluß des Ersten Senates zum Unehelichenrecht ergangen (BVerfGE 25, 167-198), wonach der Gesetzgeber gehalten sei, noch bis zum Ende der 5. Legislaturperiode (1969) eine Reform des Unehelichenrechts zu verabschieden, andernfalls »der Wille der Verfassung soweit wie möglich von der Rechtsprechung zu verwirklichen [ist]« (Leitsatz 1); vgl. auch BVerfGE 8, 210 (216) und BVerfGE 17, 148 (155). Die Fälle, wo das BVerfG an Stelle und für den Bundesgesetzgeber tätig wurde, sind, wie die Entscheidungen zu Art. 131 und 117 Abs. 1 GG belegen, zweifellos nicht repräsentativ für die allgemeine Tendenz seiner Judikatur (so auch Laufer, a.a.O., S. 374 ff.).

Allerdings nimmt es durch solche Drohgebärden das Risiko in Kauf, daß sich der Gesetzgeber nun ein zweites Mal ins Unrecht durch Unterlassen manövriert sehen könnte, einmal gegenüber dem Verfassungsauftrag (so das Monitum des BVerfG), zum anderen gegenüber dem ›Befehl‹ des Verfassungsgerichts selber. Auf dieser Ebene zeichnen sich daher Strukturen eines Ungehorsams ab, der möglicherweise direkt schwere Verfassungskonflikte heraufbeschwört. Zur akuten Gefahr einer derartigen Gehorsamsverweigerung gegenüber dem gerichtlich auferlegten Zwang zur Verfassungstreue vgl. Otwin Massing, *Recht als Korrelat . . .*, S. 216, Anm. 16; vgl. weiter unten außerdem Anm. 86.

59 Max Weber, *Die Wirtschaft und die gesellschaftlichen Ordnungen*, in: *Rechtssoziologie*, a.a.O., S. 56. In diesem Zusammenhang ist es nicht nur eine Verkürzung der Perspektive, sondern beinahe schon eine grobe Verkennung der dogmengeschichtlichen Voraussetzungen und Implikationen, wenn die sozialwissenschaftliche Einsicht, Herrschaft verlagere sich zunehmend in administrative Institutionen und apparative Mechanismen, ausgerechnet der ›Neuen Linken‹ in der Bundesrepublik zugeschrieben wird. »Der aktuelle Linksradikalismus begreift Herrschaft kaum mehr als Klassenherrschaft. Für ihn meint Herrschaft die ›totalitäre‹ Repression der ganzen Gesellschaft durch einen anonymen Apparat, durch ein System, darin Herrschaftsakte zunehmend in Verwaltungsakte, Herrschaftsmechanismen in hierarchisierte Verwaltungsmodalitäten umgewandelt werden. Kaum noch gilt Herrschaft als exploitative Durchsetzung partikularer Interessen der besitzenden Klasse. Sie wird vielmehr als ein in administrativen Institutionen sedimentierter, von partikularen Interessen abgelöster, seiner eigenen undurchschaubaren Gesetzlichkeit

gehorchender Mechanismus begriffen, als hätte sich Nietzsches ›Wille zur Macht‹ von seinen bürgerlichen Subjekten abgelöst und anonym versachlicht.« (Hans G. Helms, *Fetisch Revolution. Marxismus und Bundesrepublik*, Neuwied 1969, S. 95).

Allerdings kommt durch die Korrektur dieser Perspektive eine interessante Parallele zustande zwischen den Einsichten der ›bürgerlichen‹ Soziologie eines Max Weber beispielsweise und der (der ›Neuen Linken‹ zugeschriebenen) Hypostasierung einer ›totalitären‹ Repression durch den anonymen Apparat, das System der Gesellschaft: Über die Herrschaftssoziologie vermittelt sich in der Tat zwischen den Standpunkt-Differenzen soziologischer Schulen liberaler oder marxistischer Provenienz die Identität der ihnen zugrunde liegenden gesellschaftlichen Verhältnisse.

60 Vgl. Otwin Massing, *Recht als Korrelat* . . ., a.a.O., bes. S. 232 ff.

61 »Seine [sc. des BVerfG] Judikate sind heute die *ergiebigsten Fundquellen* für die Theorie der Gesellschaft, Demokratie und der politischen Parteien, der Presse und der öffentlichen Meinung, des Rechtsstaates, des Sozialstaates und des Freistaates, für die Theorie des Föderalismus, für eine Theorie des dem Staat vorgeordneten Völkerrechts, einschließlich der Allgemeinen Rechtsgrundsätze, wie des überpositiven Rechts, für die Theorie der Menschenwürde, der Menschenrechte und des Widerstandsrechts im besonderen; ebenso für die Grund- und Hauptprobleme der Allgemeinen Staatslehre. Wie für die Theorie, so für die Praxis und das Leben des Bundes, der Länder, der Gemeinden und der einzelnen Rechtsgenossen, ebenso für das Leben der politischen Parteien, der Verbände und der Kirchen« (René Marcic, a.a.O., S. 679; Hervorhebung von mir, O. M.). Allerdings verwechselt Marcic die enumerative Aufzählung von Themen und Rechtsgebieten, die die verfassungsgerichtliche Rechtsprechung bisher behandelt und/oder gestreift hat, mit einer in sich konsistenten ›Theorie‹ der demokratischen Gesellschaft und des politischen Prozesses. Theoriefragmente und bruchstückhafte Reflexionen konstitutieren noch keinen theoretischen Zusammenhang, zumal dann nicht, wenn die Inkonsistenzen und Antinomien der verfassungsgerichtlichen Rechtsprechung deutlich unreflektiert zutage treten, es sei denn, so sehr habe sich der Theoriebegriff schon beschieden, daß er mit den bereitgestellten blanken Fakten vorliebnimmt. Marcics vage Andeutung einer neu erschlossenen Rechtsquelle (zeichnet sich auch eine Neuorientierung der Rechtsquellenlehre ab?) wird augenfällig illustriert von dem Rechtsprechungskommentar zum Grundgesetz, den Leibholz/Rinck vorgelegt haben (Köln 1966 ff.), und von der Fundierung seiner *Grundzüge des Verfassungsrechts für die Bundesrepublik* vornehmlich auf verfassungsgerichtliche Urteile durch Konrad Hesse (Karlsruhe 1967).

In einer verräterischen Wendung hat Laufer diese unkritische Faszination, die von der letztinstanzlichen Rechtsprechung seitens eines unkontrollierten Judikativsouveräns ausgeht, angedeutet: »Seine [sc. des BVerfG] jeweils letztverbindlichen Entscheidungen, die die Rechtswissenschaft und teilweise auch die politische Praxis *ganz in ihren Bann geschlagen haben*, haben das demokratische Regime der Bundesrepublik wohl am stärksten mitgeprägt« (Heinz Laufer, *Das demokratische Regime* . . ., a.a.O., S. 19; Hervorhebung von mir, O. M.).

62 Voraussetzung dazu ist freilich, daß das BVerfG den Anschluß an die Fortbewegung der politischen Demokratie nicht verliert, zu der allerdings nicht nur die institutionalisierten und verselbständigten Herrschafts- und Verwaltungsapparate der etablierten Kräfte zu rechnen sind. »Nur dann kann es mit einiger Sicherheit kalkulieren, ob seine Entscheidungen in dem Kreis liegen, der vom Radius der realistischerweise bei den anderen Organen seinem Spruch gegenüber voraussetzbaren Loyalität beschrieben wird« (Helmut Ridder, a.a.O., S. 327). Im übrigen wird

gerade hinsichtlich der verfassungsgerichtlichen Tätigkeit *für den Regelfall* die Vertretung politischer Bedürfnisartikulationen auf die politisch lizensierten Austragungswege und -modalitäten verwiesen sowie auf die dort stattfindende ›Erledigung‹ ihrer Ansprüche.

63 Diese wiederum lassen sich in Korrelation setzen zur Intensität und Geschlossenheit ihres verbandsintern zustande kommenden legitimen Handelns, die ihrerseits vom Grad ihrer Organisiertheit abhängen, d. h. also von der verbandsintern-autoritären Formierung der politischen Zentrifugalkräfte. Vgl. hierzu Otwin Massing, *Politische Soziologie*, a.a.O., S. 97 ff.

64 Vgl. zu diesem Problem nur als Beispiel die Irrelevanz der Studentenunruhen innerhalb eines (relativ) gefestigten politischen Systems wie dem der Bundesrepublik und die Systemgefährdung durch die Maiereignisse im Frankreich der V. Republik im Zusammenhang mit tieferliegenden Ursachen der französischen Misere.

65 Zu den beiden zentralen Variablen vgl. Karl W. Deutsch/William J. Foltz (Hrsg.), *Nation-Building*, New York 1963. Modernisierung als Systemtransformation ist identisch mit ›nation-building‹.

66 Vgl. dazu die Beispiele, die sowohl von Hans H. Klein, a.a.O., wie von Peter Wittig, a.a.O., kommentiert und auf ihre möglichen Schlußfolgerungen hin überprüft werden. Siehe auch Anm. 54.

67 Eine ähnliche Limitierung institutioneller Art enthält der durchaus ambivalente Art. 21 Abs. 2 im Verhältnis zu Abs. 1. Jedenfalls werden inkorporierte Staatswillensbildungsorgane auf den Wirkungsradius der ihnen vorgegebenen Ordnung beschränkt. Vgl. auch Anm. 32. Voraussetzung dazu ist allerdings, daß die aktiven politischen Instanzen bei diesen Abschreckungsmaßnahmen mitzuziehen gewillt sind. In der Tat bieten Institutionen an sich, insoweit sie Handlungsalternativen eröffnen, noch keinen Ersatz für mangelnde Entschlußfähigkeit und Entschlußbereitschaft; insoweit sie lediglich *Chancen* eröffnen, machen sie den intentionalen, interessierten Gebrauch der spezifischen, durch die Institutionen und in den Institutionen zur Verfügung stehenden Machtmittel keineswegs überflüssig.

68 Es ist sicher kein Zufall, daß Verfassungsbeschwerden gegen ein Unterlassen des Gesetzgebers bisher (nur) in den Fällen zugelassen wurden, bei denen es sich vorwiegend um vermutete Beeinträchtigungen traditioneller Institutionen, wie der ›hergebrachten Grundsätze des Berufsbeamtentums‹ beispielsweise nach Art. 33 Abs. 5, handelte. Die Auswahl wurde kaum willkürlich vorgenommen, sondern wird sehr wohl plausibel, wenn man sich die bestimmte Selektion der einer Verfassungsbeschwerde zugänglichen Verfassungsnormen vergegenwärtigt. Vgl. vor allem Leibholz/Rupprecht, *Bundesverfassungsgerichtsgesetz. Rechtsprechungskommentar*, Köln 1968, S. 334 ff.; Laufer, *Verfassungsgerichtsbarkeit . . .*, a.a.O., S. 369 ff.

69 Vgl. Barbara Dietrich, *Zur Funktion der judikativen Institutionen*, in: Abendroth/Lenk (Hrsg.), *Einführung in die Politische Wissenschaft*, Bern/München 1968, S. 217-233, bes. S. 223.

70 Stein Rokkan, *Zur entwicklungsgeschichtlichen Analyse von Parteisystemen: Anmerkungen für ein hypothetisches Modell*, in: *Politologie und Soziologie. Otto Stammer zum 65. Geburtstag*, herausgegeben von Jürgen Fijalkowski, Köln und Opladen 1965, S. 273-300 (297 f.).

71 Vgl. Lewis Coser, *The Functions of Social Conflicts*, Glencoe 1956 (dt.: *Theorie sozialer Konflikte*, Neuwied 1965, vor allem Kap. V).

72 Leonore zu Antonio, in: *Torquato Tasso*, III, 4, 2050.

73 Zur gegenständlichen Begrenzung des Begriffs der Verfassungsgerichtsbarkeit im materiellen Sinne vgl. Hans Lechner, *Bundesverfassungsgerichtsgesetz*, 2., neube-

arbeitete Auflage, München 1967, S. 2-4.

74 Dazu Heinz Laufer, a.a.O., S. 333 f. Dort findet sich als Anm. 62 ein aufschlußreicher Vorschlag, warum und mit welchen Mitteln dem BVerfG zu erhöhtem Symbolwert verholfen werden sollte. Zum Problem der *›dissenting opinion‹* generell Hans Georg Rupp, *Zur Frage der Dissenting Opinion*, in: *Die moderne Demokratie und ihr Recht. Modern Constitutionalism and Democracy. Festschrift für Gerhard Leibholz zum 65. Geburtstag*, Tübingen 1966, 2. Bd., S. 531 bis 549. Vgl. auch die interessanten, am demokratischen Öffentlichkeitsbegriff orientierten Ausführungen Steffanis zu diesem Thema, der zu dem Schluß kommt: »Erst wenn sich das Bundesverfassungsgericht als besonders dem Recht verpflichtetes Verfassungsorgan auch der Kritik des Bürgers mit völlig geöffnetem Visier stellt [sc. via Veröffentlichung abweichender Richtervoten] und dennoch seine Autorität zu bewahren, wenn nicht gar zu vermehren vermag, hat es sich als ›Hüter der Verfassung‹ bewährt und seine Stellung und Funktion im politischen Entscheidungsprozeß der Bundesrepublik Deutschland hinreichend demokratisch legitimiert« (a.a.O., S. 14). Zu völlig gegensätzlicher Ansicht gelangt, nicht zuletzt auf Grund seiner legalistisch geprägten Dispositionsunlust, Peter Wittig, a.a.O., S. 158: »Durch die Einführung der Befugnis zur Abgabe von *›dissenting opinions‹* könnte die Rechtsprechung des Gerichts personalisiert und das äußere Erscheinungsbild des Gerichtes politisiert werden«. – Warum eigentlich nicht?

75 Vgl. dazu u. a. Anthony Downs, *Ökonomische Theorie der Demokratie*, Tübingen 1968, vor allem Teil II.

76 Wenn beispielsweise, wie Helmut Ridder klagt, das KPD-Verbotsurteil in der deutschen Öffentlichkeit weitgehend echolos blieb, dann ist das ein Indiz mehr, daß in der gesinnungspositiven Konformität und trotz bedenklicher »Umdeutung geistiger Kommunikationsvorgänge und Überzeugungsversuche in Tathandlungen« (Helmut K. H. Ridder, *Streitbare Demokratie?*, in: *Neue Politische Literatur*, II. Jg., 1957, Sp. 352-368 (363), die allein die Berechtigung für ein Verbot hätten abgeben dürfen, die Übereinstimmung zwischen Gericht und politisch fungierender Öffentlichkeit bereits so weit gediehen (und vorbereitet) war, daß es zu dem Urteil kommen mußte, das man insgeheim von ihm erwartete, zumal das ›Gleichgewicht‹ gegenüber dem früheren Verbot der rechtsradikalen SRP wieder herzustellen war. Auch Laufer spricht in diesem Zusammenhang von einer repräsentativen Tendenz der verfassungsgerichtlichen Rechtsprechung, zugunsten der Entscheidungen des Gesetzgebers »zuweilen etwas übertriebene Zurückhaltung« (S. 374) zu üben. Zur Bedeutung »latenter Ostrazismusneigungen« für verfassungsgerichtliche ›Säuberungsaktionen‹ vgl. Otwin Massing, *Recht als Korrelat . . .*, a.a.O., S. 249 ff.

77 Vgl. dazu Lewis Coser, a.a.O., S. 57 ff. und passim.

78 »Krisenhaften Verlust entsprechender Sicherheit zeigt – nach einer längeren Periode des Ausbleibens großer verfassungsrechtlicher Streitigkeiten – die durch das Tasten nach jener Loyalität [sc. daß die anderen Organe dem verfassungsgerichtlichen Spruch Gehorsam entgegenbringen] gekennzeichnete und hochgradig widerspruchsvoll gewordene Entscheidung über die Verfassungswidrigkeit unmittelbar staatlicher Parteifinanzierung vom 19. 7. 1966 (BVerfGE 20, 57 ff.). Während der Drucklegung dieses Beitrags vollzog sich der Endschub zur Wiederbefestigung des modus existendi des BVerfG. Die laut Pressemeldungen von allen Bundesparteien ›mit Befriedigung zur Kenntnis genommene‹ Entscheidung des Zweiten Senats vom 3. 12. 1968, die die Umfrisierung der permanenten Parteifinanzierung als ›Wahlkampfkostenerstattung‹ als unbedenklich bestätigt, *erzielt darüber hinaus einen wohltemperierten Integrationseffekt* auch auf die kleineren Parteien« (Helmut Rid-

der, *In Sachen Opposition* . . ., a.a.O., S. 327, Anm. 10; Hervorhebung von mir, O. M.). Daß diese »Wiederbefestigung des modus existendi des BVerfG« überaus prekär und keineswegs von Dauer war, dürften die Reaktionen auf seine Einschätzung der Reform des § 218 StGB gezeigt haben.

79 Die übermäßige Inanspruchnahme des höchsten Gerichts, sei es, daß sie als »Hypertrophie der Justizstaatlichkeit« (W. Weber) apostrophiert wird, sei es, daß die exzessive Beanspruchung von Verfassungsbeschwerden gegenüber Unterlassen des Gesetzgebers als »phantastische Idee« denunziert wird (Laufer, a.a.O., S. 371), wurde immer schon als eine drohende Verschleißgefahr angesehen, nicht nur als Arbeitsüberlastung (dies sicher auch), von der man eine Bedrohung seiner Funktionstüchtigkeit herleiten zu dürfen glaubte; man schien sehr wohl die Abnutzungsgefahren in Form von Autoritätsverlusten zu ahnen, die dem Gericht die Legitimationsbasis schmälern würden, so daß seine Symbolentscheidungen schließlich den hohen Grad ihrer bisherigen Durchsetzungswahrscheinlichkeit würden einbüßen müssen.

80 Winfried Steffani, a.a.O., S. 9.

81 Vgl. Anm. 53.

82 René Marcic, a.a.O., S. 677; vgl. auch Lewis Coser, a.a.O., S. 56 und passim.

83 An der Stelle etwa hätten Überlegungen anzusetzen zur sozialpsychologischen Dimension der behandelten ›Fälle‹, der rechtlicher Verfahren sich bedienenden Löse-Mechanismen und ihrer Bedeutung für die kollektive Bewältigung von gesellschaftlicher Aggressivität. Vgl. dazu den in Anm. 52 angeführten Aufsatz von Klaus Horn.

84 Die demokratischen Kontrollen, denen die beiden Senate unterliegen (Richterwahlen; evtl. Verfassungsänderung mit qualifizierter Mehrheit; die dem einfachen Gesetzgeber zustehende Befugnis, auf dem Wege der Verfassungsgerichtsgesetzgebung manipulierend einzugreifen, z. B. Beseitigung der Verfassungsbeschwerde, usw.) würden wohl kaum ausreichen, um den erforderlichen ›*judicial self-restraint*‹ institutionell sicherzustellen und zu verankern. Sie dürften um so ineffizienter werden, je mehr das BVerfG nach dem »Gesetz der Stelle« (Wildenmann, a.a.O., S. 10) tabu geworden zu sein scheint, so daß jeder Versuch, seine Funktionen, Kompetenzzuweisungen usw. in Frage zu stellen, als Angriff auf einen zentralen Bestandteil der ›freiheitlich-demokratischen Grundordnung‹ ausgelegt würde und bereits im Ansatz denunziert werden könnte. – Bleiben die in die Institution als solche eingebauten Kontrollen, die als Ehrenkodex, eine Art ehrengerichtliches Über-Ich, die autoritativen ›Befehle‹ des Gerichts in Zucht nehmen. Allein die Tatsache, daß das BVerfG, wie alle anderen Gerichte auch, aus deren institutionell definierter Formation es kaum ausscheren kann, seine Entscheidungen in rechtlich verbindlicher Form zu fällen und zu begründen hat, legt ihm ›self-restraint‹ als eine Art »funktionsimmanenter Kontrolle« (Steffani, a.a.O., S. 10) auf. Im übrigen ›zwingen‹ auch die wissenschaftliche und die politisch relevante Öffentlichkeit das Gericht dazu, auf bestimmte Erfordernisse in den Verfahren, der Urteilsfindung und der Urteilsverkündung Rücksicht zu nehmen, wie überhaupt das Gelingen der »widerspruchsfreien juristischen Konstruktion« bereits von Max Weber als der entscheidende Vorgang innerhalb der Rechtsentwicklung beschrieben wurde, weil es dadurch möglich wurde, daß sich die Rechtssphäre gegenüber den unmittelbaren Verkehrsinteressenten verselbständigte. »Bei *dieser* spezifischen Art von Logisierung des Rechts waren aber keineswegs, wie bei der Tendenz zum formalen Recht an sich, Bedürfnisse des Lebens, etwa der bürgerlichen Interessenten nach einem ›berechenbaren‹ Recht entscheidend beteiligt. [. . .] Sondern es waren interne Denk-

bedürfnisse der Rechtstheoretiker und der von ihnen geschulten Doktoren: einer typischen Aristokratie der literarischen ›Bildung‹ auf dem Gebiet des Rechts, von welcher jene Entwicklung getragen wurde« (Max Weber, *Rechtssoziologie*, a.a.O., S. 257 f.).

85 In diese Kategorie ist sicher das Buch von Johannes Agnoli/Peter Brückner, *Die Transformation der Demokratie*, Berlin 1967, einzustufen, das über die Negation des parlamentarischen Systems nicht nur die Selbst-Isolierungstendenzen innerhalb der außerparlamentarischen Opposition auf den Begriff bringt, sondern auch die Abwanderung in einen vollends apolitischen, scheinprivatistischen ›underground‹ legitimiert erscheinen läßt, wenn nicht gar noch befördert.

86 In dieser Entscheidung zum bestehenden, für verfassungswidrig erklärten Unehelichenrecht erteilt das BVerfG dem Gesetzgeber einen eindeutigen Befehl zum Handeln, andernfalls die Gerichte »in schöpferischer Rechtsfindung« (BVerfGE 25, 173) die entstehende Gesetzeslücke auszufüllen hätten, weil der Verfassungsnorm aus Art. 6 Abs. 5 GG »insoweit derogierende Kraft gegenüber entgegenstehendem einfachen Recht« (Leitsatz 1) zugesprochen wird. Zwar wird der »aus der Untätigkeit des Gesetzgebers folgende *Funktionszuwachs der Rechtsprechung*« (BVerfGE 25, 181; Hervorhebung von mir, O. M.) für subsidiär erachtet, dennoch wird er in Anspruch genommen, um die bisherigen Verzögerungen in der Erfüllung des Verfassungsauftrages seitens des Gesetzgebers nicht noch unerträglicher werden zu lassen.

Obwohl bisher infolge der noch ungeklärten *Erbrechtsfragen* die Angst vor einem Zugriff des unehelichen Kindes auf den Nachlaß des Vaters die Reformansätze immer wieder blockiert hat, rügt das BVerfG den Gesetzgeber mit der Androhung von Folgelasten einer unkontrollierten Rechts*un*sicherheit in einem Augenblick, da die Pillenproduktion das Problem der unehelichen Kinder bereits an der Wurzel zu lösen sich anschickt; ihr Anteil ist von 9,3% im Jahre 1949 auf 4,5% aller Neugeborenen im Jahre 1969 zurückgegangen. Vgl. ›Der Spiegel‹ 12/69 vom 17. 3. 1969; außerdem Anm. 58.

87 René Marcic, a.a.O., S. 676. Bei Marcic scheint immerhin noch die mögliche Verselbständigungstendenz institutionalisierter Funktionsträger berücksichtigt zu sein, daß sich diese entgegen den von den politischen Instanzen in sie gesetzten Erwartungen sozus. in einer Art Trotzreaktion gegen die ihnen zugemutete Verhaltenskonformität und Erkenntnisbegrenzung zur Wehr setzen werden. Völlig undialektisch und in Überspitzung seiner These vom gewaltenverschmelzenden, mediatisierenden Parteienparlamentarismus formuliert hingegen Werner Weber: »Hinter der Legislative und der Exekutive des Bonner Grundgesetzes stehen dieselben parteipolitischen Kräfte, erhebt sich also nur *eine* Gewalt. Hinter ›den Richtern‹ andererseits ... befindet sich überhaupt ein Vakuum, in das auf Grund der neuen Modalitäten der Richterberufung und Richteranklage (Art. 94, 95 Abs. 3, 96 Abs. 2, 98 Abs. 2, 4 und 5) nun allmählich ebenfalls die parteipolitischen Kräfte eindringen« (in: *Spannungen und Kräfte im westdeutschen Verfassungssystem*, 2., erweiterte Auflage, Stuttgart 1958, S. 27 f.).

88 Rudolf Wildenmann, a.a.O., S. 13.

89 Vgl. dazu BVerfGE 25, 167 (181 ff.) und außerdem Anm. 86. Zum Problem der demokratischen Legitimation der (Verfassungs-)Richter vgl. Otwin Massing, *Recht als Korrelat* ..., a.a.O., S. 239, 257 und passim; ferner Peter Wittig, a.a.O., S. 151 ff.

Tatsächlich handelt es sich beim BVerfG, berücksichtigt man seine soziologische Zusammensetzung, keineswegs um ein ›repräsentatives‹, republikanisches Organ, selbst wenn es durch parlamentarische Wahlkörperschaften ins Leben gerufen wird, vielmehr um ein durch und durch ›aristokratisches‹, das nach Laufbahnprinzipien und nach Gesichtspunkten politischer Botmäßigkeit (Opportunität oder Proporz), vor allem aber nach fachlichen Beurteilungskriterien gekürt wird. Freilich hatte bereits Julius Hatschek darauf aufmerksam gemacht, daß »der Proporz bei den Gerichtswahlen nicht annähernd jene Bedeutung [hat] wie bei den Legislatur- und Regierungswahlen, da die richterlichen Behörden nicht den Volkswillen bei ihren Entscheidungen zum Ausdruck bringen müssen wie die Legislatur, vielmehr an den im Gesetz niedergelegten, also bereits zum Ausdruck gebrachten Willen gebunden sind, oder um mit Considerant zu sprechen, weil die Richter ein vote décisif und kein vote représentatif haben« (*Allgemeines Staatsrecht,* Bd. II, *Das Recht der modernen Demokratie,* Leipzig 1909, S. 123). – Sicher verhält es sich mit der Staatsgerichtsbarkeit nicht im gleichen Maße unproblematisch, wie das hier Hatschek gegenüber der Gerichtsbarkeit im allgemeinen behauptet. Dennoch seien seine Überlegungen den Menetekel-Malern einer möglichen Politisierung durch Richterwahl usw. wenigstens zum Überdenken empfohlen.

90 An diesem Punkt stellt sich erneut das Bürokratieproblem, von dessen progressiver Lösung die Chancen der Demokratie in der ›verwalteten Welt‹ wesentlich abhängen werden. Vgl. u. a. Joseph LaPalombara (Hrsg.), *Bureaucracy and Political Development,* Princeton 1963; Renate Mayntz (Hrsg.), *Bürokratische Organisation,* Köln 1968. Bereits Julius Hatschek bringt das Dilemma zwischen Volkssouveränitätstheorie und spezifischer, nichtdemokratisch legitimierter Kompetenz auf den Begriff, wenngleich er dabei stehenbleibt, dessen Kompromiß-Lösung von der adäquaten *Form* der modernen Demokratie abhängig zu machen. »Die moderne Demokratie hat die Tendenz, alle Behörden, also auch die richterlichen, durch Volkswahlen zu besetzen. Sie verlangt Persönlichkeiten, die das Vertrauen des Volkes besitzen und dieses Vertrauen sich zu erhalten wissen, sie verlangt deshalb Wahlen, und zwar Wahlen mit kurzer Wahldauer. Je kürzer die Wahldauer, desto kräftiger der Einfluß des Volkes auf seine Beamten. *Diese Tendenz der Demokratie steht aber im Widerspruch mit zwei Hauptforderungen,* welche der moderne Staat an sein Richtertum stellen muß: *Rechtskundigkeit* und *Unabhängigkeit,* die wieder die Unabsetzbarkeit voraussetzen. *Die Rechtskundigkeit beschränkt das Volk in seiner Auswahl und ist deshalb an sich genommen ein ganz undemokratisches Prinzip.* Trotzdem muß sich die moderne Demokratie mit diesem Postulate *irgendwie abfinden,* da der moderne Staat und seine komplizierten Lebens- und Rechtsverhältnisse bei den Richtern Rechtskenntnisse unbedingt erfordern. Das ist das eine Problem. Sodann muß die Unabhängigkeit des Richters gewahrt werden. Sie besteht in der modernen Demokratie nicht bloß wie in der Monarchie gegenüber der Exekutive, sondern was hier noch wichtiger ist, in der Unabhängigkeit gegenüber dem Herrn, dem Volke. Wie aber diese wahren, wenn das Volk die Richter in periodischen, immer kürzer werdenden Zeiträumen wählen soll? Das ist das andere Problem. Die Lösung dieser Probleme kann nur in einem Kompromisse der hier genannten Postulate liegen. Von der Güte dieses Kompromisses hängt nicht zum wenigsten der Bestand der Demokratie ab, denn dieser ruht auf der obersten Herrschaft der Gesetze, insbesondere der Verfassungsgesetze, und wie wir bald sehen werden, ist gerade in der modernen Demokratie die richterliche Gewalt mit einem nobile officium ausgestattet. Sie ist, wenigstens in der größeren Zahl der modernen Demokratien, zur Hüterin der Verfassungsgesetze berufen. *Das Problem ihrer Organisation ist also nicht bloß schwierig, sondern überaus wichtig: es reicht an den Lebensnerv der Demokratie.«* (Julius Hatschek, a.a.O., S. 118 f.; Hervorhebung

von mir, O. M.)

91 Vgl. dazu die Analyse von Walter Euchner, *Zur Lage des Parlamentarismus,* in: Schäfer/Nedelmann, a.a.O., S. 105 ff.

92 Zum Begriff der Verfassungssuspension, -änderung, -durchbrechung usw. vgl. Carl Schmitt, *Verfassungslehre,* 3., unveränderte Auflage, Berlin 1957, vor allem § 11, S. 99 ff.

93 Helmut Ridder, a.a.O., S. 327.

94 Vgl. Franz Neumann, *Der Funktionswandel des Gesetzes im Recht der bürgerlichen Gesellschaft,* in: *Demokratischer und autoritärer Staat. Studien zur politischen Theorie,* Frankfurt/M., 1967, S. 31-81; Karl Renner, *Die Rechtsinstitute des Privatrechts und ihre soziale Funktion,* Neuauflage, Stuttgart 1965.

95 Vgl. hierzu Franz Neumann, a.a.O.; Justus Wilhelm Hedemann, *Die Flucht in die Generalklauseln,* Jena 1933; Hans Schneider, *Über Einzelfallgesetze,* in: *Festschrift f. Carl Schmitt,* Berlin 1959, S. 159-178; Konstantin Simitis, *Gute Sitten und ›ordre public‹,* Marburg 1960; Wolfgang Friedmann, *Law in a Changing Society,* London 1959 (dt.: *Recht und sozialer Wandel,* Frankfurt/M., 1969).

96 Wolfgang Friedmann, a.a.O., vor allem S. 259 ff.; Heinrich Kronstein, *Das Recht der internationalen Kartelle,* Karlsruhe 1966; Horst Ehmke, *Wirtschaft und Verfassung. Die Verfassungsrechtsprechung des Supreme Court zur Wirtschaftsregulierung,* Karlsruhe 1961.

97 Thilo Ramm, *Der Arbeitskampf und die Gesellschaftsordnung des Grundgesetzes,* Stuttgart 1965; Otto Kahn-Freund, *Das soziale Ideal des Reichsarbeitsgerichts,* in: Thilo Ramm (Hrsg.), *Arbeitsrecht und Politik,* Neuwied 1966, S. 149 ff.; ders., *Der Funktionswandel des Arbeitsrechts,* in: Thilo Ramm (Hrsg.), a.a.O., S. 211 ff.; Thilo Ramm, *Sozialadäquanztheorie und freiheitlich sozialer Rechtsstaat,* in: *Arbeit und Recht,* 1966, S. 161 ff.; Lutz Unterseher, *Arbeitsvertrag und innerbetriebliche Herrschaft. Eine historische Untersuchung,* Frankfurt/M. 1969. Vgl. auch Anm. 94 und 95.

98 Diese funktionsimmanente Entwicklung dürfte die offen restaurativen Tendenzen der bundesrepublikanischen Nachkriegsentwicklung in Richtung einer Art industrieller Neo-Feudalität von der judikativen Seite her plastisch illustrieren. Eine wechselseitige Eskalation hat sich wohl nur deshalb vermeiden lassen, weil sich die Disproportionalität einzelner gesellschaftlicher Sektoren auch in den verschiedenen rechtstechnischen ›Zweigen‹ und deren disproportionaler Entwicklung widerspiegelte.

99 Zu der begrifflichen Unterscheidung vgl. Harald Bogs, *Die verfassungskonforme Auslegung von Gesetzen unter besonderer Berücksichtigung der Rechtsprechung des Bundesverfassungsgerichts,* Stuttgart 1966, S. 27 ff. und passim.

100 Vgl. Ernst Forsthoff, *Über Maßnahme-Gesetze,* in: *Gedächtnisschrift f. Walter Jellinek,* München 1955, S. 221 ff.

101 Zu analysieren wären ferner die juristische Qualifikation der am BVerfG tätigen Richter (andeutungsweise wird das Problem gestreift von Peter Wittig, a.a.O., S. 151 ff.), ihre methodologischen Prinzipien der Rechtsfindung, ihre normativen Bezugssysteme, Problemlösungstechniken, die gewählten Fallösungstechniken (Beurteilung des Sachverhaltes, Feststellung der Tatbestandsmäßigkeit usw.), die autoritative Absicherung bei Literatur und ›h. L.‹ usw. Was es heißt, Sachverhalte juristisch faßbar machen, sie einer justiziablen Norm unterstellen, wird deutlich aus einer Bemerkung Wilhelm Henkes anläßlich seiner Besprechung des Buches von Walter Leisner, a.a.O., in: *Der Staat,* 4. Bd., 1965, S. 248. Dort heißt es: »Sie [die Verfassung] bezieht die Erscheinung [sc. außerrechtlicher Art] doch gerade in den

Bereich des Rechts ein, gibt ihr eine besondere Bedeutung [...] und macht den Begriff durch die Verwendung in ihrem Text zu einem *Rechtsbegriff, d. h. er ist nun im Zusammenhang der Rechtsordnung durch Organe der Rechtsanwendung nach juristischen Kunstregeln anzuwenden«* (Hervorhebung von mir, O. M.). So leicht ist das also! Unterstellt wird umstandslos, die Verfassung imaginiere von sich aus, aktivistisch, ›Erscheinungen‹ als Rechtsbegriffe, statt diese als eine vorfixierte Kommunikationsstruktur zwecks Einordnung und Regulierung sozialer Austauschprozesse zu begreifen, d. h. als deren Form, nicht aber als ›Selbstand‹.

102 Vgl. dazu Barbara Dietrich, a.a.O.

103 Vgl. dazu die Leitsätze 27 und 21 zu dem Urteil des Zweiten Senats vom 23. Okt. 1951: »Das Bundesverfassungsgericht erkennt die Existenz überpositiven, auch den Verfassungsgeber bindenden Rechts an und ist zuständig, das gesetzte Recht daran zu messen« (BVerfG 1, 18) – »Eine verfassunggebende Versammlung hat einen höheren Rang als die auf Grund der erlassenen Verfassung gewählte Volksvertretung. Sie ist im Besitz des ›pouvoir constituant‹... a) Sie ist nur gebunden an die jedem geschriebenen Recht vorausliegenden überpositiven Rechtsgrundsätze...« (BVerfGE 1, 17). Wie schwierig es schon ist, den Willen des Verfassungsgebers zu eruieren (selbst wenn die Verfassungsrichter ein eigenes Quellenstudium auf sich nehmen sollten), machten die Erkundungen deutlich, die das BVerfG anläßlich der Auseinandersetzungen um das sogen. 131er Gesetz anstellen mußte (vgl. Heinz Laufer, a.a.O., S. 374 ff.) – um wie viel schwerer dürfte es ihm fallen, gesetztes Recht an überpositivem Recht zu messen. Soll die Statik ahistorischen Rechtsbewußtseins nicht überhand nehmen, müssen dynamische Elemente über die Wirklichkeitsorientierung der Verfassungsrichter bezüglich des jeweiligen Normbereichs und seiner Wandlungen (unkontrolliert) eingeschleust werden. Deren Wirklichkeitsorientierung kann freilich ebenso sozial konservative wie progressive Folgen zeitigen. Abhängen dürfte das von ihrer intentionalen Verwendung.

104 Rudolf Wildenmann, a.a.O., S. 6.

105 Hubert Rottleuthner, *Klassenjustiz?*, in: *Kritische Justiz,* H. 1, 1969, S. 1-26 (3). In der Tat ist die Fiktion eines isolierten Rechtssubjekts Ergebnis und zugleich Verstärkung jener Vorstellung von der apolitischen Monade Individuum, die beziehungslos ihr Leben fristet, sozusagen eine unbewußte Übertragung der Mannheimschen Version von der ›freischwebenden Intelligenz‹ in die Rechtssphäre. »Gerade bei gewichtigen Machtkonflikten, und es sind in der Regel solche, mit denen sich ein Verfassungsgericht zu befassen hat, stehen die Bundesverfassungsrichter in einer hohen Verantwortung. Oft genug läßt sich solch ein Fall kaum allein auf Grund logischer Deduktionen und durch Anwendung präziser Rechtskategorien entscheiden, sondern verlangt nach folgenreicher Wertabwägung« (Winfried Steffani, a.a.O., S. 9). – Problematisch wird es aber gerade an dem Punkt, den Steffani unerörtert läßt, wie nämlich diese »folgenreiche Wertabwägung« zustande kommt und nach welchen bestimmten Kategorien und Kommunikationsabläufen sie erfolgt. Wahrscheinlich gibt es überhaupt keine Fallösung »auf Grund logischer Deduktionen und durch Anwendung präziser Rechtsregeln«, weil a) diese so präzise niemals sind, vielmehr einer im historischen Kontext sich vollziehenden Explikation bedürfen, b) die Inhalte logischer Deduktionen historisches Material sind und durch spezifische Erfahrungen vermittelt werden, c) die angebliche Logizität eines ›Vernunftreichs‹ juridischer Erkenntnis im Nirgendwo existiert und allenfalls als stilisiertes Resultat interessenspezifischer Denkpositionen anzusprechen ist.

106 Vgl. dazu Heinz Laufer, a.a.O., S. 363 und passim.

107 So Helmut Ridder, a.a.O., S. 327.

108 Vgl. das jugoslawische Beispiel, das diese Inkonsequenz bereits hinter sich gelassen hat; außerdem Anm. 36 und 56.

109 Überpositive Gerechtigkeits- und Normerwägungen der Dritten Gewalt sind in der Phase des ›organisierten Kapitalismus‹ insofern funktional, als sie es ermöglichen, in Analogie zur flexiblen Verwendung des wirtschafts-, konjunktur- und finanzpolitischen Instrumentariums auch die rechtlichen Vorschriften flexibel zu handhaben. Darüber hinaus bestehen Entsprechungen darin, daß beide Seiten interventionistischer Staatstätigkeit prinzipiell nur noch einer der ihren gleichartigen, nämlich fachmännischen Kompetenz unterstellt werden können. Vgl. dazu Anm. 21.

110 Nicht zuletzt wäre danach zu fragen, welche Konfliktfälle aus welchen Gründen *nicht* vor das BVerfG gebracht werden. – Vorweg ist zu vermuten, daß die leerformelhafte Sprache und die Massierung von abstrakten Obersätzen, entlang deren vager Plausibilität die konkreten Fälle angegangen und entschieden werden, die bestimmte Funktion innehaben, selbst unterschiedlich motivierte Interessengruppen gleichermaßen zur Rezeption der authentischen Rechtsprechung zu veranlassen, wodurch jene zwar fungibel werden, dennoch nach Bedarf auch uminterpretiert werden können, so daß ihnen allemal allgemeine Geltung zukommt und zugutekommt. Dennoch dürfte es sich dabei weit eher um eine, wie Chief Justice Holmes sie einmal nannte, ›*delusive assurance*‹ handeln als um tatsächliche Rechtssicherheit, die doch von der richterlichen Tätigkeit verbürgt werden sollte.

111 Wildenmann stellt bei der Erörterung der Wahlkampfkostenerstattung ausschließlich darauf ab, daß »die Entscheidung dem Spiel von Zustimmung oder Ablehnung jener Akteure entzogen [wurde], die dem Verfassungsverständnis nach dafür befugt sein sollten: Parteien und Parlamenten« (a.a.O., S. 12 f.). Keine Überlegung verwendet er indes auf die ebenso zentrale Frage, warum die dafür zuständigen ›Akteure‹ diese ordnungspolitische Frage ersten Ranges bisher noch keiner Lösung zugeführt haben und wieso sie es sich angelegen sein ließen, sich die Last der Entscheidung von einer neutralen, ihren eigenen Querelen entrückten Instanz und deren verbindlichem Schiedsspruch abnehmen zu lassen. Diese Entscheidungslähmung durch Verweis auf zu erwartende Urteile des BVerfG ist ebenso konstitutiv für die Verfassungswirklichkeiten in der Bundesrepublik, die durch Richterspruch zu regeln sind, wie es die Erwartungen auf Entlastung seitens der eigens dafür geschaffenen Institutionen sind.

112 In einer eher beiläufigen Bemerkung gibt Talcott Parsons der Vermutung Ausdruck, daß es, verglichen mit anderen Berufsgruppen, unter den Juristen »mindestens ebensoviele, wenn nicht sogar mehr ›zwanghafte Persönlichkeiten‹ [gibt]. Wesentlich ist hier, daß diese Tendenz des Berufs nicht einfach daher resultiert, daß bestimmte Menschentypen ›zufällig‹ Juristen sind, sondern aus der Situation erwächst, in die die Juristen als eine Gruppe gestellt sind« (*Recht und soziale Kontrolle*, in: Ernst E. Hirsch/Manfred Rehbinder, *Studien und Materialien zur Rechtssoziologie*, Sonderheft 11 der *Kölner Zeitschrift für Soziologie und Sozialpsychologie*, Köln und Opladen 1967, S. 121-134 (128 f.).

Psychische Symptome von der Art, wie sie hier beim Namen genannt werden, sind jedesmal auf objektive Zusammenhänge abzubilden und auf außerindividuelle Determinanten zu beziehen. Nicht zuletzt wäre der Frage nachzugehen, ob die relative, lizenzierte Autonomie der Gerichtssphäre nicht doch insoweit bloßer schein ist, als sie lediglich in besonderen Formen staatliche, dezentralisierte Auftragsverwaltung wahrnimmt, die nichts anderes ist als staatliches Entscheidungshandeln in justizförmiger Charaktermaske.

113 Eine ausgesprochene Hausse konnten derweil berufssoziologische Untersuchungen zur Lage der Richter verzeichnen. Vgl. dazu Johannes Feest, *Die Bundesrichter. Herkunft, Karriere und Auswahl der juristischen Elite*, in: *Beiträge zur Analyse der deutschen Oberschicht*, herausgegeben von Wolfgang Zapf, 2., erweiterte Auflage, München 1965, S. 95-113; Walther Richter, *Die Richter der Oberlandesgerichte der Bundesrepublik. Eine berufs- und sozialstatistische Analyse*, in: *Hamburger Jahrbuch für Wirtschafts- und Gesellschaftspolitik*, 1960, S. 241 ff.; ders., *Zur soziologischen Struktur der deutschen Richterschaft*, Stuttgart 1968; Klaus Zwingmann, *Zur Soziologie des Richters in der Bundesrepublik Deutschland*, Berlin 1966; Helmut Steiner, *Die soziale Herkunft und Struktur der Richter in der DDR*. Möglichkeiten eines entsprechenden Vergleichs mit Westdeutschland, in: Schulz/Steiner (Hrsg.), *Soziologie und Wirklichkeit. Beiträge zum VI. Weltkongreß für Soziologie in Evian vom 4. bis 11. Sept. 1966*, Berlin-Ost 1966, S. 92-109; Wolfgang Kaupen, *Die soziale Herkunft, Erziehung und Ausbildung der deutschen Juristen*, Neuwied 1969.

114 Vgl. Wolfgang Zapf, *Wandlung der deutschen Elite. Ein Zirkulationsmodell deutscher Führungsgruppen 1919-1961*, München 1965; ferner die Literatur in Anm. 113.

Zu fragen wäre in diesem Zusammenhang, welche bestimmten Kategorien miteinander konkurrierender gesellschaftlicher Interessen und Bedürfnisse aus welchen Gründen Priorität genießen, welche minderen Status sind und welche kaum eine Chance erhalten, politisch in Folgelasten sich umzusetzen. Über die Analyse derartiger Zusammenhänge hinaus wären dann Kriterien zu entwickeln, die es erlauben würden, die in den Institutionen enthaltenen repressiven Zwänge und Sanktionen einigermaßen verläßlich abzuschätzen, sie möglicherweise sogar der quantitativen Analyse mit Hilfe von Skalen, Diagrammen usw. zugänglich zu machen, ohne sie doch mit ihren verschiedenen qualitativen Dimensionen über den starren Leisten einer Quantifizierung zu schlagen.

115 Vgl. Lieselotte Hinz, *Meinungsmarkt und Publikationsorgane*, in: Schäfer/Nedelmann, a.a.O., S. 259-288; Claus-Peter Gerber/Manfred Stosberg, *Die Massenmedien und die Organisation politischer Interessen*, Bielefeld 1969.

116 Vgl. dazu Peter Bachrach, *Die Theorie demokratischer Elitenherrschaft*, Frankfurt/M. 1969; dazu ferner Gert Schäfer, *Demokratie und Totalitarismus*, in: Kress/Senghaas, a.a.O., S. 105-154.

117 Vgl. Otwin Massing, *Politische Soziologie*, a.a.O., S. 76 ff.

118 Das wurde vor allem deutlich im Kampf um seine Verfassungs*organ*qualität. Zu diesen Vorgängen ausführlich Heinz Laufer, a.a.O.

119 Auf Grund dieser relativ starken, unabhängigen Position vermag das BVerfG dem parlamentarischen Regierungssystem zu erhöhter Effizienz zu verhelfen, und zwar nicht nur im sozialtechnischen Sinne (im Sinn von ›Regierung‹), sondern ebenso zur Realisierung individueller und kollektiver Autonomie, vor allem dann, wenn es kraft seiner Antizipationsmöglichkeiten oppositionellen Kräften wenigstens *die* Entfaltungsmöglichkeiten offen hält, die ihnen die durch formalisierte kontradiktorische gerichtliche Verfahren zustande gebrachte Installierung als paritätische Prozeßpartei gerade noch erlaubt. Vgl. dazu meinen Aufsatz *›Gruppenuniversität‹ und ›forschendes Lernen‹. Folgerungen aus dem verfassungsgerichtlichen Formelkompromiß zu Art. 5 Abs. 3 GG*, in diesem Band, S. 184 ff.

120 Vgl. dazu das Zitat von Julius Hatschek in Anm. 90.

121 Das gilt sowohl für den Faktor ›Kompetenz‹ wie für ›Proporzdenken‹. Vgl.

dazu Otwin Massing, *Recht als Korrelat* . . ., a.a.O., Anm. 28, S. 222 f.; außerdem Anm. 89 weiter oben.

122 »Der durch Wahl der gesetzgebenden Körperschaften in sein Amt berufene Träger eines Verfassungsorgans ist weder einem Dienstvorgesetzten gegenüber zum Gehorsam verpflichtet, noch ist er einer Disziplinargewalt unterworfen. Er ist vielmehr im Rahmen der konkreten Verfassungsordnung in seinen Entschließungen grundsätzlich frei. Innerhalb der verfassungsmäßigen Begrenzung kann ein Mitglied des BVerfG daher ebenso wie ein Mitglied des Bundestages und der Bundesregierung das *Privileg der Weisungsfreiheit allein für sich in Anspruch nehmen«* (*Denkschrift*, a.a.O., S. 146, Hervorhebung von mir, O. M.).

123 Damit aber verschiebt sich das Problem auf die Analyse des inhaltlich bestimmten »Weltbildes« (Engisch) der (Verfassungs-)Juristen, die – ohne Kontrolle und als die einzig kompetenten Interpreten – für die Interpretation und folglich für die Entfaltung oder Verkümmerung der Gesellschaftsordnung des Grundgesetzes zuständig sind.

124 Um so bedeutungsvoller dürfte für die sozialwissenschaftliche Analyse der Begriff des Amtes, auch das ihm zugrunde liegende Amtsverständnis werden, freilich nicht in der konservativen Tradition des deutschen Obrigkeitsstaates und des lutherischen Dienstethos, sondern in einer eher technokratischen Ausprägung, die es erlaubt, die in Statuspositionen implizierten politischen Handlungsmöglichkeiten ›funktional‹ einzusetzen.

125 Die Herrschaftsstrukturen in Systemen des staatlich regulierten Kapitalismus legen es nahe, die traditionelle Rekonstruktion des politischen Systems und seiner Funktionen aus der politischen Ökonomie aufzugeben und statt dessen die Analyse auf die konkreten Mechanismen der Vermittlung von Ökonomie und Politik zu konzentrieren, weil staatsinterventionistische Systeme »einerseits den gesellschaftlichen Warenaustausch bis ins Detail ›politisiert‹ haben, andererseits die *politisierte Ökonomie* als maßgebliches Steuerungszentrum für die Funktionsweisen des politischen Institutionensystems keineswegs außer Kraft gesetzt haben« (Claus Offe, a.a.O., S. 161).

126 So der Untertitel des Buches von Niklas Luhmann, *Vertrauen. Ein Mechanismus zur Reduktion sozialer Komplexität*, Stuttgart 1968.

127 In dieser Sicht bedient sich die Rechtsprechungstätigkeit einer Metasprache der Konfliktreduzierung. Das politische System legt sich dabei aus in den Symbolen ›Effizienz‹ und ›Legitimierung‹ sozialen Handelns (vgl. auch Wildenmann, a.a.O., S. 16, der die Bewältigung dieser beiden Aufgaben dem parlamentarischen Regierungssystem kaum noch zuzutrauen scheint).

128 Nicht nur wird Konflikt-Latenz reduziert, sondern auch die Androhung (und Anwendung) physischer Gewalt als ultima ratio konfligierender Interessen immer wieder hinausgeschoben.

129 »Aus der größeren sozialen Perspektive heraus gesehen, besitzt das Recht primär eine integrierende Funktion. Es soll potentielle Konfliktelemente entschärfen und die Maschinerie des sozialen Verkehrs ölen. In der Tat können Systeme sozialer Interaktion – sollen sie nicht in einem offenen oder dauernd latenten Konflikt zusammenbrechen – nur in Verbindung mit einem Normensystem funktionieren. Normative Konsistenz kann als eines der wichtigsten Kriterien für die Wirksamkeit eines Rechtssystems angesehen werden« (Talcott Parsons, a.a.O., S. 122).

130 Franz Neumann, a.a.O., S. 61.

131 Das volle Zitat lautet: »Nicht allein der gefestigte innere Rechtsfrieden und die leidliche politische Stabilität der Bundesrepublik gehen zum wesentlichen Teil

auf das Konto des Bundesverfassungsgerichts als der Mitte des Staates, vielmehr: Ansehen und Rang der Bundesrepublik im Ausland wurzeln in dieser Einrichtung. Gemäß der neuen, zeitgemäßen Staatstypologie steht die Bundesrepublik an der Spitze der Demokratien der Welt. Freilich, man spricht und schreibt darüber wenig; das erklärt sich daraus, daß Karlsruhe gut ›funktioniert‹: Das Schweigen erweist der Tugend seine Reverenz; die Souveränität des Bundesverfassungsgerichts ist außer Streit gestellt. – Wie steht's mit der bundesdeutschen Justiz? Mit der Verfassungsjustiz steht's gut« (René Marcic, a.a.O., S. 679).

Möglicherweise wäre der Barde sogar imstande, zu seiner Entlastung anzuführen, er habe schließlich vor der wirtschaftlichen Rezession gesungen und bevor die Bundesrepublik die massiven Legitimationsanfechtungen radikaldemokratischer Observanz habe über sich ergehen lassen müssen. – Er wäre so sehr nicht einmal im Unrecht.

Heinz Laufer
Politische Kontrolle durch Richtermacht

Das Bundesverfassungsgericht als Kontrollorgan der Politik

»Das Verfassungsgericht ist die Mitte des Gegenwartsstaates.« Diese kühne These von René Marcic[1], der meinte, die Erdkugel werde vom Lichtnetz der Verfassungsgerichtsbarkeit mehr und mehr eingefangen[2], und kein Staat wolle heute mehr als »Land ohne Verfassungsgerichtsbarkeit« erscheinen[3], hat Widerspruch provoziert und wird von nicht wenigen Wissenschaftlern und Politikern bestritten und bekämpft.[4] Sie sehen Verfassungsgerichtsbarkeit als Hindernis für aktive Politik, als restaurative Bremse des Fortschritts, als undemokratisches Relikt bürgerlicher Demokratie.[5] Die Auseinandersetzungen in der Bundesrepublik Deutschland um Entscheidungen des Bundesverfassungsgerichts in jüngster Zeit[6] lassen erhebliche Zweifel entstehen, ob die These von René Marcic in dieser idealisierenden Generalität verifiziert werden kann. Denn eine allgemeine Institution »Verfassungsgerichtsbarkeit«, die in dieser oder jener Ausgestaltung allen politischen Systemen mit geschriebener Verfassung, Gewaltentrennung und Garantie der richterlichen Unabhängigkeit gemeinsam wäre, gibt es nicht.[6] Organisatorisch sehr verschiedenartig strukturierte Organisationen mit unterschiedlichen Kompetenzen, oft singulären Charakters, kann man nur sehr bedingt unter dem Begriff »Verfassungsgerichtsbarkeit« subsumieren.[7] Nur wenn man »Verfassungsgerichtsbarkeit« als Funktionsbegriff versteht, durch den ein brauchbarer Ansatz und Bezugsrahmen für alle in Frage kommenden Institutionen, Kompetenzen und Verfahrensweisen gewonnen werden kann, könnte die Aussage Marcic' modifiziert gestärkt werden. Denn dann ist es möglich, unter Verfassungsgerichtsbarkeit im weitesten Sinne jede Art gerichtsförmigen Verfahrens zu verstehen, durch das staatliche Gewalt in allen Wirkungsweisen und allen ihren Formen an der Verfassung gemessen wird.[8]

Verfassungsgerichtsbarkeit in diesem Sinne wurde am 24. Februar 1803 durch die Entscheidung des Supreme Court der Vereinigten Staaten von Amerika konstituiert, als im Falle *Marburg v. Madison* das Gericht unter Vorsitz von Chief Justice John Marshall das Instrument des richterlichen Prüfungsrechts zum ersten Mal gegenüber dem Kongreß anwandte.[9] Seit dieser politischen Tat hat Verfassungsgerichtsbarkeit zusammen mit der Einführung geschriebener Verfassungen und der Verbreitung der Ideen der Gewaltenteilung, des Grundrechtsschutzes, der Minderheitenrechte, der föderativen Organisation eine wachsende Verbreitung gefunden. In nicht wenigen politischen Systemen der Gegenwart ist institutionell oder funktionell Verfassungsgerichtsbarkeit anzutreffen.[10] Doch für die Gestaltung oder Beeinflussung des politischen Prozesses muß das nicht viel oder gar nichts bedeuten. Nur in wenigen Ländern ist die Verfassungsgerichtsbarkeit eine den politischen Prozeß wirksam mitgestaltende Institution, ist sie Kontrolle der politischen Macht, wirkt sie für den Politiker begrenzend und richtungweisend. In vielen Staaten hat sie nur nominalistische oder semantische Bedeutung im Sinn von Karl Loewenstein.[11] Für das politische System der Bundesrepublik Deutschland ist Verfassungsgerichtsbarkeit ein essentieller Faktor des politischen Machtprozesses und wird Politik durch das richterliche Prüfungsrecht kontrolliert. Für diesen deutschen Staat trifft die Aussage von René Marcic zu.

Im politischen System der Bundesrepublik Deutschland ist die Verfassungsgerichtsbarkeit in ihrer reinsten Form verwirklicht.[12] Das geschah vor allem durch die Errichtung des *Bundesverfassungsgerichts*, dessen Kompetenzen im Vergleich mit der Verfassungsgerichtsbarkeit anderer politischer Systeme am umfassendsten sind.[13] Fast alle deutschen Bundesländer haben Verfassungsgerichte in der Form von Verfassungs- oder Staatsgerichtshöfen geschaffen.[14] Die Verwaltungsgerichte der Bundesrepublik praktizieren ständig Verfassungsgerichtsbarkeit, und das Bundesverwaltungsgericht kann als der kleine Bruder der Verfassungsgerichtsbarkeit bezeichnet werden.[15] Die anderen Gerichte üben durch das positive richterliche Prüfungsrecht nach Art. 100 Abs. 1 GG eine spezifische Art Verfassungsgerichtsbarkeit aus.[16]

Die Frage nach der politischen Kontrolle durch Richtermacht soll am Bundesverfassungsgericht als Typus einer institutionalisierten Verfassungsgerichtsbarkeit analysiert werden. Dieses Gericht nimmt die Stellung eines höchsten Schiedsrichters der politischen Machtdynamik ein[17], und im Vergleich zu anderen Verfassungsgerichten kommt ihm die größte Bedeutung für die politische Gesamtordnung zu.[18] Dem zufolge soll im folgenden nach der prinzipiellen Funktion des Bundesverfassungsgerichts als Kontrollorgan gefragt werden; das Maß für die richterliche Kontrollausübung und die Formen und Arten der verfassungsgerichtlichen Kontrolle sollen behandelt werden; es soll untersucht werden, auf welche inhaltlichen Grenzen die richterliche Kontrolle möglicherweise stoßen und ob die Kontrolleure von den Kontrollierten gegebenenfalls unterlaufen werden können.

Das Bundesverfassungsgericht als politisches Kontrollorgan

Es war die Intention des Parlamentarischen Rats und der politischen Kräfte im Gesetzgebungsverfahren bei der Schaffung des Gesetzes über das Bundesverfassungsgericht (BVerfGG), im Bundesverfassungsgericht ein *Kontrollorgan* im politischen System zu errichten.[19] Ein unabhängiges Verfassungsgericht soll Politiker in Regierungen und Fraktionen, Funktionäre in Parteien und Interessentenverbänden auf spezifische Weise in ihrem Tätigkeitsdrang beschränken.[20] Ein »Hüter der Verfassung« soll die demokratische Verfassungsordnung gegen mögliche Selbstzerstörung sichern.[21] Verfassungsintention orientiert sich ebenso wie die aufgegebene Thematik »Politische Kontrolle durch Richtermacht« an einem Konstituens der rechtsstaatlichen Demokratie, nämlich der Kontrolle.[22] Es ist impliziert, daß die Institution der Verfassungsgerichtsbarkeit, konkret: das Bundesverfassungsgericht, eine politische Institution im Regierungssystem ist, die politische Akzente setzt.[23] Die vor allem in der deutschen Staatsrechtslehre lange Zeit vertretene Trennung von »Recht« und »Politik«, »juristisch« und »politisch«, rechtlichem Bereich und politischer Sphäre wird als Scheintrennung und als nicht realitätsadäquat angesehen.[24]

Das Bundesverfassungsgericht übt politische Kontrolle dadurch aus, daß es die Einhaltung der Verfassungsrechtsordnung durch die staatlichen Organe – vor allem durch die Verfassungsorgane bzw. deren Amtsinhaber – mit justizförmigen Mitteln in gerichtsförmigen Verfahren überwacht.[25] Seine Kontrolle unterscheidet sich erheblich von der politischen, die andere Institutionen und politische Kräfte ausüben. Die Kontrolle durch das Bundesverfassungsgericht ist nicht wie die Kontrolle durch das Parlament oder die Opposition oder die Kommunikationsmittel in der öffentlichen Debatte Leistungs- oder Wirtschaftskontrolle, Richtungs- oder Alternativkontrolle, Zweckmäßigkeits- oder Zeitgemäßheitskontrolle.[26] Vielmehr ist die Kontrolle durch das Bundesverfassungsgericht Rechtmäßigkeitskontrolle. Das Gericht soll die Verfassungsmäßigkeit[27], die Bundesrechtsmäßigkeit[28] und die Völkerrechtsmäßigkeit[29] kontrollieren.

Politische Kontrolle durch das Bundesverfassungsgericht unterscheidet sich ferner von anderen politischen Kontrollen durch den Gerichtscharakter der kontrollierenden Institutionen. Obwohl bis in die Gegenwart von Gegnern der Verfassungsgerichtsbarkeit immer wieder bestritten, ist nach Intention und Wortlaut der Rechtsnormen das Bundesverfassungsgericht eine Institution der Rechtspflege, ein Gericht.[30] Es unterliegt daher strikt der Dispositionsmaxime und kann keine Kontrolltätigkeit von sich aus durchführen, sondern stets nur auf Antrag Dritter tätig werden.[31] Nur wenn ein Antragsberechtigter sich an das Bundesverfassungsgericht wendet, um bestimmte Handlungen und Verhaltensweisen oder Unterlassungen von staatlichen Institutionen und/oder deren Amtsinhaber, Parteien oder Einzelpersonen auf ihre Verfassungsmäßigkeit prüfen zu lassen, kann das Kontrollverfahren durch das Bundesverfassungsgericht durchgeführt werden.[32] Ohne Antrag ist verfassungsgerichtliche Kontrolle selbst bei evident verfassungswidrigem Handeln nicht möglich.[33]

Politische Kontrolle durch die Richter des Bundesverfassungsgerichts ist in der verfassungsgerichtlichen Praxis vor allem Kontrolle der Verfassungsmäßigkeit. Die Kontrolle der Bundesrechtsmäßigkeit und Völkerrechtsmäßigkeit ist wenig relevant. Die nachfolgenden Ausführungen konzentrieren sich daher auf die Kontrolle der Verfassungsmäßigkeit der Handlungen von staatlichen Institutionen durch das Bundesverfassungsgericht und fragen nach dem Maßstab für die richterliche Kontrolltätigkeit.

Der Maßstab für die verfassungsrechtliche Kontrolle

Wenn die Richter des Bundesverfassungsgerichts politische Kontrolle über andere staatliche Machtträger ausüben sollen, bedürfen sie eines Maßes, an dem sie das zu kontrollierende Handeln, Verhalten oder Unterlassen messen können. Nach den theoretischen Begründern des richterlichen Prüfungsrechts und ihren politischen Begründern, Edward Coke[34], Alexander Hamilton[35], John Marshall und John Adams[36] ist die geschriebene Verfassung, das alles beherrschende Grundgesetz der Nation, die oberste Rechtsnorm des Landes, das Maß der Politik.[37] Dem zufolge kann der Maßstab für die Kontrolltätigkeit des Bundesverfassungsgerichts nur das Grundgesetz als Verfassung der Bundesrepublik Deutschland sein. Das Grundgesetz ist die oberste Rechtsnorm im politischen System der Bundesrepublik, es enthält die »justiziablen Normen«, die eine Kontrolltätigkeit des Bundesverfassungsgerichts erst ermöglichen.[38] Nur durch Rückgriff auf »rational standards«[39] der Verfassung kann das Bundesverfassungsgericht die Kontrolle auf Verfassungswidrigkeit oder Verfassungsmäßigkeit durchführen.

Das Grundgesetz als Normensystem von politischen Maximen für die gesamtstaatliche Ordnung, von Aufträgen und Anregungen, Kompetenzzuweisungen und Kompetenzbegrenzungen, Regelungen zur Kooperation und Koordination, Selbstrevision und Kontrollmöglichkeiten ist das Ergebnis bestimmter historisch-politischer Situationen. Seine Verfassungsrechtsnormen sind häufig retrospektiv orientiert, stellen politische Formelkompromisse dar und sind deswegen nicht selten von politischer Brisanz. Die Grundgesetzbestimmungen als Maßstab der politischen Kontrolle durch das Bundesverfassungsgericht sind offene Normen, allgemein formuliert, von hohem Abstraktionsgrad, einigermaßen flexibel.[40]

Der verfassungsrechtliche Rückgriff auf eine justiziable Verfassungsnorm kann in der Regel nicht einfach ein mechanischer Subsumtionsakt sein. Der Verfassungsrichter kann noch weniger als der Richter anderer Gerichtsbarkeiten nur der »Mund des Gesetzgebers« sein.[41] Der verfassungsrechtliche Rückgriff darf aber auch kein Dezisionsakt sein, der die Meinung der Verfassungsrichter oder deren Mehrheit als Verfassungsgemäßheit deklariert, der politisch-final dezisionistisch verfassungsrechtliche Zweifelsfragen löst oder Streitigkeiten entscheidet[42]; der Rückgriff muß vielmehr und vor allem ein Interpretationsakt sein.[43] Je nach zu kontrollierendem Sachverhalt kann der Interpretationsakt variieren: von geringem Ausmaß bei einfachen Kompetenzstreitigkeiten über komplizierte Fragestellungen bei Grundrechtseinschränkungen bis zur politisch-schöpferischen Rechtsfindung in Grundsatzfragen, bei denen mit Allgemeinbegriffen – wenn nicht gar Leerformeln – (wie z. B. freiheitliche demokratische Grundordnung, Menschenwürde, freie Entfaltung der Persönlichkeit, Sozialstaat, Bundesstaat, öffentlich-rechtliches Dienst- und Treueverhältnis etc.) judiziert werden muß.[44] Dem Interpretationsakt kommt vor allem unter dem Aspekt des historischen Prozesses Bedeutung zu, in dem die Verfassungsrechtsnormen historisch fixiert und das Ergebnis von konkreten politischen Kräfteverhältnissen sind, während das von ihnen zu Regelnde im Fluß des politischen Prozesses steht.[45] Politische Kontrolle der Verfassungsinterpretation steht daher häufig vor dem Problem der Interpretation der Verfassungsrechtsnorm unter dem Aspekt der Verfassungsentwicklung.[46]

Die überragende Bedeutung der Verfassungsinterpretation bei der politischen Kontrolle durch Verfassungsrichter läßt nach den Methoden der Verfassungsrechtsprechung, der Persönlichkeitsstruktur und der Sozialisation der Richter, ihrer parteipolitischen Bindung oder Affinität und ihrer demokratischen Legitimation fragen.

Vernachlässigt können in diesem Zusammenhang die rechtstechnischen Methoden werden, die darauf ausgerichtet sind, »etwas zu erkennen, das bereits entschieden ist«.[47] Relevant dagegen sind die Persönlichkeitsstruktur und der durchlaufene Sozialisationsprozeß der zur Kontrolle der Verfassungsmäßigkeit berufenen Verfassungsrichter. Die Kontrollentscheidung kann nämlich nicht losgelöst gesehen werden von der Verfassungskonzeption und vom verfassungsrechtlichen Verständnis, von Demokratieauffassung und politischen Zielvorstellungen; sie kann nicht von der politischen Beurteilung der innerstaatlichen Ordnung, ihrer Strukturen, ihres Institutionengefüges und ihrer politischen Kräfteverhältnisse abstrahieren.[48] Herkunft und Erziehung, schulische Bildung und juristische Ausbildung, beruflicher Werdegang und politische Erfahrung, politikwissenschaftliche Doktrinen und politisches Engagement, historisches Bewußtsein und geistiger Habitus spielen eine entscheidende Rolle bei der Verfassungsrechtsfindung. Die Kontrolltätigkeit des Bundesverfassungsgerichts muß daher auch unter diesen Gesichtspunkten analysiert werden – eine Bemühung, die wissenschaftlich noch immer in den Anfängen steckt.[49]

Verfassungsgerichtliche Kontrollentscheidungen werden in der Regel über Handlungen von Verfassungsorganen oder Teilen von solchen oder von politischen Parteien gefällt und tangieren jeweils bestimmte Interessenlagen. Affinitäten von Verfassungsrichtern zu politischen Parteien, Amtsinhabern oder Interessenlagen können den verfassungsrechtlichen Kontrollakt beeinflussen. Evidente Beeinflussungen konnten in der Kontrolltätigkeit des Bundesverfassungsgerichts bisher nicht festgestellt werden.

Der bewußte und unbewußte Entscheidungsspielraum bei der verfassungsgerichtlichen Kontrolle sowie die gesamtpolitischen Auswirkungen der Entscheidungen lassen die demokratische Legitimation der Richter und die Transparenz des Bestallungsvorgangs zu einem unabdingbaren politischen Postulat werden.[50] Die Wahl durch den Wahlmännerausschuß des Bundestages und durch den Bundesrat stellt in der Parteiendemokratie formal das Maximum an demokratischer Legitimation dar, ohne daß jedoch material das Optimum stets erreicht würde.[51] Der Bestallungsvorgang (Kandidatensammlung, Kandidatennominierung, Wahlen) vollzieht sich in grauen Zonen der Parteienklungelei, außerhalb der zuständigen Institutionen, unter Ausschluß der Öffentlichkeit.[52] Der Versuch der Kontrollierten, zugängliche Kontrolleure zu bestallen, ist zwar verständlich, gefährdet jedoch das Vertrauen in die Wirksamkeit verfassungsgerichtlicher Kontrolle.[53]

Verfahren der politischen Kontrolle durch das Bundesverfassungsgericht

Im politischen System soll alles staatliche Handeln durch unabhängige Gerichte auf seine Rechtmäßigkeit überprüft werden können.[54] Die Vorrangstellung von Art. 1 und 20 GG i. V. mit Art 79 Abs. 3 GG, die absolute Priorität der Grundrechte, die umfassenden Kompetenzen des Bundesverfassungsgerichts sollen jede Art staatlichen Handelns der gerichtlichen, letztlich der verfassungsgerichtlichen Kontrolle unterwerfen.[55] Gegen diese »Hypertrophie der Justizstaatlichkeit«[56] werden immer wieder mannigfache Einwände, vor allem von betroffenen Politikern[57], vorgebracht.[58] Dabei wird aber meist übersehen, daß politische Kontrolle durch das Bundesverfassungsgericht erst wirksam werden kann, wenn sie von Antragsberechtigten ausgelöst wird. Solange niemand die verfassungsrechtliche Kontrolle initiiert, ist sie ein Phantom.[59]

Die Kontrolltätigkeit des Bundesverfassungsgerichts kann durch Amtsinhaber politischer Institutionen, Personengruppen und Einzelpersonen ausgelöst werden. Antragsberechtigt sind: die Bundesregierung (§§ 36, 43, 63, 71, 76, 86 BVerfGG), der Bundestag (auf Grund eines Mehrheitsbeschlusses; §§ 36, 43, 49, 58, 63, 86 BVerfGG), der Bundesrat (auf Grund eines Mehrheitsbeschlusses; §§ 43, 49, 63, 86 BVerfGG), der Bundespräsident (§ 63 BVerfGG), Landesparlamente (auf Grund von Mehrheitsbeschlüssen; §§ 71, 73 BVerfGG), Landesregierungen (§§ 36, 43, 68, 71, 73, 76, 86 BVerfGG), Verfassungsgerichte der Länder (§ 85 BVerfGG), Gerichte aller Gerichtszweige (§§ 80, 83 BVerfGG), Parlamentsfraktionen (§§ 48, 63, 71, 76 BVerfGG), Parlamentsminderheiten (§§ 48, 63, 71, 76 BVerfGG), Parlamentsausschüsse (§§ 63, 71 BVerfGG), Gruppen von Abgeordneten (§§ 48, 63, 71, 76 BVerfGG), einzelne Abgeordnete (§§ 48, 63, 71 BVerfGG), politische Parteien (§ 63 BVerfGG), jeder Bürger (§ 90 BVerfGG), Gemeinden und Gemeindeverände (§ 91

BVerfGG), Juristische Personen (§ 90 BVerfGG).

Die politische Kontrolle durch das Bundesverfassungsgericht ist eine Kontrolle mit gerichtsförmigen Mitteln und wird materiell erst dann begonnen, wenn die jeweiligen prozessualen Voraussetzungen – Antrag eines dazu Berechtigten, Handeln eines Verfahrensvertreters, Einhaltung von Formvorschriften, Wahrung von Fristen, Vorlage von Beweismitteln etc.[60] – erfüllt sind. Die Zulassungsvoraussetzungen für eine politische Kontrolltätigkeit des Bundesverfassungsgerichts wirken als Filter, indem sie verhindern, daß jeder staatliche Akt der verfassungsgerichtlichen Nachprüfung unterzogen wird, was zur Auflösung des Regierungsprozesses, ja der Staatsstruktur führen könnte.[61] Ferner bewahren sie das Gericht vor Wirkungsunfähigkeit wegen totaler Überlastung, damit vor Prozeßverschleppung und, letztlich, Rechtsverweigerung.[62] Andererseits darf nicht übersehen werden, daß nicht selten wegen eines Mangels an Zulässigkeitsvoraussetzungen eine politische Kontrolle durch das Bundesverfassungsgericht verhindert wird (z. B. bei Fristversäumnis).

Die verfassungsgerichtliche Kontrolle richtet sich primär gegen Bundesregierung und Bundestag (bzw. Bundestagsmehrheit), Landesregierungen und Landesparlamente (bzw. Landtagsmehrheiten), Gerichte des Bundes und der Länder, politische Parteien, gegebenenfalls gegen Bundesrat und Bundespräsident, selten gegen Bundes- und Landesbehörden (wegen der ausgebauten Verwaltungsgerichtsbarkeit), so gut wie nie gegen Einzelpersonen. Die Kontrolle der Verfassungsmäßigkeit des Handelns und Verhaltens von Amtsträgern der genannten Institutionen, von politischen Parteien und Individuen kann Verfahrens-, Kompetenz- oder Sachkontrolle sein.[63] Die Grenzen zwischen den einzelnen Kontrollarten sind zuweilen fließend, und gelegentlich werden in konkreten Verfahren mehrere Kontrollarten angewandt.[64]

Das Bundesverfassungsgericht kontrolliert, ob die vom Grundgesetz für jeweiliges staatliches Handeln vorgeschriebenen Verfahrensweisen eingehalten wurden (Verfassungsrevisionsverfahren, Gesetzgebungsverfahren, Bestallungs- und Entlassungsverfahren für Amtsinhaber staatlicher Institutionen, Freiheitsentzugsverfahren, Gerichtsverfahren). Die Verfahrenskontrolle wirkt sich im individuellen Bereich vor allem auf dem Gebiet der Strafrechtspflege (Entzug des gesetzlichen Richters, Verweigerung des rechtlichen Gehörs, Verstoß gegen das Ex-post-facto-Verbot, Verstoß gegen das Verböserungs-Verbot)[65] und im Bereich des Freiheitsentzugs (vorläufige Festnahme, Untersuchungshaft, Sicherungsverwahrung, Unterbringung in Heil- und Pflegeanstalten)[66] aus. Im parlamentarischen Bereich war die Einschaltung des Bundesverfassungsgerichts als Kontrollinstrument zugunsten der Regierungsfraktionen oder der Oppositionsfraktion(en) (Kampf um die Bewaffnung der Bundesrepublik)[67] oder von einzelnen Abgeordneten (Redezeit)[68] weitgehend erfolglos.

Dagegen spielt in der Epoche der permanenten zivilisatorischen Veränderung und des Erfordernisses rascher staatlicher Reaktion und in einer Zeit der supranationalen Integration, in der die nationalen Parlamente mehr und mehr zugunsten der Regierung entmachtet werden, die Verordnungsbefugnis eine immer größere Rolle für die verfassungsgerichtliche Verfahrenskontrolle.[69] Es konnte nicht ausbleiben, daß das Bundesverfassungsgericht sich sehr häufig mit der Ermächtigungsvorschrift des Art. 80 GG befassen und prüfen mußte, ob nicht die Bundesregierung, ein Bundesminister, eine Landesregierung gegen diese Grundrechtsbestimmung verstoßen haben. Zahlreiche Rechtsverordnungen sind vom Bundesverfassungsgericht wegen Verstoß gegen die Ermächtigungsbestimmung des Art. 80 GG aufgehoben worden.[70]

Das Bundesverfassungsgericht kontrolliert, ob individuelle oder kollektive Handlungen oder Unterlassungen staatlicher Amtsträger sich in den von der Verfassung gezogenen Kompetenzgrenzen halten oder ob sie diese Grenzen sprengen und in andere Kompetenzbereiche eingreifen, sich Kompetenzen anmaßen und damit verfassungswidrig verhalten. Während die verfassungsgerichtliche Kompetenzkontrolle bisher kaum Individualkompetenzen erfaßte (z. B. Zuständigkeiten des Bundespräsidenten bei Ernennungen oder im Gesetzgebungsverfahren), erstreckte sie sich um so mehr auf die Kollegialkompetenzen, vor allem im Bereich der Zuständigkeitsverteilung zwischen Bund und Ländern und neuerdings auf die Frage der Zuständigkeit des Bundesrates im Gesetzgebungsverfahren. Das Bundesverfassungsgericht kontrolliert, ob und inwieweit der Bund in die Landeskompetenzen eingreift, ob und inwieweit die Länder sich Bundeskompetenzen anmaßen, ob der Bundesrat die Zustimmungsbedürftigkeit im Gesetzgebungsverfahren unzulässig ausdehnt. Diese in vielfältiger Weise vom Bundesverfassungsgericht ausgeübte Kontrolle hat zur Aufhebung von Regierungsakten (Vertrag der Adenauer-Regierung über die Gründung der »Deutschen Fernseh GmbH«)[71] geführt, Bundesgesetze (z. B. Neugliederungsgesetze für den Südwestraum)[72], das Gesetz über die Errichtung einer Stiftung ›Preußischer Kulturbesitz‹[73], das Gesetz zur Reinhaltung der Bundeswasserstraßen[74], das Ingenieurgesetz[75] für nichtig erklärt, Rechtsverordnung des Bundes und Landesgesetz (Niedersächsisches Gesetz über das öffentliche Schulwesen-Reichskonkordat[76], Hamburgisches und Bremisches Gesetz betreffend Volksbefragung über Atomwaffen[77]) aufgehoben, die Zustimmungsbefugnis des Bundesrates im Gesetzgebungsverfahren differenzierend eingeschränkt.[78]

Das Bundesverfassungsgericht kontrolliert, ob Rechtsetzungsakte unterhalb der Verfassung inhaltlich mit der Verfassung vereinbar sind. Insbesondere prüft es, ob möglicherweise Bundes- oder Landesgesetze, Rechtsverordnungen des Bundes oder der Länder gegen essentielle Grundgesetznormen oder Grundrechte verstoßen oder Verfassungsaufträgen nicht gerecht werden.

Diese Sachkontrolle von Akten oder Verhaltensweisen der Gesetzgebungsorgane, der Regierungs- oder Verwaltungsinstitutionen führt quantitativ zu den meisten verfassungsrechtlichen Verfahren. Qualitativ stellen diese Kontrollen die schwierigsten politischen und verfassungsrechtlichen Anforderungen an die Verfassungsrichter und werfen die kompliziertesten Probleme auf.

Inhalt und Grenzen der verfassungsrechtlichen Kontrolle

Der Schwerpunkt der verfassungsgerichtlichen Sachkontrolle liegt auf der Überprüfung der Verfassungsmäßigkeit von Bundesgesetzen, Landesgesetzen und Rechtsverordnungen im abstrakten (Art. 93 Abs. 1 Nr. 2, Art. 126 GG) und konkreten Normenkontrollverfahren (Art. 100 Abs. 1, Art. 126 GG) oder auf Grund von Verfassungsbeschwerden (Art. 93 Abs. 1

Nr. 42 GG). Die Kontrolle der Gesetzgebungstätigkeit auf ihre inhaltliche Übereinstimmung mit dem Grundgesetz und die Möglichkeit, Gesetzgebungsakte zu vernichten, geben dem Bundesverfassungsgericht eine Vorrangstellung, die kennzeichnend für das Regierungssystem der Bundesrepublik Deutschland ist.[79] Das Gericht greift damit in den Bereich von Regierung und Parlament ein, was zu überspitzten, aber unzutreffenden Formulierungen wie »Herrschaft der Verfassungsrichter« oder »Suprematie des Verfassungsgerichts« geführt hat.[80] Doch das Gericht hat in kontinuierlicher Rechtsprechung die scharfe Trennung herausgearbeitet, die trotz ausgedehnter Kontrollbefugnisse zwischen der richterlichen Funktion einerseits und der Regierungs- und Gesetzgebungsfunktion andererseits besteht.[81]

So hat das Bundesverfassungsgericht dem Gesetzgeber unter dem Leitmotiv des »gesetzgeberischen Ermessens« einen überaus weiten Spielraum für seine freie politische Entscheidung und Gestaltung von Lebensbereichen eingeräumt.[82] Es hat sich ausdrücklich für unzuständig erklärt, Fragen der Zweckmäßigkeit, der Notwendigkeit und der Qualität von Regierungs- oder Gesetzgebungsakten seiner verfassungsgerichtlichen Kontrolle zu unterziehen.[83] Innerhalb der Grundrechtsgrenzen sind Regierung und Parlament bzw. Parlamentsmehrheit frei, die ihnen als geeignet erscheinende Regelung auszuwählen, zwischen verschiedenen Gestaltungsprinzipien (z. B. Rechtssicherheit oder Gerechtigkeit, Sozialstaat und Individuum) zu entscheiden[84], wirtschafts- und sozialpolitische Entscheidungen zugunsten einer sozialen Marktwirtschaft oder einer Verwaltungswirtschaft zu treffen[85], sich für die allgemeine Wehrpflicht oder ein Freiwilligenheer zu entscheiden[86], Bundesvermögen zu privatisieren und bestimmte gesellschaftliche Gruppen zu fördern oder nicht zu fördern.[87] Vor allem im Bereich der Staatsleistungen des sozialen Ausgleichs und der Subventionen hat das Bundesverfassungsgericht seine Kontrollbefugnis auf ein Minimum reduziert.[88] Die verfassungsgerichtliche Kontrolle über die inhaltliche Verfassungsmäßigkeit von Regierungs- und Gesetzgebungsakten ist vom Grundsatz der Selbstbescheidung (»self restraint«) der Verfassungsrichter gekennzeichnet. Sie hüteten sich durchweg, die politische Weisheit der kontrollierenden Maßnahmen ihrer Prüfung zu unterwerfen. Das galt und gilt besonders in außenpolitischen Fragen, wenn das Gericht gezwungen war, zwischenstaatliche Verträge auf ihre Verfassungsmäßigkeit zu überprüfen. Es akzeptierte die Erklärung der Regierung, daß andere oder bessere Lösungen nicht erreichbar waren, wie beim Saarstatut[89], und es betonte, daß der von der Verfassung für die anderen Verfassungsorgane garantierte Raum freier politischer Gestaltung offenzuhalten sei, wie beim Vertrag mit der DDR.[90] Die Grenze für die politische Ermessensfreiheit wurde vom Bundesverfassungsgericht durch die tragenden Grundsätze des Grundgesetzes und die Grundrechte gezogen, z. B. durch den Gleichheitsgrundsatz als Willkürverbot jedoch mit weitgehender Differenzierungsmöglichkeit[91], die verfassungsrechtlich vorgesehene Freiheitsbeschränkung[92], das Demokratieprinzip[93], den Schutz des Lebens.[94] Bei dieser Grenzziehung traten und treten bestimmte Akzente hervor (Gleichheit vor Freiheit), werden Wertvorstellungen manifest (Leben des Ungeborenen vor Selbstentscheidung der Mutter, Freiheit der Wissenschaft vor Demokratisierung) und sind politische Intentionen erkennbar (Verbot der staatlichen Parteienfinanzierung, Inkompatibilität von Abgeordnetendiäten und Beamtenpension). Die verfassungsgerichtliche Sachkontrolle könnte dadurch zum politischen Gegenpol von Regierung und Regierungsfraktionen werden, und es kann nicht ausgeschlossen werden, daß sie gelegentlich eine fruchtbare Politik blockieren, ja verhindern kann.[95]

Die politische Kontrolle durch das Bundesverfassungsgericht orientiert sich bislang an der gesamtstaatlichen Ordnung der Bundesrepublik, was nicht selten eine Güterabwägung und zuweilen auch politische Rücksichtnahme zur Folge hatte.[96] Güterabwägung spielt eine Rolle bei der Kontrolle von gesetzlichen Eingriffen in den Freiheitsbereich des Bürgers (Freiheit der persönlichen Entfaltung, Meinungsfreiheit, Freiheit der Berufswahl und Berufsausübung etc.), wobei regelmäßig dem Gemeinwohl – verstanden als Interessen von Mehrheiten gegenüber Minderheiten – der Vorzug gegeben wurde. Politische Rücksichtnahme war für das Bundesverfassungsgericht dann ausschlaggebend, wenn die Folgen einer wirksam vorgenommenen verfassungsgerichtlichen Kontrolle eine Gefährdung für die Funktionsfähigkeit des Staatsganzen bedeuten würden. Das Bundesverfassungsgericht distanzierte sich deutlich vom Staatsgericht für das Deutsche Reich, das beanspruchte, verfassungsgerichtliche Entscheidungen ohne Rücksicht auf die politischen Folgen des Spruches zu fällen.[97] Es berücksichtigte vielmehr in Einzelfällen sowohl die politischen Umstände, die zu der zu kontrollierenden Maßnahme geführt hatten (Saarurteil[98], Grundlagenvertrag[99]), als auch die politischen Folgen, die aus seiner Entscheidung in Zukunft resultieren würden (Wahlkreis-Einteilung[100], All-Phasen-Umsatzsteuersystem[101]). Die Rücksichtnahme – zuweilen durch »verfassungskonforme« Gesetzesauslegung praktiziert – hält sich unter dem Gesichtspunkt der gesamtstaatlichen Ordnung in engen Grenzen.[102]

Verfassungsgerichtliche Sachkontrolle kann sich auf die Frage erstrecken, ob der Gesetzgeber verfassungswidrig den Erlaß eines Gesetzes unterlassen hat.[103] Mittels der Verfassungsbeschwerde versuchten Bürger, das Bundesverfassungsgericht zu bewegen, den Gesetzgeber zu einem bestimmten Handeln zu zwingen. Diese Kontrollaufgabe wurde jedoch vom Gericht nicht akzeptiert und mit dem grundsätzlichen Argument zurückgewiesen, daß der einzelne Bürger prinzipiell keinen gerichtlich verfolgbaren Anspruch auf ein Handeln des Gesetzgebers haben könne, wenn nicht eine generelle Schwächung der gesetzgebenden Gewalt erfolgen solle.[104] Doch kontrollierte das Bundesverfassungsgericht, ob der Gesetzgeber einen ausdrücklichen Verfassungsauftrag, der Inhalt und Umfang der Gesetzgebungspflicht näher umschreibt, ausgeführt hat (Gleichberechtigung von Mann und Frau[105], gleiche Bedingungen für eheliche und uneheliche Kinder[106]). Das Gericht kontrolliert aber auch, ob der Gesetzgeber durch Unterlassen gegen Grundrechte oder Verfassungsprinzipien verstoßen habe. Auch diese Kontrolle war bisher vom Grundsatz des »self restraint« bestimmt und führte nur in wenigen Fällen zu Aufforderungen an den Gesetzgeber, bestimmte Maßnahmen zu ergreifen (Höfeordnung der britischen Besatzungszone[107], Wahlkreiseinteilung[108], Unehelichenrecht[109]).

Eine besondere Art von politischer Kontrolle übt das Bundesverfassungsgericht aus, wenn es als eine Art Strafgericht die Respektierung der freiheitlichen demokratischen Grundordnung durch einzelne Bürger, politische Parteien, Bundespräsident und Bundesrichter (Art. 18 Satz 2 GG, Art. 21 Abs. 2 GG, Art. 61 GG, Art. 98 Abs. 2 GG) prüft. Zweck dieser verfassungsgerichtlichen Kontrolle ist der Schutz der demokratischen Verfassungsordnung gegen Zerstörung von innen, rechtzeitige Eliminierung derjenigen politischen Kräfte aus dem demokratischen Prozeß, die auf legalem Wege die demokratische Ordnung beseitigen wollen. Die Konzentration dieser Kontrollbefugnisse beim Bundesverfassungsgericht soll einen Mißbrauch dieses Instrumentariums so weit wie möglich verhindern.[110] Die Kontrolle der Verfassungsmäßigkeit des politischen Handelns und Verhaltens von Einzelnen, von Parteien und Amtsinhabern erfordert von den Verfassungsrichtern eine sorgfältige Analyse der Fakten und eine differenzierte Interpretation des Topos »freiheitliche demokratische Grundordnung«.[111] Der Interpretationsspielraum ist hier am größten; Persönlichkeitsstruktur, Sozialisation und politische Intention der zur Entscheidung berufenen Richter wirken sich hier am nachhaltigsten aus; politische Rücksichtnahmen können eine maßgebliche Rolle spielen. Die Problematik wird durch das SRP-Urteil[112] und das Urteil gegen die KPD[113], den einstmals diskutierten Verbotsantrag gegen die NPD, die Frage der Verfassungswidrigkeit der DKP, den Ausschluß vom öffentlichen Dienst wegen verfassungsfeindlicher Betätigung besonders deutlich.

Widerstand gegen verfassungsrechtliche Kontrolle

Kontrolle und Kontrollmaßnahmen sind geeignet, bei den Betroffenen Unbehagen auszulösen, Widerstand zu provozieren und Gegenmaßnahmen zu veranlassen. Das gilt gleichermaßen für das private Individuum wie für den öffentlichen Amtsinhaber. Es bedarf eines hohen Maßes an politischer Kultur, um die der rechtsstaatlichen Demokratie immanente Machtbeschränkung und das daraus resultierende umfassende Kontrollsystem nicht nur prinzipiell anzuerkennen, sondern im Falle der Betroffenheit auch stillschweigend zu akzeptieren. Nicht alle Amtsträger, die von einer Entscheidung des Bundesverfassungsgerichts negativ betroffen waren, haben über das erforderliche Maß an politischer Weisheit und die notwendige Selbstdisziplin verfügt, um sich ohne – wenn auch meist nur verbale – Gegenaktion dem Spruch des Bundesverfassungsgerichts zu unterwerfen. Die Kontrollierten können stets dazu neigen, Widerstand gegen den Kontrolleur zu leisten, die Kontrolle und die Kontrollmaßnahmen zu unterlaufen. Die ultima ratio solchen Widerstands wäre die kompetenzmäßige Beschränkung oder die Beseitigung des Bundesverfassungsgerichts durch den verfassungsändernden Gesetzgeber.[114] Doch allgemein akzeptierte Essentiale des Rechtsstaates, parteipolitische Konstellation und politisches Bewußtsein lassen es derzeit ausgeschlossen erscheinen, daß derartige Gegenmaßnahmen von dafür zuständigen Amtsinhabern auch nur erwogen werden.

Die Kontrollfunktion des Bundesverfassungsgerichts kann jedoch unterlaufen werden durch rechtzeitige vorherige oder dem Urteilsspruch nachfolgende Verfassungsänderung. Solche Versuche, die verfassungsgerichtliche Kontrolle auszuschalten oder unwirksam zu machen, wurden von Regierung und parlamentarischer Mehrheit diskutiert und unternommen (Einfügung des Art. 142 a GG zur Verfassungslegitimierung der Wiederbewaffnung; geplante Änderung des Art. 21 GG zur Ermöglichung der staatlichen Parteienfinanzierung; Art. 10 Abs. 2, Art. 19 Abs. 4 zweiter Halbsatz GG: keine richterliche Kontrolle des Brief-, Post- und Fernmeldegeheimnisses).[115] Um auch in solchen Fällen seine Kontrollfunktion ausüben zu können, entwickelte das Bundesverfassungsgericht die Formel von der »verfassungswidrigen Verfassungsnorm« weiter, wonach das Grundgesetz Normen verschiedener Dignität aufweise und jede Verfassungsbestimmung so ausgelegt werden müsse, daß sie mit den elementaren Verfassungsgrundsätzen und Grundentscheidungen des Verfassungsgesetzgebers vereinbar sind.[116] Dadurch ist die Kontrollmöglichkeit des Bundesverfassungsgerichts für die Fälle der legalen Verfassungsumgehung zwar aufrechterhalten, doch ist auch die Gefahr einer exzessiven Entfaltung der Verfassungsordnung durch das Bundesverfassungsgericht nicht ganz auszuschließen.

Politische Kontrolle ohne Durchsetzungsmöglichkeit des Kontrollergebnisses ist eine Schimäre. Um die Kontrolle des Bundesverfassungsgerichts effizient werden zu lassen, ist es nach § 35 BVerfGG »Herr der Vollstreckung«. Es kann alle Maßnahmen anordnen, die erforderlich sind, um solche Verhältnisse zu schaffen, die notwendig sind, um die Rechtskontrollentscheidung zu verwirklichen.[117] Doch dem Bundesverfassungsgericht stehen keine eigenen Machtmittel zur Verfügung. Es kann nur andere Organe des Staates (Regierungen von Bund und Ländern, Bundestag, Landesparlamente, Verwaltungsbehörden, Gerichte etc.) mit der Vollstreckung beauftragen oder sie zur Vollstreckung in Dienst nehmen. Bisher hielten sich die verfassungsgerichtlichen Vollstreckungsmaßnahmen in engem Rahmen und warfen kaum Probleme auf (Festlegung eines Abstimmungstermins[118], Order an den Gesetzgeber[119], Vollstreckungsdelegation an Landesminister[120]). Doch sollte die politische Kontrolle durch das Bundesverfassungsgericht relevante Handlungen oder Verhaltensweisen von Regierungen, Parlamentsmehrheiten oder Parteien für verfassungswidrig erklären, dann könnte die Vollstreckung wegen Nicht-Handelns der mit der Vollstreckung Beauftragten möglicherweise scheitern.[121] Verwirklichung der verfassungsgerichtlichen Kontrolle setzt Unterwerfungsbereitschaft der Betroffenen ebenso voraus wie Präsenz von Verfassungsordnung und Verfassungsgerichtsbarkeit im allgemeinen politischen Bewußtsein.[122]

Verfassungsgerichtliche Kontrolle kann aber auch dann schimärenhaft werden, wenn sie nicht rechtzeitig wirksam wird, weil zwischen Setzung der zu kontrollierenden Maßnahmen und Kontrollakt eine zu große Zeitspanne liegt, in der die zu kontrollierende Maßnahme sich schon auf vielfältige Weise nachteilig ausgewirkt hat. Zwar kann das Bundesverfassungsgericht nach § 32 BVerfGG im Streitfall einen Zustand durch einstweilige Anordnung regeln, wenn dies zur Abwehr schwerer Nachteile, zur Verhinderung drohender Gewalt oder aus einem anderen Grunde zum gemeinen Wohl dringend geboten ist; doch das Gericht hat in ständiger Rechtsprechung strenge Anforderungen an den Erlaß einer einstweiligen Anordnung gestellt und im Vergleich zu den zahlreichen Anträgen nur wenige einstweilige Anordnungen getroffen (in 25 Jahren nur 19).[123] Es wollte nach Möglichkeit sich nicht selbst binden, ehe der gesamte Sachverhalt in tatsächlicher und verfassungsrechtlicher Hinsicht gründlich erörtert ist, und wollte keine Lage schaffen, die möglicherweise nach einer endgültigen, anderen Urteilsfindung nicht mehr oder nur schwer zu ändern ist. Durch diese Zurückhaltung hat sich jedoch das Bundesverfassungsgericht unnötige Fesseln angelegt und seine Kontrollmöglichkeiten unnötig eingeschränkt.

Quis custodiet custodes?

Wenn die Richter des Bundesverfassungsgerichts die »Hüter der Verfassung« sind, die Kontrolle politischer Macht nach dem Maß der Verfassung ausüben, dann muß allerdings auch gefragt werden, welcher Kontrolle die verfassungsgerichtliche Kontrolle selbst unterliegt, wer die Wächter bewacht. Nicht selten wird gegen sie der Vorwurf der »unkontrollierten Macht«, der »Macht ohne Opposition«, der Überheblichkeit eines richterlichen Elite-Selbstverständnisses, der politischen Exklusivität und eines gewissen Absolutheitsanspruches erhoben.[124] In der Tat gibt die Kontrolltätigkeit des Bundesverfassungsgerichts zu kritischen Einwänden immer wieder Anlaß und zeigt, daß auch die Kontrolleure keineswegs unfehlbar sind und sich irren können.[125] Können die Verfassungsrichter einer Kontrolle unterzogen werden, müssen auch sie in einem politischen Ordnungssystem kontrolliert werden, zu dessen konstituierenden Prinzipien die Kontrolle jeder Art von Herrschaftsausübung gehört?

Im derzeitigen verfassungsgerichtlichen System der Bundesrepublik Deutschland gibt es nur die Selbstkontrolle der Richter untereinander. Nach § 105 BVerfGG kann nur das Plenum des Bundesverfassungsgerichts in einem eigenen Verfahren unter bestimmten Voraussetzungen (dauernde Dienstunfähigkeit, rechtskräftige Verurteilung wegen einer entehrenden Handlung oder zu einer Freiheitsstrafe von mehr als sechs Monaten, grobe Pflichtverletzung) den Bundespräsidenten ermächtigen, Richter in den Ruhestand zu versetzen oder zu entlassen, ohne jedoch den Bundespräsidenten verpflichten zu können, von dieser Ermächtigung Gebrauch zu machen.[126] Das Plenum ist somit in Zusammenwirken mit dem Bundespräsidenten die einzige Institution, welche die Pflichtmäßigkeit des Handelns der Richter am Bundesverfassungsgericht kontrollieren kann.

Eine andere formelle Kontrollmöglichkeit, durch eine andere Institution mit Sanktionsmöglichkeiten gibt es nicht. Die informelle Kontrollmöglichkeit, in Ausnahmefällen das verfassungsgerichtliche Urteil durch Verfassungsänderung zu unterlaufen oder Widerstand gegen die Vollstreckung der Entscheidung zu leisten, ist grundsätzlich abzulehnen, da sie mit Sicherheit die Beseitigung dieser Art von Kontrollsystem zur Folge hätte. Es gibt nur eine wirkungsvolle Kontrollmöglichkeit: die umfassende Diskussion der verfassungsrechtlichen Entscheidungen, da das Bundesverfassungsgericht von seinem einmal gefällten Urteil abweichen und sich selber korrigieren kann. Die Einführung des Sondervotums (§ 30 Abs. 2 BVerfGG) und die relative Häufigkeit, mit der Richter davon Gebrauch machen, haben die Diskussion der Entscheidungen des Bundesverfassungsgerichts intensiviert und die Korrektur- und damit auch die Kontrollmöglichkeit verbessert.

Im politischen System der Bundesrepublik Deutschland ist das Bundesverfassungsgericht – und damit die Verfassungsgerichtsbarkeit – zu einem integralen und effizienten Bestandteil geworden. Die verfassungsgerichtliche Kontrollfunktion gegenüber Amtsträgern politischer Institutionen und gegenüber politischen Kräften ist wirksam, jedoch nur systemimmanent wahrgenommen worden. Die Richter des Bundesverfassungsgerichts können keine systemtranszendente oder gar systemwidrige Kontrolle, d. h. keine Systemveränderungen mittels Kontrolle durchführen. Dies vom Bundesverfassungsgericht zu erwarten, würde bedeuten, die Verfassungsgerichtsbarkeit als politische Kontrolle vom Ansatz her mißzuverstehen. Was die Verfassungsrichter vom System her vermögen und auch geleistet haben, ist, beizutragen zur Realisierung der fundamentalen freiheitlichen Ordnung. Das ist geschehen. Freiheitliche Verfassung, soziale Gerechtigkeit, demokratische Entwicklung, innerstaatliche Stabilität wurden durch die Rechtsprechung des Bundesverfassungsgerichts gemehrt. Die zivilisatorischen Herausforderungen in Gegenwart und Zukunft werden auch Herausforderungen für die Verfassungsgerichtsbarkeit sein, deren Kontrollfunktion auch künftig die Politik menschenwürdig gestalten soll.

1 *Verfassung und Verfassungsgericht,* Wien 1963, S. 207.

2 A.a.O., S. 79.

3 A.a.O., S. 85.

4 Siehe dazu Heinz Laufer, *Verfassungsgerichtsbarkeit und politischer Prozeß,* Tübingen 1968, S. 4 f.

5 In diesem Sinne Otwin Massing, *Recht als Korrelat der Macht?* in: *Der CDU-Staat,* München 1967, S. 142 f.

6 So Hermann Mosler, *Das Heidelberger Kolloquium über Verfassungsgerichtsbarkeit in der Gegenwart,* Köln-Berlin 1962, S. XVII.

7 Vgl. dazu Laufer, a.a.O., S. 7 ff.

8 In diesem Sinne Martin Drath, *Die Grenzen der Verfassungsgerichtsbarkeit,* in: *VVDStRL,* Heft 9, Berlin 1952, S. 20.

9 Siehe dazu Robert G. McClosky, *The American Supreme Court,* Chicago-Toronto-London 1960, S. 26 ff.

10 Vgl. dazu die Übersichten bei Laufer, a.a.O., S. 7 ff.

11 *Verfassungslehre,* Tübingen, 1969, S. 152 ff.

12 So Ernst Friesenhahn, *Die Verfassungsgerichtsbarkeit in der Bundesrepublik Deutschland,* in: *Verfassungsgerichtsbarkeit in der Gegenwart,* Köln-Berlin 1962, S. 91.

13 Siehe die Kompetenzübersicht in: *Das Bundesverfassungsgericht 1951-1971,* Karlsruhe 1971, S. 199 ff.

14 Siehe dazu Friesenhahn, a.a.O., S. 103 f.

15 So zutreffend Fritz Werner, *Diskussionsbeitrag,* in: *Verfassungsgerichtsbarkeit in der Gegenwart,* S. 807.

16 Siehe dazu Friesenhahn, a.a.O., S. 105 ff.

17 Karl Loewenstein, a.a.O., S. 261.

18 Robert Taylor Cole, *Three Constitutional Courts,* in: *Comparativ Politics,* New York 1965, S. 169.

19 In diesem Sinne Rudolf Wildenmann, *Die Rolle des Bundesverfassungsgerichts und der Deutschen Bundesbank in der politischen Willensbildung,* Stuttgart 1968, S. 3.

20 Vgl. dazu Laufer, a.a.O., S. 15 ff.

21 Siehe dazu Gebhard Müller, *Das Bundesverfassungsgericht in der Bundesrepublik Deutschland,* in: *Journal der Internationalen Juristenkommission,* Bd. 6, 1965, S. 225 f.

22 Dazu grundsätzlich Loewenstein, a.a.O., S. 127 ff.

23 So Ullrich Scheuner, *Diskussionsbeitrag,* in: *Bundesverfassungsgericht im dritten Jahrzehnt · Symposion zu Ehren von Ernst Friesenhahn,* Frankfurt/M. 1973, S. 37.

24 Zu dieser Trennung ihrer Genesis und Rechtfertigung kritisch Laufer, a.a.O., S. 270 ff.

25 Zu diesem Problem Laufer, a.a.O., S. 296 ff.; Massing, a.a.O., S. 124 ff., 280 ff.

26 Zu den Arten der politischen Kontrolle siehe Thomas Ellwein, *Einführung in die Regierungs- und Verwaltungslehre,* Stuttgart 1966, S. 156 f., 170 ff., 196 ff.; Theodor Eschenburg, *Staat und Gesellschaft in Deutschland,* München 1963, S. 608 f., 678.

27 Art. 93 Abs. 1 Nr. 1, 2, 3, 4, 4a GG; Art. 18 Satz 2 GG; Art. 21 Abs. 2 GG;

Art. 61 GG; Art. 98 Abs. 2 GG; Art. 100 Abs. 1 GG.

28 Art. 93 Abs. 1 Nr. 2 und 4 GG; Art. 126 GG.

29 Art. 100 Abs. 2 GG.

30 Art. 92 GG, § 1 BVerfGG; Gerhard Leibholz, *Der Status des Bundesverfassungsgerichts,* in: *Das Bundesverfassungsgericht 1951-1971,* S. 32 ff.

31 Kritisch, jedoch mit falschen Schlußfolgerungen, Massing, a.a.O., S. 130.

32 Zum Antragsverfahren siehe Friesenhahn, a.a.O., S. 182 f.

33 Auch bei evident verfassungswidrigen Rechtslagen kann das Bundesverfassungsgericht mangels Antragstellung nicht tätig werden. Das kann in konkreten politischen Situationen, z. B. bei Aktivitäten verfassungsfeindlicher Parteien, bei der Frage nach der Verfassungstreue öffentlich Bediensteter etc. zu rechtsstaatlich prekären Situationen führen. Gleichwohl darf dem Bundesverfassungsgericht – wie gelegentlich angeregt – nicht eine Verfahrenseröffnung von Amts wegen eingeräumt werden. Dadurch könnte tatsächlich das Tor zur vielbeschworenen, jedoch bisher nicht gegebenen »Judizialisierung der Politik« aufgestoßen werden.

34 Siehe dazu Carl Joachim Friedrich, *Der Verfassungsstaat der Neuzeit,* Berlin-Göttingen-Heidelberg 1953, S. 119 f.

35 *The Federalist Papers,* Nr. 78.

36 Friedrich, a.a.O., S. 257.

37 Marcic, a.a.O., S. 18 f.

38 Vgl. dazu Leibholz, a.a.O., S. 38 ff.

39 Zum Problem der »rational standards« siehe das Urteil des Supreme Court der USA American Federation of Labour v. American Sals and Door Co. 335, VS. 557.

40 Siehe dazu Peter Wittig, *Politische Rücksichten in der Rechtsprechung des Bundesverfassungsgerichts?* in: *Der Staat,* 8. Bd. 1969, S. 151; Konrad Hesse, *Grundzüge des Verfassungsrechts der BRD,* Karlsruhe 1969, S. 12.

41 Vgl. dazu Laufer, a.a.O., S. 288 ff.

42 So aber die Auffassung von Hans Dichgans, *Diskussionsbeitrag,* in: *Bundesverfassungsgericht im dritten Jahrzehnt,* S. 11 ff.

43 Vgl. statt vieler dazu Werner Billing, *Das Problem der Richterwahl zum Bundesverfassungsgericht,* Berlin 1969, S. 32 ff.

44 Vgl. dazu Friedrich Klein, *Bundesverfassungsgericht und richterliche Beurteilung politischer Fragen,* Münster 1966, S. 31.

45 Siehe dazu Carl Schmitt, *Verfassungslehre,* Berlin 1957, S. 23 ff.

46 Vgl. dazu Felix Ermacora, *Verfassungsrecht durch Richterspruch,* Karlsruhe 1960, S. 33.

47 Adolf Arndt, *Rechtsausschuß des Deutschen Bundestages am 21. März 1950.*

48 Vgl. dazu statt vieler Massing, a.a.O., S. 141 ff., 284 ff.

49 Zum Problem siehe Wolfgang Kaupen/Theo Rasehorn, *Die Justiz zwischen Obrigkeitsstaat und Demokratie,* Neuwied-Berlin 1971, bes. S. 9 ff., 167 ff.; Jutta von Ilten, *Das Amt des Bundesverfassungsrichters und was dahinter steht,* München 1968; P. D. Kommers, *The Federal Constitutional Court of Germany,* Lafayette (Indiana) 1967, Billing, a.a.O., S. 179 ff.; Bernd Eisenblätter, *Die Überparteilichkeit des Bundesverfassungsgerichts im politischen Prozeß,* Diss. München 1975.

50 Vgl. statt vieler Franz Klein, *Kommentar zu § 5 BVerfGG RNr. 3,* in: Maunz/Siegloch/Schmidt-Bleibtreu, *Kommentar zum BVerfGG,* München-Berlin 1967.

51 Ebenso Friesenhahn, a.a.O., S. 102; Klein, ebd.

52 Dazu die Beispiele bei Laufer, a.a.O., S. 219 ff.

53 Siehe die Diskussion in: *Bundesverfassungsgericht im dritten Jahrzehnt,*

S. 68 ff.

54 Ebenso Rudolf Katz, *Bundesverfassungsgericht - Rechtsstaat - Justizstaat,* in: *Vorträge der Hessischen Hochschulwochen 1952,* Bad Homburg-Berlin 1953, S. 100.

55 Vgl. dazu Wittig, a.a.O., S. 144.

56 So Werner Weber, *Das Richtertum in der deutschen Verfassungsordnung,* in: *Festschrift für Hans Niedermeyer zum 70. Geburtstag,* Göttingen 1953.

57 Es ist zu erinnern an die rüden Ausfälle von Mitgliedern der SPD-FDP-Regierungskoalition anläßlich des verfassungsgerichtlichen Verfahrens über den Vertrag mit der Deutschen Demokratischen Republik. Aber auch CDU- und CSU-Politiker sind in ihren Äußerungen gegenüber dem Bundesverfassungsgericht nicht zimperlich, wenn sie ihre Politik durch verfassungsrechtliche Kontrolle gefährdet sehen.

58 Siehe dazu die Übersicht bei Laufer, a.a.O., S. 23 ff.

59 In diesem Sinne Otto Bachof, *Grundgesetz und Richtermacht,* Tübingen 1959, S. 37.

60 §§ 17-35 BVerfGG; Einzelheiten bei Friesenhahn, a.a.O., S. 181 ff.

61 Zur Prozeßverschleppung siehe Heinz Laufer, *Entscheidungsgewalt ohne Opposition?,* in: *Kritik,* Bd. 3, Opladen 1971, S. 225 ff.

62 Viele Verfahren, besonders von Verfassungsbeschwerden, werden aus prozessualen Gründen verworfen, so daß eine materielle Kontrolltätigkeit des Bundesverfassungsgerichts gar nicht beginnen kann.

63 Vgl. dazu René Marcic, *Verfassungsgerichtsbarkeit und reine Rechtslehre,* Wien 1966, S. 69 ff.

64 Folge des Inquisitionsgrundsatzes.

65 Siehe dazu Gerhard Leibholz/Hans-Justus Rinck, *Grundgesetz - Kommentar,* Köln 1975, Kommentar zu Art. 101 und 103 GG, und Hans Heinrich Rupp, *Einige wichtige Entscheidungslinien in der Rechtsprechung des zweiten Senats des Bundesverfassungsgerichts 1951-1971,* S. 157 f.

66 Siehe dazu Leibholz/Rinck, *Kommentar zu Art. 104 GG.*

67 BVerfGE 1, 115 ff., 281 ff., 396 ff.; 2, 79 ff., 143 ff.; siehe dazu auch die Analyse bei Laufer, a.a.O., S. 379 ff.

68 BVerfGE 10, 4 ff.

69 Zu diesem Problem siehe Rudolf Wildenmann, *Macht und Konsensus als Problem der Innen- und Außenpolitik,* Frankfurt-Bonn 1963, S. 179 ff.

70 Vgl. dazu Rupp, a.a.O., S. 153 ff.

71 BVerfGE 12, 36 ff., 205 ff.

72 BVerfGE 1, 14 ff., 13, 54 ff.

73 BVerfGE 10, 20 ff.

74 BVerfGE 15, 1 ff.

75 BVerfGE 26, 246 ff.

76 BVerfGE 6, 309 ff.

77 BVerfGE 8, 42 ff., 104 ff.

78 BVerfGE 37, 363 ff.

79 Vgl. dazu Taylor Cole, a.a.O., S. 169; Edward McWhinney, *Judical Restraint and the West German Constitutionel Court,* in: *Harvard Law Review,* vol. 75, 1961/62, S. 5.

80 So die Vorbehalte von Massing, a.a.O., S. 132 ff., S. 282; zur Haltlosigkeit dieses Vorwurfs Geiger, *Diskussionsbeitrag,* in: *Bundesverfassungsgericht im dritten Jahrzehnt,* S. 29 ff.

81 BVerfGE 1, 101, 197 f.; 2, 96 f., 128; 4, 234 f.; 6, 63, 222 ff.; 7, 188; 11, 293; 15, 75; 16, 329; 22, 111 ff.; 30, 28 f., 43; 34, 59 f.; 36, 1 ff.; 37, 260.

82 BVerfGE 1, 32, 272; 2, 280; 3, 135, 182, 337; 9, 145; 10, 354; 11, 145; 14, 238; 15, 319; 18, 267, 273; 22, 103, 361; 23, 28; 24, 215; 26, 310; 27, 66, 291, 339; 30, 317 ff.; 32, 190; 36, 71, 398; 37, 20 f., 127; 38, 253. Siehe dazu auch die Diskussion in: *Bundesverfassungsgericht im dritten Jahrzehnt*, S. 44 f.

83 BVerfGE 1, 180; 3, 135; 4, 17, 357; 9, 206; 10, 246; 11, 115, 123; 12, 52, 363; 14, 40, 117, 293, 301, 319; 21, 78; 22, 346; 25, 293; 27, 30, 390; 28, 242, 362; 29, 410; 30, 250 ff.; 31, 130; 32, 167; 36, 189.

84 BVerfGE 15, 319; 18, 267, 273; 19, 166.

85 BVerfGE 4, 18 f.; 19, 114; 21, 299; 23, 60.

86 BVerfGE 12, 52.

87 BVerfGE 12, 363.

88 Vgl. dazu Laufer, a.a.O., S. 352 ff.

89 BVerfGE 4, 178.

90 BVerfGE 36, 1 ff.

91 BVerfGE 1, 52; 3, 24, 135, 182, 337; 4, 18, 243, 357 f.; 9, 28, 206, 337; 11, 123; 13, 362; 14, 238; 15, 201; 17, 330; 18, 124; 23, 107; 26, 310; 30, 412 f.; 31, 353; 35, 272; 38, 17.

92 BVerfGE 16, 147 ff.; 17, 306 ff.; 33, 334 f.

93 BVerfGE 1, 14 ff.; 20, 103 ff.; 33, 158 f.; 35, 152 f.

94 BVerfGE 39, 1 ff.

95 Dazu grundlegend Helmut Ridder, *Diskussionsbeitrag*, in: *Verfassungsgerichtsbarkeit in der Gegenwart*, S. 828.

96 Zum Gesamtproblem Wittig, a.a.O., S. 137 ff.

97 Entscheidung des StGH vom 27. Dezember 1972, in: Lammers-Simons, *Die Rechtsprechung des Staatsgerichtshofes für das Deutsche Reich und des Reichsgerichts auf Grund des Art. 13 Abs. RV, Bd. I, 1920-1928*, Berlin 1929, S. 352.

98 BVerfGE 4, 157 ff.

99 BVerfGE 36, 1 ff.

100 BVerfGE 16, 130 ff.

101 BVerfGE 21, 12 ff.

102 Vgl. dazu Hans Hugo Klein, *Bundesverfassungsgericht und Staatsräson*, Frankfurt 1968, S. 13 f.; Harald Boys, *Die verfassungskonforme Auslegung von Gesetzen*, Stuttgart 1966, S. 15 ff.

103 Zum Problem siehe Hans Thierfelder, *Kann sich der Bürger gegen ein verfassungswidriges Unterlassen des Gesetzgebers mit rechtlichen Mitteln wehren?*, in: *Die Verwaltungspraxis*, Jg. 31/1965, S. 13.

104 BVerfGE 1, 100 f.

105 BVerfGE 3, 225 ff.

106 BVerfGE 26, 44 ff.

107 BVerfGE 15, 337 ff.

108 BVerfGE 16, 130 ff.

109 BVerfGE 6, 265 f.; 8, 216; 17, 155; 25, 167 ff.

110 Vgl. dazu BVerfGE 5, 140.

111 Kritisch dazu Massing, a.a.O., S. 142 ff., 284 ff.

112 BVerfGE 2, 1 ff.; 5, 85; statt vieler vgl. zu diesem Problemkomplex Otto Kirchheimer, *Politische Justiz*, Neuwied-Berlin 1965, S. 218 ff.

113 Siehe dazu für die Zeit bis 1967 Laufer, a.a.O., S. 466 ff.

114 Ausführlich und grundsätzlich dazu Laufer, a.a.O., S. 141 ff.

115 Was das Gericht selbst akzeptiert. BVerfGE 30, 1 ff.

116 BVerfGE 1, 14 ff.; zum Problem siehe Otto Bachof, *Verfassungswidrige*

Verfassungsnormen? Tübingen 1951.

117 § 35 BVerfGG; siehe dazu Roman Herzog, *Die Vollstreckung von Entscheidungen des Bundesverfassungsgerichts,* in: *Der Staat,* Bd. 4/1965, S. 37 ff.

118 BVerfGE 1, 65.

119 BVerfGE 15, 352; 16, 142.

120 BVerfGE 8, 47.

121 Vgl. dazu die optimistische Auffassung von Thomas Ellwein, *Das Regierungssystem der Bundesrepublik Deutschland,* Köln-Opladen 1973, S. 436 ff., und die realistische Selbsteinschätzung des Gerichts in BVerfGE 2, 89.

122 Vgl. dazu Laufer, a.a.O., S. 85 ff.

123 BVerfGE 1, 85, 281; 2, 103; 3, 52, 267; 6, 1; 7, 175; 11, 102; 12, 276; 14, 12; 15, 220; 17, 120; 18, 151, 156; 20, 363; 23, 33; 24, 27, 68; 27, 152; 29, 179; 33, 195, 232; 34, 211; 35, 193, 257, 280, 379; 36, 37, 310; 37, 150; 38, 49; 39, 205.

124 Laufer, *Entscheidungsgewalt ohne Opposition?,* a.a.O., S. 216 ff; Massing, a.a.O., S. 129, 138; Hans Dichgans, *Vom Grundgesetz zur Verfassung,* Düsseldorf-Wien 1970, S. 157 ff.

125 Dichgans, *Diskussionsbeitrag,* in: *Bundesverfassungsgericht im dritten Jahrzehnt,* S. 11 ff.

126 Willi Geiger, *Kommentar zum BVerfGG,* Berlin-Frankfurt 1952, S. 130 ff.

Jürgen Seifert
Verfassungsgerichtliche Selbstbeschränkung

I.

Wichtige seit 1973 ergangene Entscheidungen des Bundesverfassungsgerichts markieren Kompetenzüberschreitungen des Gerichts.[1] Doch nicht nur die Kritiker solcher Entscheidungen fordern richterliche Selbstbeschränkung; auch die verantwortlichen Richter plädieren für *judicial self-restraint*, bekräftigen diesen Grundsatz und sprechen davon, daß ihn sich das Gericht »in ständiger Rechtsprechung auferlegt hat«.[2]

Nur ein konservativer Autor wie Friedrich August Freiherr von der Heydte wendet sich im Blick auf die Entscheidung zum Grundlagenvertrag gegen »*judicial self-restraint* im Sinne der amerikanischen Rechtsprechung«.[3] Das bedeute, meint von der Heydte, »Verzicht auf politischen Einfluß, Verzicht auf eine politische Rolle«, eine »Weigerung«, die »Gratwanderung« zwischen »Politisierung der Justiz und Justifizierung der Politik« zu »wagen, zu der das Grundgesetz das deutsche Bundesverfassungsgericht verpflichtet«.[4]

Ist angesichts dieser Situation die Forderung nach richterlicher Selbstbeschränkung überhaupt geeignet, die notwendige Kritik an der verfassungsgerichtlichen Rechtsprechung zusammenzufassen? Ist *judicial self-restraint* letztlich nicht mehr als eine unverbindliche Phrase oder kann dieser Gegensatz theoretisch und methodisch so an Voraussetzungen gebunden werden, daß der vom früheren Bundesverfassungsrichter Erwin Stein konstatierte »Bruch mit der weisen Selbstbeschränkung«[5] mit einer solchen Forderung wieder rückgängig gemacht werden kann?

II.

Gleichsam als Gegengewicht zu der Gefahr, daß das Bundesverfassungsgericht »politische Macht usurpiert«, hat Gerhard Leibholz mit ausdrücklichem Hinweis auf die in den Vereinigten Staaten gemachten Erfahrungen gefordert, »daß der Verfassungsrichter bei der Ausübung seiner Befugnisse sich weise selbst beschränken muß«.[6] Der Grundsatz des *judicial self-re-*

straint war zunächst in einer *dissenting opinion* des Richters Harlan F. Stone entwickelt worden, als der mit konservativer Mehrheit besetzte Supreme Court in den ersten Jahren der Ära Roosevelt Teile der New-Deal-Gesetzgebung für verfassungswidrig erklärte. Gegenüber einer dieser Entscheidungen, durch die das oberste Gericht der Vereinigten Staaten in eine ernste Krise geriet, bemerkte Richter Stone in seinem Sondervotum: »The only check upon our own exercise of power is our own sense of self-restraint.«[7] Leibholz führte den Grundsatz richterlicher Zurückhaltung und Selbstbeschränkung, der sich in der Rechtsprechung des Supreme Court durchgesetzt hat, in die deutsche Diskussion über den »Status« des Bundesverfassungsgerichts ein und forderte, das Bundesverfassungsgericht dürfe die Entscheidungen der Regierung und Gesetzgebung nicht daraufhin überprüfen, »ob diese von ihrem durch die Verfassung eingeräumten freien Ermessen einen weisen Gebrauch gemacht haben«; zur Kompetenz des Gerichtes gehöre es nicht, solche Entscheidungen »unter Zweckmäßigkeitsgesichtspunkten nachzuprüfen«; das Gericht, sagte Leibholz, kann insbesondere »nicht *seine* politisch-sachlichen Erwägungen an die Stelle der politisch-sachlichen Erwägungen von Regierung und Gesetzgebung setzen«.[8]

Das Bundesverfassungsgericht hat in ähnlicher Weise schon in einer seiner ersten Entscheidungen betont: »Das Bundesverfassungsgericht ist keine gesetzgebende Körperschaft und es ist nicht seine Sache, sich an die Stelle des Gesetzgebers zu setzen. [. . .] Die Frage, ob ein Gesetz zu erlassen sei, hängt von wirtschaftlichen, politischen und weltanschaulichen Erwägungen ab, die sich der richterlichen Nachprüfung im allgemeinen entziehen.«[9] Diese Entscheidung zeigt ebenso wie die von Leibholz aufgestellte Forderung, daß der Grundsatz richterlicher Selbstbeschränkung inhaltlich eng verknüpft ist mit der ebenfalls in den Vereinigten Staaten entwickelten *political-question*-Doktrin.[10] Aspekte dieser Doktrin hat Erich Kaufmann in seinem Referat auf der noch vor der Konstituierung des Bundesverfassungsgerichts veranstalteten Tagung der Vereinigung der Deutschen Staatsrechtslehrer am 20. und 21. Oktober 1950 vorgetragen: »Es kann eine Partei ›Recht‹ haben, aber politisch unrichtig gehandelt haben; und es kann umgekehrt eine Partei politisch richtig, aber juristisch unrichtig gehandelt haben. Die nach Rechtsnormen erfolgende Entscheidung eines Verfassungsgerichts besagt nichts über die politische Weisheit der bestrittenen Maßnahme. [. . .] Das Recht, auch das Verfassungsrecht, will in erster Linie Freiheit und Verantwortlichkeit. Es sanktioniert daher geradezu den Irrtum und das Fehlgreifen im Ziel und in den Mitteln. Nur ein kleiner und bescheidener Teil des staatlichen Lebens ist rechtlich normiert und rechtlich normierbar; die eigentlichen Verantwortlichkeiten nimmt das Recht den zu politischen Entscheidungen berufenen Organen nicht ab. [. . .] Die Verhaltensnormen des Verfassungsrechts bezeichnen meist nur die Grenzen der Ermächtigungen zu freien Entscheidungen.«[11]

Ähnlich wie Erich Kaufmann hat Wolfgang Abendroth auf dieser Tagung sehr scharfsichtig die Gefahren der Verfassungsgerichtsbarkeit gesehen und hervorgehoben, daß das Verfassungsgericht »den Gesetzgeber nur dann zur Ordnung rufen darf, wenn völlig eindeutige Verletzungen der durch das Grundgesetz gezogenen Schranken vorliegen, während die inhaltliche Ausfüllung dieses äußeren Rahmens in allen Fällen, in denen – man denke etwa an die zur Problematik des Gleichheitssatzes erforderlichen Bewertungen – der Gesetzgeber zur Konkretisierung verfassungsrechtlicher Grundsätze primär legitimiert erscheint, dem Gesetzgeber überlassen bleiben muß«. Nur das Einhalten solcher »Grenzen« könne »davor bewahren, daß der demokratische Bundesstaat in einen Staat der verfassungsgerichtlichen Diktatur umschlägt«.[12]

Das Bundesverfassungsgericht hat eine wichtige Entscheidung getroffen, die dieser Unterscheidung zwischen dem verfassungsrechtlichen »Rahmen« *(framework)* – der seine Entstehung einer *politischen* Setzung in einer spezifischen geschichtlichen Situation verdankt – und der politisch-gesellschaftlichen »inhaltlichen Ausfüllung« entspricht. Das Bundesverfassungsgericht spricht im sogenannten Investitionshilfe-Urteil ausdrücklich vom »Grundsatz der wirtschaftspolitischen Neutralität des Grundgesetzes« und sagt dazu, die Neutralität »des Grundgesetzes besteht lediglich darin, daß sich der Verfassungsgeber nicht ausdrücklich für ein bestimmtes Wirtschaftssystem entschieden hat. [. . .] Die gegenwärtige Wirtschafts- und Sozialordnung ist zwar eine nach dem

Grundgesetz mögliche Ordnung, keineswegs aber die allein mögliche. Sie beruht auf einer vom Willen des Gesetzgebers getragenen wirtschafts- und sozialpolitischen Entscheidung, die durch eine andere Entscheidung ersetzt oder durchbrochen werden kann«.[13]

Konrad Hesse hat dieses Prinzip der *Offenheit der Verfassung* zu einem wichtigen Element seiner Verfassungstheorie gemacht. Die »Unvollständigkeit«, die »Offenheit und Weite« einer Verfassung ermöglichen erst »einen freien politischen Lebensprozeß«.[14] Hesse legt dar, daß in einer normativen Verfassung, wie sie im Grundgesetz geschaffen wurde, bestimmte Fragen *»bewußt offen«* geblieben sind, »um hier freier Entscheidung und Gestaltung Raum zu lassen«. Anknüpfend an Richard Bäumlin zeigt er, daß »ihr Inhalt notwendig *›in die Zeit hinein offen‹* bleiben« müsse[15], wenn »die Verfassung die Bewältigung der Vielfalt geschichtlich sich wandelnder Problemlagen ermöglichen« soll. Bei Konrad Hesse entspricht verfassungsgerichtliche Selbstbeschränkung der bewußten »Unvollständigkeit der normativen Verfassung« und der »verfassungskräftigen Gewährleistung freier Entscheidung«.[16]

Das Bundesverfassungsgericht erkennt die verfassungsgestaltende Grundentscheidung für die »offene Verfassung« allerdings nur unter dem Begriff des »gesetzgeberischen Ermessens« an.[17] Diese Bezeichnung ist problematisch, weil der Begriff »Ermessen« die Analogie zum völlig andersartigen Verwaltungsstreitverfahren nahelegt und den Schluß zuläßt, das Bundesverfassungsgericht könne korrigierend eingreifen, wenn die Gesetzgebung »ihr freies Ermessen mißbräuchlich gehandhabt« hat. »Gesetzgeberisches Ermessen« darf jedoch nichts anderes bedeuten als die politische Gestaltungsfreiheit der Gesetzgebungsorgane innerhalb der Grenzen des Grundgesetzes. Sowohl der dem vorkonstitutionellen Staat zugehörige Begriff des »justizfreien Hoheitsaktes« wie die Rede von »politischen Staatsakten«, die rechtsgebunden, aber gerichtsfrei sein sollen, tragen der politischen Gestaltungsfreiheit der Parlamentsmehrheit, in die durch das Bundesverfassungsgericht nicht eingegriffen werden kann, nicht Rechnung.

Das Bundesverfassungsgericht ist in doppelter Hinsicht gebunden. Es darf sich einerseits nicht an die Stelle des Gesetzgebers setzen, es hat sich andererseits strikt an den im Grundgesetz festgelegten Grenzen auszurichten, unabhängig beispielsweise vom Grad der politischen Intensität, mit der ein Konflikt ausgetragen wird. Die Orientierung an diesen festgelegten Normgrenzen meint das Bundesverfassungsgericht, wenn es betont, daß das Gericht »nur dem Rechte dient und allein dem Rechte verpflichtet ist« – gleichgültig, »welche politischen Konsequenzen sich daraus ergeben«.[18] Denn auf diese im Grundgesetz festgelegten Grenzlinien haben sich die konkurrierenden und divergierenden politisch-gesellschaftlichen Kräfte geeinigt. Sie sollen die Grenze zu dem bezeichnen, was hinfort innerhalb des Gemeinwesens von allen als barbarisch angesehen wird.[19] Diese Verfassungspositionen sind das Resultat vergangener Auseinandersetzungen oder der Kompromiß politisch-gesellschaftlicher Kräfte. Auch im verfassungsrechtlichen Rahmen sind notwendig Wertmaßstäbe enthalten, denen sich die rivalisierenden politisch-gesellschaftlichen Kräfte unterwerfen, die sie aber im politischen Kampf zu ihren Gunsten zu nutzen und zu verändern suchen.

Die gerade Zahl der Richter und die Wahlmodalitäten, die sicherstellen, daß eine Oppositionspartei, die über ein Drittel der Stimmen verfügt, quasi paritätisch berücksichtigt werden muß, machen das Bundesverfassungsgericht gleichsam zur Schiedsinstanz, die darüber zu wachen hat, daß die Wertmaßstäbe des verfassungsrechtlichen Rahmens nicht einseitig verrückt werden. Doch auch durch Interpretation kann der verfassungsrechtliche Rahmen verändert werden. Daher ist die jeweilige Mehrheit eines Senats stets der Versuchung ausgesetzt, dem Drängen der politischen Kräfte nachzugeben, der sie ihre Wahl verdanken, und die Grundentscheidungen der Verfassung anders zu gewichten. Dabei ist auf Grund der spezifischen Geschichte der Bundesrepublik und des Bundesverfassungsgerichts – insbesondere auch wegen der 1956 von der CDU/CSU durchgesetzten Reduzierung der Anzahl der Verfassungsrichter eines Senats von 12 auf 8 die konservative Seite bisher im Vorteil gewesen.[20] – Es darf hier allerdings nicht übersehen werden, daß die im Bundestag vertretenen politischen Parteien zuweilen »ihre politische Verantwortung auf das Bundesverfassungsgericht abzuwälzen« versuchen.[21] Doch derartige unmittelbare politische Einwirkungen auf die

Rechtsprechung sind in der Regel kaum nachweisbar. Jedenfalls wäre es falsch, das Abrücken von verfassungsgerichtlicher Selbstbeschränkung allein auf derlei unmittelbar politische Einflüsse zurückzuführen.

III.

Verfassungsjustiz ist nicht unabhängig von der ökonomischen und politischen Marktlage, d. h. von den Veränderungen der Produktivkräfte und der Konstellation politisch-gesellschaftlicher Kräfte. Wirksam werden diese Faktoren als politisch-theoretische Positionen. Aus diesem Grund ist verfassungsgerichtliche Selbstbeschränkung in der Bundesrepublik wesentlich durch verfassungstheoretische Ansätze in Frage gestellt worden. An dieser Aushöhlung des Grundsatzes des *judicial self-restraint* durch politisch-theoretische Positionen haben – freilich von divergierenden Ansätzen her – nahezu alle politisch-gesellschaftlichen Kräfte der Bundesrepublik ihren Anteil.

1. *Das Bundesverfassungsgericht als gestaltende Instanz im Prozeß staatlicher Integration.* Dem Gericht wurde vielfach die Aufgabe zugeschrieben, eine wichtige Funktion im »Prozeß staatlicher Integration« wahrzunehmen.[22] Das hat dazu beigetragen, daß sich das Gericht mehr und mehr von der Aufgabe, den gesetzten verfassungsrechtlichen Rahmen als verbindlichen Maßstab zu betrachten, d. h. »allein nach dem Recht zu entscheiden«[23], entfernt hat. In einer für die erste Nachkriegsphase charakteristischen Frontstellung gegen »die Geisteshaltung eines wertungsfreien Gesetzespositivismus«[24] hat sich das Bundesverfassungsgericht nicht nur »auf die jedem geschriebenen Recht vorausliegenden überpositiven Rechtsgrundsätze«[25] berufen, sondern auch beansprucht, es sei gehalten, die politische Wirklichkeit zu »integrieren«[26] und »schöpferische Rechtsgestaltung« aus den »geistigen, wirtschaftlichen, gesellschaftlichen und politischen Realitäten« anzustreben.[27] Selbst ein kritischer Verfassungsjurist wie Martin Drath hat durch seine schon 1950 vorgetragenen Auffassungen mitgeholfen, die dem Bundesverfassungsgericht gezogenen Grenzen auszudehnen, indem er forderte, der Richter müsse auf die »ganze Wirklichkeit des politischen Lebens zurückgreifen«, indem er die »selbständige Beteiligung des

Gerichts an der *Gestaltung* des politischen und sozialen Lebens« betonte, diesem Verfassungsorgan nicht nur eine »kontrollierende und hemmende, sondern zwangsläufig auch eine *aktive politische Funktion*« zubilligte und indem er die Ansicht vertrat, die Norm ergebe »weit weniger noch als für andere Gerichte *zwingend* den Inhalt der Entscheidung«.[28] Damit stellte Drath die der Verfassungsjustiz gesetzten Schranken prinzipiell in Frage: »Verfassungsgerichtsbarkeit ist durch spezielle Normen wenig gebunden und angesichts ihrer Aufgaben auch weniger bindbar.«[29] Sie ist dagegen gebunden »an den Verfassungszustand, zu dessen Schutz sie errichtet ist«.[30] Übrig bleiben bei Drath nur »die inneren Bindungen«, die »um so wichtiger sind«, und das Postulat: »Jeder Spruch muß einer Grundkonzeption der freiheitlichen demokratischen Verfassung entsprechen, die konkret und widerspruchslos auszudrücken auch den Verfassungsgebern nicht immer gelungen ist.«[31] Ähnlich wie Drath hat Friedrich Klein verlangt, das Verfassungsgericht müsse »seine Entscheidung mit Rücksicht auf politische, d. h. auf allgemein staatspolitische Erwägungen, auf die Verwirklichung des Staatszwecks ausgerichtete Zweckmäßigkeitserwägungen treffen«.[32]

Solche Auffassungen sind verständlich als Gegenpositionen zu einer verselbständigten Begriffsjurisprudenz. Zum Eigenwert geronnen, können sie jedoch als Freibrief für den Verfassungsrichter erscheinen, sich über objektive Kriterien hinwegzusetzen und allein auf »innere Bindungen« zu vertrauen. Rückblickend muß festgestellt werden, daß unter diesem Aspekt die Rede vom »Spannungsfeld von Politik und Recht« sich verhängnisvoll ausgewirkt hat[33], jedenfalls soweit sie dazu beiträgt, die Verfassungsjustiz von den Bindungen an den institutionellen Rahmen freizusetzen.

2. *Verfassungsgebote und Verfassungsaufträge.* Gemäß Art. 1 Abs. 3 GG binden die Grundrechte »als unmittelbar geltendes Recht«. Auch den Satz des Grundgesetzes über politische Parteien (Art. 21 Abs. 1 Satz 3): »Ihre innere Ordnung muß demokratischen Grundsätzen entsprechen«, hat das Bundesverfassungsgericht »als unmittelbar anwendbares Recht« bezeichnet.[34] In vergleichbarer Form hat das Bundesverfassungsgericht aus dem Grundgesetz, insbesondere aus der Präambel, ein Wiedervereinigungsgebot herausgelesen.[35]

Bei der Konkretisierung von Emanzipationsklauseln der Verfassung[36] sowie beim »Sozialstaatspostulat« und bei der Auslegung von Art. 1 Abs. 1 GG hat sich das Gericht inhaltlich zwar zurückgehalten, doch immerhin hat es gesagt, daß das »Bekenntnis zum Sozialstaat« bei der »Auslegung des Grundgesetzes wie bei der Auslegung anderer Gesetze von entscheidender Bedeutung sein kann«, daß aber »nur der Gesetzgeber« das »Wesentliche zur Verwirklichung des Sozialstaates« tun könne; »nur wenn der Gesetzgeber diese Pflicht willkürlich, d. h. ohne sachlichen Grund versäumte, könnte möglicherweise dem Einzelnen hieraus ein mit der Verfassungsbeschwerde verfolgbarer Anspruch erwachsen.«[37] Gegenüber der politischen Polemik gegen den Begriff des Verfassungsauftrags[38] muß darauf hingewiesen werden, daß das Bundesverfassungsgericht selbst schon in dieser aus dem Jahr 1951 stammenden Entscheidung die Formel »Verwirklichung des Sozialstaats« gebrauchte, von einer »Pflicht« des Gesetzgebers sprach und sich selbst einen bestimmten – allerdings nur unwesentlichen – Anteil an dieser »Verwirklichung« zumaß.

Ausgehend von solchen Feststellungen hat in der Auseinandersetzung mit Versuchen der CDU/CSU, der Sozialdemokratie die Verfassungsloyalität abzusprechen, die SPD es bereits in den fünfziger Jahren für zweckmäßig erachtet, das eigene Programm als »Verwirklichung« des Grundgesetzes anzusehen und den damaligen Regierungsparteien vorzuhalten, das Grundgesetz »nicht erfüllt« zu haben.[39] Aus ähnlichen Gründen hat sich heute in der DKP durchgesetzt, die DKP-Politik als Realisierung der Grundrechte darzustellen oder aus Art. 139 GG einen Verfassungsauftrag für eine Frontstellung gegen Militarismus und Faschismus direkt abzuleiten. Die Unionsparteien wiederum haben gegen eine Berufung auf Verfassungsgebote oder Verfassungsaufträge, die sie im Bereich der Gesellschaftspolitik in der Regel befehden, nichts einzuwenden, wenn es um die Bekämpfung der Ostpolitik mit den Mitteln eines »Wiedervereinigungs-Gebotes« oder um die Ausschaltung sogenannter Radikaler mit dem dem Grundgesetz unterstellten unspezifizierten Verfassungsgrundsatz geht: »Demokratie nur für Demokraten.«

Das Entdecken immer neuer Verfassungsaufträge darf nicht darüber hinwegtäuschen, daß für das Bundesverfassungsgericht einzig die im Grundgesetz klar gekennzeichneten Verfassungsgebote von realer Bedeutung sein dürfen. Die darüber hinausgehende Rede von Verfassungsaufträgen ist nichts anderes als der Gebrauch des Grundgesetzes zum Zwecke politischer Agitation. Eine solche Verwendung der Verfassung, die ich Grundgesetz-Theologie genannt habe[40], ist erkennbar nicht ohne Auswirkung auf die Rechtsprechung des Bundesverfassungsgerichts. Das Gericht hat in seiner Rechtsprechung nicht deutlich genug unterschieden zwischen mehr oder minder klaren Verfassungsgeboten und solchen Verfassungssätzen, die letztlich nicht mehr sind oder sein sollten als allgemeine Programmsätze. Wenn die Ausfüllung solcher Sätze nicht mehr dem Gesetzgeber überlassen ist, wird die Verfassung – wie es Ernst Forsthoff von einer anderen Position her einmal formulierte – zum »juristischen Weltenei, aus dem alles hervorgeht, vom Strafgesetzbuch bis zum Gesetz über die Herstellung von Fieberthermometern«.[41]

Vielfach ist zu spät erkannt worden, daß die um sich greifende Rede von Verfassungsaufträgen dazu führen kann, daß das Bundesverfassungsgericht sich nicht mehr darauf beschränkt, den verfassungsrechtlichen Rahmen zu wahren, sondern unter Berufung auf Sätze, aus denen man – wie aus einem Zauberhut – das hervorholt, was man zuvor hineingesteckt hat, in den politisch-gesellschaftlichen Prozeß inhaltlich eingreift.

3. Grundrechte als verselbständigte Grundwerte. Der mit dem Grundgesetz geschaffene verfassungsrechtliche Rahmen ist kein bloßes Werkzeug des Regierens[42] oder ein bloßes Organisationsstatut. Gerade weil mit dem Grundgesetz eine Grenze gezogen werden sollte gegenüber dem, was nicht sein soll, enthält der verfassungsrechtliche Rahmen nicht nur negative Abgrenzungen, sondern auch inhaltliche Aussagen. Dazu rechnet das Bundesverfassungsgericht insbesondere die Achtung vor den Menschenrechten, die Volkssouveränität, die Gewaltenteilung, die Verantwortlichkeit der Regierung, die Gesetzmäßigkeit der Verwaltung, die Unabhängigkeit der Gerichte, das Mehrparteien-Prinzip und die Chancengleichheit für alle politischen Parteien einschließlich des Rechts auf Opposition.[43] Das Bundesverfassungsgericht hat über diese Eckpfeiler der freiheitlichen demokratischen Grundordnung zunächst nur gesagt, daß sie »oberste Grundwerte« einer

»wertgebundenen Ordnung«[44] seien; später hat es neben diese durch bestimmte geschichtlich und politisch-gesellschaftliche Strukturen bedingte »Werte« der Grundordnung ein »Wertsystem« der Grundrechte gesetzt: das Grundgesetz habe »in seinem Grundrechtsabschnitt auch eine objektive Wertordnung aufgerichtet«.[45]

Dieser Schritt von einer historisch und politisch-gesellschaftlich vermittelten »wertgebundenen Ordnung« mit wenigen »basic principles« zu einem »Wertsystem«, das einen »Mittelpunkt« hat[46], macht aus einem »wertgebundenen« verfassungsrechtlichen Rahmen ein durch Wert-Hierarchien bestimmtes abgeschlossenes Verfassungs-Wert-System, dessen inhaltliche Bestimmung von der jeweiligen Zusammensetzung der Senate des Verfassungsgerichts abhängt. Es gibt nicht feste Spielregeln mit »Ecksteinen«, auf die sich die politisch-gesellschaftlichen Kräfte bei der Schaffung des Grundgesetzes einigten und durch die sich diese Kräfte (auf Grund spezifischer Erfahrungen) gegen »Unwerte« abgrenzen, sondern es gibt – wenn ein solcher Schritt vollzogen wird – eine verfassungsgerichtliche Instanz, die in wichtigen Angelegenheiten wesentliche Modifikationen der Spielregeln vornehmen kann.

Die Ausblendung der spezifischen geschichtlichen und politisch-gesellschaftlichen Voraussetzungen von »Ecksteinen« macht Verfassungssätze nicht nur zu verselbständigten Werten, sondern auch notwendig zu Objekten im Kampf der konkurrierenden und divergierenden politisch-gesellschaftlichen Kräfte, die solche Werte durch *Umwertungen* zu ihrem jeweiligen Nutzen auszuschöpfen versuchen. Wenn verfassungsrechtliche Wertungen in dieser Weise von ihren spezifischen Voraussetzungen abgelöst und als bloße Werte interpretiert werden, »liefert man« – darin ist Ernst Forsthoff und Carl Schmitt zuzustimmen, trotz der Vorbehalte, die im übrigen gegenüber der von beiden Staatsrechtlern vertretenen Position geboten sind – »die Grundrechte den manipulativen Möglichkeiten des Auf-, Ab- und Umwertens aus und verwandelt auf diese Weise Fundamentalentscheidungen des Verfassungsgebers in eine Globalermächtigung an die Verfassungsinterpreten«.[47] Das Bundesverfassungsgericht wird dann »zum souveränen letztgültigen Interpreten eines ideologischen Wertsystems«[48]: Es ist nicht mehr Hüter der Verfassung und ihrer

Rechtsregeln, sondern Produzent eines politischen Wertsystems.

4. *Verfassungsgerichtsbarkeit als Verfassungsgebung.* Ernst Forsthoff, der die »Globalermächtigung an die Verfassungsinterpreten«[49] durch Umdeutung der normativen Verfassung zu Werten mit Recht kritisiert hat, hat allerdings selbst dazu beigetragen, richterliche Selbstbeschränkung theoretisch in Frage zu stellen. Forsthoff hat auf Carl Schmitts Auffassung hingewiesen, daß es sich bei der dem Bundesverfassungsgericht zugesprochenen Aufgabe »in der Sache« um »Gesetzgebung, ja Verfassungsgesetzgebung, und nicht [um] Justiz« handelt.[50] Er hat diesen richtigen Gesichtspunkt isolierend überbetont und aus der »legislatorischen« Funktion der Verfassungsjustiz den Schluß gezogen, »es wäre geradezu absurd«, von der Rechtsprechung des Bundesverfassungsgerichts »die Bindung an die Regeln richterlicher Hermeneutik zu erwarten«. Weil »es sich hier der Sache nach um eine mit den Mitteln richterlicher Rechtsanwendung nicht zu bewältigende legislatorische Funktion handelt«, stellt Forsthoff den Verfassungsrichtern faktisch einen Freibrief aus, die Ermittlung der richtigen Subsumtion im Sinne des syllogistischen Schlusses preiszugeben.[51]

5. *Ausnahmekompetenzen für das Bundesverfassungsgericht.* Durch die Änderung des Grundgesetzes vom 24. 6. 1968 wurde mit Art. 115 GG eine Funktionsgarantie für das Bundesverfassungsgericht im Notstandsfall geschaffen. Nach Art. 115 Satz 3 kann das Gericht unter bestimmten Voraussetzungen »die zur Erhaltung der Arbeitsfähigkeit des Gerichts erforderlichen Maßnahmen treffen«. Über diese sehr eingeschränkten Kompetenzen des Gerichts im Notstandsfall hinaus ist für Hans H. Klein das Bundesverfassungsgericht »das einzige Mittel«, um in bestimmten »*Grenz*situationen die ratio status gegen die ratio legis oder besser: das staatserhaltende telos der Verfassung im Ganzen gegen den dem Ausnahmefall nicht gewachsenen Sinn einzelner Normen durchzusetzen«.[52] Klein weiß, daß die von ihm für das Bundesverfassungsgericht beanspruchte Ausnahmekompetenz nur durch »zusätzliche Befugnisse« erreicht werden kann.[53] Aber die von ihm in Anlehnung an Christoph Böckenförde[54] vorgetragenen Überlegungen, dem Bundesverfassungsgericht Ausnahmekompe-

tenzen zu verleihen, die geeignet sind, »zwischen dem bisherigen verfassungswidrigen und dem angestrebten Zustand einen Übergang zu schaffen«, sind ein weiterer Schritt, um das »Hinübergreifen des Bundesverfassungsgerichts in den Funktionsbereich der Legislative« zu verstärken.[55] Auch solche Darlegungen wirken – wie die Einstweilige Anordnung des Bundesverfassungsgerichts in Sachen § 218 und das Urteil in diesem Fall zeigen – faktisch dem Grundsatz richterlicher Selbstbeschränkung entgegen. – Bei Klein findet man übrigens eine ungewöhnliche Begründung des *judicial self-restraint*, die letztlich jedoch nichts anderes ist als die Legitimierung einer von ihm vom Bundesverfassungsgericht geforderten Verfassungsdurchbrechung. Richterliche Selbstbeschränkung wird bei dem heutigen Bundestagsabgeordneten der CDU Klein auf den Normalfall eingeschränkt, denn: »Normativität setzt Normalität voraus.« So ist die von Klein für richterliche Selbstbeschränkung formulierte »Faustformel« doppelbödig: »Je zurückhaltender das Gericht seine Regelungskompetenz ausübt und je mehr es sich auf seine Aufgabe als Organ der Rechtspflege beschränkt, desto eher werden seine Anordnungen dann, wenn es darauf ankommt [!], hingenommen und befolgt.«[56]

Kennzeichnend für die fünf hier skizzierten verfassungstheoretischen Positionen ist, daß ein Aspekt, der im Gesamtzusammenhang (mehr oder minder) einen gewissen Stellenwert hat oder haben kann, überbewertet und zum ausschlaggebenden Gesichtspunkt gemacht wird. Das hat zur Folge, daß Integrations- und Gestaltungsfunktion, Verfassungsauftrag, Wertsystem, legislatorische Funktion und die in bestimmten Fällen notwendigen Übergangsregelungen in Widerspruch geraten zu dem nur abstrakt bejahten Grundsatz des *judicial self-restraint*.

Die Rechtsprechung des Bundesverfassungsgerichts seit 1973 zeigt, daß diese verfassungstheoretischen Positionen mitgeholfen haben, den Grundsatz richterlicher Selbstbeschränkung zum bloßen Lippenbekenntnis zu machen. Das Hochschul-Urteil, durch das mittels des Gleichheitssatzes die Ungleichheit begründet wurde, ist ein klassischer Fall für eine Umwertung von verselbständigten Werten und zugleich der Beginn von Kompetenzüberschreitungen des Bundesverfassungsgerichts in den Funktionsbereich der Legislative. Die Entscheidung über den Grundlagenvertrag zeigt beispielhaft, wohin es führt, wenn Programmsätze der Verfassung zu Verfassungsgeboten gemacht werden. Und in der Entscheidung in Sachen § 218 wurde nicht nur das Gestaltungsrecht im Hinblick auf Übergangsregelungen überstrapaziert, hier wurde das Grundgesetz in der Tat zum »Weltenei«, aus dem ein Strafgesetz abgeleitet wurde. Die Radikalen-Entscheidung schließlich machte einen noch nicht erörterten Aspekt deutlich, auf den im folgenden noch einzugehen ist. Der gewiß nicht als Linker oder Radikaler einzuordnende Altmeister juristischer Methodenlehre Josef Esser sprach von »abruptem Zurechtbiegen«, »Methodenwillkür« und von »verdecktem Argumentieren« gegen »Mindestanforderungen methodischer Redlichkeit«.[57]

IV.

Diese Rechtsprechung und die dargestellten verfassungstheoretischen Positionen zeigen, daß es in der gegenwärtigen Situation illusionär wäre zu erwarten, der Grundsatz des *judicial self-restraint* könnte das Bundesverfassungsgericht zur Änderung seiner Rechtsprechung bewegen und auf die von Wolfgang Abendroth formulierte verfassungstheoretische Position festlegen, »den Gesetzgeber nur dann zur Ordnung zu rufen, [...] wenn völlig eindeutige Verletzungen der durch das Grundgesetz gezogenen Schranken vorliegen«.[58]

Es gibt für eine Veränderung jedoch folgende Ansatzpunkte, die beachtet werden sollten:

1. Es wird in Zukunft darauf ankommen zu unterscheiden, ob es bei der verfassungsgerichtlichen Beseitigung von Streitigkeiten über den Inhalt des Verfassungstextes um das Schließen einer »Lücke«[59] im Verfassungstext geht oder ob nicht – anders als im Streitverfahren des ordentlichen Rechts – die Feststellung angebracht ist, daß die umstrittene Frage in der Verfassung »bewußt offen«gelassen ist, um die freie Gestaltung sowohl durch den gesellschaftlichen Prozeß als auch durch den demokratischen Gesetzgeber zu ermöglichen. Die wissenschaftliche Diskussion dieses Problems hat, wie sich heute zeigt, dadurch eine verhängnisvolle Entwicklung genommen, daß auch die bewußte Unvollständigkeit der Verfassung als Lücke bezeichnet worden ist. Es rächt sich heute, daß die verfassungsrechtliche Diskussion die zu solchen Fragen von Gerd Roellecke aufgestellten Grundsätze weder ausreichend geprüft noch weiterentwickelt hat. Auch die These Forsthoffs, »daß verwaltungsrechtliche und verfassungsrechtliche Begriffe nicht vertauschbar sind«[60], darf nicht (etwa deshalb, weil sie von einem Konservativen stammt) vom Bundesverfassungsgericht weiterhin ignoriert werden.

Vielleicht gelingt es Konrad Hesse, der seit Herbst 1975 als Bundesverfassungsrichter im 1. Senat amtiert, einige der von ihm vertretenen verfassungstheoretischen Auffassungen in der Rechtsprechung des Gerichtes durchzusetzen. Wenn – was zu hoffen ist – Hesse im Bundesverfassungsgericht die Bedeutung erlangt, die einst Gerhard Leibholz genoß, könnte *richterliche Selbstbeschränkung* im Gericht selber *theoretisch* auf der Grundlage der Unvollständigkeit und Offenheit der Verfassung *begründet* werden.

2. Die Verstöße des Bundesverfassungsgerichts gegen *»Mindestanforderungen methodischer Redlichkeit«* haben – trotz Sondervoten und trotz Fachkritik – nach dem Hochschul-Urteil kaum etwas in Bewegung gesetzt. Heute jedoch ist auf Grund der wiederholten Verstöße gegen die »handwerkliche Redlichkeit« der Substanzverlust des Bundesverfassungsgerichts einer breiten Öffentlichkeit bewußt geworden.[61] Die Forderung nach strikter Bindung des Verfassungsgerichts an Methoden richterlicher Rechtsanwendung – wie sie in den Sondervoten zum Hochschul-Urteil, zum Abtreibungs-Urteil und zur Radikalen-Entscheidung dargelegt worden sind – müssen von einer kritischen Verfassungstheorie in Zukunft präzisiert werden. Nur wenn das geschieht, können der Umwertung von Wertelementen in den Grundrechten Grenzen gezogen werden. Die kritische Verfassungstheorie wird zu prüfen haben, ob sie nicht allzu lange zu solchen Problemen fahrlässig geschwiegen hat. Eine linke »klassenpolitisch« orientierte Verfassungstheorie, die meint, sich über derlei Methodenfragen hinwegsetzen zu können, weil die Entscheidungen des Bundesverfassungsgerichts letztlich doch nur den »Bewegungsgesetzen des Kapitals« folgten oder allein durch die Klassenkonstellation bedingt seien, nutzt nur denjenigen, die selbst gegenüber den minimalen von SPD und FDP durch-

gesetzten Reformen daran interessiert sind, den verfassungsgerichtlichen Entscheidungsspielraum exzessiv auszuweiten, um das Gericht noch unangefochtener als Instrument konservativer Politik einsetzen zu können.

3. Verstöße gegen elementare Argumentationsregeln der juristischen Methodik haben deshalb besonderes Gewicht, weil die Anerkennung der Entscheidungen des Bundesverfassungsgerichts wesentlich »auf seinem Ansehen und der Überzeugungskraft seiner Argumente beruht«. Konrad Hesse hat zutreffend dargelegt, daß »je mehr das Verfassungsgericht bereit ist, die Rolle des Gesetzgebers und der Regierung zu respektieren und je mehr es bei seiner Kontrolle Zurückhaltung wahrt«, desto eher ein Konfliktfall vermieden werden könne, in dem der Entscheidung des Gerichts die »Befolgung verweigert wird«.[62]

Das Bundesverfassungsgericht hat diese Warnung in den Wind geschlagen. Nach dem Hochschul-Urteil sprach Wolfgang Abendroth davon, daß man heute »das Grundgesetz gegen seine Interpreten, die Verfassung gegen das Bundesverfassungsgericht schützen müsse«.[63] Nach dem Urteil zum Grundlagenvertrag, nach dem Abtreibungs-Urteil und der Radikalen-Entscheidung ist das *Ansehen des Bundesverfassungsgerichts* zumindest in bestimmten Bevölkerungsgruppen *in eine Krise geraten.* Das Gericht hat aber nicht nur an Ansehen verloren, es hat in der Radikalen-Entscheidung auch die ihm zugedachte Funktion des Schutzes von Rechtsstaatlichkeit und der Anerkennung des verfassungsrechtlichen Rahmens verspielt. Ein Zeichen dafür, in welchem Umfang das Bundesverfassungsgericht seiner Aufgabe nicht gerecht wurde, ist die Bedeutung, welche die Rede von Alfred Grosser am 12. Oktober 1975 anläßlich der Verleihung des Friedenspreises erlangt hat. Das Bundesverfassungsgericht zeigte sich nicht in der Lage, den institutionellen Rahmen der Verfassung angemessen zu wahren.

Wenn ein Verfassungsgericht auf Grund von Kompetenzüberschreitungen einer konservativen Mehrheit des Gerichts existentielle Bedürfnisse der Massen nicht mehr zuläßt – wenn ganze Gruppen der Gesellschaft sich durch das Bundesverfassungsgericht in die Illegalität gedrängt fühlen –, dann provoziert das Gericht damit, daß sich immer größere Gruppen der

Bevölkerung gegenüber einer so ausgelegten Verfassung auf ihr »gutes Recht« berufen, das dem Wortlaut der Verfassung entspricht.

Am Ende der Weimarer Republik hat Carl Schmitt darauf aufmerksam gemacht, was es bedeutet, wenn jedermann dem anderen Illegalität vorwirft: »dann spielt [jeder] den Hüter der Legalität und der Verfassung. Das Ergebnis ist ein legalitäts- und verfassungsloser Zustand«.[64] Eine Verfassungsauslegung, die den gesetzgeberischen Gestaltungsraum zunehmend beschneidet, gefährdet die geschriebene Verfassung, die sie zu schützen vorgibt.

4. Vielleicht verschafft die veränderte politische Situation des Jahres 1976 dem Gericht die Gelegenheit, die bisherige Rechtsprechung zu überprüfen. Sozialdemokraten und Freie Demokraten haben von sich aus *auf manche Gesetzesvorlage verzichtet,* die in sich eine reale Gefahr birgt oder bergen könnte, von einem konservativ besetzten Senat des Gerichts für verfassungswidrig erklärt zu werden. Dieses Zurückweichen könnte dem Gericht eine *Denkpause* ermöglichen. Die veränderte Situation bleibt jedoch deshalb problematisch, weil ohne Auseinandersetzung, d. h. durch bloßes Zurückstecken der einen Seite, die Position der konservativen Kräfte gestärkt wurde. Diese Kräfte haben schon in der Weimarer Republik versucht[65], mit Hilfe der Dritten Gewalt den demokratischen Gesetzgeber an der Verwirklichung von Reformen durch *politische Dezisionen* zu hindern, die in den *Mantel des Rechtsspruches* gehüllt wurden.

V.

Die Forderung nach verfassungsgerichtlicher Selbstbeschränkung darf nicht isoliert erhoben werden. Maßgebend für die Verfassungsjustiz bleiben die Grundrechte und die Eckpfeiler der Verfassung als Rahmen für die politischen und gesellschaftlichen Auseinandersetzungen. Die Verfassungsentwicklung der Vereinigten Staaten zeigt, wohin es führt, wenn der Grundsatz des *judicial self-restraint* über die *basic principles* der Verfassung gestellt wird: Nachdem sich der Grundsatz in der Rechtsprechung des Supreme Court durchgesetzt hatte, respektierte das Gericht nicht nur staatliche Eingriffe in den ökonomischen Sektor, sondern duldete auch Rassendiskriminierung und die Einschränkung von Freiheitsrechten in der Ära des McCarthyismus. In den Vereinigten Staaten konnte diese Hypostasierung des *judicial self-restraint* (Martin Kriele spricht von einem Kompromiß: »Die ›Rechten‹ verzichten auf die Blockade des Sozialstaates [des New Deal], die ›Linken‹ auf die Menschenrechte«[66]) erst nach langwierigen Auseinandersetzungen überwunden werden.

Anmerkungen

1 Es handelt sich um das Hochschul-Urteil vom 29. 5. 1973 (*BVerfGE* Bd. 35, S. 79 ff.), das Urteil über den Grundlagenvertrag vom 31. 7. 1973 (*BVerfGE* Bd. 36, S. 1 ff.), die Entscheidung in Sachen § 218 vom 25. 2. 1975 (*BVerfGE*, Bd. 39, S. 1 ff.) und die Radikalen-Entscheidung vom 22. 5. 1975 (*BVerfGE*, Bd. 39, (22. 5./30. 7. 1975), S. 368 ff.).

2 *BVerfGE*, Bd. 35, S. 262, zur Widersprüchlichkeit dieser Berufung auf *juridical self-restraint* s. Robert Leicht, *Grundgesetz und politische Praxis*, München 1974, S. 105 ff.

3 Friedrich August Freiherr von der Heydte, *Juridical self-restraint eines Verfassungsgerichts im freiheitlichen Rechtsstaat?*, in: Gerhard Leibholz, Hans Joachim Faller, Paul Mikat, Hans Reis (Hrsg.), *Menschenwürde und freiheitliche Rechtsordnung. Festschrift für Willi Geiger zum 65. Geburtstag*, Tübingen 1974, S. 924.

4 Ebd. und S. 922.

5 Erwin Stein, *Das Bundesverfassungsgericht als Ersatzgesetzgeber?*, in: *Gegenwartskunde*, Jg. 24, H. 4 (1975), S. 411.

6 [Gerhard Leibholz], *Bericht des Berichterstatters an das Plenum des Bundesverfassungsgerichts zur ›Status‹-Frage*, in: *Jahrbuch des öffentlichen Rechts*, NF, Bd. 6, Tübingen 1957, S. 126.

7 Zitiert ebd.; vgl. dazu auch von der Heydte, a.a.O., S. 911 f.

8 Ebd., S. 127; bei Leibholz findet man allerdings auch den ambivalenten Satz (ebd.): »Lediglich, wenn Regierung und Gesetzgebung ihr freies Ermessen mißbräuchlich gehandhabt haben und der legislative Akt oder die sonstigen dem Gericht unterstellten Maßnahmen als willkürlich charakterisiert werden können, kann von einer Verletzung des Rechts gesprochen werden, die vom Bundesverfassungsgericht zu korrigieren ist.«

9 *BVerfGE*, Bd. 1, S. 100 f. (19. 12. 1951).

10 S. dazu Fritz Wilhelm Scharf, *Grenzen richterlicher Verantwortung. Die ›political-question‹-Doktrin in der Rechtsprechung des amerikanischen Supreme Court*, Karlsruhe 1965.

11 Erich Kaufmann, *Die Grenzen der Verfassungsgerichtsbarkeit*, in: *Veröffentlichungen der Vereinigung der Deutschen Staatsrechtslehrer*, H. 9, Berlin 1952, S. 5 f.

12 Ebd., S. 127; zu den Voraussetzungen dieser skeptischen Haltung Abendroths gegenüber der Verfassungsgerichtsbarkeit s. Wolfgang Abendroth, *Arbeiterklasse, Staat und Verfassung* (hrsg. von Joachim Perels), Frankfurt am Main, Köln 1975, S. 166 ff.

13 *BVerfGE*, Bd. 4, S. 17 f. (20. 7. 1954).

14 Konrad Hesse, *Grundzüge des Verfassungsrechts der Bundesrepublik Deutschland*, 8. Aufl., Karlsruhe 1975, S. 11 ff.

15 Ebd.; Richard Bäumlin, *Staat, Recht und Geschichte*, 1961, S. 15.

16 Konrad Hesse, a.a.O., S. 226 ff.

17 S. dazu Leibholz, a.a.O., und Heinz Laufer, *Verfassungsgerichtsbarkeit und politischer Prozeß. Studien zum Bundesverfassungsgericht der Bundesrepublik Deutschland*, Tübingen 1968, S. 352 ff., mit weiteren Nachweisen.

18 *BVerfGE* Bd. 2, S. 96 (8. 12. 52) u. 181 (7. 3. 1953); s. dazu auch die sehr klare Darstellung der Probleme bei Peter Wittig, *Politische Rücksichten in der Rechtsprechung des Bundesverfassungsgerichts?*, in: *Der Staat*, Bd. 8, H. 2 (1966), S. 145. Von einer Norm kann m. E. nur dann abgewichen werden, wenn die eine Norm bedingenden materiellen Voraussetzungen weggefallen sind oder sie sich in ihrer Struktur wesentlich verändert haben; aber dieser Fortfall der Geschäftsgrundlage muß nachgewiesen werden.

19 S. dazu Jürgen Seifert, *Kampf um Verfassungspositionen*, Frankfurt am Main, Köln 1974, insbes. S. 117; ders., *Grundgesetz und Restauration*, 2. Aufl., Darmstadt, Neuwied 1975, S. 19 f.

20 S. dazu Seifert, *Grundgesetz und Restauration*, ebd., S. 51 ff.; Heinz Laufer, a.a.O.

21 So auch Stein, a.a.O., S. 412.

22 Gerhard Leibholz, a.a.O., *Einleitung*, S. 111.

23 *BVerfGE* Bd. 2, S. 181 (7. 3. 1953).

24 *BVerfGE* Bd. 3, S. 232 (18. 12. 1953).

25 *BVerfGE* Bd. 1, S. 61 (23. 10. 1951).

26 Julius Federer, *Die Rechtsprechung des Bundesverfassungsgerichts zum Grundgesetz für die Bundesrepublik Deutschland*, in: *Jahrbuch des öffentlichen Rechts*, NF, Bd. 3, Tübingen 1954, S. 56 ff.

27 Josef Wintrich, *Aufgaben, Wesen und Grenzen der Verfassungsgerichtsbarkeit*, in: *Vom Bonner Grundgesetz zur gesamtdeutschen Verfassung. Festschrift für Hans Nawiasky*, München 1956, S. 205.

28 Martin Drath, *Die Grenzen der Verfassungsgerichtsbarkeit*, a.a.O., S. 91 ff.

29 *Leitsätze des Mitberichterstatters über die Grenzen der Verfassungsgerichtsbarkeit*, These 18, S. 116.

30 Ebd., These 10, S. 114.

31 Ebd., These 18, S. 116; s. dazu auch Helmut Ridder, *In Sachen Opposition: Adolf Arndt und das Bundesverfassungsgericht*, in: Horst Ehmke, Carlo Schmid, Hans Scharoun, Hrsg., *Festschrift für Adolf Arndt zum 65. Geburtstag*, Frankfurt am Main 1969; Ridder macht den Versuch, das Bundesverfassungsgericht als »Organ gegen die [. . .] Entscheidungen des staatlichen government« (S. 331) zu bestimmen; er beklagt das »Nichtausschöpfen seiner politischen Marge«, spricht vom Bundesverfassungsgericht als »Kampfinstrument« der Opposition (S. 333) und kritisiert das Abweichen »von der demokratisch intendierten Zielgraden des Grundgesetzes« (S. 332). Wenn Ridder heute wieder anregen will, »die Rechtsnorm zu inthronisieren«, dann sollte er den eigenen Positionswechsel eingestehen und nicht unnötig gegen diejenigen polemisieren, die noch die von Ridder früher vertretenen Auffassungen für richtig halten oder diese weiterentwickelt haben.

32 Friedrich Klein, *Bundesverfassungsgericht und richterliche Beurteilung politischer Fragen*, Münster/W. 1966, S. 26.

33 Otwin Massing, *Recht als Korrelat der Macht? Überlegungen zu Status und*

Funktion der Verfassungsgerichtsbarkeit, in: Gert Schäfer, Carl Nedelmann, Hrsg., *Der CDU-Staat. Analysen zur Verfassungswirklichkeit der Bundesrepublik,* Bd. 1, 2. Aufl., Frankfurt am Main, 1969, S. 211 ff.

34 *BVerfGE* Bd. 2, S. 13 f. (23. 10. 1952).

35 *BVerfGE* Bd. 36, S. 1 ff. (31. 7. 1975).

36 Vgl. zum Begriff der »Emanzipationsklauseln der Verfassung« vgl. Jürgen Seifert, *Kampf um Verfassungspositionen,* a.a.O., S. 28 ff.

37 *BVerfGE* Bd. 1, S. 104 f.

38 Siehe dazu die Polemik von Wilhelm Hennis, *Verfassung und Verfassungswirklichkeit. Ein deutsches Problem* (*Recht und Staat,* Nr. 373/374), Tübingen 1968, S. 20 ff.

39 S. dazu Jürgen Seifert, *... es kömmt darauf an, das Grundgesetz zu schonen. Deformierung und Auflösung der Verfassung durch exzessive Verfassungsauslegung,* in: *Vorgänge,* Jg. 13, 6/1974, Heft 12, S. 35 ff., mit weiteren Nachweisen.

40 Ebd., S. 37; *Grundgesetz und Restauration,* a.a.O., S. 12 f.

41 Ernst Forsthoff, *Der Staat der Industrie-Gesellschaft. Dargestellt am Beispiel der Bundesrepublik Deutschland,* München 1971, S. 144.

42 S. dazu Wilhelm Hennis, a.a.O., S. 37.

43 *BVerfGE* Bd. 2, S. 13 (23. 10. 1952).

44 Ebd., S. 12.

45 *BVerfGE* Bd. 7, S. 205.

46 Im KPD-Verbotsurteil heißt es noch (*BVerfGE* Bd. 5, 139 [17. 8. 1956]), das Grundgesetz »nimmt aus dem Pluralismus von Zielen und Wertungen [...] gewisse Grundprinzipien der Staatsgestaltung heraus, die, wenn sie einmal auf demokratische Weise gebilligt sind, als absolute Werte anerkannt und deshalb entschlossen gegen alle Angriffe verteidigt werden sollen«. In *BVerfGE* Bd. 7, S. 205, geht es nicht mehr um »oberste Prinzipien« (*BVerfGE* Bd. 5, S. 141); sondern um ein »Wertsystem«, das um einen »Mittelpunkt« kreist.

47 Ernst Forsthoff, *Zur heutigen Situation einer Verfassungslehre,* in: Hans Barion, Ernst-Wolfgang Böckenförde, Ernst Forsthoff, Werner Weber, Hrsg., *Epirrhosis. Festgabe für Carl Schmitt,* Berlin 1968, Bd. 190; vgl. auch ders., *Rechtsstaat im Wandel,* Stuttgart 1964, S. 147 ff.

48 Helmut Lenz, *Die Rechtsstaatlichkeit der Bundesrepublik,* in: Arbeit und Leben, Hrsg., *Verfassung und Verfassungswirklichkeit in der Bundesrepublik Deutschland,* (H. 1/1960), Düsseldorf, S. 84.

49 Ernst Forsthoff, *Epirrhosis,* a.a.O., S. 190.

50 Carl Schmitt, *Der Hüter der Verfassung,* 2. Aufl., Berlin 1969, zuerst: 1931, S. 45.

51 Ernst Forsthoff, *Der Staat der Industrie-Gesellschaft,* a.a.O., S. 145; vgl. dazu Jürgen Seifert, *Die Kompetenzüberschreitung des Bundesverfassungsgerichts. Anmerkungen zum Hochschul-Urteil,* in: *Kritische Justiz,* 1973, H. 3, S. 298.

52 Hans H. Klein, *Bundesverfassungsgericht und Staatsraison. Über die Grenzen normativer Gebundenheit des Bundesverfassungsgerichtes,* Frankfurt am Main, Berlin 1968, S. 37.

53 Ebd., S. 41.

54 Christoph Böckenförde, *Die sogenannte Nichtigkeit verfassungswidriger Gesetze,* Berlin 1966, S. 126.

55 Hans H. Klein, a.a.O., S. 34 und 41.

56 Ebd., S. 30 und S. 42, Fußnote 145.

57 Josef Esser, *Bemerkung zur Unentbehrlichkeit des juristischen Handwerks-*

zeugs, in: *Juristenzeitung*, 1975, S. 555 und 557.

58 Wolfgang Abendroth, *Veröffentlichungen* . . ., a.a.O., S. 127.

59 Von Lücken sprechen auch Drath, a.a.O., S. 91, und Gerd Roellecke, *Politik und Verfassungsgerichtsbarkeit. Über immanente Grenzen der richterlichen Gewalt des Bundesverfassungsgerichtes*, Heidelberg 1961, S. 144 ff.

60 Ernst Forsthoff, *Der Staat der Industrie-Gesellschaft*, a.a.O., S. 138.

61 Josef Esser, a.a.O., S. 557; s. in diesem Zusammenhang auch Jürgen Seifert, *Rechtsprechung nach dem, ›was auf der Hand liegt‹. Das Bundesverfassungsgericht zur Frage der Beschäftigung sogenannter Radikaler im öffentlichen Dienst*, in: *Vorgänge*, Jg. 14, 5/1975, Nr. 17, S. 8 f.; s. ferner Wolfgang Abendroth u. a., *Schutz oder Beugung der Verfassung* (Hefte zu politischen Gegenwartsfragen, Red. Karl D. Bredthauer), Köln 1975.

62 Konrad Hesse, a.a.O., S. 210.

63 Wolfgang Abendroth, *Arbeiterklasse, Staat und Verfassung*, a.a.O., S. 255.

64 Vgl. Jürgen Seifert, *Richterdespotie führt zur Auflösung unserer Verfassung*, in: *Vorgänge*, Jg. 14, 2/1975, Nr. 14, S. 6.

64 Carl Schmitt, *Legalität und Legitimität*, Berlin 1932, S. 38.

65 S. dazu Joachim Perels, *Kapitalismus und politische Demokratie*, Frankfurt am Main 1973, S. 43 f.

66 Martin Kriele, *Einführung in die Staatslehre*, Reinbek 1975, S. 216, mit einem guten Überblick über die Entwicklung in den USA.

Theo Rasehorn

Das Bundesverfassungsgericht und die Gesellschaft von heute

Anregung zu einer Untersuchung

Richter lassen sich ungern *hinter*fragen. Gegen *Be*fragungen haben sie weniger einzuwenden. Mehrere Richterbefragungen im letzten Jahrzehnt stießen sogar auf großes Interesse bei den Richtern; es gab bei ihnen weniger Antwortverweigerungen als bei den Rechtsanwälten.[1] Diese Befragungen waren natürlich auch Versuche zu Hinterfragungen. Für die Sozialwissenschaften und auch für die Öffentlichkeit wird es wichtig zu erfahren, was hinter den richterlichen Entscheidungen steht; ob sie rational und neutral aus Verfassung und Gesetz subsumiert werden, wie es der Ideologie des Rechtsstaates und dem Selbstverständnis der Richter entspricht. Diese Einstellung steht allerdings heute mehr in der Defensive; aber nicht zu Unrecht weisen ihre Anhänger darauf hin, der Beweis sei noch nicht erbracht, daß der Einfluß von Herkunft, Umwelt und Erziehung auf die gesellschaftliche Einstellung des Richters sich in der Entscheidungsfindung widerspiegelt.[2] Der Gegeneinwand lautet: Es fehlt aus technischen Gründen an Felduntersuchungen. Der Gegeneinwand kann sich vor allem auf das Stimmenverhältnis im Ersten Senat bei dem Urteil vom 25. 2. 1975 über die Aufhebung des § 218 Strafgesetzbuch berufen.[3] Hier wird kaum ernsthaft bestritten, daß das Stimmenverhältnis von 5 : 3 die weltanschauliche Einstellung der Richter – konservativ oder progressiv – widerspiegelt, sowie ihre Sympathie für Bundestagsopposition oder Regierungsmehrheit.

Der Ansatz für eine Hinterfragung des Bundesverfassungsgerichts

Hier soll keineswegs eine Parallele zwischen den 16 Bundesverfassungsrichtern und den fast 16 000 Richtern gezogen werden, die in der Bundesrepublik Recht sprechen; es soll hier gerade das Bundesverfassungsgericht wegen seiner Sonderheit im Bereich der Dritten Gewalt und seiner Bedeutung für unsere Gesellschaft für eine Analyse ausgewählt werden. Das Bundesverfassungsgericht hat eine Doppelnatur: »Das Problem, ob seine Aufgabe rechtlicher oder politischer Natur sei, blieb allerdings ungelöst, da es wegen der Untrennbarkeit unlösbar ist.«[4] Ich bin an einer anderen Stelle von der Grundlage aus, Rechtsprechung insgesamt sei eine politische Tätigkeit, noch weiter gegangen und habe die Entscheidungen des Bundesverfassungsgerichts als in »Rechtsformen gegossene Politik« bezeichnet, eine Definition, die ich nun aufgrund dieser Untersuchung anders fassen würde.

Wie auch immer die Rechtsprechung des Gerichts einzuordnen ist, es bleibt unbestritten, daß die Hinterfragung eines solchen Gerichts, die Analyse über die Hintergründe seiner Entscheidungen und möglicherweise die Prognose künftiger Entscheidungen von maßgeblicher gesellschaftlicher Bedeutung sind. Den äußeren Anlaß für diese Untersuchungen bildeten die Entscheidungen zu § 218 des Ersten Senats und zu den Extremisten im öffentlichen Dienst des Zweiten Senats.[5] Dabei war weniger von Bedeutung, daß es sich hier wohl um die spektakulärsten Entscheidungen der letzten drei Jahre handelt, mehr hingegen, daß gerade diese Entscheidungen erleuchten, was sonst im dunkeln bleibt: das Selbstverständnis der Richter, ihre beruflichen und weltanschaulichen Attitüden, die Berufsroutine und die Gerichtstradition.

Der Ausgangspunkt ist also nicht die Persönlichkeit der Richter, ob sie progressiv oder konservativ sind, ein Ansatz, den die angeführten Entscheidungen wohl nahelegen, der naheliegt auch deshalb, weil sich ja die Richterauswahl dort erheblich von der der übrigen Gerichte unterscheidet. Nur für eine Minderheit der Richter – drei von acht in jedem Senat – gibt es eine Laufbahnvoraussetzung: Es müssen Bundesrichter sein. Die meisten kommen aus anderen – juristischen – Berufen. Die Bundesverfassungsrichter werden je zur Hälfte vom Bundestag und vom Bundesrat, d. h. durch einen in dieser Weise zusammengesetzten Wahlausschuß gewählt, was weiter dazu führt – und auch dies entspricht nicht der Struktur der anderen Gerichte –, daß nicht selten Rechtspolitiker der Parteien oder ihnen nahestehende Juristen, insbesondere Professoren, gewählt werden. Der Bürokratentyp, der bei Gerichten vorherrscht, ist beim Bundesverfassungsgericht selten.

Diese Untersuchung soll also nicht von der Person der Richter, sondern von ihrer Tätigkeit, von dem Produkt ihrer Tätigkeit, von den Gerichtsentscheidungen, ausgehen. Das ist sicher objektiver, aber nicht leichter. Selbst die hier zum Ausgang gewählten Entscheidungen zeigen trotz der eindeutigen weltanschaulichen Komponente vom Ergebnis her jeweils ein anderes Gesicht. Darauf weist schon die 5 : 3-Mehrheit beim § 218-Urteil gegenüber der – im Ergebnis – einstimmigen Entscheidung zu den Extremisten im öffentlichen Dienst hin. Jenes Urteil hat die Natur eines »Bekenntnisses zur Grundgesetztheologie«[6]; das Gericht hätte es hier bei einer formalen Prüfung der Gesetzmäßigkeit im Hinblick auf die gespaltene Öffentlichkeit nach dem Grundsatz des *judicial self-restraint* bewenden lassen können, wie es das französische Verfassungsgericht getan hat und wie es wohl auch allgemein erwartet worden war, weil dies dem Eigeninteresse des Gerichts und auch dem Interesse an einer Beruhigung der Öffentlichkeit entsprochen hätte. Was das Problem der Extremisten im öffentlichen Dienst angeht, so konnte das Gericht schwerlich einer inhaltlichen Entscheidung ausweichen, und so kommt auch das Ergebnis angesichts des Klimas in der »regierenden« Öffentlichkeit nicht unerwartet, was allerdings rechtliche Bedenken keineswegs überflüssig macht.

Mehr als das Ergebnis selbst sagen die Entscheidungsgründe über Richter und Gericht aus. Allerdings trachtet auch hier der Richter nicht danach, wie Rüdiger Lautmann zu Recht hervorhebt, die tatsächlichen Motive für das Ergebnis zu publizieren[7]; er geht von dem Dogma aus, die »Richtigkeit« einer Entscheidung bestimme sich allein nach den beigebrachten Gründen; hiernach soll sie sich als logisch zwingend aus der Subsumtion der Gesetzes- oder hier der Verfassungsnorm auf den gegebenen Tatbestand entwickeln. Entscheidung und Entscheidungsgründe bilden also ein undurchdringliches Netz; es sei denn, einige Maschen seien nicht fest genug geknüpft. Derartige lose Maschen enthalten die Gründe der hier herangezogenen Entscheidungen:

– die Gründe sind ungleich gewichtet; wesentliche Punkte

der öffentlichen und wissenschaftlichen Diskussion sind nahezu unbeachtet geblieben:

das § 218-Urteil beachtet die ausländischen Verfassungsentscheidungen (aus USA, Frankreich, Österreich) zu dem soziokulturellen Problem des Schwangerschaftsabbruchs überhaupt nicht;

der Extremistenbeschluß verliert kein Wort über die unterschiedliche Einstellung von Nachbarländern mit einer »freiheitlich-demokratischen Grundordnung« zu Extremisten im öffentlichen Dienst (wobei der klare Abfall gegenüber der sehr gründlichen staatsrechtlichen und historischen Ableitung zum Begriff des Beamten in früheren Entscheidungen ins Auge fällt[8]);

– sozialwissenschaftliche Erkenntnisse – Essentialien für derart wichtige gesellschaftliche Probleme, um die es hier ging – sind gar nicht oder nur ungenügend verwertet worden:

im § 218-Urteil wird von der »rechtsbewußtseinsbildenden Kraft der Strafnorm« gesprochen, eine in der Kriminologie höchst problematische These;

der Extremistenbeschluß beachtet weder die gerade in den letzten Jahren sich entwickelnde Organisationswissenschaft noch die Rollentheorie und den Rollenkonflikt: man kann die »Weltrevolution« bejahen und dennoch Verträge, auch Dienstverträge einhalten, so wie wohl auch die Bundesverfassungsrichter es nicht problematisch finden, daß ein überzeugter Katholik als Ehescheidungsrichter tätig wird;

– wichtigen Schlüssen fehlt die Konsistenz:

das § 218-Urteil rechtfertigt die strengere Einstellung als im Ausland mit unseren Erfahrungen aus der grausamen Lebensvernichtung in der NS-Zeit; obgleich damals das werdende Leben so sehr geschützt wurde, daß nach § 218 Abs. 3 des Strafgesetzbuchs von 1943 sogar die Todesstrafe verhängt werden konnte, »wenn die Abtreibung die Lebenskraft des deutschen Volkes beeinträchtigt«;

der Extremistenbeschluß verläßt über weite Strecken das Bett einer Ableitung aus der Verfassung und versucht gewissermaßen zu einem Schiedsspruch zwischen Regierung und Opposition zu kommen, was zu einem Zickzack-Kurs führte; Integrations- und Innovationsvermögen des Senats reichten zu einer Position über beiden Lagern nicht aus, z. B. für

Unterschiede bei der Bestimmung der Verfassungsfeindlichkeit: ob es sich um einen Staatssekretär oder einen Lokomotivführer handelt;

– Mängel beim juristischen Handwerkszeug:

im § 218-Urteil eine problematische Ableitung aus der Entstehungsgeschichte des Art. 2 Abs. 2 Grundgesetz, ob auch der Embryo beim Schutz des Lebens einzuordnen ist[9];

im Extremistenbeschluß die besondere Betonung einer Literatur und Rechtsprechung, die vor mehr als fünfzig Jahren entstanden ist.

Die Frage muß hiernach lautwerden, wie es kommt, daß beide Entscheidungen in derart vielen Punkten den Erwartungen nicht entsprechen, die an solche Grundentscheidungen zu richten sind. Man kann schwerlich glauben, daß es sich gerade hier um »Ausreißer« handelt; näher liegt die Vermutung, daß ein Zusammenhang mit den Attitüden der Richter, aber auch mit der Rechtsprechungsstruktur des Gerichts besteht.

Das Untersuchungsvorgehen

Um hier Klarheit zu schaffen, bietet sich eine Überprüfung einer längeren Reihe von Bundesverfassungsgerichtsentscheidungen an, die ja in einer Sammlung von den Richtern des Gerichts selbst herausgegeben werden. Diese enthält allerdings nicht die Beschlüsse des Vorprüfungsausschusses bei Verfassungsbeschwerden, eines Gremiums von drei Richtern.

Damit wird ein Weg eingeschlagen, auf dem die auf einer Dissertation beruhende Untersuchung von Klaus-Jürgen Philippi (*Tatsachenfeststellungen des Bundesverfassungsgerichts*, 1971) vorangegangen ist, der die ersten 25 Entscheidungsbände überprüft hat. Das Ergebnis ist, daß statistische Methoden bei dem Gericht an erster Stelle stehen; fast 40% der bezogenen Entscheidungen fußten auf statistischem Material. Wenngleich Philippi kritisiert, das Gericht sei bei dieser Methode nicht sehr konsequent (S. 46), so läßt er doch durchblicken, daß hier die besondere Stärke des Gerichts liegt, ein Urteil, dem ich mich nach eigenem Eindruck anschließe. Die weiteren Feststellungen von Philippi sind im Zusammenhang meines Beitrags nicht von Belang – hier kurz noch seine Tatsachenrangfolge: wissenschaftliche Literatur 15%, Sachverständigengutachten 10%, Informationen von staatlichen Stellen 8%, Dokumente/Urkunden 7% –, weil sein Ansatz ein anderer als der meine ist. Philippi geht es um das rein formal-empirische Ergebnis, wobei er allerdings durchaus fragt, ob die Tatsachenermittlung des Gerichts korrekt und effizient ist. Er hat aber weder das Tatsachenmaterial noch die Entscheidungen *inhaltlich* geprüft, ob also das empirische Material die Schlüsse des Gerichts rechtfertigt oder wie es zu rechtlichen Schlußfolgerungen gekommen ist. Er hat erst recht nicht meine Frage gestellt: welche Schlüsse die Entscheidungen auf das Selbstverständnis der Richter und auf die Rechtsprechungsstruktur des Gerichts zulassen. Allerdings gibt es bei Philippi auch Angaben, die sich in meine Untersuchung einordnen lassen.

Dieser Untersuchung liegen die Bände 35 bis 37 zugrunde, die letzten, die ich beim Oberlandesgericht Frankfurt vorfand, mit 92 Entscheidungen aus der Zeit vom 27. 3. 1973 bis 25. 4. 1974, darunter das Urteil zum Grundlagenvertrag (36, 1) und zur Mitbestimmung an Hochschulen (35, 79), Entscheidungen, die damals in der Öffentlichkeit erhebliches Aufsehen erregten. Mein Beitrag kann aber in der wissenschaftlichen Bewertung nicht mit der Untersuchung von Philippi verglichen werden. Mir stand weit weniger Zeit zur Verfügung als ihm; zudem ist das inhaltliche Untersuchungsziel nicht so eingrenzbar wie das formale. So muß ich den Vorwurf mangelnder Gründlichkeit, den ich gegenüber dem Bundesverfassungsgericht teilweise erhoben habe, auch selbst hinnehmen. Nur einzelne Entscheidungen konnte ich aus dem Untersuchungsmaterial analysieren, im übrigen mußte ich mich auf den Gesamteindruck – eines allerdings in der Abfassung von Urteilen erfahrenen Lesers – aus fast 1200 Seiten Entscheidungstexten beschränken.

An Zahlen mag mehr interessant als wichtig sein, daß 43 Entscheidungen vom 1. Senat und 49 vom 2. Senat stammen. 31 Entscheidungen, also ziemlich genau ein Drittel, gehen auf Vorlagebeschlüsse von Gerichten zurück. 12 Entscheidungen, also 13%, enthalten ein oder auch mehrere abweichende Voten. Beim 2. Senat, der das Abstimmungsergebnis bekanntgibt, sind 18 Entscheidungen, somit 37%, nicht einstimmig ergangen. Allerdings enthalten mehrere Entscheidungen keinen Hinweis auf das Abstimmungsergebnis, woraus wohl zu schließen ist, daß Einstimmigkeit gegeben war.

Der verhältnismäßig große Anteil an nicht einstimmigen Entscheidungen gibt den Hinweis, daß bei dem ausgeprägten Kompromißcharakter des Extremistenbeschlusses auch interne Gründe mitgespielt haben können. Der Senat scheint darauf auszugehen – und das zeigt auch das Urteil zum Grundlagenvertrag –, bei weitreichenden Entscheidungen seine Uneinigkeit zu überspielen, was dann Gemeinsamkeit auf dem kleinsten Nenner und Abstriche bei der rechtlichen Prägnanz zur Folge hat.

Auch die Daten zum Verfahrensgegenstand lassen sich inhaltlich verwerten, wobei hier nur eine grobe Einordnung möglich ist. Demnach betreffen 34% der Entscheidungen Wirtschafts- und Vermögensfragen im weitesten Sinne, also auch den Bereich des Steuer- und Sozialrechts, und 26% das Strafrecht einschließlich der Ordnungswidrigkeiten; 11% der Beschwerdeführer schienen in Strafanstalten untergebracht gewesen zu sein. Bei den übrigen 40% der Entscheidungen soll auf eine zusammenfassende Einordnung verzichtet werden, es müßten zu kleine Gruppen gebildet werden. Hierunter fallen Organstreitigkeiten, Numerus-clausus-Fälle, Richterablehnungen, aber auch Kostenbeschlüsse.

Der erste Eindruck: Common-sense-Rechtsprechung

Die Entscheidungsbegründungen bei den beiden Hauptgruppen – Wirtschafts- und Strafsektor – enthalten wichtige Hinweise auf das Untersuchungsthema: Attitüden der Richter und Rechtsprechungsstruktur.

Die Begründungen der Entscheidungen zum Wirtschaftssektor befassen sich maßgebend mit Problemen des Gleichheitsgrundsatzes. Es geht hier zumeist um Lücken oder Überschneidungen bei den zu prüfenden Gesetzen. Es werden Grenzfälle an das Gericht herangetragen, mit denen der Gesetzgeber nicht gerechnet oder die er nicht zweifelsfrei in eine bestimmte Kategorie eingeordnet hat. Die Begründungen des Gerichts wirken pragmatisch; es wird abgewogen und nicht so sehr streng logisch-juristisch judiziert, worauf wohl auch die

Bemerkungen von Philippi: »nicht sehr konsequent bei der Methode« (S. 46) und »methodische Konsequenz fehlt« (S. 50), hindeuten. Noch pragmatischer erscheinen die Entscheidungsbegründungen auf dem Strafsektor. Hier wird oft nahezu angelsächsisch diskutiert, nach den Grundsätzen des »reasonable man«. Die Begründungen wirken aber – und darauf muß schon hier hingewiesen werden – individualistisch und, natürlich, liberal. Die gesellschaftliche Situation desjenigen, der seine Persönlichkeitsrechte in der Haftanstalt verletzt sieht oder der sich gegen die Versagung der Wiedereinsetzung bei Überschreiten von Rechtsmittelfristen wegen Urlaubsabwesenheit wendet, wird überhaupt nicht berührt. Gerade die Überrepräsentation der Unterschicht bei den Gefangenen hätte jedenfalls einen Hinweis auf diesen Sachverhalt in den Entscheidungsgründen nahegelegt. Die Beschwerdeführer aus den Haftanstalten werden wie ein Jedermann aus der Mittelschicht bewertet, gewissermaßen als K. in Kafkas *Prozeß*, letztlich also unter Zugrundelegung der persönlichen Maßstäbe der Richter. So wird denn aufgrund der Lebenserfahrung geprüft, was liberal und »vernünftig« ist.

Die – sehr kursorische – Durchsicht der drei Entscheidungsbände – 35 bis 37 – zeigt eine Grundrechtsinterpretation, die – nach einer Forderung von Ernst Wolfgang Böckenförde[10] – sich zwar von der »herkömmlichen juristischen Methode emanzipiert«, an deren Stelle jedoch eine eher pragmatische Bearbeitung gesetzt hat. Jedenfalls wird bereits jetzt verständlich, worauf die »Mängel beim juristischen Handwerkszeug« beruhen, die dem Gericht bei der § 218- wie auch bei der Extremisten-Entscheidung vorgeworfen worden sind; die Bundesverfassungsrichter geben ihm nicht den Stellenwert, der der Tradition und Gewohnheit unserer sonstigen höheren Gerichte entspricht[10a], weshalb sich auch leichter Mängel einschleichen können.

Die *Vernünftigkeit* hat offensichtlich für das Gericht eine besondere Bedeutung – es ist die Vernünftigkeit als überkommener Wert, das, was jedermann, auch oder gerade der verständige Laie, ohne weiteres einsehen wird, eben Common sense; es ist aber weder die Vernünftigkeit juristischer Systemlogik noch deckt es sich mit dem Rationalen. Als Beispiel – gerade für die Problematik dieser »Vernünftigkeit« – soll hier eine Stelle aus dem Beschluß des 1. Senats vom 11. 6. 1974 (37, 313) wiedergegeben werden, mit dem die Annahme einer Verfassungsbeschwerde abgelehnt wurde, die rügte, daß bereits Verurteilte nicht in den Genuß der Demonstranten-Amnestie gekommen seien. Der Senat spielte etwaige Nachteile der Beschwerdeführer wie folgt herunter:

»Insbesondere muß von einer demokratisch und rechtsstaatlich gesinnten Gesellschaft erwartet werden, daß sie Entscheidungen des Gesetzgebers respektiert, der der aus mannigfachem Anlaß von politischer Unruhe ergriffenen jungen Generation die Einführung in die Gesellschaft erleichtern wollte und der durch Strafrechtsreform, Amnestie und Tilgungsregelung zum Ausdruck gebracht hat, daß junge Menschen wie den Beschwerdeführern aus Taten der in Rede stehenden Art jedenfalls dann keine unabwendbaren Nachteile erwachsen sollen, wenn diese Handlungen – wie bei den Beschwerdeführern – über die entschiedene Bekundung politischer Überzeugungen nicht wesentlich hinausgegangen sind und zu einer ernsten Gefährdung der öffentlichen Ordnung nicht geführt haben.«

Der Beschluß war zu einer Zeit ergangen, als die »Radikalenbeschlüsse« bereits zweieinhalb Jahre »galten«, als nicht nur die Verurteilung wegen eines Demonstrationsdelikts, sondern schon die Teilnahme an einer Demonstration selbst Anlaß für die Nichteinstellung in den öffentlichen Dienst werden konnte.[11]

Ähnlich weltfremd in den Folgerungen – man muß es schon so ausdrücken – wie beim Ersten Senat lautet die Passage in der Extremisten-Entscheidung des Zweiten Senats:

»›Ermittlungen‹ [der Staatsschutzbehörden] können nur Verhaltensweisen zutage fördern, die in die Ausbildungs- und Studienzeit eines jungen Menschen fallen, häufig Emotionen in Verbindung mit engagiertem Protest entspringen und Teil von Milieu- und Gruppenreaktionen sind, also sich wenig eignen als ein Element (von vielen), aus dem man einen Schluß auf die Persönlichkeit des zu Beurteilenden ziehen könnte; sie vergiften andererseits die politische Atmosphäre, irritieren nicht nur die Betroffenen in ihrem Vertrauen in die Demokratie, diskreditieren den freiheitlichen Staat, stehen außer Verhältnis zum ›Ertrag‹ und bilden insofern eine Gefahr als ihre Speicherung allzu leicht mißbraucht werden kann. Deshalb sind solche Ermittlungen und die Speicherung ihrer Ergebnisse für Zwecke der Einstellungsbehörde schwerlich vereinbar mit dem im Rechtsstaatsprinzip verankerten Gebot der Verhältnismäßigkeit.«

Das Weltfremde ist darin zu sehen, daß der Senat offensichtlich glaubt, es genüge dieser eindringliche und beeindruckende

Appell für Liberalität und Humanität an die Verantwortlichen in den Behörden. Es fehlt das Verständnis für die Systemlogik des Behördenhandelns, das aufgrund des Entscheidungstenors des Senats gerade zur Einschaltung des Verfassungsschutzes kommen muß[12], was bislang zu rund 500 000 Überprüfungen und zu erheblichen Ängsten bei Bewerbern mit »linken Phasen« während der Ausbildung geführt hat – eine Systemlogik, die sich aus der Symbiose deutscher obrigkeitlicher Beamtentradition mit dem »modernen« Selbstverständnis einer Behörde als einer totalen Institution (Erving Goffman) ergibt, mit der Tendenz zur Selbsterhaltung und damit zur Abschottung gegenüber Menschen, deren Sensibilität und Kritikengagement eine – vom demokratischen Standpunkt aus durchaus heilsame – Unruhe im Behördenapparat hervorrufen können.

Von diesen organisatorischen, institutionellen und gesellschaftlichen Zwängen bleiben allerdings die Verfassungsrichter zumeist unberührt; sie spüren im wesentlichen nur die staatlichen und rechtlichen Zwänge. Ihre Position – und das künden auch die Entscheidungsgründe – entspricht der von liberalen Honoratioren, was heute für den Durchschnittsrichter nicht mehr gilt. Verantwortlich fühlen sie sich für den Schutz des schwachen Einzelnen, mit der besonderen Betonung der Werte der Freiheit und Vernünftigkeit. Kaum wahrgenommen wird aber, was noch näher auszuführen ist, wie auch der Einzelne von einer bestimmten Gruppenmentalität bestimmt und in sie einbezogen ist. Eine vorindustrielle, ja vorgesellschaftliche Vorstellung vom Menschen wird hinter den Entscheidungen sichtbar.

Zeit- und Gesellschaftsferne

Das läßt sich nicht zuletzt mit der Sprache der Entscheidungen belegen; auch darin – nicht nur durch die »Emanzipation von der herkömmlichen juristischen Methode« – differieren sie von den Urteilen der anderen hohen Gerichte. Die Bundesverfassungsgerichtsentscheidungen zeigen nicht die imperatorische Fachsprache – die Sprache der Herrschaft: es ist zu entscheiden, es ist zu verurteilen, es ist abzulehnen, es ist zu verwerfen –, die Untertanenbelehrung, die der Tradition deutscher Gerichtsurteile entspricht; erst recht nicht die funktionale Sprache des Soziologen – funktional wie Stahlbeton, wie ich das einmal ausgedrückt habe.[13] Die Sprache des Bundesverfassungsgerichts ist auf Verständlichkeit ausgerichtet, auf Verständlichkeit auch für den Laien, der allerdings nicht der Mann von der Straße, sondern der Gebildete ist: ein klares, plastisches, keinesfalls überladenes Deutsch, ein Deutsch, das im Vergleich zu den Stilen des Juristen oder Soziologen essayistisch ist, aber nur von diesem Vergleichspunkt aus; tatsächlich tritt die Sprache hinter der Sache zurück, ohne Formulierungsehrgeiz oder -verliebtheit. Einmal mehr drängt sich hier das Kriterium der »Vernünftigkeit« auf, der Vergleich mit englischen Urteilen, die allerdings aus der persönlichen Ansprache bei der mündlichen Begründung heraus engagierter, farbiger wirken, während die Sprache des Verfassungsgerichts im Rahmen des Nüchternen, Sachlichen verbleibt, doch immer mit dem Unterton von Nachdenklichkeit. Man kann sich gut vorstellen, daß die Realisten des vergangenen Jahrhunderts – Gottfried Keller, Theodor Storm oder Theodor Fontane – als Bundesverfassungsrichter heute diese Sprache bevorzugen würden. Um so mehr befremdet das moralische Pathos in wichtigen, gerade umstrittenen Entscheidungen, das auf die Verdrängung von Unsicherheit oder auf Überforderung bei den Richtern schließen läßt.[13a]

Zu fragen ist, ob in und mit dieser Sprache zureichend zu den gesellschaftlichen Problemen von heute Stellung genommen werden kann. Hierauf gibt die Einleitung zum Hochschul-Urteil vom 29. 5. 1973 (37, 109) eine gute Antwort:

»Nach den Vorstellungen des Neuhumanismus, insbesondere Wilhelm von Humboldts, war die deutsche Universität als eine ›absichtslose‹ Gemeinschaft der Lehrenden und Lernenden im Zeichen der engen Verbindung von Forschung und Lehre verfaßt, die dem Einzelnen durch die Beschäftigung mit zweckfreier Wissenschaft ›in Einsamkeit und Freiheit‹ über wissenschaftliche Erkenntnisse hinaus ethische Handlungsnormen vermitteln sollte. Demgegenüber haben sich im 19. und 20. Jahrhundert tiefgreifende Veränderungen vollzogen. Die sprunghafte Expansion der Forschung namentlich in den Bereichen der Naturwissenschaften, der Medizin und der Technik erforderte einen kostspieligen Apparat mit Maschinen, Instrumenten und Einrichtungen besonderer Art, damit auch die Fachkräfte zu ihrer Bedienung. Die Vermehrung des wissenschaftlichen Stoffes und die fortschreitende Spezialisierung auf allen Gebieten, die dem Einzelnen den Überblick schon über sein eigenes Fachgebiet erschwerte, erzwang Arbeitsteilung und Zusammenarbeit in Gruppen. Außerdem nahm die Zahl der Studenten ständig zu, zumal da das Hochschulstudium immer häufiger auch als Mittel des sozialen Aufstiegs angesehen wurde. Die Selbstbeschränkung der Universität auf eine Stätte der reinen und zweckfreien Wissenschaft geriet in ein Spannungsverhältnis zu den Ansprüchen der zunehmend technologisch organisierten Industriegesellschaft, zu der wachsenden Bedeutung einer wissenschaftlichen Ausbildung für beruflichen Aufstieg und gesellschaftliche Emanzipation, zu der erschwerten Studiensituation in der modernen Massenuniversität und zu dem gesteigerten Bedürfnis, die Wissenschaft in den gesellschaftlichen Bereich zu integrieren.

Diese Veränderungen führten zu einer Struktur- und Organisationskrise der Universität. Dem Zwang zur Kooperation als einem Arbeitsprinzip in allen Wissenschaften vermochten die herkömmlichen Fakultäten meist nicht mehr genügen, weil sie die sich ausfächernden Spezialwissenschaften nicht mehr ausreichend verklammern konnten. Die bisherige Ordinarienuniversität, in der die Selbstverwaltung im wesentlichen den Lehrstuhlinhabern vorbehalten blieb, war organisatorisch weder auf den sprunghaften Anstieg der Studentenzahl noch auf die vermehrte Übernahme von Aufgaben und Funktionen durch Nichtordinarien, insbesondere durch wissenschaftliche Assistenten, vorbereitet. Die Vergrößerung des akademischen ›Mittelbaus‹ und seine zunehmende Bedeutung für den Gesamtprozeß der Wissenschaft standen in einem Mißverhältnis zu seinen geringen Kompetenzen in der Selbstverwaltung. Bei den Studenten verstärkte das Ausbleiben einer der wissenschaftlichen und gesellschaftlichen Entwicklung Rechnung tragenden Studienreform das Begehren, Einfluß auf die Wissenschaftsverwaltung zu erlangen und mit den in ihren Kreisen erarbeiteten Reformgedanken wirksam zu Gehör zu kommen.

Die Krise der deutschen Hochschulen traf seit den 60er Jahren dieses Jahrhunderts mit einer weltweiten Bewegung gegen ›etablierte Wertmaßstäbe‹, ›autoritäres Gesellschaftssystem‹ und ›überholte Herrschaftsstrukturen‹ zusammen. Diese antiautoritäre Bewegung griff auf die Hochschulen der Bundesrepublik über und führte hier bei einzelnen Gruppen zu radikal ablehnender Haltung gegenüber Institutionen, die sich bis zu gewaltsamen Aktionen steigerte.«

Meisterlich ist hier auf knappem Raum die Geschichte der deutschen Universitäten und ihrer Probleme klar und verständlich dargestellt worden; aber für den, der von diesen Problemen bedrängt wird, hat die Darstellung etwas Unwirkliches, ähnlich dem Bericht eines Reisenden, der sich über ferne Institutionen bei erfahrenen Leuten gründlich erkundigt hat, wie der zitierte Humboldt über Südamerika oder der

Magister Ludi bei Hermann Hesse über die Schwierigkeiten beim Glasperlenspiel. Hier wird der Realismus in der Sprache des Gerichts »gläsern«, so wie er uns heute in den Werken des wiederentdeckten Robert Walser erscheint. Verglichen damit wirkt die harte und schmucklose Sprache der Tatbestände unserer sonstigen Gerichtsurteile trotz ihrer stilistischen und »demokratischen« Mängel »realistischer«, zeit- und gesellschaftsnäher.

Die Bedenken mehren sich, wenn man diesen Bericht des Bildungsreisenden, der ja keine eigenen Studien gemacht und keine Tatsachen selbst festgestellt, sondern sich nur auf erfahrene Gewährsleute verlassen hat, inhaltlich untersucht. Die »tiefgreifenden Veränderungen« in den Universitäten wurden nicht durch die »sprunghafte Expansion der Forschung namentlich in den Bereichen der Naturwissenschaften«, über den »Apparat mit Maschinen, Instrumenten und Einrichtungen« herbeigeführt – das betraf im wesentlichen nur die Technischen Hochschulen, die eigentlich bis in die fünfziger Jahre hinein ein Sonderdasein hatten –, sondern durch die Expansion der Geisteswissenschaften im 19. Jahrhundert, die die Rechtswissenschaften als Kern der Humboldtschen Universität und als größte Fakultät ab 1860 mehr und mehr an den Rand drängten.[14]

Auch stimmt die These von der »ständigen Zunahme der Zahl der Studenten« nicht, was folgende Zahlen vom Statistischen Bundesamt erhellen (in Tausenden):

1907	61	1950	100	1964	265
1914	79	1953	105	1965	270
1916	67	1956	125	1966	272
1920	115	1957	154	1967	281
1923	125	1958	172	1968	285
1924	100	1959	190	1969	304
1926	95	1960	207	1970	323
1932	128	1961	224	1971	352
1934	92	1962	242	1972	396
1935	73	1963	255	1973	483

Schwankungen bei den Studentenzahlen sind bis in die fünfziger Jahre hinein das dominierende Merkmal; erst dann kommt es zu einer ständigen Zunahme. Das bedeutet, daß die Erklärung des Gerichts für die Entwicklung der Studentenzahlen – das Studium als Vehikel des sozialen Aufstiegs – zurücktritt. Wer die politische, historische und wirtschaftliche Situation in den oben genannten Jahren kennt – mit den sich daraus ergebenden Geldmitteln für Eltern und den Staat, ein Studium zu ermöglichen, und den Motivationen zum Studium –, kann unschwer eine Korrelation herstellen. Die Tendenz des Gerichts, individuelle – und wohl auch organisatorische – Gründe statt gesellschaftliche in den Vordergrund zu rücken, wird noch klarer bei der Untersuchung der Ursachen, die dem Bundesverfassungsgericht zufolge zur heutigen Universitätskrise geführt haben. Hiernach scheint es sich im wesentlichen um eine Organisationskrise zu handeln: die Universitäten seien mit den Studentenmassen und der Aufsplitterung der Disziplinen nicht fertig geworden, wenngleich auf die antiautoritäre Bewegung kurz und – wegen dieses Zusammenhangs – diffus hingewiesen wird. Dagegen sind in dieser Darstellung die Einflüsse des Kapitalismus von der Früh- bis zur Spätzeit auf eine spätfeudale Gelehrtenrepublik, die Strukturabläufe in dieser Republik selbst mit elitären Honoratioren, neutralen Managern, aber auch Anhängern einer totalen Institution – also die Vorbedingungen für besondere Macht- und Prestigestrukturen – genauso unbeachtet geblieben wie die dominante Mittelschichtmentalität bei den Studenten.

Die *Gesellschaft ist die große Blindstelle* für das Gericht. Ihm ist allerdings zugute zu halten, daß es nicht laufend auf gesellschaftliche Probleme hingewiesen wird. Es ist erstaunlich, in wie wenigen Entscheidungen diese Probleme im Vordergrund stehen: in den überprüften Bänden waren es nur 3 von 92! In diesen Fällen wird die gesellschaftliche Problematik bagatellisiert oder falsch bearbeitet wie beim Hochschul-Urteil oder überhaupt nicht erkannt wie bei den Entscheidungen zur Vergleichsmiete bei Mieterhöhungen (1. Senat 37, 132) oder zur Einspruchsfrist bei arbeitsgerichtlichen Versäumnisurteilen (2. Senat 36, 298).

Unwissenheit oder Verweigerung im sozialen Bereich?

Bei der Entscheidung des 1. Senats ging es um die Frage, welche Ansprüche an den Vermieter, der nach § 3 des Wohnraumkündigungsgesetzes von 1971 die Zustimmung des Mieters zur ortsüblichen Mieterhöhung einklagen will, im Hinblick auf die Vergleichsmietobjekte zu stellen sind. Die Urteile der Landgerichte Essen und München, gegen die Verfassungsbeschwerde eingelegt worden war, verlangten Angabe über die Baujahre der Häuser, den Erhaltungsgrad dieser Häuser und Wohnungen sowie über die Gestaltung und Ausgestaltung der Wohnungen. Hier soll am Bundesverfassungsgericht nicht kritisiert werden, daß es den Landgerichten unbillige Strenge gegenüber den Vermietern vorwarf, wohl aber, daß sich das Gericht keine Gedanken über die soziale Lage der Mieter gemacht hat. Offensichtlich stand hinter den Entscheidungen der Landgerichte die Erwägung, einen sozialen Ausgleich zwischen einkommensschwachen Mietern und potenten Vermietern – z. B. der Ruhrkohle AG in Essen – herzustellen. Das Bundesverfassungsgericht wertete Ausgangs- und Interessenlage beider Seiten gleich, ohne ein einziges Wort über die gravierenden Unterschiede zu verlieren. Nicht die soziale Existenz, sondern der »private Lebensbereich« steht im Vordergrund. Heißt es doch im Hinblick auf die Möglichkeiten des Vermieters, die ortsübliche Vergleichsmiete festzustellen:

»Weder der Hauseigentümer noch der Mieter etwaiger Vergleichswohnungen sind aber gehalten, die erforderlichen Angaben zu machen. Es entspricht im übrigen der Lebenserfahrung, daß die für eine Wohnung wichtigen Daten üblicherweise fremden Personen gegenüber nicht verlautbart werden. Die Erlangung solcher Einzelangaben bedeutet in vielen Fällen das Eindringen in den privaten Lebensbereich, wobei berücksichtigt werden muß, daß die Wohnung im besonderen Maße den Schutz der Verfassung genießt. Betretungs- und Besichtigungsrechte sind hiernach grundsätzlich ausgeschlossen.«

Hier zeigt sich einmal mehr die Lebensfremdheit, das Unverständnis gegenüber modernen organisatorischen Gestaltungsmöglichkeiten. Die Vermieter brauchen sich nicht über Privatdetektive, die in fremde Wohnungen eindringen, die notwendigen Daten zu verschaffen; sie können sie aus den Mietpreisspiegeln der Haus- und Grundbesitzervereine entnehmen, die alsbald durch Rundfragen bei den Mitgliedern entstanden sind und die, entgegen der Absicht des Gesetzgebers, dazu geführt haben, daß die Gerichte auf diejenige

Vergleichsmiete erkennen, die an der oberen Grenze liegt.[15]

Mangel an Verständnis für die Schwierigkeiten kleiner Leute bekundet sich offen in der Entscheidung des 2. Senats über die Einspruchsfrist bei Versäumnisurteilen der Arbeitsgerichte. Hier besteht nur eine Frist von 3 Tagen gegenüber einer Woche vor dem Amtsgericht. Wegen der »Schwellenangst« der Unterschicht, der Arbeiterschaft, vor Gerichten, wegen ihrer Unkenntnis des bürokratischen Vorgehens der Betriebsbüros kommt es nicht selten zu Versäumnisurteilen in Gerichtsverfahren, die sich gegen Arbeiter als Beklagte richten.[16] Die zugestellte Klageschrift wird zunächst meist nicht ernst genommen; erst die förmliche Entscheidung des Gerichts, als »Urteil« überschrieben, macht diesen Menschen den Ernst der Lage klar. Sie haben dann nur drei Tage Zeit für eine Entscheidung über den Einspruch, darüber, ob sie den Prozeß führen sollen – eine Entscheidung, die sie kaum ohne Rechtsrat treffen können. So heißt es denn auch in der Begründung der Verfassungsbeschwerde:

»Wenn das Versäumnisurteil an einem Freitag zugestellt werde, so bleibe dem Einspruchsführer wegen des freien Wochenendes für die Einholung eines Rechtsrates und die Einlegung des Einspruchs nur ein Tag. In abgelegeneren Gegenden könne dies dazu führen, daß die Wahrung der Frist unmöglich werde. Noch ungünstiger seien die Verhältnisse für ausländische Arbeitnehmer, welche mangels zureichender Sprachkenntnisse die dem Versäumnisurteil beigefügte Rechtsmittelbelehrung nicht verstehen könnten.«

Das hat das Gericht aber nicht überzeugt. Es hat zwar zum Ausdruck gebracht, daß die Wochenfrist im normalen amtsgerichtlichen Zivilverfahren der Forderung nach »rechtlichem Gehör« in besserer Weise gerecht werde; zu beklagen ist aber, daß der Senat nicht versucht hat, sich in die Mentalität der Menschen zu versetzen, die von seiner Entscheidung betroffen sind, worauf er ja ausdrücklich in der Beschwerdebegründung aufmerksam gemacht wurde. Zu erwarten wäre jedenfalls gewesen, daß im Wege der Tatsachenfeststellung über ein empirisches Gutachten die Bedeutung derartiger Versäumnisurteile für den hier genannten Personenkreises ermittelt würde. Leichthin stellt indes der Senat fest:

»Im Arbeitsrechtsstreit bedarf es keiner zeitraubenden Überlegung, welcher Behelf gegen das Versäumnisurteil gegeben und in welcher Form und Frist von ihm Gebrauch zu machen ist. Hierüber wird die Partei zugleich mit der Zustellung des Versäumnisurteils schriftlich belehrt. [...]

[...] Innerhalb der Einspruchsfrist muß sich die Partei entscheiden, ob sie von der Einspruchsmöglichkeit Gebrauch machen will. Die Einspruchsfrist dient aber nicht dazu, Erwägungen über die allgemeinen Chancen des Rechtsstreits anzustellen. [...]

[...] Hat der Säumige sich, wie es von ihm erwartet werden kann, über den Stand des Rechtsstreits und über seine Erfolgsaussichten auf dem laufenden gehalten, so bedarf die Entscheidung, ob das Versäumnisurteil hinzunehmen ist oder nicht, keiner zeitraubenden Überlegungen.«

Das klingt sicher verständlich; nur können diejenigen, die es wirklich angeht, nichts damit anfangen. Man ist hier versucht, mit einer gewissen Rollenverkehrung den alten Kinderwitz zu zitieren: Die Mutter beruhigt das vor dem bellenden Hund sich ängstigende Kind: »Hunde, die bellen, beißen nicht.« Darauf antwortet das Kind: »Weiß das auch der Hund?«

Weiß denn der Hilfsarbeiter – und *kann* er es wissen –, gegen den ein Versäumnisurteil über 300 DM wegen einer Schadensersatzforderung seines Arbeitgebers ergangen ist, wie einfach und selbstverständlich alles bei Gericht zugeht, wenn er sich nur »auf dem laufenden gehalten« hat, ein Mensch also, dem seinem Bildungs- und Handlungsvermögen nach rechtliche und bürokratische Zusammenhänge fremd sind, der, wie 90% der Kollegen seiner Umgebung, das Bürokratiedeutsch der Rechtsmittelbelehrung nicht verstehen kann? Er versteht nur: Binnen drei Tagen muß etwas geschehen. Es ist Wochenende; in seiner Umgebung ist niemand, der ihm raten kann; er ist auch nicht so unternehmend und orientierungssicher, daß er am Montag, dem letzten Tag der Frist, sich Rat beim Betriebsrat holt; der Gang dorthin, der für den einfachen Arbeiter im Großbetrieb ein Gang »zu denen da oben ist«, braucht lange innere Vorbereitung, kurz: er resigniert, er läßt sich rechtlos stellen.

Diese Rigidität bei der Einhaltung von Fristen steht im Gegensatz zu der – durchaus berechtigten – Großzügigkeit bei Fristversäumnis durch Urlaubsabwesenheit, wobei das Gericht eben nicht verlangt, daß der Betroffene während des Verfahrens dafür sorgt, daß er dauernd »auf dem laufenden gehalten« werden kann. Die Schwierigkeiten des Urlaubers können sich die Richter vorstellen, die Schwierigkeiten des Hilfsarbeiters mit Gerichtsverfahren hingegen nicht.

Zwei Entscheidungen sind natürlich zuwenig, um die These zu belegen, das Gericht versage sich den sozialen Problemen, die aufgrund der unterschiedlichen Klassen- oder Schichtverhältnisse bestehen. Auf diesen Sachverhalt stößt man jedoch auch bei anderen Entscheidungen. An anderer Stelle habe ich einen Beschluß des Gerichts aus dem Jahr 1959 über die Ablehnung einer Verfassungsbeschwerde analysiert, mit der die fehlende Armenrechtsmöglichkeit im Sozialgerichtsgesetz gerügt worden war, wobei das Gericht auch die schichtenspezifische Behinderung kleiner Leute bei der Wahrnehmung ihrer Rechte verkannte.[17] Weiter ist darauf zu verweisen, daß bei der § 218-Entscheidung bei der Senatsmehrheit kein Wort darüber fiel, daß der Straftatbestand in praxi vor allem unbemittelte Frauen trifft, die nicht die Möglichkeiten zum diskreten Schwangerschaftsabbruch bei angesehenen Frauenärzten oder im Ausland haben.

Der Mangel an Gesellschaftsverständnis wirkt sich natürlich nicht nur aus, wenn es um die Freiheits- und sozialen Rechte des Einzelnen, sondern auch, wenn es um die Strukturen des gesellschaftlichen Zusammenlebens geht, wie sich anhand der Entscheidungen zur Mitbestimmung im Hochschulbereich, zum Grundlagenvertrag oder zum öffentlichen Dienst belegen läßt. Das Gericht macht gar nicht den Versuch – es kann ihn, so muß man indes wohl sagen, aufgrund mangelnder Kenntnis und Vorbildung nicht machen –, die Zusammenhänge und Interdependenzen sowie die Funktionen und Rollen der in dem System Tätigen aufzuzeigen, sondern es entwickelt Leitbilder, Leitideen, Idealtypen, so die elitären Leitbilder des Professors, des Beamten oder, in einem neueren Beschluß, des Gerichtspräsidenten (2 BvL 7/74 – 16. 12. 1975). Das bedeutet die Anerkennung von Gruppenmoralen mit besonderen Rechten und Pflichten. Das Gericht geht davon aus, Rolle und Person seien eins. Was im Hochschullehrerurteil nur anklang, wird deutlich und zugleich übersteigert im Extremistenbeschluß. Dem Gericht genügen die sehr weitgehenden gesetzlichen Bedingungen für die Einstellung eines Beamten nicht mehr. Nach diesen Bedingungen muß der Bewerber die Gewähr dafür bieten, daß er für die freiheitliche Grundordnung eintritt; das Gesetz stellt also ausschließlich auf das *Handeln* ab. Doch nun verlangt das Gericht darüber hinaus, der Beamte müsse sich mit der »Idee des Staates identifizieren«, er müsse sich »in dem Staat zu Hause fühlen«, sich zu ihm »bekennen«.[17a]

Im Zweifel für die Staatsordnung

Man gewinnt den Eindruck, das Verhältnis des Gerichts zur Gesellschaft reduziere sich auf das Verhältnis von progressiv zu konservativ, das sicherlich klar zum Ausdruck kommt, wie aus den Minderheitsvoten zu den Entscheidungen über die Hochschulorganisation, den § 218 und die Extremisten im öffentlichen Dienst hervorgeht. Das Verhältnis von progressiv zu konservativ hat sich indes nicht erst im 20. Jahrhundert zum Problem entwickelt, sondern schon vor fast zweihundert Jahren – im Zusammenhang mit der Französischen Revolution von 1789. Die besonderen Probleme des 20. Jahrhunderts sind verknüpft mit dem Auftreten der Massen, mit den Durchbrüchen und Einbrüchen in gesellschaftliche und staatliche Ordnung; eben dies erfordert eine besondere Sensibilität für die Komplexität der Gesellschaft auch bei der Beurteilung von Rechtsverhältnissen.

Daran scheint es den Richtern also zu fehlen, soweit es sich nicht um Probleme der Mittelschicht handelt. Obendrein gehen sie ihrer Honoratiorenkontenance verlustig, wo es sich um »revolutionäre Vorgänge« handelt, die das Selbstverständnis und die gesellschaftliche Existenz der Richter bedrohen könnten. Dafür sind Entscheidungen des Gerichts im Rahmen der Terroristenprozesse symptomatisch. Seit dem Schily-Beschluß vom 14. 2. 1973[18] – der Verteidigerausschluß wurde hier aufgehoben – hat nach Pressemitteilungen keine Verfassungsbeschwerde der Baader-Meinhof-Anwälte mehr Erfolg gehabt, obgleich die Gerichte schon an sich problematische Ad-hoc-Gesetze über den Ausschluß von Verteidigern und über die Verfahrensfortsetzung bei Verhandlungsunfähigkeit von Angeklagten extensiv ausgelegt hatten. Die Verfassungsbeschwerden wurden bereits von dem Dreierkollegium bei der Vorprüfung – wie man gelegentlich in der Justiz sagt – »abgeschmettert«.

Mein Untersuchungsmaterial enthielt auch einen Baader-Meinhof-Fall. Hier ging es um einen Brief aus der Haftanstalt, der bei der Kontrolle wegen Beleidigungen von Richtern und Anstaltspersonen beschlagnahmt worden war (Beschluß vom 16. 5. 1973; 35, 318). Die Beschwerde hätte nach der bisherigen Rechtsprechung des 2. Senats Erfolg haben müssen; aber vier Richter (gegen vier) sahen als entscheidend an:

»Wenn dieser Brief seines Inhalts wegen nicht angehalten werden darf, dann müssen alle Briefe gleicher Art bei sonst gleichen Umständen unbeanstandet bleiben. Das heißt, es spricht sich herum, es wird rasch allgemein bekannt – und zwar nicht nur unter den Häftlingen, sondern auch bei allen, die aus welchen Motiven immer bereit sind, sich an einer Korrespondenz dieser Art zu beteiligen, und beim Anstaltspersonal, daß Briefe dieser Art ungehindert die Briefkontrolle passieren müssen. Ein solcher Zustand muß die Ordnung der Anstalt ganz empfindlich stören. Das Bewußtsein der Häftlinge, Anstaltsleitung und Anstaltspersonal wissen und müssen hinnehmen, daß sie, die betroffenen Richter und die Justiz, in Briefen an Häftlingen und Briefen von Häftlingen laufend herabgewürdigt und beschimpft werden, und das korrespondierende Bewußtsein der Anstaltsleitung und des Anstaltspersonals ›Wir müssen uns das in diesem Haus gefallen lassen‹, erzeugen rasch und auf Dauer einen Zustand der Spannung zwischen Gefangenen und Anstaltspersonal; das verändert nachteilig das Auftreten und Verhalten der Gefangenen ebenso wie das des Anstaltspersonals mit der Folge, daß sich Auseinandersetzungen und Konfliktsituationen häufen. Das ist für die äußere Ordnung in der Anstalt schlechthin unerträglich.«

Hier braucht man nicht mit eigenen Worten den ideologischen Grundzug dieser Entscheidung – Ruhe und Ordnung als erste Bürgerpflicht – hervorzuheben; das geht schon aus der Entgegnung der vier anderen Richter hervor, »im konkreten Fall sei eine reale Gefährdung der Ordnung der Anstalt« nicht ersichtlich, und die weiter ausführen (S. 323):

»Im übrigen ist es nicht richtig, daß sich Angehörige der Justiz, die in Briefen von Häftlingen oder an Häftlinge beschimpft werden, sich dies ›gefallen lassen müssen‹. Ihnen steht vielmehr wie jedem anderen Bürger die Möglichkeit offen, im Wege der Privatklage nach den §§ 377 StPO in Verbindung mit den §§ 185 ff. StGB sowie mit einer Klage auf Widerruf und Unterlassung nach den §§ 823 ff. BGB gegen beleidigende Äußerungen vorzugehen. Weitergehende Möglichkeiten, Beleidigungen gegen Angehörige der Justiz entgegenzutreten, bestehen allerdings nicht. Es gibt kein Gesetz, welches es den Staatsorganen erlauben würde, Briefe, von deren beleidigendem Inhalt sie lediglich anläßlich einer anderen Zwecken dienenden Kontrolle Kenntnis erhalten haben, wegen dieses Inhalts anzuhalten.«

Von der Sorge um die Ordnung bei der konservativen Gruppe der Richter des Senats, der Sorge auch um die »Moral der Ordnungshüter« ist der Extremistenbeschluß getragen. Diese Sorge führt dann zu der konservativen Katastrophenprognose: »Ist auf die Beamtenschaft kein Verlaß mehr, so sind die Gesellschaft und ihr Staat in kritischen Situationen ›verloren‹«, eine Prognose, die in diesem Fall wohl von den eher progressiven Richtern des Senats geteilt wurde.

Montesquieu siegte über Rousseau

Die weltanschauliche Komponente bei den Entscheidungen des Gerichts, bedingt durch die gesellschaftliche und politische Einstellung der Richter, hat sicherlich eine hohe Bedeutung. Wichtiger erscheint es aber, das Augenmerk auf die These von der »gesellschaftlichen Blindstelle« des Gerichts zu richten. Sie läßt sich mit der weltanschaulichen Komponente nicht erklären; sie zeigt sich in nahezu gleicher Weise bei konservativen wie progressiven Richtern.

Mehr darüber mag die Geschichte des Bundesverfassungsgerichts aussagen, die heute offensichtlich noch von der Entstehungszeit, von der geistigen und weltanschaulichen Situation von 1948 bis 1951, bestimmt wird, von dem »Rückgriff auf die klassischen Freiheitsrechte und das Freiheitsprinzip des liberalen Rechtsstaates als Antwort auf die elementaren Freiheitsverletzungen der NS-Zeit«.[19] Die liberalen Ideen wurden stärker als die demokratischen betont, Montesquieu siegte über Rousseau[20], die Gewaltenteilung über die »volonté générale«. Das Grundgesetz war somit nicht nur eine Reaktion auf Hitler, sondern auch auf Weimar. Die unmittelbare Mitwirkung des Staatsvolkes in der Reichsverfassung bei Volksbegehren und Volksabstimmung sowie bei der Wahl des Reichspräsidenten wurde vom Grundgesetz nicht übernommen. Das bedeutete eine Priorität für die rechtlich-institutionelle Gestaltung gegenüber der politischen, eine Priorität, der das Bundesverfassungsgericht seine Existenz verdankt.

Mit der besonderen Betonung der Gewaltenteilung näherte sich das Grundgesetz unter den westlichen Verfassungen am ehesten derjenigen der USA. Dem Bundesverfassungsgericht mußte daher der Supreme Court als Vorbild erscheinen, zumal jenes nach diesem die stärkste Stellung aller Verfassungsgerichte in der Welt besitzt. Es ist immer wieder hervorgehoben worden, wie sehr Argumentation und Sprachstil des Gerichts »angelsächsisch« sind, was im übrigen auch Richtern mit weitläufigen Berufserfahrungen ohne ausgesprochene Juristenprofessionalität die Arbeit erleichtern mochte.

Allerdings schlägt auch bei den Richtern die für den deutschen Juristen typische Legalitätsattitüde durch, womit der Zugang zu dem Kooperations- und Integrationsverhalten eines Politikers, das für westliche Juristen ebenfalls bestimmend ist, erschwert wird, und weshalb dann solche Versuche wie bei der Extremistenentscheidung mißglücken. Das wirkt sich unverkennbar aus in der Unterbewertung, ja Nichtbewertung gesellschaftlicher Fakten – schon Philippi spricht von einer »besonderen Skepsis im sozialwissenschaftlichen Bereich gegen Gutachten« (S. 108) –, während sich der Supreme Court – das Vorbild – mit der »soziologischen Jurisprudenz« und dem »Rechtsrealismus« um eine Symbiose von rechtlicher und gesellschaftlicher Argumentation bemüht.[21]

Der Neoliberalismus der Adenauer-Ära konnte zur großen Zeit des Bundesverfassungsgerichts werden. Dessen Aufgabe wurde das Zurückdrängen der starken obrigkeitlichen Tradition in unserer Staats- und Verwaltungsstruktur. Gesellschaftlichen Bewegungen wie Anti-Atomtod-Aktionen stand das Gericht und steht es (Frauen gegen § 218) skeptisch gegenüber.[22] Der Entfaltung der Persönlichkeit, dem liberalen Menschenbild fühlte sich das Gericht besonders verpflichtet. Für das Schicksal derjenigen, die nicht durch staatliche, sondern durch gesellschaftliche Zwänge in der Persönlichkeitsentfaltung gehemmt waren, fehlte das Einfühlungsvermögen. Würde, Freiheit – auch das freie Wort – und Gleichberechtigung, die guten Honoratiorentugenden des 19. Jahrhunderts, bestimmten die Entscheidungsstrukturen des Gerichts; sie bestimmten auch die Attitüden der Richter. Wie nahe dieses Jahrhundert den Richtern noch ist, zeigt das Beispiel des Bundesverfassungsrichters Böhmer, dessen Ehre es nicht duldete, das abweichende Votum zum § 218-Urteil – dazu noch von einer Frau vorgetragen! – anzuhören, und der den Gerichtssaal verließ, ein nahezu rührender Zug, der allerdings bei jedem anderen Gericht scharf geahndet worden wäre.

Man gewinnt den Eindruck, das Gericht wolle die Adenauer-Ära perpetuieren. Der große Umbruch in unserer Gesellschaft mit der studentischen Protestbewegung und der Regierungsübernahme durch die sozialliberale Koalition hat – wie die untersuchten drei Entscheidungsbände belegen – nicht zu einem Umdenken und zu einer Umstrukturierung des Gerichts geführt – anders in der Justiz, wo jedenfalls die Jahre zwischen 1966 und 1970 eine Schneise schlugen. Die Strafgesetzreform wurde zu Ende geführt; im Zusammenhang mit den Demonstrationsprozessen wurden neue Verhaltensformen im Gerichtssaal in Abkehr von der hierarchischen Magie diskutiert; ein Aktionskomitee »Justizreform« mit seinem Sprecher Rudolf Wassermann trat für eine Ablösung der obrigkeitsstaatlichen Justiz durch eine demokratisch emanzipative ein. Erfolg hatte allerdings nur ein Teil der Bemühungen; die aufkommende Konfrontation in der Gesellschaft stellte schnell das Übergewicht der konservativen Kräfte in der Justiz wieder her.[23] Aber selbst hier – und erst recht in der Gesellschaft – schlug das Pendel nicht ganz auf den alten Stand zurück. Gegenüber der Adenauer-Ära hat die Linke – einschließlich der Linksliberalen – erheblich an Bedeutung gewonnen, auch an Einfluß in der Öffentlichkeit. Die »Basisdemokratie« von Rousseau hat gegenüber der »Honoratiorendemokratie« von Montesquieu, dem das Bundesverfassungsgericht verpflichtet ist, aufgeholt. Auch die Konservativen akzeptieren heute die Massendemokratie, was nach außen der starke Mitgliederzuwachs der CDU anzeigt. Der Demokratiebegriff von Joseph A. Schumpeter mit dem Schwergewicht auf der Wahl der Führenden durch das Volk verblaßt gegenüber dem »klassischen« der politischen Emanzipation[23a], was etwas ganz anderes ist als die Freiheit von staatlichen Eingriffen. Emanzipationsfeindliche Entscheidungen wie die zu § 218 und zur Beschäftigung von Extremisten im öffentlichen Dienst stießen deshalb bei weiten Teilen der Öffentlichkeit auf Unwillen.[24] Die völlige Ausschaltung der Kommunisten aus der Öffentlichkeit und ihre Strafverfolgung in der Adenauer-Ära erregten dagegen kaum Anstoß; ihre weit humanere Behandlung heute wird selbst von Konservativen als inhuman empfunden.[25] Der Rechtstrend hat bislang der Bedeutung des Sozialstaats-Prinzips keinen Abbruch getan. Zwar hat sich das Grundgesetz im Unterschied zur Weimarer Verfassung, die in der sozialen Frage wortreich, aber unverbindlich war, mit der lakonischen Forderung eines »sozialen Staates« begnügt[26]; in der Verfassungswirklichkeit wächst jedoch die Bedeutung der »sozialstaatlichen Grundrechtstheorie«.[27]

Der Rechtstrend in der Gesellschaft hat also keineswegs eine Brücke zur Position des Verfassungsgerichts der fünfziger Jahre geschlagen. Immerhin ist ein gewisser Wandel, nicht nur zum Vorteil, beim Gericht festzustellen. Die Legalitätsattitüde tritt allmählich zurück. Der betont staatsrechtliche Zug in der Argumentation aus der Ära der großen Richter-Professoren – Friesenhahn, Leibholz und Zweigert – ist verschwunden. Das hat allerdings auch zu einer Einbuße an Qualität geführt, wie ein Vergleich der Argumentation im Beamtenurteil zum Extremistenbeschluß anzeigt. Auch die Aufklärung der Tatsachen dürfte heute nicht mehr das Lob verdienen, das Philippi dem Gericht gespendet hat. Die Tendenz zur Common-sense-Rechtsprechung indes hat sich wohl verstärkt. Das kommt der Verständlichkeit der Entscheidungen zugute. Aber allein mit dem Common sense aus dem Fundus des Erfahrungsschatzes höchstehrenwerter Personen – also Honoratioren – statt aus dem der Sozialwissenschaften kann man heute keine gesellschaftlichen Probleme mehr lösen oder lösen helfen.

Dabei soll durchaus eingeräumt werden, daß sich die Arbeitsweise des Gerichts gut zur Bearbeitung von Alltagsfällen eignet, dann nämlich, wenn es um die Korrektur nicht ganz durchdachter Grenzfälle bei der Gesetzgebung oder um Relikte des Obrigkeitsstaates sowie um Übergriffe moderner Bürokratieapparaturen – totaler Institutionen – geht. Diese Fälle werden mit der gewachsenen Erfahrung des Gerichts nach den Kriterien der Liberalität und Vernünftigkeit besser gelöst als früher. Wenn aber Fälle mit gesellschaftlichem Hintergrund, mit verdeckter sozialer Problematik oder gar solche offener gesellschaftlicher Auseinandersetzungen an das Gericht kommen, dann fehlen die wissenschaftlichen Grundlagen und auch das Gespür für Modernität und Komplexität des

Lebens in der Gesellschaft heute, um hier *gerecht* urteilen zu können. Mag sich das Gericht mit Verve in das weltanschauliche Getümmel stürzen wie bei dem § 218-Urteil oder einen Zickzack-Kurs zwischen den weltanschaulichen Fronten steuern, den der Senat wohl für die mittlere Linie hielt, wie beim Extremisten-Beschluß, die Entscheidungen strahlen keine Autorität mehr aus, weil Vermögen und Kraft zur Integration der weltanschaulichen Strömungen fehlen. Das Gericht entscheidet zwar, es hat aber nichts zu sagen – die erwachsenen Kinder meinen, der Vater sei doch ziemlich senil geworden.

Die Linken werden es nicht so harmlos sehen. Das Bundesverfassungsgericht soll durch seine starke Stellung die Interessen der Bourgeoisie abschirmen, hat Wolfgang Abendroth schon 1961 gesagt[28], und im selben Jahr hat Jürgen Habermas geschrieben, »daß der liberale Rechtsstaat über kurz oder lang seine eigene Intention im demokratischen und sozialen Rechtsstaat erfüllt oder aber sein innerstes Wesen verkehrt wird, mehr oder minder offen autoritäre Gestalt annimmt«.[29] Bedeutet also die hier festgestellte Blindheit für Gesellschaftsvorgänge ein bewußtes Augenverschließen vor den Tendenzen zum Sozialstaat und zur politischen Emanzipation?

Viele Fragen werden in den nächsten Jahren an das Bundesverfassungsgericht zu stellen sein; Antworten von ihm auf gesellschaftliche Fragen wird es nur wenige geben.

Anmerkungen

1 Vgl. Wolfgang Kaupen/Theo Rasehorn, *Die Justiz zwischen Obrigkeitsstaat und Demokratie*, 1971, S. 18; zur Richterbefragung auch Raymond Werle, *Die Unabhängigkeit der Richter aus der Sicht der Richter*, in: Erhard Blankenburg (Hrsg.), *Empirische Rechtssoziologie*, 1975, S. 146.

2 Walter Richter, *Zur Bedeutung der Herkunft des Richters für die Entscheidungsbildung*, 1973.

3 *Neue Juristische Wochenschrift* 1975, S. 573.

4 Richard Schmid, *Unser aller Grundgesetz? Praxis und Kritik*, 1971, S. 199.

5 A.a.O. und *Neue Juristische Wochenschrift* 1975, S. 1641.

6 Jürgen Seifert, *Grundgesetz und Restauration*, 1974, S. 12.

7 *Justiz - die stille Gewalt*, 1972, S. 178.

8 *Entscheidungen des Bundesverfassungsgerichts* (im folgenden: *E*) 3, 58, 6, 132.

9 Wolfgang Abendroth, *Das Abtreibungsurteil des Bundesverfassungsgerichts,* in: *Kritische Justiz,* 1975, S. 123; Josef Esser, *Bemerkungen zur Unentbehrlichkeit des juristischen Handwerkzeugs, Juristenzeitung* 1975, 555.

10 *Grundrechtstheorie und Grundrechtsinterpretation,* in: *Neue Juristische Wochenschrift* 1974, S. 1534.

10a Das geht auch aus einer Besprechung von Konrad Redeker hervor, *Neue Juristische Wochenschrift* 1976, 665.

11 So der Fall bei *Kritische Justiz* 1975, S. 306.

12 Das hebt insoweit zu Recht der Richter Wand in seinem Sondervotum hervor, a.a.O., S. 1652.

13 *Neue Juristische Wochenschrift* 1975, S. 1204.

13a Verständlich wäre dies noch im §-218-Urteil. Aber auch im Urteil zum Grundlagenvertrag heißt es: »Kein Verfassungsorgan der Bundesrepublik darf die Wiederherstellung der staatlichen Einheit als politisches Ziel aufgeben, alle Verfassungsorgane sind verpflichtet, in ihrer Politik auf die Erreichung dieses Zieles hinzuwirken – das schließt die Forderung ein, den Wiedervereinigungsanspruch im Innern wachzuhalten und nach außen beharrlich zu vertreten – und alles zu unterlassen, was die Wiedervereinigung vereiteln würde« (E 36,17). Ein »normales« Gericht hätte hier geschrieben: Alle Verfassungsorgane sind zu einer Politik verpflichtet, die mittelbar oder unmittelbar zur Wiedervereinigung führt.
Das Hochschulurteil spricht von der Bedeutung, »welche die Freiheitsgewährung für einen frei sich entwickelnden, von der Persönlichkeit des Wissenschaftlers eine spezifische Haltung und Bereitschaft verlangenden geistig-schöpferischen Erkenntnisprozeß [. . .] besitzt« (E 35,130). In der Radikalen-Entscheidung wird wiederholt von dem Beamten gesprochen, der sich zum Grundgesetz »bekennen«(!) müsse, ein Konfessionserfordernis, das sich weder aus dem Grundgesetz noch aus den einschlägigen Beamtengesetzen ergibt.

14 Vgl. Heidrun und Wolfgang Kaupen, *Der Einfluß gesellschaftlicher Wertvorstellungen auf die Struktur der deutschen Studentenschaft,* in: *Kölner Zeitschrift für Soziologie und Sozialpsychologie* 16 (1964), S. 131.

15 Heinrich Lau, *Zähe Probleme, schwache Reformen · Mietrecht, Wohnungspolitik und Mietersituation in der Bundesrepublik Deutschland,* in: Theo Rasehorn, Heinrich Lau, Bernhard von Grünberg, *Wohnen in der Demokratie,* Darmstadt 1976, S. 111.

16 Vgl. hierzu Theo Rasehorn, *Klassen und Recht,* 1974.

17 *Klassen und Recht,* S. 178.

17a Zum Pathos vgl. Anm. 13a. Aus einer anderen, allerdings modernen Welt kommt der Ausspruch des verstorbenen Bundespräsidenten Heinemann, er liebe nicht den Staat, sondern seine Frau.

18 *Deutsche Richterzeitung* 1973, S. 241.

19 Böckenförde, a.a.O., S. 1537.

20 Das hebt auch Herbert Krüger, *Allgemeine Staatslehre,* 1964, S. 868 ff., hervor.

21 Vgl. Manfred Weiß, *Die Theorie der richterlichen Entscheidungstätigkeit in den Vereinigten Staaten von Amerika,* 1971, S. 46 ff.

22 *E* 8, 114.

23 Vgl. hierzu Theo Rasehorn, *Die Dritte Gewalt in der zweiten Republik,* in: *Aus Politik und Zeitgeschichte,* B 39/75.

23a Vgl. Seifert, a.a.O., S. 9; Fritz Croner, *Die deutsche Tradition* 1975, S. 100 ff.

24 Vgl. auch Martin Kriele, *§ 218 StGB nach dem Urteil des Bundesverfassungs-*

gerichts, in: *Zeitschrift für Rechtspolitik* 1975, S. 73 ff.

25 Aufschlußreich hier der Leserbrief von Armin Mohler in *Frankfurter Allgemeine Zeitung* v. 21. 11. 1975.

26 Schmid, a.a.O., S. 118.

27 Böckenförde, a.a.O., S. 1535.

28 *Die Entliberalisierung der Bundesrepublik und der politische Funktionswandel des Bundesverfassungsgerichts,* in: *Sozialistische Politik,* Jg. 8, 1961, H. 5, S. 1 ff.

29 Jürgen Habermas, Ludwig von Friedeburg, Christoph Oehler, Friedrich Welz, *Student und Politik. Eine soziologische Untersuchung zum politischen Bewußtsein Frankfurter Studenten,* 1961, S. 45.

Erhard Denninger

Freiheitsordnung – Wertordnung – Pflichtordnung*

Zur Entwicklung der Grundrechtsjudikatur des Bundesverfassungsgerichts

»*Ziffel:* . . . und die Leut erlauben sich noch einen ganzen Haufen Freiheiten. Z. B. Sie können auch in Deutschland noch zuweilen frei herumgehn durch die Stadt und vor den Läden stehn bleiben, wenns auch nicht gern gesehn ist, weil kein Ziel da ist.
Kalle: Ja, ein Ziel brauchens immer . . .«

Bertolt Brecht, *Flüchtlingsgespräche*

I.

Das umfangreiche und tiefdringende Minderheitsvotum der Richterin Rupp- v. Brünneck und des Richters Simon zum Urteil des Bundesverfassungsgerichts vom 25. Februar 1975 zur Verfassungswidrigkeit der »Fristenlösung«[1] nennt als stärkstes Bedenken[2] die Ableitung einer *Pflicht* des Gesetzgebers zum *Erlaß von Strafnormen* aus einer grundrechtlich geschützten »objektiven Wertentscheidung« der Verfassung. »Dies verkehrt die Funktion der Grundrechte in ihr Gegenteil.« Wer, wie der Verfasser[3], stets bemüht war, auch die liberale, Staatsübergriffe abweisende Funktion der Freiheitsgrundrechte hervorzuheben, ohne jedoch auf der anderen Seite einem »monadologischen Freiheitsmodell«[4] zu huldigen, widersteht der Versuchung spontaner Zustimmung zu jener Urteilsschelte nur schwer. Dennoch ist kritisches Innehalten geboten; die Antwort muß differenzierend ausfallen, die Begründung weiter ausholen.

Die freiheitliche Demokratie des Grundgesetzes knüpft an die Tradition des liberalen bürgerlichen Rechtsstaates an[5], damit auch an das Freiheitsverständnis der Erklärung der Menschen- und Bürgerrechte von 1789.[6] Die ›natürliche‹ Freiheit des Menschen ist als bürgerliche durch zwei Momente

* Ergänzte Fassung des unter diesem Titel in der *Juristenzeitung* 1975, S. 545, erschienenen Aufsatzes.

charakterisiert: durch die Beliebigkeit des Wollens und Tuns im Rahmen einer durch allgemeine Gesetze konkretisierten Schädlichkeitsgrenze[7] und durch die Sicherheit des Rechts, welche Freiheit von ungesetzlichem Zwang und staatlicher Willkür verbürgt. In diesem Sinne definierte Montesquieu[8] die »politische Freiheit« des Bürgers als *Sicherheit* (oder Sicherheitsbewußtsein) im Unterschied zur »philosophischen Freiheit«, die in der freien Willensbetätigung bestehe. Die Freiheit des Bürgers hänge entscheidend von der Güte der Strafgesetze ab: Montesquieu hat hier aber nicht einen erfolgreichen Rechtsgüterschutz durch die general- oder spezialpräventive Funktion des Strafens im Auge, sondern die elementaren rechtsstaatlichen Verfahrensgarantien zum Schutze des Angeklagten.

Grundrechtlich geschützte Freiheit ist inhaltlich zunächst *unbestimmte*, der *Selbst*bestimmung des Grundrechtsinhabers anheimgegebene Freiheit. Es entspricht der liberalen Tradition, den Einzelnen für vernünftig genug zu halten, sein eigenes Wohl optimal zu verfolgen; dabei und dadurch soll zugleich das gemeine Wohl am besten gedeihen. Es genügt, an diese Ur-Gemeinplätze des liberalen Konstitutionalismus zu erinnern, um die Wegstrecke zu ermessen, welche die Grundrechtsdoktrin seitdem zurückgelegt hat.

II.

Der »Grundgedanke« der Grundrechte: »Schutz des Einzelnen gegen den als allmächtig und willkürlich gedachten Staat« steht am Beginn der Rechtsprechung des Bundesverfassungsgerichts.[9] Geschützt werden soll aber nicht einfachhin, in den Grenzen der Gesetze, der (beliebige) Freiheitsgebrauch des Einzelnen, sondern – und hier beginnt die Aufhebung des liberalen Ansatzes – die Würde des Menschen als der *oberste Wert* in der freiheitlichen Rechtsordnung.[10] »Um seiner Würde willen muß ihm [dem Menschen] eine möglichst weitgehende Entfaltung seiner Persönlichkeit gesichert werden.« – Nicht etwa umgekehrt: die möglichst weitgehende Freiheits- und Persönlichkeitsentfaltung macht seine (realisierte) Würde aus. Dabei darf freilich nicht übersehen werden, daß die »Würde des Menschen« sich gerade in seiner Fähigkeit zu »eigenverantwortlichem« Handeln als insofern »freie« »Persönlichkeit« ausdrückt; »Würde« und »Freiheit« sind jedoch nicht identisch. Auch in den Formulierungen des Bundesverfassungsgerichtes kommt zum Ausdruck, daß ein der Würde gemäßes Verhalten nicht nur die durch äußeren Zwang eingeschränkte Willkür des Einzelnen bedeutet, sondern daß es (auch) durch das Moment sozialethischer und rechtlicher Pflichten charakterisiert ist.[11]

Man mag darüber spekulieren, weshalb mit Hilfe der grundgesetzlichen Fundamentalabstraktion ›Menschenwürde‹ die Ordnung der Freiheit in eine Wertordnung umgedeutet wurde und wird. Beschwört man etwa unüberwindbare theoretische Schwierigkeiten herauf, wenn man *Herrschaft*, und sei sie institutionell-prozedural noch so gut legitimiert, um der *Freiheit* willen einsetzt und ausübt? Der Konstitutionalismus löste das Problem praktisch, durch die modellhafte Trennung der Funktionssphären von Staat einerseits, frei wirtschaftender Gesellschaft andererseits. Die Theorie des demokratischen Verfassungsstaates – in welchem sich die Gesellschaft selbst partiell als Staat konstituiert – kann das Paradoxon von Freiheit und Herrschaft ebenfalls (nur) praktisch auflösen, allerdings nicht durch eine Sonderung der Staatsfunktionen (»Staatszwecke«), sondern durch materiellrechtliche (grundrechtliche) Schutzpositionen für Minderheiten und durch aktive Bürgerteilhabe an grundrechtsberührenden Entscheidungsprozessen.[12] Oder ist es wenigstens psychologisch erträglicher und ideologisch ertragreicher, im Namen objektiver Werte zu herrschen und zu richten als im Namen der Freiheit, zahlloser individueller Freiheiten? Sind Werte doch, und seien sie zunächst nur subjektive Setzungen, ihrem *telos* nach immer *objektiv*, im Sinne von allgemein-verbindlich, allgemein geltend. Ein Wert konstituiert sich als ein solcher überhaupt erst in der Anerkennung durch das Subjekt; er gewinnt an Wert mit der Zahl der ihn anerkennenden Subjekte. Dies gilt jedenfalls für ein durch Güterproduktion und Güteraustausch differenziertes Gesellschaftssystem und für Werte, die als soziale Regulative wirken sollen. Eine nur singulär-individuelle Wertbehauptung mag zwar ideell »gelten«, aber sie *wirkt* so wenig sozial normativ wie die absolute individuelle Wert-Negation des Selbstmordes[13]; auch ein ›Liebhaberpreis‹ bildet sich nur dort, wo es ›Liebhaber‹ gibt.

III.

Die Berufung auf ›objektive Werte‹ und eine ›objektive Wertordnung‹[14] zur Legitimation konkreter Herrschaftsakte weist, verglichen mit der Rechtfertigung von Herrschaft aus dem Gedanken des *Freiheits*schutzes, charakteristische Besonderheiten auf. Sie führt auch zu spezifischen Konsequenzen. Die Rechtfertigung von Herrschaft (Gesetzgebungsakten, Verwaltungsakten, richterlichen Urteilen) vor der Freiheit des Bürgers oder gar – in sozialstaatlicher Wendung – aus der Herstellung gleicher Realisierungschancen für Freiheit läßt sich ohne intensives Eingehen auf die konkreten, durch den Herrschaftsakt zu gestaltenden Lebensverhältnisse nicht leisten. Erweiterungen oder Minderungen des Freiheitsraumes lassen sich in individueller Begünstigung oder Beschwer, in der Vermehrung oder aber Verwehrung von Handlungsalternativen konkret aufzeigen. (Die Dogmatik des begünstigenden oder belastenden Verwaltungsaktes kann hier anknüpfen.) Immer muß der Gesetzgeber *in der sozialen Realität überprüfbare* Gründe vorweisen, wenn er aus »Gemeinwohl-Gründen« Freiheitsbeschränkungen anordnen will. Das Bundesverfassungsgericht hat für sich in Anspruch genommen[15], die »maßgebend gewesenen Erwägungen des Gesetzgebers« im einzelnen und aufgrund eines möglichst umfassenden Einblicks in die zu ordnenden Lebensverhältnisse zu analysieren und sie sodann am Maßstab größtmöglicher Freiheitsschonung zu messen. Das skrupulös anzuwendende Prinzip der Verhältnismäßigkeit des Mittels[16] zwingt die Träger staatlicher Herrschaft, ihre Maßnahmen wenn schon hinsichtlich der *Ziel*setzungen nur eingeschränkt (»vernünftige Erwägungen des Gemeinwohles«), so doch hinsichtlich der gewählten *Mittel* in vollem Umfang einer mit wirklichkeitswissenschaftlichen, intersubjektiv überprüfbaren Maßstäben arbeitenden Kontrolle zu unterwerfen.

Anders, wenn die Freiheitsordnung als »Wertordnung« oder »Wertsystem« interpretiert wird. »Denn das Spezifische des Wertes liegt eben darin, daß er statt eines Seins nur eine Geltung hat.«[17]

Das bedeutet *erstens,* daß die Legitimation von Herrschaftsakten – ohne Rückgriff auf eine *reale* Analyse von Freiheitsbedingungen – schon gelingt, wenn nur die legitimatorisch herangezogenen Werte als solche erfolgreich behauptet, das heißt: anerkannt werden, wenn also die Entscheidung mit der Begründung auf Werte ›abgenommen‹ wird, aus welchen Gründen auch immer. Jede gelungene Wertbehauptung und Wertdurchsetzung in einer erfolgreich oktroyierten Entscheidung oder Maßnahme führt dabei zu einer Stabilisierung in doppelter Hinsicht: Die ihnen erwiesene Anerkennung stabilisiert die legitimierenden *Werte;* die legitimierten *Werte* stabilisieren ihrerseits die Herrschaft ihrer Urheber.

Zweitens bedeutet die Legitimation durch Wertbehauptung über die Entlastung von kritischen Wirklichkeitsbezügen hinaus die Einnahme einer argumentativ unangreifbaren Position. Werte können nur wiederum durch Werte relativiert werden; der Vorgang des Vorziehens bzw. Nachsetzens von Werten entzieht sich aber logischer Begriffsanstrengung. Das Bundesverfassungsgericht hat es bisher vermieden, abgesehen von der Bezeichnung der Menschenwürde als obersten Wert, eindeutig generalisierbare Aussagen über das Wertsystem als Wert*rangordnung* zu machen.[18] Und selbst die Menschenwürde und der sie rechtlich verkörpernde »soziale Wert- und Achtungsanspruch des Einzelnen« sind anderen grundrechtlich geschützten Verfassungsgütern nicht einfach übergeordnet.[19] Die Lösung von Spannungslagen innerhalb des Wertsystems könne nur und müsse unter Abwägung aller Umstände des Einzelfalles erfolgen. Das Argumentieren mit der »Wertordnung des Grundgesetzes« wird auf diese Weise gegen nachvollziehbare Kritik fast gänzlich immunisiert; der unbestimmte Topos »Wertordnung« »wird zu einem Arcanum der Verfassungsinterpretation, indem er im Sinne eines Kryptoarguments die verfassungsrechtliche Normgewinnung in der usurpierten Faktizität dieser Terminologie verankert und damit der Öffentlichkeit des Bürgers den freien Zugang in die Gründe einer hoheitlichen Entscheidung verwehrt«.[20] Daß eine solche Arkanpraxis der Verfassungsinterpretation sowohl zum Postulat einer »offenen Gesellschaft der Verfassungsinterpreten«, wie es jüngst von P. Häberle vorgetragen und begründet wurde[21], als auch zu der von mir wiederholt beschriebenen Funktion des Bürgers im *status constituens*[22] in offenem Widerspruch steht, liegt auf der Hand. Dies wird besonders bei solchen Entscheidungen deutlich, durch die legislativ eröffnete Verhaltensspielräume und Freiheitserwartungen des Bürgers (nachträglich) mit Hilfe bloßer Wert(rang)behauptungen ohne sozialwissenschaftlich abgesicherte Realanalysen der zu ordnenden Lebensverhältnisse zunichte gemacht werden und sogar negativ sanktioniert werden.[23]

Drittens dient die Deutung der Grundrechtsvorschriften als objektive, wertentscheidende Grundsatznormen[24], als Fixierung eines objektiven Wertsystems, der Rechtsprechung dazu, die prinzipielle Verstärkung der Geltungskraft der Grundrechte des Grundgesetzes gegenüber jenen der Weimarer Reichsverfassung theoretisch zu stützen.[25] Im Unterschied zu zahlreichen Grundrechtssätzen der WRV, deren juristische Wirkkraft sich als programmatischer Appell an den Gesetzgeber, allenfalls als Auslegungsrichtschnur erschöpfte, sollte, wie Art. 1 Abs. 3 GG hervorhebt, der Grundrechtskatalog des Grundgesetzes »unmittelbar geltendes Recht«, d. h. zunächst für alle *staatlichen* Instanzen verbindliche und anwendbare Normen enthalten. Die Auslegung als Wertentscheidung ermöglichte es, ihren absoluten Geltungsanspruch hervorzukehren und also die Grundrechte nicht nur als *staats*gerichtete Abwehrrechte zu verstehen, sondern ihre Schutzwirkung auch gegenüber Bedrohungen durch *gesellschaftlich* übermächtige Kräfte, also in Privatrechtsverhältnissen, zur Geltung zu bringen (sogenannte Drittwirkung). Der relative Freiheitsschutz wird damit zu einem ›absoluten‹, nach allen Seiten wirkenden Freiheitsschutz erweitert. Damit wandelt sich aber gerichtlich gewährter Grundrechtsschutz zunehmend zur Aufgabe, kollidierende Freiheitssphären und Freiheitsansprüche *Privater* gegeneinander abzugrenzen und zu koordinieren. Daß dies letztinstanzlich im Wege einer verfassungsgerichtlichen Überprüfung staatlicher Justizakte (zivilrichterlicher Urteile) geschieht, ist nur die prozessuale Einkleidung des Konflikts. Der *Blinkfüer*-Beschluß und der *Mephisto*-Beschluß des Bundesverfassungsgerichts bilden hierfür die Musterbeispiele.[26] Daß für die Lösung derartiger Kollisionsfälle auch das Bundesverfassungsgericht keine Patent-Skala zur Verfügung hat, zeigen die Abstimmungsergebnisse und die häufiger werdenden Minderheitsvoten. Die Rechtssicherheit des Bürgers ist hier unvermeidlich der kasuistischen Rechtskonkretisierung anheimgegeben; gerade dies hätte der eingangs zitierte

Klassiker perhorresziert.

Ein *Viertes* kommt hinzu. »Der immanenten Logik des Wertdenkens kann eben keiner entrinnen«[27]: Wenn es das Wesen des Wertes ausmacht, daß er nicht einfach da ist, sondern daß er seine Existenz in seiner ›Geltung‹, in seinem Anerkanntsein hat, dann fordert er dazu auf und heraus. Werte wollen permanent behauptet, durchgesetzt, anerkannt und dadurch »realisiert« werden. Versteht Herrschaft sich als Wertsetzung und Wertverteidigung, so nimmt sie notwendig einen aktiven, nach allen Seiten wertbehauptenden, das heißt: gegen vermeintliche und tatsächliche Wertnegationen offensiven, *»streitbaren«* Charakter an. Das einmal adoptierte Wertsystem fordert seinen Tribut. Wer sich seiner legitimatorischen Kraft bedienen will, gerät damit in die ständige *Pflicht*, es zu verteidigen, zu propagieren und offensiv zu aktualisieren. Übertragen auf das Grundrechtsverständnis als ein Wertsystem bedeutet dies: Es bleibt nicht allein bei der Erweiterung der Abwehrfunktion der Freiheitsrechte im Sinne einer »Rundum-Verteidigung« (Kennwort: Drittwirkung); gänzlich ungenügend wird auch die ›klassische‹ Kennzeichnung der Grundrechte als *Unterlassungs*ansprüche des Bürgers gegen den Staat. Vielmehr tritt mehr und mehr ihr Charakter als Ursprung von *Handlungs-Pflichten* in den Vordergrund. Verfassungstheoretisch und grundrechtsdogmatisch wird dieser Umschlag des Rechts (auf Unterlassung) in eine Pflicht (zu bestimmtem Handeln) vermittelt und auf den Weg gebracht durch ein *institutionelles* Grundrechtsdenken, wie es insbesondere von P. Häberle vertreten wird. Recht und Freiheit »stehen ineinander«[28], wobei Recht freilich subjektives und (vor allem) *objektives* Recht meint. Die *facultas* agendi der freien vernünftigen Person degeneriert zur bloßen *norma* agendi, jedoch ohne daß die Freiheit des Handelns und mit ihr die vernünftige Identität der Person nach Rousseauschem Muster in der Identität von Herrscher und Beherrschtem re-konstruiert werden könnten.[29] Wie die Umdeutung der Grundrechtsfreiheiten in ein objektives Wertsystem (Bundesverfassungsgericht), so hat auch die Einbettung der individuellen Freiheit in die »Freiheit als Institut« (Häberle, S. 99) unausweichliche Konsequenzen. Wertdenken und institutionelles Denken, so verschieden ihre Ursprünge und ihre geistesgeschichtlichen Traditionsstränge auch sein mögen, münden verfassungstheoretisch in dieselbe Bahn, verstärken einander. So ist es folgerichtig, wenn Häberle[30] die Strafrechtspflichten zur Konsequenz, ja zum Wesensgehalt der grundrechtlichen Freiheit erklärt, wenn er die Bestrafung des Diebes zum Inhalt des Rechts auf persönliche Freiheit rechnet. Sah doch schon Hegel[31] in der Strafe das eigene Recht des Verbrechers; hierdurch »wird der Verbrecher als Vernünftiges geehrt.«

Der institutionalistische Ansatz und der wertsystemische Ansatz konvergieren zwar, wie angedeutet, in der Entsubjektivierung und Pflichtakzentuierung (»Verpflichtigung«) der Freiheitsrechte, gleichwohl ist ihre interpretatorische Funktion in bezug auf eine freiheitliche Verfassungsentwicklung verschieden. Soziale Institutionen sind kontingent, sie sind weder hierarchisch determiniert (wenngleich sie historische Herrschaftsverhältnisse reflektieren und aktualisieren), noch sind sie offensiv: mit den Rollenträgern können in begrenztem Ausmaß die Rolleninhalte variieren. Insofern ist ein institutionelles (Grund-)Rechtsverständnis denkbar, welches, wenigstens innerhalb enger Grenzen, der von der Verfassung geforderten Offenheit des demokratischen politischen Prozesses Rechnung zu tragen vermag. Gerade Häberle hat in jüngster Zeit mit der Betonung des »status activus processualis«[32] und jüngst mit der Forderung nach Öffnung und Offenhaltung des Verfassungsinterpretationsprozesses[33] wichtige Voraussetzungen hierfür genannt. In diesem Zusammenhang wird die Einbringung des *Selbstverständnisses der Grundrechtsausübenden* in organisierter wie in nichtorganisierter, individueller Form in den jeweiligen Vorgang der Verfassungskonkretisierung (einschließlich der richterlichen ›Auslegung‹) besondere Beachtung fordern und verdienen.[34] Das Prinzip der Nichtidentifikation des modernen Staates (H. Krüger)[35] muß dabei seine Koordinierungskraft bewähren. – Demgegenüber ist das Wertordnungsdenken, wenn es nur seine eigenen Prämissen ernst nimmt, auf einen Rigorismus von Wertrangbewahrung, Schutzpflicht (der Staatsorgane) und Verhaltenspflicht (der Bürger) hin angelegt und verwiesen, der die Interpretationsherrschaft über den Verfassungstext zur Herrschaft über die Verfassungswirklichkeit zu steigern beansprucht.[36]

IV.

An diesem Punkt erweist sich das Problem der Verfassungs-, insbesondere der Grundrechts*interpretation* als ein Problem der Zuordnung von Verfassungs*funktionen* und ihrer Träger. Insofern ist eine Kritik der Wertordnungshermeneutik und der aus ihr resultierenden grundrechtlichen Pflichtenlehre in angemessener Weise nur zu leisten, wenn sie auf dem Fundament einer demokratietheoretisch und politökonomisch explizierten Verfassungstheorie der »sozialen Demokratie in den Formen des Rechtsstaates«[37] verfährt. Da die einschlägig betroffenen Wissenschaften hierzu bislang höchstens einige mehr oder weniger behauene, aber keineswegs zueinander passende Bausteine geliefert haben[38], wird man von der (Verfassungs-)Rechtsprechung füglich nicht erwarten dürfen, daß sie diese Aufgabe selbst erfüllt. An dieser Stelle kann auch nur ein, freilich zentrales, Teilproblem skizziert werden: Mit dem ›Funktionswandel des Gesetzes‹ (F. Neumann) verändert sich die Stellung des Gesetzgebers im Gesamtzusammenhang der Verfassung; zugleich wandelt sich damit die Funktion der Verfassungsrechtsprechung. Es gilt deutlich zu machen, daß das vom Bundesverfassungsgericht praktizierte Wertordnungsdenken nicht etwa methodischer Beliebigkeit oder Bequemlichkeit entspringt, sondern daß es den genauen instrumentellen Ausdruck des institutionellen Bedeutungszuwachses der Verfassungsgerichtsbarkeit darstellt. Abschließend ist zu fragen, wie die in Auslegungspraxis und Selbstverständnis des Gerichts sich niederschlagenden Elemente einer Verfassungstheorie zu den sozioökonomischen Grunddaten des politischen Systems Bundesrepublik in Beziehung gesetzt werden können oder müssen.

Die grundlegende Schutzfunktion des förmlichen Gesetzes als eines Parlamentsaktes ist seit der Blütezeit des liberalen Konstitutionalismus die gleiche geblieben: Sicherung von Freiheit und Eigentum des Bürgers. Wohl aber haben sich Modalitäten und Mittel des Schutzes und auch die Schutzrichtung in charakteristischer Weise verändert. Für den konstitutionell-liberalen Parlamentarismus gelten, typisierend vereinfacht, in erster Linie der Staat, d. h. der Monarch, als Inhaber auch der Gesetzgebungsgewalt und die Bürokratie als potentielle Freiheitsbedrohung. Die Mitwirkung des Parlaments bei der Gesetzgebung erfolgte mit dem Ziel, Mittel und Grenzen staatlicher Eingriffsbefugnis allgemein-verbindlich und für den Bürger erträglich festzulegen. Einer inhaltlichen Umschreibung der einzelnen *Grundrechts*freiheiten, gar ihrer gesetzlichen Ausgestaltung bedurfte es darüber hinaus im Grunde nicht. Die beste Garantie der Freiheit lag in der politisch-sozialen Zusammensetzung des Parlaments selbst.[39] Sie muß in dem Augenblick entfallen, da – mit dem Wegfall des Gegenspielers, der Krone – die ökonomischen und ideologischen (Klassen-)Gegensätze parteipolitisch-parlamentarisch sich formieren und als »Souverän« konstituieren. Das Gesetz kann nun nicht mehr als Ausdruck einer – vorgeblich – *allgemeinen* Vernunft begriffen werden, sondern nur noch als Produkt des Mehrheitswillens, inhaltlich bestenfalls als ein Interessenkompromiß.

In dem Maße, in dem die potentielle Bedrohung der Freiheit vom souveränen Gesetzgeber selbst, jetzt vom Parlament, genauer: von seiner jeweiligen Mehrheit, ausgeht, gewinnt die Möglichkeit einer Korrektur unter Berufung auf *übergesetzliche* Maßstäbe, eben: verfassungsgesetzliche Freiheitsverbürgungen, an Bedeutung. Hinsichtlich der Ausdehnung des Enteignungsbegriffs und der Inanspruchnahme der Gesetzeskontrolle durch die Gerichte der Weimarer Epoche ist dies zur Genüge beschrieben worden.[40] Erst mit dem Ende der konstitutionellen Bipolarität ergab sich die Notwendigkeit, dem Verfassungsgesetz eine höhere Dignität, Maßstabsfunktion und damit normativen Vorrang gegenüber dem »einfachen« Gesetz zuzuerkennen, wenn der Rechtsstaat seine freiheitschützende Funktion nicht einbüßen sollte. Mit dem Verständnis der Grundrechtsfreiheiten als Sphären staatsfreier, subjektiv-interessengebundener Beliebigkeiten ist jene Aufgabe aber nicht zu bewältigen; schon für den beliebigen Kollisionsfall zweier Grundrechtssphären würde es an einem Maßstab fehlen. Die Deutung der Grundrechte als objektives Wertsystem – ein an sich theoretisch anspruchsloser Kunstgriff – hilft hier aus mehr als nur einer Verlegenheit: Der Verfassung wird die übergesetzliche Dignität gesichert, deren der Verfassungsgeber selbst sich bereits in Art. 79 Abs. 3 GG versichert hatte; durch die *Nicht*festlegung auf eine explizierte Wert*rang*ordnung wird ausreichend Entscheidungsspielraum für eine erfolgreich konfliktsteuernde Schiedsrichtertätigkeit gewonnen[41]; und durch die Verbindung von Wertentscheidungsdenken und institutionellem Konzept wird die Grundrechtsprechung – weit über den individuellen Freiheitsschutz im Einzelfall hinaus – zu einem Strukturentwicklungs- und politischen Chancenverteilungsinstrument für die wichtigsten gesellschaftlichen Subsysteme (Ehe und Familie, Wirtschaft, Bildungswesen, Wissenschaft, Massenmedien, Parteien). Der Gesetzgeber, weit davon entfernt, in demokratischer Souveränität über die strukturelle Entwicklung von Einrichtungen wie Rundfunk, Presse, Hochschulen oder auch von wirtschaftlichen Großunternehmen frei disponieren zu dürfen, nimmt, jeweils sub titulo Grundrechtsschutz, immer häufiger und immer präziser umschriebene *Handlungsaufträge* vom Bundesverfassungsgericht entgegen. Das ist im Hinblick auf eine offene, freiheitliche Verfassungsentwicklung und auf die grundgesetzliche Funktionenaufteilung unbedenklich, solange die »Hüter der Verfassung« in Karlsruhe den Gesetzgeber nur daran erinnern, daß *dieser* seine Pflichten erfülle.[42] Es verfehlt aber das Lebensprinzip einer freiheitlichen Demokratie, wenn die Verfassungsrichter wie im Hochschul-Urteil und im § 218a StGB-Urteil dazu übergehen, die Arbeit der Gesetzgebung selbst zu vollziehen.[43]

V.

Während der Weimarer Verfassungsstaat in Agonie fiel, stritten deutsche Staatsrechtler über die Auslegung des Art. 76 WRV: über die Grenzen legaler Verfassungsänderung. 1932 geißelte Carl Schmitt »die Wertneutralität eines nur noch funktionalistischen Legalitätssystems«[44] bei G. Anschütz, die zum Selbstmord führe. Die Antwort des Grundgesetzes auf dieses Grundproblem jeder Verfassung ist die »streitbare Demokratie«, die gewisse Grundprinzipien verabsolutiert[45], »die von ihren Bürgern eine Verteidigung der freiheitlichen Ordnung erwartet und einen Mißbrauch der Grundrechte zum Kampf gegen diese Ordnung nicht hinnimmt«.[46] Die Freiheit des Bürgers endet, wo die freiheitliche (demokratische) Grundordnung gefährdet wird.[47] Die nur scheinbar klaren Maximen der Rechtsprechung werfen jedoch nicht nur Fragen der Praktikabilität auf. Verfassungstheoretisch ist, aus der

Sicht des betroffenen Bürgers, vor allem nach den rechtsstaatlich bestimmten und eindeutigen Kriterien zu fragen, die das *Recht* des (rechten) Freiheits*gebrauches* von – einerseits – der *Pflicht* zur Freiheitsverteidigung und – andererseits – vom Unrecht des Freiheits*mißbrauches* zu unterscheiden gestatten. Zweitens stellt sich aus der distanzierteren Sicht des Staatstheoretikers die Frage, ob der Typus der rechtsstaatlich-freiheitlichen *und zugleich* ›streitbaren‹ Demokratie in der traditionellen staatsrechtlichen Begrifflichkeit überhaupt als ein in sich konsistentes Modell beschrieben werden kann oder ob es hierzu nicht vielmehr neuer Kategorien bedarf. Zur Erläuterung soviel: Die Begriffssprache der traditionellen Staats(rechts)lehre setzt unausweichlich die Vorstellung einer relativen Geschiedenheit und Unterscheidbarkeit der Sphären von »Staat« und »Gesellschaft« voraus.[48] Auf dieser Basis läßt sich »Verfassung« konzipieren als ein Ensemble von *Kompetenzen* und *Verfahrensregelungen;* die allgemeinen Freiheitsrechte erscheinen als negative Kompetenzen des Staates, als Enthaltsamkeitspflichten für die Staatsorgane. »Inhaltliche« Zielsetzungen irgendwelcher Art gehören hiernach auf das Feld der Politik, nicht in den Bereich verfassungsrechtlicher Ordnung. Einem solchen, rechtsstaatlich ausprägbaren, hier freilich idealtypisch zugeschärften Verfassungsbegriff läßt sich, gleichfalls idealtypisch, ein Verfassungsbegriff gegenüberstellen, der ein Maximum an ›inhaltlichen‹ Zielvorstellungen aufnimmt und die organisatorischen und kompetenziellen Regelungen auf diese hin instrumentalisiert. Verfassung kann in diesem Konzept gedacht werden als das politische *Aktionsprogramm,* als der flexible Grund*plan* eines Gesellschaftssystems, das die staatliche Ordnung vollkommen in den Dienst der Programmerfüllung stellt. Zur Illustration sei auf die Verfassung der DDR in der Fassung vom 7. Oktober 1974 hingewiesen, die schon in der Überschrift des ersten Abschnitts die Durchdringung von Staat und Gesellschaft in der Einheit der »sozialistischen Gesellschafts- und Staatsordnung« auszudrücken versucht. Dementsprechend formuliert Art. 2 der Verfassung der DDR – völlig unvorstellbar im Rahmen eines bürgerlich-rechtsstaatlichen Verfassungsbegriffes! – »die entscheidende *Aufgabe* der entwickelten sozialistischen *Gesellschaft*«[49]. Folgerichtig erwartet die DDR von ihren Bürgern nicht nur die

Verteidigung der Verfassungsordnung, sondern die aktive »Mitgestaltung« der »sozialistischen Gemeinschaft«. Mitgestalten setzt aber einheitliche Ziele voraus: die Grundrechte werden so zunächst als gesellschaftliche Aufgaben und im notwendigen zweiten Schritt als Grund*pflichten* gedeutet.[50]

Trägt man die beiden skizzierten Verfassungstypen als Grenzwerte auf einer Skala ein, welche sowohl das Ausmaß an unmittelbar verfassungsgesetzlich vorgeschriebener wirtschafts-, sozial- und kulturpolitischer Aktivität des *Staates* mißt als auch den Grad an verfassungsrechtlicher Bindung des *Einzelnen* an derartige gesamtgesellschaftliche Aktionsprogramme, und versucht man sodann, den Standort der Verfassung der Bundesrepublik auf dieser Skala zu bestimmen, so gerät man in Verlegenheit. Sicher ist nur, daß eine Lokalisierung in nächster Nähe eines der beiden Pole ein falsches Bild ergäbe. Darüber hinaus dürften gewisse Akzentverschiebungen sichtbar werden, je nachdem, ob der Schätzer primär eine unbefangene und unbelehrte Lektüre des Grundgesetzes oder aber die gesamte Verfassungsinterpretation des höchsten Gerichts oder schließlich diese zusammen mit dem Blick auf die »Verfassungswirklichkeit«, also auf den realen Gesamtstatus der rechtlichen und sozialen Verhältnisse in der Bundesrepublik, zur Grundlage der Einstufung nimmt. Im ersten Falle dürfte das Ergebnis, insbesondere nach einer textvergleichenden Lektüre (WRV, DDR-Verfassung, einige Länderverfassungen), trotz der Neufassung des Art. 109 und der Einfügung des Abschnittes VIII a über Gemeinschaftsaufgaben dem rechtsstaatlichen Pol, also dem Minimum an inhaltlich-programmatischer Aufladung der Verfassung am nächsten liegen. Das Ergebnis der dritten, eigentlich interessantesten Alternative wird wohl niemand zu prognostizieren wagen; zu viele Unbekannte geraten dabei ins Sqiel. Aber auch die Beurteilung nach der zweiten Alternative, die vom Verfassungsjuristen gefordert werden darf, dürfte unter mehreren Beurteilern kaum zu einer Übereinstimmung führen. Dies hat seinen Grund nicht zuletzt in dem hohen Maß an gewollter Unbestimmtheit und Nichtgeneralisierbarkeit, welches die Argumentationen der »Wertabwägung« aufweisen. Gleichgültig, ob es sich um die Kollision zweier Grundrechtswerte oder um die Kollision eines Grundrechtes mit einem »anderen mit

Verfassungsrang ausgestatteten Rechtswert«[51] handelt – die Entscheidung kann immer nur »unter Abwägung aller Umstände des Einzelfalles getroffen werden«.[52] Auf diese Weise behält das Gericht es in der Hand, die Aktionsspielräume des Gesetzgebers und der Verwaltung hier, des Bürgers dort jeweils zueinander ins Verhältnis zu setzen; heute kann es den – nach seiner Meinung – allzu dynamisch vorpreschenden Gesetzgeber bremsen, morgen den Bürger stärker in Pflicht nehmen. Es dosiert und stabilisiert (nach Gutdünken? = »in den Grenzen des allgemein Zumutbaren«) jeweils das Durchdringungsverhältnis von staatlicher Verhaltenssteuerung und »staatsfreier« Eigeninitiative der Bürger – womit deutlich wird, daß die rechtsformorientierte Begrifflichkeit des bürgerlich-rechtsstaatlichen Verteilungsschemas (die traditionelle Funktion von Gesetz und Gesetzesvorbehalt, die Eingriffs- und Schrankenterminologie) höchstens noch Darstellungsfunktion bei der Urteilsbegründung besitzt; ein materielles Kriterium bietet sie nicht. Woher aber sonst könnte das Gericht seine Maßstäbe nehmen? Hier sind nur zwei Möglichkeiten denkbar: Entweder orientiert es sich, wirtschafts-, sozial- und kulturpolitisch, im wesentlichen am *status quo*, also an den gegenwärtig überschaubaren Funktionsbedingungen einer höchst rohstoff-, technologie- und weltmarktempfindlichen kapitalistischen Wirtschaftsordnung oder aber das Gericht macht mit dem mehrfach anerkannten Grundsatz des »judicial self-restraint« Ernst.[53] Eine dritte Alternative kommt schon deshalb nicht in Betracht, weil die Orientierung an irgendeinem imaginären, als ideal gedachten Stadium sozialstaatlicher und demokratischer Entwicklung die sozialwissenschaftliche Erkenntniskraft der Verfassungsgerichtsbarkeit (und nicht allein dieser) ebenso überstiege wie die verfassungsmäßige Legitimation ihres Entscheidungsvermögens. Eine Orientierung am *status quo* ließe sich mit dogmatisch eingeführten Interpretationsfiguren (wie institutionelle Garantie, historische Auslegung, Systemgerechtigkeit – in Verbindung mit der Fungibilität des Wertordnungsdenkens) juristisch verhältnismäßig leicht und weitreichend legitimieren; systemerhaltende inkrementalistische Anpassungsentwicklungen würden dennoch nicht ausgeschlossen. Doch stößt auch eine solche Konzeption von verfassungsgerichtlicher Kontrolle auf

Bedenken in doppelter Hinsicht: in erkenntnis- und sozialtheoretischer wie in normativer. Die Komplexität hochindustrialisierter »verwissenschaftlichter« Gesellschaften (wie derjenigen der Bundesrepublik) ist nämlich so groß, daß normative Leitbilder gesamtgesellschaftlicher Zustände – z. B. eine materiale Verfassungstheorie des rechtsstaatlich-demokratisch organisierten Sozialstaates – nicht mehr *intentione recta*, sondern nur noch *intentione obliqua*, also in reflexiver Form, nämlich durch Institutionalisierung von (kollektiven) Lernprozessen gewonnen werden können.[54] Die freiheitliche Verfassung trägt diesem Umstand Rechnung, indem sie, im Blick auf den wissenschaftlich-technologischen Progress, einen vor Denkverboten geschützten Bereich von Bildung und Wissenschaft und in bezug auf die binnengesellschaftliche Konfliktverarbeitung einen durch Meinungsfreiheit und Toleranzgebot geschützten politischen Prozeß institutionalisiert. Sie normiert damit den Rahmen für ein *Verfahren* des *trial and error*, das Selbstkorrekturen ermöglicht und dessen Resultate juristisch mit »Gemeinwohl« und »Fortschritt zu sozialer Gerechtigkeit«[55] umschrieben werden. Dieser sinnvolle, der gesamtgesellschaftlichen Komplexität angemessen operierende reflexive Mechanismus verträgt keine Verkürzung oder gar Ersetzung durch rein affirmative materielle Gemeinwohl-Bestimmungen aufgrund richterlicher – d. h. hier: weder politisch noch wissenschaftlich ›ausdiskutierter‹ – Güter- oder Wertabwägungen. Recht verstandener richterlicher Selbstbeschränkung und zugleich wirksamer verfassungsgerichtlicher Kontrolle entspricht vielmehr die negative, kassatorische Funktion, welche dem *Gesetzgeber* nach erwiesenem Irrtum einen erneuten Versuch aufgibt. Die Einhaltung des Verhältnismäßigkeitsprinzips und des Bestimmtheitsgrundsatzes, die Beachtung der Willkürgrenze des Gleichheitssatzes und der Systemgerechtigkeit, überhaupt der inneren Widerspruchsfreiheit der legislativen Vorhaben: dies sind, neben dem grundsätzlichen Freiheitsanspruch des Bürgers[56], die wichtigsten Maximen, von denen sich die Grundrechtsjudikatur des Bundesverfassungsgerichts leiten zu lassen hat.

Mit der »Offenheit« der Verfassung als eines »öffentlichen« und »offenen Prozesses«, von der bei K. Hesse[57], P. Häberle[58] und anderen Freiburgern[59] viel die Rede ist, gilt es auch in funktionell-rechtlicher Hinsicht Ernst zu machen. Dies bedeutet keine Schmälerung der dem Bundesverfassungsgericht von Grundgesetzes wegen zukommenden Kontroll- und Verfassungsinterpretations-Kompetenz, auch und schon gar nicht im Grundrechtsbereich. Die Rechtsprechung bietet ›klassische‹ Beispiele für eine fruchtbare Wahrnehmung dieser Funktion zur Genüge; das Apotheken-Urteil zur Berufsfreiheit, Lüth-Urteil und *Blinkfüer*-Beschluß zur Meinungsfreiheit, das Urteil zum Hamburgischen Deichordnungsgesetz stehen hier für viele andere.[60] Aber die vom Verfassungsgeber gewollte *Unmöglichkeit*, die zugleich *freiheitsbewahrend*-rechtsstaatliche und *freiheitschancenschaffend*-sozialstaatliche, also auf eine kontinuierliche Austragung (Auflösung und Erhaltung) der Spannung zwischen Freiheit und Gleichheit hin angelegte Verfassung des Grundgesetzes je einseitig einem einzigen der beiden Pole auf der hypothetischen Skala zuzuordnen (s. o.: Verfassung als bloße Kompetenz- und Verfahrensordnung oder Verfassung als pures politisches Aktionsprogramm), dies bedeutet zugleich normativ die Unmöglichkeit, den »Zielwert« der »Sozialität«[61] autoritativ-exegetisch durch einen Richterspruch auszudefinieren. Hier tritt vielmehr der Gesetzgeber in sein Recht. Das Bundesverfassungsgericht hat dies für einen wichtigen Teilbereich der Verfassung, nämlich für die Wirtschaftsordnung, auch weitgehend anerkannt, indem es dem Gesetzgeber einen weiten Gestaltungsspielraum für die von ihm angestrebte Wirtschafts- und Sozialordnung zuerkennt[62] und indem es ihm die Rolle zuweist, seine, des Gesetzgebers, jeweils mehrheitlich verfolgten »wirtschafts-, sozial- und gesellschaftspolitischen Vorstellungen« in den Rang »wichtiger Gemeinschaftsgüter« (»Gemeinschaftswerte«, »Gemeinschaftsinteressen«) zu erheben.[63] Der Rahmen, den das Grundgesetz in anderen Bereichen, etwa in der Bildungs-, besonders der Hochschul-Politik durch Art. 5 Abs. 3 oder in der Kriminal-, Gesundheits- und Familienpolitik durch Art. 2 Abs. 2 und Art. 1 Abs. 1, setzt, mag, was aber erst noch genauer zu vergleichen wäre, in den Zielvorgaben (»freie Wissenschaft«, »Schutz des Lebens«) ein wenig präziser umschrieben sein als die Grenzen der »Wirtschaftsverfassung«; zur Auswahl und Anwendung der (überhaupt geeignet erscheinenden) *Mittel* zur Erreichung und

Erhaltung dieser Ziele ist hier wie dort primär der Gesetzgeber berufen. Das Bundesverfassungsgericht hat diesem in gewissem Umfang sogar die Möglichkeit einer Fehlprognose konzediert: »Eine gesetzliche Maßnahme kann nicht schon deshalb als verfassungswidrig angesehen werden, weil sie auf einer Fehlprognose beruht« (BVerfGE 25, 1, 12 f.).[64] Das höchste Gericht ist gut beraten, wenn es sich gegenüber apodiktischen Wertrangbehauptungen auf die Humanität des Irrtums, die es in seiner eigenen Judikatur anerkannt hat, wieder besinnt.

Anmerkungen

1 *JZ* 1975, S. 205 ff., 215 ff. BVerfGE 39, 1 ff., 68 ff.

2 Vgl. A II, 1 des *dissenting vote, JZ,* S. 216. Dort heißt es weiter: »Wenn die in einer Grundrechtsnorm enthaltene objektive Wertentscheidung zum Schutz eines bestimmten Rechtsgutes genügen soll, um daraus die Pflicht zum Strafen herzuleiten, so könnten die Grundrechte unter der Hand aus einem Hort der Freiheitssicherung zur Grundlage einer Fülle von freiheitsbeschränkenden Reglementierungen werden.«

3 Vgl. Denninger, Besprechung der 1. Aufl. von Häberle, *Die Wesensgehaltgarantie des Art. 19 Abs. 2 GG,* in: *JZ* 1963, S. 424; ferner Denninger, *Rechtsperson und Solidarität* 1967, S. 296 ff. Die folgenden Bemerkungen mögen zugleich als Kommentar zur 2. ergänzten Auflage, 1972, des Buches von P. Häberle, *Die Wesensgehaltgarantie . . .,* gelesen werden.

4 Vgl. hierzu die Kritik bei D. Suhr, *Bewußtseinsverfassung und Gesellschaftsverfassung,* 1975, S. 354 ff., 357.

5 BVerfGE 5, 197.

6 Beispielsweise zitiert das BVerfG – in E 7, 208 – ausdrücklich Art. 11 der Erklärung von 1789, um den hohen Rang des Grundrechts der Meinungsfreiheit zu verdeutlichen.

7 Vgl. Art. 4 und 5 der Erklärung der Menschen- und Bürgerrechte von 1789.

8 Montesquieu, *De l'Esprit des Lois,* XII, 2., auch zum folgenden.

9 BVerfGE 1, 104.

10 BVerfGE 2, 12; 5, 204, st. Rspr.

11 Vgl. BVerfGE 5, 204. Dort ist davon die Rede, der Mensch als Persönlichkeit werde »als fähig angesehen, und es wird ihm demgemäß abgefordert [!], seine Interessen und Ideen mit denen der anderen auszugleichen«.

12 Der status *activus processualis* – vgl. Häberle, *Wesensgehaltgarantie . . .,* 2. Aufl., S. 265, und: *Grundrechte im Leistungsstaat, VVDStRL* 30, 1972, S. 86 ff., 135, ferner Denninger, *Rechtsperson und Solidarität,* S. 304 – ist insofern keineswegs ein Fremdkörper im System des rechtsstaatlichen Verwaltungsrechts, schon gar nicht in Leistungsverhältnissen, sondern ein konstituierendes Element desselben. Mitgestaltende Teilhabe an »Herrschaft« stellt sich den Teilhabern zugleich als

Abbau von (Fremd-) Herrschaft dar; hierauf zielende Forderungen bilden daher keinen Widerspruch zu Partizipationsforderungen. Luhmanns einschlägige Kritik (vgl. *Politikbegriffe und die »Politisierung« der Verwaltung*, in: *Demokratie und Verwaltung*, 1972, S. 213) greift entschieden zu kurz. Vgl. auch die Kritik von H. H. Rupp, in: *AöR* 101 (1976), S. 161 ff., S. 183 ff.

13 Sozial normative Relevanz kann dem Selbstmord allerdings u. U. zukommen, wenn dadurch sozial anerkannte Werte demonstrativ negiert werden sollen (Selbstverbrennung).

14 Z. B. BVerfGE 7, 205 (Lüth) st. Rspr.

15 Exemplarisch: BVerfGE 7, 377, 410 ff., 412 (Apotheken-Urteil).

16 Zur Funktion dieses Prinzips im Rahmen einer sozialwissenschaftlich fundierten Re-orientierung werthierarchisch fixierter Dogmatik, vgl. Denninger, *Polizei und demokratische Politik*, in: *JZ* 1970, S. 145 ff., 151 f.

17 C. Schmitt, *Die Tyrannei der Werte*, in: *Säkularisation und Utopie*, Ebracher Studien, 1967, S. 37 ff., 55.

18 S. dazu vor allem die Kritik von H. Goerlich, *Wertordnung und Grundgesetz*, 1973, bes. S. 135 ff.

19 BVerfGE 30, 173 ff., 195 (Mephisto): »Das Menschenbild, das Art. 1 Abs. 1 GG zugrunde liegt, wird durch die Freiheitsgarantie in Art. 5 Abs. 3 Satz 1 GG ebenso mitgeprägt wie diese umgekehrt von der Wertvorstellung des Art. 1 Abs. 1 GG beeinflußt ist. Der soziale Wert- und Achtungsanspruch des Einzelnen ist ebensowenig der Kunstfreiheit übergeordnet wie sich die Kunst ohne weiteres über den allgemeinen Achtungsanspruch des Menschen hinwegsetzen darf.«

20 Goerlich, a.a.O., S. 140.

21 P. Häberle, *Die offene Gesellschaft der Verfassungsinterpreten*, in: *JZ* 1975, S. 297 ff.

22 Zuletzt Denninger, *Staatsrecht 1*, S. 28 f., m. w. N.

23 Im Urteil des BVerfG zu § 218 a StGB wirkt sich diese Tendenz in einer »Umkehr der Beweislast« aus: während sonst der Gesetzgeber die Notwendigkeit und Verhältnismäßigkeit einer freiheitsbeschränkenden Norm, zumal einer Strafnorm vor dem BVerfG darzutun hat, wenn sie vor der Verfassung mit ihrem *»grundsätzlichen Freiheitsanspruch des Bürgers«* (BVerfGE 17, 306 ff., 314; u. ö.) Bestand haben soll, führt hier nach Auffassung der Senatsmehrheit die *Ranghöhe* des zu schützenden Rechtsgutes (ungeborenes Leben) zur Nachweislast für den »strafunwilligen« Gesetzgeber, daß seine Schutzmaßnahmen mindestens gleichwertige Schutzwirkung verbürgen wie eine Strafnorm. Hinzu tritt die Pflicht, die rechtliche Mißbilligung (den Unrechtscharakter) des Schwangerschaftsabbruches *in jedem Fall* – ungeachtet aller wie auch immer gearteten Schutzmaßnahmen – deutlich in der Rechtsordnung zum Ausdruck zu bringen.

24 Statt vieler: BVerfGE 35, 112 (Hochschul-Urteil).

25 BVerfGE 7, 205.

26 BVerfGE 25, 256 ff., und 30, 173 ff.

27 C. Schmitt, a.a.O., S. 55.

28 P. Häberle, *Wesensgehaltgarantie* . . ., 2. Aufl., S. 120 u. ö.

29 Kritik bei Hans Klein, *Die Grundrechte im demokratischen Staat*, 1974, S. 54 ff. Klein verfällt seinerseits einer einseitigen Betrachtungsweise, wenn er die individuelle Handlungs- und Entscheidungsfreiheit als alleiniges Schutzgut (so aber a.a.O., S. 64) der Grundrechte ansieht. Zu Klein s. die gemessene Kritik von Häberle, in: *DÖV* 1974, S. 343 ff. Zum Problem ferner U. Scheuner, *Die Funktion*

der Grundrechte im Sozialstaat/Die Grundrechte als Richtlinie und Rahmen der Staatstätigkeit, in: *DÖV* 1971, S. 505 ff., 509: kritisch zum Wertordnungsdenken, S. 510: bejahend zum institutionellen Denken; das Verhältnis beider wird von Scheuner nicht untersucht. Vgl. ferner den wichtigen Aufsatz von E. W. Böckenförde, *Grundrechtstheorie und Grundrechtsinterpretation,* in: *NJW* 1974, S. 1529 ff., der den Konsequenzen der verschiedenen Grundrechtstheorien nachgeht. (Böckenförde unterscheidet die liberale, die institutionelle, die Wert-Theorie, die demokratisch-funktionale und die sozialstaatliche Grundrechtstheorie.) Auch er hebt die tendenzielle Wendung von der Freiheit zur Pflicht bei der institutionellen, bei der werttheoretischen und bei der demokratisch-funktionalen Grundrechtstheorie hervor, S. 1533 ff. Die Arbeit von Böckenförde war dem Verfasser bei der Erstfassung dieses Aufsatzes, s. *JZ* 1975, S. 545 ff., noch nicht bekannt.

30 *Wesensgehaltgarantie,* S. 26 ff. Im Vorwort, S. VII, zur 2. Auflage meint Häberle einschränkend, der innere Zusammenhang zwischen Freiheit und Strafrecht sei etwas undifferenziert geraten. Es ist aber nicht erkennbar, wie er, von seinem Ansatz aus, hier zu einer prinzipiell anderen Betrachtung kommen könnte. Das »harmonisierende Gleichgewichtsdenken Häberles« kritisiert jetzt H. Willke, *Stand und Kritik der neueren Grundrechtstheorie,* 1975, S. 112 ff., 115. Vgl. dazu schon Denninger in *JZ* 1963 (a.a.O., s. o. Anm. 3).

31 G. W. F. Hegel, *Grundlinien der Philosophie des Rechts,* § 100. Es fällt auf, daß Hegel von Häberle in diesem Zusammenhang nicht genannt wird.

32 Vgl. o. Anm. 12.

33 S. o. Anm. 21.

34 Für den Religionsbegriff des Art. 4 GG und die Probleme der Gemeinwohlkoordinierung vgl. Denninger, Besprechung zu E. Fischer, *Trennung von Staat und Kirche,* in: *Theologia practica,* 1967, S. 168 ff., 170, 174 f.

35 H. Krüger, *Allgemeine Staatslehre,* 1964, S. 178 ff.

36 Wie anders denn als Ausdruck eines solchen Hegemonieanspruches können die Sätze des BVerfG im Urteil zu § 218 a StGB, *JZ* 1975, S. 214 u. re., gedeutet werden: »Diese Grundentscheidung der Verfassung bestimmt Gestaltung und Auslegung der gesamten Rechtsordnung. [...] *Auch ein allgemeiner Wandel der hierüber in der Bevölkerung herrschenden Anschauungen - falls er überhaupt festzustellen wäre, würde daran nichts ändern können.* Das *BVerfG,* dem von der Verfassung aufgetragen ist, die Beachtung ihrer grundlegenden Prinzipien durch alle Staatsorgane zu überwachen und gegebenenfalls durchzusetzen, kann seine Entscheidungen nur an diesen Prinzipien orientieren, zu deren Entfaltung es selbst in seiner Rechtsprechung entscheidend beigetragen hat.« (Hervorhebung von mir, E. D.). Das ist ehrlich und deutlich, in seiner Geringschätzung der »in der Bevölkerung herrschenden Anschauungen« aber schrecklich.

37 BVerfGE 5, 198.

38 Informativ hierzu die programmatische Problemskizze von P. Häberle, *Verfassungstheorie ohne Naturrecht,* in: *AöR* 99, (1974), S. 437 ff.

39 Belege bei Denninger, *Staatsrecht 1,* S. 99 f.

40 Vgl. zuletzt F. Kübler, *Privatrecht und Demokratie,* in: *Festschrift für L. Raiser,* 1974, S. 697 ff., 710 ff.

41 Charakteristisch hierzu: BVerfGE 28, 243 ff., 260 f.

42 Exemplarisch: BVerfGE 12, 262 f. (Deutschland-Fernsehen-GmbH) für Rundfunk und Fernsehen; BVerfGE 20, 175 f. *(Spiegel)* für das Institut »freie Presse«.

43 Vgl. Minderheitsvotum in BVerfGE 35, 79 ff., 150.

44 C. Schmitt, *Legalität und Legitimität* (1932), in: *Verfassungsrechtliche Aufsätze*, 1958, S. 263 ff., 301, 310 ff.

45 BVerfGE 5, 139 (KPD-Verbot).

46 BVerfGE 28, 48 (Diskussion der Unteroffiziere).

47 BVerfGE 30, 19 f. (Abhör-Gesetz). »Verfassungsfeinde sollen nicht unter Berufung auf Freiheiten, die das Grundgesetz gewährt und unter ihrem Schutz die Verfassungsordnung oder den Bestand des Staates gefährden, beeinträchtigen oder zerstören dürfen.« Quis iudicabit?

48 Exemplarisch und informativ: E.-W. Böckenförde, *Die Bedeutung der Unterscheidung von Staat und Gesellschaft im demokratischen Sozialstaat der Gegenwart*, in: *Rechtsfragen der Gegenwart. Festgabe für W. Hefermehl*, S. 11 ff. Anzeichen für die hier behauptete Inadäquanz traditioneller Kategorien ist das (unfreiwillige?) Verwirrspiel mit den Kategorien des »Öffentlichen«, »Öffentlichrechtlichen« und »Staatlichen«, das sich da und dort beobachten läßt, auch in BVerfGE 31, 314 ff. (Umsatzsteuerpflicht der Rundfunkanstalten). Kritisch zu den von Böckenförde, H. H. Klein (a.a.O., s. Anm. 29) und E. Forsthoff, *Der Staat der Industriegesellschaft*, 1971, u. ö. repräsentierten Positionen jetzt: K. Hesse, *Bemerkungen zur heutigen Problematik und Tragweite der Unterscheidung von Staat und Gesellschaft*, in *DÖV* 1975, S. 437 f.

49 Hervorhebungen von mir, E. D.; Art. 2 Abs. 1 Satz 3 Verf. DDR: »Die weitere Erhöhung des materiellen und kulturellen Lebensniveaus des Volkes auf der Grundlage eines hohen Entwicklungstempos der sozialistischen Produktion, der Erhöhung der Effektivität des wissenschaftlich-technischen Fortschritts und des Wachstums der Arbeitsproduktivität ist die entscheidende Aufgabe der entwickelten sozialistischen Gesellschaft.« Charakteristisch auch die Formulierung in Art. 1 der Jakobiner-Verfassung: »Le but de la société [!] est le bonheur commun [!].«

50 Vgl. G. Haney, *Sozialistisches Recht und Persönlichkeit*, Berlin 1967, Staatsverlag der DDR, S. 136: »Da das Mitgestalten jedoch nicht beziehungslos sein kann, sondern auf gesellschaftliche Ziele zu richten ist, müssen für alle Grundrechte entsprechende *Aufgabenstellungen* angegeben werden, das heißt, sie müssen insofern einen bestimmten programmatischen Charakter tragen.« Zum Recht auf Meinungsfreiheit, ebenda, S. 137: »Sollte es nicht vorrangig als Recht formuliert werden, aktiv mitzuwirken an der allgemeinen Meinungsbildung, als Recht und Pflicht [!] auf gesellschaftliche Kontrolle und Kritik an Mißständen ...« Art. 24 Abs. 2 Verf. DDR: »Gesellschaftlich nützliche Tätigkeit ist eine ehrenvolle Pflicht für jeden arbeitsfähigen Bürger. Das Recht auf Arbeit und die Pflicht zur Arbeit bilden eine Einheit.« Vgl. ferner Art. 32 Abs. 2 der *jugoslawischen Verfassung* vom 7. April 1963: »Die Freiheiten und Rechte werden durch die gegenseitige Solidarität der Menschen und die Erfüllung der Pflichten eines jeden gegenüber allen und aller gegenüber jedem verwirklicht«, zit. nach Haney, a.a.O., S. 136. Ferner: H. Klenner, *Studien über die Grundrechte, 1964, S. 88 ff.*

51 BVerfGE 28, 260 f. u. ö.

52 BVerfGE 30, 195 st. Rsprg.

53 Zuletzt in BVerfGE 36, 1 ff., 14 (Grundlagenvertrag).

54 Vgl. dazu Habermas, Können komplexe Gesellschaften eine vernünftige Identität ausbilden? in: Habermas/Henrich, *Zwei Reden*, Frankfurt 1974, S. 25 ff., 66 ff., ferner: N. Luhmann, *Reflexive Mechanismen*, in: *Soziologische Aufklärung*, 2. Aufl., Opladen, 1971, S. 92 ff.

55 BVerfGE 5, 198.

56 BVerfGE 17, 306 ff., 314 (Mitfahrerzentralen).

57 K. Hesse, *Grundzüge des Verfassungsrechts der Bundesrepublik Deutschland*, 8. Aufl. 1975, S. 12 ff.

58 Z. B.: P. Häberle, *Öffentlichkeit und Verfassung*, in: *ZfP* 1969, S. 273 ff., 287; ders., *Zeit und Verfassung*, in: *ZfP* 1974, S. 111 ff., 115; »Offenheit« wird (zutreffend) auch für die Verfassungstheorie gefordert: ders., *Verfassungstheorie ohne Naturrecht*, in: *AöR* 99, 1974, S. 437 ff., 448; ebenso für die Verfassungsinterpretation: ders., *Die offene Gesellschaft der Verfassungsinterpreten*, in: *JZ* 1975, S. 297 ff.

59 Z. B. E. Wienholtz, *Normative Verfassung und Gesetzgebung*, 1968, S. 22 u. ö. Dazu Denninger, in: *AöR* 95, 1970, S. 661 ff., bes. die Kritik S. 663 f.

60 In der genannten Reihenfolge: Vgl. BVerfGE 7, 377 ff.; 7, 198 ff.; 25, 256 ff.; 24, 367 ff.

61 Um hier die Terminologie H. Willkes, a.a.O., (s. o. Anm. 30) S. 236, bes. S. 240, aufzunehmen. Bei Willke finden sich Ansätze zu einer Auffassung, die dem hier vertretenen Verständnis von »Sozialität« als eines im demokratischen politischen Prozeß (im status constituens) stets erneut hervorzubringenden und nicht als endgültig zu denkenden Ausgleichs von konkurrierenden gesellschaftlichen Interessen nahekommt. Allerdings fällt Willke wohl hinter diese Einsicht zurück, wenn er, S. 239, von einer »gesamtgesellschaftlichen Verantwortlichkeit *des Rechts*« spricht (Herv. v. mir). »Das Recht« (»die Rechtsordnung«?) kann niemals verantwortlich sein; es ist Produkt und Instrument der und in der Hand von »Verantwortlichen«. An dieser Stelle eben hätte es des Weiterdenkens in der Frage nach den verantwortlichen *Subjekten* bedurft, um die innere Verbindung von Grundrechtstheorie und Demokratietheorie aufzudecken.

62 BVerfGE 4, 7 ff., 17 f.

63 BVerfGE 13, 97 ff., 107.

64 BVerfGE 30, 250, 263. Zwar betraf der Fall wieder, wie in E 25, 1 ff., eine Maßnahme der Wirtschaftsgesetzgebung (Außenwirtschaftsabsicherungsgesetz), doch spricht das Gericht selbst, a.a.O., S. 263, ganz allgemein davon, die »Zielsetzung und die Bestimmung des geeigneten Mittels setzen eine politische – sei es eine wirtschafts-, gesellschafts- oder rechtspolitische Entscheidung voraus«, die der Gesetzgeber zu treffen habe.

Otwin Massing
»Gruppenuniversität« und »forschendes Lernen«

Folgerungen aus dem verfassungsgerichtlichen Formelkompromiß zu Art. 5 Abs. 3 GG

Vorbemerkung

Die folgenden Überlegungen unterziehen die verfassungsrechtliche Auslegung von Art. 5 Abs. 3 GG, zu der sich das Bundesverfassungsgericht (BVerfG) neuerdings durchgerungen hat, einer erweiternden Interpretation, die sich weniger leiten läßt von der verständlichen Rücksichtnahme des Gerichts auf Widerspruchsfreiheit und verfassungstheoretische Konsistenz, sozusagen auf die immanente Normlogik seiner Argumentation, als vielmehr von dem Bedürfnis nach nutzbaren Handlungsspielräumen und praktikablen Verhaltensstrategien, die das Urteil zu entwickeln »zuläßt«.

Zwar enthalten die Ausführungen des BVerfG zum Komplex des Art. 5 Abs. 3 GG verbindliche und vorerst irreversible, jedenfalls strukturdeterminierende Regelungsanweisungen; sie führen jedoch, einmal realisiert, aufgrund der ihnen eigentümlichen Ambivalenz – und je nachdem, wer sie intentional zu seiner Interessendurchsetzung benutzt – Folgeprobleme mit sich herauf, die im voraus nicht ohne weiteres kalkulierbar sind. Insoweit bergen sie für die Betroffenen, die Urteilsadressaten, nicht nur Risiken in sich, sondern eröffnen ihnen auch Handlungschancen, die in der ersten Reaktion auf derart zwiespältige Urteile in der Regel nicht wahrgenommen, weder perzipiert noch artikuliert werden.

Solche Ambivalenzen in der höchstrichterlichen Rechtsprechung zum Grundrecht der Wissenschafts-, Forschungs- und Lehrfreiheit nach Art. 5 Abs. 3 GG, an die durchaus unterschiedliche Interessen und Motivationen interpretatorisch, d. h. handlungslegitimierend anknüpfen können, aufzudecken und strategisch zu »erschließen«, war die Absicht der folgenden Überlegungen. Sie dienten Vorstand und Beirat der Deutschen Vereinigung für Politische Wissenschaft sowie der von ihnen eingesetzten Enquête-Kommission als Diskussionsgrundlage zur Erarbeitung von Strategien und Verhaltensweisen, um auf drohende bzw. tatsächliche Verletzungen des Grundrechts der Wissenschafts-, Forschungs- und Lehrfreiheit, die sich im Gefolge der höchstrichterlich sanktionierten Wandlungsprozesse in Richtung auf eine »neue Art« Gruppenuniversität abzuzeichnen begannen, angemessen reagieren zu können.

Weil sich diese Ambivalenzen ebenso im Gerichtsurteil als der vorgängigen Interpretationsmatrix widerspiegeln wie in der daran sich anschließenden »second-hand«-Interpretation durch Mehrheitsmeinung und Minderheitenvoten von betroffenen Status-Gruppen, worin wiederum unterschiedliche Interessenstandpunkte zum Ausdruck kommen, wird der Bericht der Enquête-Kommission der Deutschen Vereinigung in den Anhang zu dem Aufsatz mit aufgenommen.

Das Bundesverfassungsgericht (BVerfG) hat in der letzten Zeit eine Reihe Verfassungsbeschwerden von Hochschullehrern, die sich vornehmlich gegen die in bestimmten Länderhochschulgesetzen vorgesehenen, relativ weitgehenden Mitbestimmungsregelungen richteten, zum Anlaß genommen, hinsichtlich des von Art. 5 Abs. 3 GG geschützten Grundrechts der Wissenschafts-, Forschungs- und Lehrfreiheit »zeitgemäßere«, »realistischere« Überlegungen anzustellen.

Im Zuge dieser Rechtsprechung ist das BVerfG über die Interpretation von Art. 5 Abs. 3 GG, wonach die verfassungsrechtliche Gewährleistung der Wissenschaftsfreiheit *das* »Grundrecht der deutschen Universität« darstelle und gleichzeitig deren besondere »institutionelle Garantie« verbürge, insoweit hinausgegangen, als es trotz Anerkennung der Selbstverwaltung im »akademischen«, d. h. dem auf Forschung und Lehre unmittelbar bezogenen Bereich, in Leitsatz (4) ausdrücklich feststellt: »Die Garantie der Wissenschaftsfreiheit hat weder das überlieferte Strukturmodell der deutschen Universität zur Grundlage, noch schreibt sie überhaupt eine bestimmte Organisationsform des Wissenschaftsbetriebs an den Hochschulen vor.«[1]

Das bedeutet, daß die prinzipielle Bestandsgarantie des organisierten Wissenschafts- und Forschungssystems nach Art. 5 Abs. 3 GG die traditionellen Universitätsstrukturen bzw. überkommenen Formen der Hochschulorganisation keineswegs automatisch sanktioniert. Gerade weil das Grundrecht des Art. 5 Abs. 3 GG die Hochschulkompetenz des Staates nicht ausschließt, sondern mitbegründet, lassen sich *aktuelle* Organisationsformen und Austragungsmodalitäten organisierter Wissenschaft und Lehre nicht von der prinzipiellen Bestandsgarantie dieses Artikels her legitimieren, sondern ausschließlich konkret-politisch.

Daraus sind nicht nur Konsequenzen für eine eventuelle »Ahndung« studentischer Konfliktstrategien, die gegebenenfalls auf eine Beeinträchtigung des Grundrechts freier Wissenschaft, Forschung und Lehre hinauslaufen, zu ziehen, sondern auch seitens derer, die das in diesem Grundrecht mitenthaltene individuelle Recht auf Lernfreiheit mit allen seinen daraus folgenden Ansprüchen bestreiten und ihm (deswegen) nur in unzureichender Weise Rechnung tragen.[2]

Grundsätzlich ist zu sagen, daß die rechtliche und organisatorische Sicherung (bzw. Gefährdung) einer freien Wissenschaftspflege im Wege praktizierter Forschung und Lehre sowie systematisch geplanter Studiengänge *umständebedingt* zu definieren, d. h. – insbesondere im Falle ihrer Verletzung – nur nach den konkreten Umständen des Einzelfalles zu beurteilen ist, weil das besagte Grundrecht keine Aussage darüber enthält, in welcher Weise – konkret – dem Verfassungsauftrag an die staatlichen Organe, für die Verwaltung, Pflege und Fortentwicklung freier Wissenschaft Sorge zu tragen, nachzukommen ist.

Ausdrücklich wird daher in diesem Zusammenhang von der Pflicht der zuständigen Instanzen und Gremien gesprochen, den Wissenschaftsbetrieb an den Hochschulen »den Zeitbedürfnissen gemäß zu gestalten«.[3] Dies sei vor allem dann gewährleistet, wenn folgenden Strukturmerkmalen einer veränderten Universität Rechnung getragen werde:
1. der sprunghaften Expansion der Forschung,
2. der Vermehrung des wissenschaftlichen Stoffes,
3. der fortschreitenden Spezialisierung auf allen Gebieten,
4. der dadurch notwendigen Arbeitsteilung und Zusammenarbeit in Gruppen,
5. ihrer kostspieligen apparativen und personellen Ausstattung,
6. ihrem Charakter als einer Massenuniversität,
7. ihrer besonderen Ausbildungsfunktion, wobei sie vorwiegend als Stätte und Mittel des sozialen Aufstiegs angesehen werde.

Dazu heißt es in der Begründung des BVerfG: »Die Hochschulen haben nicht nur die Pflege der reinen Wissenschaft zur Aufgabe; sie erfüllen vor allem auch die Funktion von Ausbildungsstätten für bestimmte Berufe. Diese Funktionen durchdringen sich; sie können nicht losgelöst für sich betrachtet werden; denn auch die Ausbildung soll eine *wissenschaftliche* sein. Zudem sind die Bildungs- und Ausbildungsfunktionen in der heutigen Massenuniversität nicht mehr in dem Maße an der ›reinen Wissenschaft‹ ausgerichtet, wie es den Vorstellungen Wilhelm von Humboldts und seiner Zeit entsprach. Die Universität ist heute bevorzugt auf die Heranbildung einer möglichst großen Zahl von Fachleuten für eine zunehmend ›verwissenschaftlichte‹ berufliche Praxis eingestellt. Insoweit ist die Universität nicht nur der Raum für die sich in wissenschaftlicher Eigengesetzlichkeit vollziehenden einzelnen Forschungs- und Bildungsprozesse, sondern Gegenstand und Mittel einer öffentlich kontrollierten Bildungs- und Forschungspolitik. Bei der Ausgestaltung der ›Wissenschaftsorganisation‹ in der Universität muß diesen verschiedenartigen Funktionen Rechnung getragen werden.«[4]

In Fortsetzung dieser Überlegungen hat das BVerfG ausdrücklich festgestellt, daß das organisatorische System der sogenannten Gruppenuniversität »als solches mit Art. 5 Abs. 3 GG vereinbar [ist]« (Leitsatz).[5]

Es verdient festgehalten zu werden, daß unter dem Begriff der »Gruppenuniversität« nicht eine bloße Organisationsnorm verstanden wird, sondern die korporationsrechtliche Verfaßtheit der gegenwärtigen Universität, d. h. eine Form des organisierten Wissenschaftsbetriebes, die grundsätzlich eine Beteiligung *aller* Gruppen von Hochschulangehörigen bei der Ausgestaltung der Universität, insbesondere der akademischen Selbstverwaltung, vorsieht.

Dieses Organisationssystem geht davon aus, daß, wie die Westdeutsche Rektorenkonferenz in ihrer Entschließung vom 22. Mai 1968 formulierte, »die Angelegenheiten der Universität als einer Körperschaft der Lehrenden *und* Lernenden grundsätzlich in die Beratungs- und Entscheidungskompetenz *aller* ihrer Mitglieder fallen« (Hervorhebung von mir, O. M.).

Das BVerfG hat sich diese Unterteilung der Angehörigen einer Hochschule nach Funktionen und Interessen zu eigen gemacht und generell vier Gruppen unterschieden: Hochschullehrer, wissenschaftliche Mitarbeiter, Studenten und sonstige (nichtwissenschaftliche) Mitarbeiter. Ausdrücklich wird in diesem Zusammenhang von ihm festgestellt, daß dieses

Modell der Gruppenuniversität nicht von vornherein »wissenschaftsfremd« ist und daß ein Mitspracherecht *aller* Hochschulangehörigen »nicht notwendig zu einem gegen die Wissenschaftsfreiheit gerichteten ›Verfremdungsprozeß‹ [führt]«.[5]

Von besonderer Bedeutung sind daher – und zwar aufgrund der höchstrichterlichen Interpretation der neueren Hochschulgesetzgebung – die aus derartigen Mitbestimmungsvorstellungen zu ziehenden Konsequenzen. Diese betreffen nicht nur die neuen Formen des geregelten, gleichwohl alles andere als konfliktlosen Miteinander der verschiedenen Hochschulgruppen im organisierten Wissenschafts-, Forschungs- und Lehrbetrieb. Sie betreffen auch die inneruniversitär geltenden Normen der Konfliktaustragung einerseits und die konkrete, inhaltliche Ausgestaltung von Forschung und Lehre durch die Betroffenen andererseits.

In der verfassungsgerichtlichen Interpretation des Grundrechts nach Art. 5 Abs. 3 GG wird das damit bezeichnete Dilemma abgehandelt unter den Kategorien der *Wissenschaftsfreiheit* einerseits, der *Funktionsfähigkeit* einer Hochschule und ihrer Organe andererseits.[6]

Obwohl das BVerfG »nach der derzeitigen Struktur der Universität« der Gruppe der Hochschullehrer die »Schlüsselfunktionen des wissenschaftlichen Lebens«[7] zuweist, mit der Folge, daß sie homogen zusammengesetzt sein müssen und ihnen bei Entscheidungen, die die Lehre unmittelbar betreffen, ein *maßgebender Einfluß*, bei Fragen, die unmittelbar Forschungs- und Berufungsangelegenheiten betreffen, ein *ausschlaggebender Einfluß* (51%) vorbehalten bleiben muß, wodurch die Hochschullehrer eindeutig privilegiert werden bzw. bleiben, ist dennoch unverkennbar, daß das BVerfG ein Verständnis von absoluter Wissenschafts-, Forschungs- und Lehrfreiheit unverkennbar zurückweist bzw. relativiert. Ausdrücklich stellt es fest, daß »die Wissenschaftsfreiheit kein Recht ›zur gesamten Hand aller Hochschullehrer‹ [ist], das eine Art gesamthänderische Verfügungsmacht über den Freiheitsstatus der übrigen Hochschulmitglieder gewährt. Auch der Hochschullehrer ist in die Universität ›eingebunden‹ und muß sich – bedingt durch das Zusammenwirken mit anderen Grundrechtsträgern und mit Rücksicht auf die Zwecke der Universität – Einschränkungen gefallen lassen«.[8]

Obwohl diese Aussage zunächst nur auf deren Teilhabe an der öffentlichen Wissenschaftsverwaltung auf der Grundlage von Kooperations- und Koordinationspflichten bezogen ist, heißt es doch, daß »diese Teilhaberechte nur durch die Wissenschaftsfreiheit legitimiert [sind]; sie dürfen nicht in Befugnisse zum Eingriff in rechtlich, vor allem grundrechtlich geschützte Positionen anderer Hochschulangehöriger umschlagen.«[9]

Konsequent vertritt daher das Minderheitenvotum zum Urteil des Ersten Senats die These: »Verfassungsrechtlich wird eine Maßnahme, die zur Abwehr schwerer Gefahren für einen funktionsfähigen Wissenschaftsbetrieb einer Gruppe die Verantwortung aufbürdet und den Einfluß aller anderen Gruppen zurückdrängt [sc. die 51%-Gewichtung der Hochschullehrerstimmen, O. M.], als Not- und Ausnahmeregelung zu qualifizieren sein, die nur unter strikter Wahrung des Verhältnismäßigkeitsgrundsatzes als ultima ratio geboten sein könnte.«[10] Gleichwohl ist der »Kernbereich« wissenschaftlicher Betätigung »grundsätzlich der Selbstbestimmung des einzelnen Grundrechtsträgers vorbehalten«[11], d. h. »stets unantastbar«.[12]

Als subjektives Recht gewährleistet das Grundrecht des Art. 5 Abs. 3 GG das freie, ungehinderte und prinzipiell unreglementierbare Streben nach wissenschaftlicher Erkenntnis (forschend, lehrend, lernend), und zwar unter den gegebenen Voraussetzungen einer historisch sich ausdifferenzierenden, arbeitsteiligen Wissenschaftsorganisation, die man qua »scientific community« als konstitutiv für den Prozeß des wissenschaftlichen Forschens, Lehrens und Lernens einzuschätzen hat. In der Formulierung des BVerfG ausgedrückt, »[schützt] das in Art. 5 Abs. 3 GG enthaltene Freiheitsrecht als Abwehrrecht die wissenschaftliche Betätigung gegen staatliche Eingriffe und steht jedem zu, der wissenschaftlich tätig ist oder tätig werden will«.[13] Geschützt werden vor allem »die auf wissenschaftlicher Eigengesetzlichkeit beruhenden Prozesse, Verhaltensweisen und Entscheidungen bei dem Auffinden von Erkenntnissen, ihrer Deutung und Weitergabe«.[14] Allerdings wird gleichzeitig festgestellt, »daß Art. 5 Abs. 3 GG nicht eine bestimmte Auffassung von Wissenschaft oder eine bestimmte Wissenschaftstheorie schützen will«[15] – also auch nicht die gegenwärtig vorherrschende!

In diesem Zusammenhang verdient der sogenannte Treuevorbehalt der Verfassung besondere Erwähnung. Nach herrschender Meinung normiert die Treueklausel des Art. 5 Abs. 3, Satz 2 keine zusätzliche Schranke. Der Sinn dieser Treueklausel, deren *Warnungsfunktion* vor allem vom Schrifttum hervorgehoben wird, ist von Carlo Schmid im Parlamentarischen Rat dahin umschrieben worden: »Es soll verhindert werden, daß unter dem Vorwand einer wissenschaftlichen Kritik ein Mann auf dem Katheder nichts anderes treibt als hinterhältige Politik, indem er die Demokratie und ihre Einrichtungen nicht kritisiert, sondern verächtlich macht.«[16]

Gleiches ist zu sagen hinsichtlich der geltenden beamtenrechtlichen Bestimmungen. Obwohl es übereinstimmend in den Beamtengesetzen von Bund und Ländern heißt, daß

1. in den öffentlichen Dienst nur übernommen werden darf, wer »die Gewähr dafür bietet, daß er jederzeit für die freiheitliche demokratische Grundordnung im Sinne des Grundgesetzes eintritt« (§ 4 Abs. 1 Ziff. 2 BRRG, § 7 Abs. 1 Ziff. 2 BBG), und daß

2. ein Beamter »sich durch sein gesamtes Verhalten zu der freiheitlichen demokratischen Grundordnung im Sinne des Grundgesetzes bekennen und für deren Erhaltung eintreten muß« (§ 35 Abs. 1 Satz 2 BRRG, § 52 Abs. 2 BBG),

verleiht der verfassungsrechtlich gewährte Schutz aus Art. 5 Abs. 3 jedem wissenschaftlich Tätigen (ob verbeamtet oder nicht) schon infolge der Höherrangigkeit der Rechtsquelle der Verfassungsnorm eine über die allgemeine beamtenrechtliche Einbindung eines Hochschullehrers hinausgehende Unabhängigkeit bei der Ausübung seines Berufes.[17]

Weil es nun jenen unabdingbar zu schützenden »Kernbereich« (im Minderheitenvotum auch als das »Unabstimmbare« bezeichnet) gibt, in dem »absolute Freiheit vor jeder Ingerenz öffentlicher Gewalt [herrscht]«[18], wird daher jede gesetzgeberische Gestaltungsfreiheit, erst recht jede inneruniversitäre Sonderregelung, im Bereich derjenigen Angelegenheiten, die als »wissenschaftsrelevant« angesehen werden müssen, durch die erforderliche Rücksichtnahme auf ihn notwendigerweise eingeschränkt. Als wissenschaftsrelevant haben solche Angelegenheiten zu gelten, »die Forschung und Lehre unmittelbar berühren«.[19] Zu ihnen zählt das BVerfG enumerativ vor allem: »Die Planung wissenschaftlicher Vorhaben, d. h. die Forschungsplanung, das Aufstellen von Lernprogrammen und die Planung des Lehrangebots, die Koordinierung der wissenschaftlichen Arbeit, also das Abstimmen der Forschungsvorhaben und der Lehrangebote aufeinander, die Harmonisierung der Lehraufgaben mit den Forschungsvorhaben, ferner die organisatorische Betreuung und Sicherung der Durchführung von Forschungsvorhaben und Lehrveranstaltungen, insbesondere ihre haushaltsmäßige Betreuung einschließlich der Mittelvergabe, die Errichtung und der Einsatz von wissenschaftlichen Einrichtungen und Arbeitsgruppen, die Festsetzung der Beteiligungsverhältnisse bei wissenschaftlichen Gemeinschaftsaufgaben, die Festlegung und Durchführung von Studien- und Prüfungsordnungen. Schließlich sind hierher auch die Personalentscheidungen in Angelegenheiten der Hochschullehrer und ihrer wissenschaftlichen Mitarbeiter zu rechnen.«[20]

Bei der Regelung ausschließlich dieser Angelegenheiten sind staatlicher Eingriffsmöglichkeit Handlungsschranken gesetzt: einerseits hat der Gesetzgeber dafür zu sorgen, daß allen wissenschaftlich Tätigen so viel Freiheit in ihrer wissenschaftlichen Betätigung zu gewähren ist, »wie dies unter Berücksichtigung der Aufgaben der Universität und der Belange der verschiedenen in der Universität tätigen Grundrechtsträger möglich ist«[21]; andererseits darf er keine organisatorischen Maßnahmen in die Wege leiten, die die Gefahr einer »Funktionsunfähigkeit oder der Beeinträchtigung des für die wissenschaftliche Betätigung der Mitglieder erforderlichen Freiheitsraumes«[22] heraufbeschwören könnten.

Dennoch – das Bundesverfassungsgericht selber hat darauf erkannt, daß das in Art. 5 Abs. 3 GG enthaltene Grundrecht nicht nur individuelle Abwehrrechte gewährt, sondern auch *objektive Gewährleistung* bietet. Sie beruht auf der objektiven Wertentscheidung des Art. 5 Abs. 3 GG, die als verfassungsrechtliche Grundentscheidung für alle Bereiche des Rechts gilt[23] und die sich nach der Formulierung des BVerfG auf die »Schlüsselfunktion, die einer freien Wissenschaft sowohl für die Selbstverwirklichung des einzelnen als auch für die gesamtgesellschaftliche Entwicklung zukommt«[24], erstreckt.

Dieser letzte Gesichtspunkt, die gesellschaftliche Bedeutung von Wissenschaft, auch ihrer entsprechenden Organisation, betreffend, wird in der Entscheidung des BVerfG unter mehrfacher Hinsicht thematisiert.

Weil sich der moderne Staat als Kulturstaat versteht, ist er verpflichtet, sich nicht nur negativ, sondern gerade auch positiv für die Idee einer freien Wissenschaft einzusetzen, d. h. zu ihrer Verwirklichung schützend *und* fördernd tätig zu werden. In der Tat wäre unter den gegenwärtigen Umständen und Bedingungen das Grundrecht einer freien wissenschaftlichen Betätigung gar nicht zu realisieren, wenn nicht die staatliche Leistungsverwaltung die dazu notwendigen Voraussetzungen schaffen und anbieten würde. Die Ausübung der Grundrechtsfreiheit aus Art. 5 Abs. 3 GG wird heutzutage durch die legitime Inanspruchnahme von Teilhaberechten an staatlicherseits gewährten, monopolartigen Leistungen erst sichergestellt.

Gleichzeitig muß die öffentliche Hand dafür Sorge tragen, daß das Grundrecht der freien wissenschaftlichen Betätigung nicht sozusagen beliebig, gar exzessiv vom Einzelwissenschaftler reklamiert oder von (privilegierten) Gruppen für sich in Anspruch genommen wird. Vielmehr verdient es nur insoweit unangetastet zu bleiben, »wie das unter Berücksichtigung der anderen [!] legitimen Aufgaben der Wissenschaftseinrichtungen und der Grundrechte der verschiedenen [!] Beteiligten möglich ist«.[25] Gleichzeitig hebt das BVerfG ausdrücklich das »Interesse des Gemeinwesens an einem funktionierenden Wissenschaftsbetrieb« hervor.[26]

Als mindestens ebenso »schutzwürdiges Interesse und Bedürfnis«, vergleichbar dem Grundrecht des einzelnen (!) Wissenschaftlers auf Freiheit der Forschung und Lehre, hat es daher in seiner Entscheidung die *Ausbildungsfunktion* der Universität in den Vordergrund gestellt. Abgehandelt wird diese »andere legitime Aufgabe der Wissenschaftseinrichtungen« unter der Kategorie der Funktionsfähigkeit der Hochschule und ihrer Organe bzw. der Institution »freie Wissenschaft«.[27]

»Die Universität ist heute bevorzugt auf die Heranbildung einer möglichst großen Zahl von Fachleuten für eine zunehmend ›verwissenschaftlichte‹ berufliche Praxis eingestellt. Insoweit ist die Universität nicht nur der Raum für die sich in wissenschaftlicher Eigengesetzlichkeit vollziehenden einzelnen Forschungs- und Bildungsprozesse. [. . .] Es müssen ferner die Interessen der verschiedenen Hochschulangehörigen, der Wissenschaftler, ihrer Mitarbeiter und der Studenten sowie der übrigen Bediensteten miteinander abgestimmt und koordiniert werden. Sie alle müssen sich – bedingt durch das

Zusammenwirken mit den anderen Grundrechtsträgern und mit Rücksicht auf den Ausbildungszweck der Universität – Einschränkungen gefallen lassen. In diesem Spannungsfeld konkurrierender Rechte und Interessen kann sich naturgemäß die Wissenschaftsfreiheit des einzelnen nicht schlechthin und schrankenlos durchsetzen. Zwar bleibt ihr [...] Kernbereich stets unantastbar. Jedoch stößt die Verpflichtung des Staates, das irgend erreichbare Maß an Freiheit der wissenschaftlichen Tätigkeit zu verwirklichen, auf die natürlichen Grenzen, die sich aus dem Zusammentreffen der Anliegen mehrerer Grundrechtsträger und aus der Rücksicht auf andere gewichtige Gemeinschaftsinteressen ergeben.«[28]

Das bedeutet, daß das von Art. 5 Abs. 3 Satz 1 prinzipiell geschützte Individualrecht sozusagen »gebrochen« wird durch den im objektiven Bedeutungsgehalt dieses Grundrechts ebenso implizierten Anspruch der Allgemeinheit auf ein Hochschulsystem, das seine Aufgaben der Wissenschaftsentwicklung, Wissenschaftstradierung und -verwaltung in den kaum voneinander abzuspaltenden Phasen der Forschung, der Lehre und des Studiums funktionsgerecht zu erfüllen hat. Daraus wiederum folgt, daß irgendwelche in Anspruch genommenen exklusiven Präferenzen, die eine Dominanz des einen oder anderen Funktions- bzw. Schwerpunktbereichs praktizierter Wissenschaftspflege zu begründen suchen, nicht zulässig sind.

Konkret ist darunter zu verstehen, daß die berechtigten Ansprüche der drei Funktionsebenen (Forschung, Lehre, Studium) pragmatisch auszubalancieren sind, und zwar so, daß die Universität und ihre Mitglieder als Lehrende *und* Lernende gemeinsam darauf hinzuarbeiten verpflichtet sind, die neuen Konflikt-Schwellenwerte einer mitbestimmten Gruppenuniversität, das heißt: auch neue Toleranzschwellen ihrer gegenseitigen prekären Interessenbalancierung, erst einmal experimentell zu erproben und schließlich verbindlich durchzusetzen – unbeschadet der ausschließlich organisationsrechtlich sicherzustellenden »herausgehobenen Stellung der Hochschullehrer« (Leitsatz 6).

Aufgrund dieses Sachverhalts ist es ebensowenig zulässig, daß die Vertreter des Lehrkörpers sich auf traditionellerweise ihnen zustehende Privilegien ohne Rückkoppelung etwa an die konkreten Ausbildungsbedürfnisse der Lernenden berufen, d. h. auf quasi angestammte Rechte versteifen, wie es unzulässig ist, daß die Lernenden ausschließlich nach ihren konkreten Ausbildungsbedürfnissen die Entwicklung und Praktizierung von Forschung und Lehre definitiv festzulegen trachten. Beide Funktionsbereiche brauchen unreglementierte, ausschließlich experimentell zu begrenzende Handlungsspielräume.

Das bedeutet, daß die traditionelle »akademische« Lehrtätigkeit ihren exklusiven Status in dem Maße verliert, wie sie ihrem *Verfassungsauftrag auf funktionsgerechte Wissenschaftstradierung* im System organisierter Forschung und Lehre nachzukommen gewillt ist. Das bedeutet allerdings auch, daß das (gegenwärtig dominierende) Primärinteresse an einer berufsfeld- bzw. praxisorientierten Berufsausbildung nicht die individuelle Verpflichtung auf wissenschaftlich »autonome« Bestimmung von Forschung und Lehre aushöhlen darf.

Ausdrücklich verlangt das BVerfG im Hinblick auf die Inanspruchnahme der Schutzwirkung von Art. 5 Abs. 3 GG in unmittelbar Forschung und Lehre betreffenden Angelegenheiten, daß es hierbei »einer Abwägung mit den Erfordernissen [bedarf], die sich aus den anderen Zwecken der Universität, insbesondere ihrer Ausbildungsfunktion ergeben. Dabei können Forschung und Lehre nicht als ein einheitlicher, undifferenzierter Komplex betrachtet werden. Ihre enge Verknüpfung im Wissenschaftsbetrieb der Universität bedeutet nicht, daß zur Abwehr von Gefahren für die freie Betätigung auf diesem weiten Gebiet bei der Stimmengewichtung der einzelnen Hochschulgruppen immer gleiche Vorkehrungen erforderlich sind«.[29]

Weil nach der Rechtsprechung des BVerfG der Art. 5 Abs. 3 GG zugleich das unveräußerliche Recht der Allgemeinheit auf die Institution »freie Wissenschaft« *objektiv gewährleistet*, erstreckt sich der Grundrechtsschutz dieses Artikels, insoweit er der wissenschaftlichen Forschung wie der wissenschaftlich »lehrenden« Vermittlung der Ergebnisse »freier« Wissenschaft zuteil wird, auch auf die wissenschaftliche *Lernfreiheit*. Denn einerseits beruht das Grundrecht der Wissenschaftsfreiheit, was seine Vermittlungs- und Publizitätsfunktion anlangt, auf dieser Lernfreiheit, andererseits realisiert es diese erst im Vollzug seiner eigenen Intentionen, insbesondere insoweit es die »unterrichtende« Lehrfreiheit ausdrücklich garantiert. Beide Dimensionen sind ihrem objektiven Gehalt nach, wie von der höchstrichterlichen Rechtsprechung richtig erkannt, dialektisch aufeinander bezogen. Ohne freie Aneignung von Wissenschaft im Prozeß des forschenden Lernens im organisierten Wissenschaftsbetrieb der Universitäten und Hochschulen gibt es kein Weiterexistieren freier Wissenschaft und freier Lehre. Die Unterrichts- und Lehrfreiheit ist auf wissenschaftliche Lernfreiheit ebenso bezogen, wie diese nicht realisierbar wäre, wenn die Freiheit von Forschung und Lehre generell bzw. konkret ausgehöhlt oder bedroht würde.

Ausdrücklich heißt es dazu: »Solange und soweit sie [sc. die Studenten, O. M.] an der Forschung und wissenschaftlichen Lehre teilnehmen, steht auch ihnen das Recht aus Art. 5 Abs. 3 GG zu. [. . .] Mag auch nur ein verhältnismäßig kleiner Teil der Studenten zur aktiven Beteiligung am Wissenschaftsprozeß gelangen, so ist doch das Studium an der Universität auf solche Teilnahme hin angelegt. Die Studenten sind keine Schüler und nicht bloße Objekte der Wissensvermittlung, sondern sie sollen selbständig mitarbeitende, an den wissenschaftlichen Erörterungen beteiligte Mitglieder der Hochschule sein. Deshalb kann die studentische Mitsprache nicht generell als ›wissenschaftsfremd‹ angesehen werden. Außerdem sind sie durch die Art und Weise, in der die Universität ihre Ausbildungsfunktion erfüllt, unmittelbar betroffen. Schließlich rechtfertigt das Interesse des Studenten an einem Ausgleich und Gegengewicht zu der sozialen Abhängigkeit, in der er sich zur Universität als der Vermittlerin seiner Berufs- und Lebenschancen befindet, grundsätzlich eine Mitsprache bei der Erfüllung der der Universität gestellten Aufgaben.«[30]

Und an anderer Stelle der Urteilsbegründung heißt es hierzu: »Der gemeinsame Oberbegriff ›Wissenschaft‹ bringt den engen Bezug von Forschung und Lehre zum Ausdruck. Forschung [. . .] bewirkt angesichts immer neuer Fragestellungen den Fortschritt der Wissenschaft; zugleich ist sie die notwendige Voraussetzung, um den Charakter der Lehre als der wissenschaftlich fundierten Übermittlung der durch die

Forschung gewonnenen Erkenntnisse zu gewährleisten. Andererseits befruchtet das in der Lehre stattfindende wissenschaftliche Gespräch wiederum die Forschungsarbeit.«[31]

Dieser im Grundrecht der Wissenschafts-, Forschungs- und Lehrfreiheit enthaltene, dialektisch aufeinander verwiesene Bezug der Dimensionen Forschen, Lehren, Lernen hat gerade im Hinblick auf die hochschulpolitisch strittigen Mitbestimmungsregelungen neuerer Länderhochschulgesetze (zuletzt des Niedersächsischen Vorschaltgesetzes) in den dazu ergangenen Erwägungen des BVerfG eine zentrale Rolle gespielt.

Daraus hat das BVerfG für die Universität bestimmte Konsequenzen gezogen:

a) Hinsichtlich ihrer Organisations*form* verficht es das Prinzip, daß der Gruppe der Hochschullehrer ein um so größeres Gewicht ihres Einflusses (und zwar im Wege ihrer Stimmengewichtung) zu verschaffen sei, je wissenschaftsrelevanter die zu treffenden Entscheidungen sind (von der Minderheit des Senats angefochten).

b) Hinsichtlich der von den Hochschulen zu vermittelnden *Inhalte* verlangt es, die Erfordernisse, die sich aus der Ausbildungsfunktion der Universität ergeben, mit den Interessen der »Wissenschaftsfreiheit« pragmatisch auszubalancieren und entsprechend die konkreten (Ausbildungs-)Bedürfnisse der »anderen Grundrechtsträger«, konkret: der Studenten, als ebenso legitime zu berücksichtigen.

c) Hinsichtlich der *Beziehungen der Lehrenden und Lernenden* zueinander verweist es diese – vorbehaltlich gewisser Modellversuche und Experimentierklauseln – nach Gesichtspunkten der Zweckmäßigkeit und Billigkeit auf die Herstellung eines universitätsinternen Minimalkonsenses, wie er für einen demokratischen, auf Kooperation aller Beteiligten und Betroffenen angewiesenen Wissenschaftsbetrieb unabdingbar ist.

Damit aber sind der organisatorischen *und* inhaltlichen Hochschulreform Wege gewiesen und Chancen eröffnet, die von den hochschulrelevanten Gruppen längst nicht optimal genutzt worden sind.

Anhang

Bericht der von Vorstand und Beirat der Deutschen Vereinigung für Politische Wissenschaft (DVPW) eingesetzten Enquête-Kommission zu Art. 5 Abs. 3 GG

Vorstand und Beirat haben im Anschluß an die auf der Mitgliederversammlung vom Oktober 1973 verabschiedete Resolution und aufgrund des dort vorgelegten Antrages eine Enquête-Kommission mit der Aufgabe betraut, Überlegungen darüber anzustellen, wie sich die Vereinigung in Fällen, in denen eine begründete Vermutung der Verletzung des Art. 5 Abs. 3 GG vorliegt, verhalten soll und welche Maßstäbe und Verfahrensweisen im Einzelfall anzuwenden sind.

In Erfüllung ihres Auftrages hat die Enquête-Kommission (in der Besetzung: Frau Gantzel-Kress; die Herren Haungs, Lehmbruch, Shell und Massing, federführend) Vorstand und Beirat den nachstehend abgedruckten Bericht vorgelegt.

Vorstand und Beirat haben auf ihrer Sitzung vom 27. April 1974 auf der Grundlage der vorliegenden Mehrheits- und Minderheitsvoten der Enquête-Kommission beschlossen, daß in Fällen vermuteter Verletzung des Grundrechts der Wissenschafts-, Forschungs- und Lehrfreiheit folgendes Verfahren angewandt werden soll:

I. Verfahrensvorschlag:

a) Initiative auf Anregung von außen:
Der Vorstand der DVPW muß tätig werden, wenn unter Bezugnahme auf einen der beiden unten genannten Typen (1), (3) oder (4) beschriebenen Sachverhalte das betroffene Mitglied ihn um Intervention ersucht.

Der Vorstand der DVPW muß weiterhin tätig werden, wenn ein anderes Mitglied mit hinreichender Kenntnis des Sachverhalts einen begründeten Antrag auf Intervention stellt. In diesem Falle muß der Vorstand zunächst das Einverständnis des Betroffenen einholen.

Liegt das Einverständnis des Betroffenen vor, so *muß* der Vorstand weitere Recherchen in die Wege leiten, wobei er selbst entscheidet, welche Schritte hierzu geeignet sind. Erforderlichenfalls beauftragt er eine Unterkommission mit der Durchführung der notwendigen Recherchen.

Liegt das Ergebnis dieser Recherchen in Form eines Gutachtens vor, so *kann* der Vorstand entweder die Weiterverfolgung des Falles und hierzu geeignete Schritte oder aber Nichtbefassung beschließen, die dem betroffenen Mitglied sowie dem Antragsteller gegenüber zu begründen ist.

b) Selbstinitiative:
Wenn der Vorstand der DVPW der Auffassung ist, daß ein bestimmter Fall hochschulpolitisch und/oder für die Stellung des Faches Politikwissenschaft besonders relevant ist, so *kann* er tätig werden, sofern das Einverständnis des Betroffenen vorliegt.

Eine Intervention des Vorstandes der DVPW kann nicht als Identifikation der Vereinigung mit der wissenschaftlichen oder hochschulpolitischen Position des betroffenen Mitglieds verstanden werden.

II. »Typen« von Verletzungen des Art. 5 Abs. 3 GG

Die Enquête-Kommission diskutierte vier denkbare bzw. tatsächlich als solche identifizierbare »Typen« von Verletzungen des Art. 5 Abs. 3 GG. Erörtert wurden auch die aus ihnen sich jeweils herleitenden konkreten Auswirkungen, so daß diese gegebenenfalls von der DVPW »geahndet« werden können. Die vier möglichen Fälle sind:

(1) Staatliche Instanzen intervenieren aufgrund der Annahme, daß ein Hochschullehrer durch mündliche oder schriftliche Äußerungen innerhalb oder außerhalb der Universität oder durch politisches Handeln gegen den Treuevorbehalt zur Verfassung verstoßen habe. Die Überprüfung der Verfassungskonformität seiner Schriften und/oder seiner Äußerungen hätte dabei gegebenenfalls zur Folge, daß ein Verstoß gegen die Verfassung (Treuevorbehalt) mit beamtenrechtlichen (bzw. strafrechtlichen) Sanktionen geahndet würde.

Dabei sind zwei Umstände zu unterscheiden:
a) die Intervention trifft *bereits berufene* Hochschullehrer;
b) die Intervention richtet sich gegen *noch zu berufende* Personen.

(2) Aus anderem Anlaß intervenieren Hochschul- bzw. Kultusbehörden in (schwebende) Berufungsverfahren.

Nicht gemeint ist hierbei eine rechtlich zulässige bzw. die gewohnheitsrechtlich gehandhabte Ausübung von Mitsprache- bzw. Eingriffsrechten, sondern allenfalls ein »ungebührliches« Eingreifen.

(3) Auf einen Hochschullehrer wird von inneruniversitären Organen, Gremien oder Gruppen Druck ausgeübt, der als Beschränkung seiner verfassungsrechtlich garantierten Lehr- und Forschungsfreiheit interpretiert werden kann. Dem betroffenen Hochschullehrer wird der von ihm gesuchte Schutz von universitären oder staatlichen Stellen verweigert oder nur in unzureichendem Maße gewährt.

(4) Ein Hochschullehrer verhält sich in Ausübung seiner universitären Pflichten so, daß sein Verhalten als Verstoß gegen die Lernfreiheit interpretiert werden kann und zu Konflikten führt.

Zu Typ (1a) und (1b): Interventionen staatlicher Instanzen in die Tätigkeit von Hochschullehrern oder Hochschullehrer-Anwärtern mit der Absicht beamtenrechtlicher (dienststrafrechtlicher) Disziplinierung.

Für analytische Zwecke wäre zu unterscheiden zwischen:

1. mündlichen Äußerungen, die
   1.1 in direktem Zusammenhang mit der ordentlichen akademischen Lehrtätigkeit gemacht werden;
   1.2 außerhalb des Kontextes der ordentlichen Lehre, innerhalb oder außerhalb der Universität gemacht werden;
2. Veröffentlichungen,
   2.1 die in direktem Zusammenhang mit der wissenschaftlichen Tätigkeit des Betroffenen stehen;
   2.2 bei denen dieser Zusammenhang nicht besteht oder nicht eindeutig erkennbar ist;
3. politischen Handlungen (Partei- oder Gruppenmitgliedschaft, Teilnahme an Aktionen verschiedenster Art usw.) und dabei zwischen solchen, die
   3.1 keine strafrechtliche Ahndung erfahren haben, und solchen,
   3.2 in denen der Betroffene zu einer gültigen Strafe in bezug

auf ein Vergehen verurteilt wurde, das zu Zweifeln an seiner Verfassungstreue berechtigt.

Ferner wäre zu unterscheiden zwischen Hochschullehrern im Amt (Typ 1a) und zur Berufung bzw. Ernennung vorgeschlagenen Personen (Typ 1b).

Die Kommission ist sich mehrheitlich einig, daß die hier für analytische Zwecke gemachten Unterscheidungen aus verfassungsrechtlichen sowie praktischen Gründen vernachlässigt werden sollen. Das heißt, daß im Falle von Hochschullehrern die von der Verfassung betonte und garantierte Freiheit der Wissenschaft und Lehre der beamtenrechtlichen *aktiven* Treueverpflichtung zur Verfassung vorgeht. Die Unterscheidung zwischen (schriftlichen und mündlichen) Äußerungen, die in direktem Zusammenhang mit der Lehr- und Forschungstätigkeit des Hochschullehrers stehen, und solchen, bei denen dieser Zusammenhang zweifelhaft oder nicht einsichtig ist, erscheint den Kommissionsmitgliedern praktisch wie theoretisch äußerst diffizil, vielleicht undurchführbar. Zur Beurteilung der Verfassungskonformität wissenschaftlicher Äußerungen sind nicht beamtenrechtliche Vorschriften, sondern die allgemeinen Strafrechtsbestimmungen und die allgemeine Verfassungsinterpretation heranzuziehen; an beamtenrechtlichen Vorschriften sind nur die allgemeinen Einstellungsvoraussetzungen anwendbar. Dasselbe gilt in gleichem Maße für politisches Handeln von Hochschullehrern. Auch hier sollen als Einschränkungen nur jene Grenzen gelten, die durch Verfassungs- und Strafrecht allen Bürgern gezogen sind.

Zur Berufung anstehende Personen sind in diesen Schutz einzubeziehen, da sie diesen Status aufgrund ihrer wissenschaftlichen Tätigkeit erreicht haben und die theoretischen wie praktischen Einwände hier gleiche Gültigkeit haben. In anderen Worten: nur strafrechtlich relevantes Handeln soll die Grundlage für die Überprüfung der Verfassungstreue eines berufenen oder zu berufenden Hochschullehrers bilden dürfen. Liegt eine auf das politische Engagement bezogene strafrechtliche Verurteilung des als Hochschullehrer zu Berufenden vor, so soll sie für ihn keine härteren Folgen haben als für einen bereits verbeamteten Hochschullehrer und einer Verbeamtung nicht hinderlich sein, wenn der Betreffende von einem

Berufungsgremium für hinreichend wissenschaftlich qualifiziert erachtet wird.

Dies bedeutet, daß Hochschullehrer gegenüber anderen Beamten – nicht aber gegenüber der Gesamtheit der Bürger – eine privilegierte Stellung einnehmen, die durch die gesonderte Verfassungsgarantie der Freiheit der Wissenschaft gerechtfertigt erscheint.

(Vgl. dazu das *Sondervotum* des Kommissiosmitgliedes Lehmbruch, in diesem Band, S. 204.)

Zu Typ (2): Behördliche Intervention in Berufungsverfahren.

Die Kommission ist sich einig, daß Interventionsmöglichkeiten in diesem Bereich äußerst begrenzt sind. Die Vereinigung kann allenfalls dort tätig werden, wo offenkundig andere als wissenschaftliche Gesichtspunkte bei Berufungen bzw. Nichtberufungen eine Rolle spielten.

Die Vereinigung kann

a) grundsätzlich an einen berufsethischen Ehren-Kodex unter ihren Mitgliedern appellieren (z. B. um die Willkür von Gutachten einzuschränken);

b) in konkreten Fällen auf sachliche Begründung von Berufungen oder Nichtberufungen seitens der Ministerien hinwirken.

Zu diesem Typ möglicher Verletzungen von Art. 5 Abs. 3 GG wurde keine Verfahrensempfehlung beschlossen, zumal zu diesem Komplex bereits eine Resolution, beschlossen von der Mitgliederversammlung der DVPW auf dem Hamburger Kongreß vom Oktober 1973, vorliegt.

Zu den Typen (3) und (4): Inneruniversitärer »Druck« auf Hochschullehrer und Lernfreiheit.

Da in vielen Fällen auf Hochschullehrer ausgeübter »Druck« durch tatsächliche oder vermeintliche Beeinträchtigung der Lernfreiheit der Studierenden verursacht wird, empfiehlt es sich, diese beiden Aspekte gemeinsam zu behandeln. Dabei fallen für die Interventionskriterien folgende zu klärende Fragen ins Gewicht:

a) Welche Grenzen sind der Lehr- und Forschungsfreiheit

durch die Verpflichtungen des Hochschullehrers zur Aufrechterhaltung eines geordneten Studiums gezogen?

b) Welche Bedeutung hat der Begriff der Lernfreiheit für Studierende?

c) Welche Formen des »Drucks« seitens der Studierenden oder seitens der Kollegialorgane sind unter welchen Bedingungen als Verletzung der Lehr- und Forschungsfreiheit anzusehen?

ad a) Die Kommission war sich darüber einig, daß ein Hochschullehrer durch Kollegialbeschluß angehalten werden kann, innerhalb der ihm durch seine wissenschaftliche Ausbildung, seine Berufungsdefinition und sein Wissenschaftsverständnis gezogenen Grenzen Veranstaltungen im Rahmen eines kollektiv beschlossenen Studienprogramms anzubieten.

Auch sind sich die Kommissionsmitglieder darüber einig, daß ein Eingehen auf von der Sache begründete und in ziviler Form gestellte Forderungen von Studenten nach Diskussion von Form, Inhalt und methodischen Ansätzen einer Veranstaltung vom Hochschullehrer erwartet wird und daß er keine Unterstützung der Vereinigung erwarten kann, wenn er sich diesen berechtigten Forderungen verweigert.

Die Mehrheit der Kommissionsmitglieder vertrat die Auffassung, daß das Ausmaß der geforderten Diskussion von ihrer Sachrelevanz abhängig sei, deren Interpretation letztlich dem Veranstaltungsleiter überlassen bleiben müsse und auch vom Charakter der angebotenen Veranstaltung abhänge.

Die Mitglieder der Kommission konnten keine gemeinsame Formulierung finden, die eine präzise Grenzziehung zwischen legitimen wissenschafts- und themenrelevanten Diskussionsprozessen und Diskussionsforderungen, die auf »Umfunktionieren« einer Veranstaltung hinzielten, erlauben würde. Es wäre zu klären, wie weit das Relevanzkriterium zu fassen ist, das den Rahmen »zulässiger« Diskussion bestimmt, und wie weit der Hochschullehrer den schutzwürdigen Anspruch besitzt, Veranstaltungen gemäß der von ihm ausgearbeiteten, angekündigten und meist vordiskutierten Konzeption auch tatsächlich durchzuführen.

(Vgl. dazu das *Minderheitsvotum a)* der Kommissionsmitglieder Massing und Gantzel-Kress, in diesem Band, S. 205 f.)

ad b) Der Begriff der »Lernfreiheit« ist weitgehend ungeklärt, sobald einige konventionelle Grenzen überschritten werden (Wahl zwischen parallelen Angeboten usw.). Auch steht er in einem Spannungsverhältnis zu mehreren funktionalen Aspekten des Lehr- und Forschungsbetriebes: Strukturierung des Stoffes, Studien- und Prüfungsordnung, Professionalisierung. Gemäß dem Urteil des BVerfG sollen Studenten »selbständig mitarbeitende, an den wissenschaftlichen Erörterungen beteiligte Mitglieder der Hochschule sein« (Urteil v. 29. 5. 73). Doch bezieht sich diese Formulierung auf Teilhaberechte an Selbstverwaltungsaufgaben, nicht auf Methoden und Inhalte von Veranstaltungen, die von Hochschullehrern durchgeführt werden, »denen die Pflege von Forschung und Lehre vornehmlich anvertraut ist« (ebd.).

(Vgl. dazu das *Minderheitsvotum b)* der Kommissionsmitglieder Massing und Gantzel-Kress, in diesem Band, S. 207 f.)

ad c) Es erscheint unmöglich, die Formen der Pressionen, denen ein Hochschullehrer ausgesetzt werden kann und die ihn zum Schutz durch offizielle Gremien berechtigen, enumerativ darzustellen. Handlungen wie Drohungen mit physischer Gewaltanwendung (»Psychoterror«), Verunglimpfungen, Verhinderung der Abhaltung von Veranstaltungen oder der Teilnahme von »arbeitswilligen« Studenten wären beispielhaft als illegitim zu nennen und berechtigen den Betroffenen, sich um *angemessene* Schutzmaßnahmen zu bemühen. Dem so betroffenen Hochschullehrer sollte es zumindest freistehen, die Veranstaltungen extra-mural zu verlagern oder abzubrechen, ohne einer Verfehlung gegen seine Lehrverpflichtung bezichtigt zu werden, doch erst nachdem er die »gebotene« (aber nicht weiter definierbare) Konzessionsbereitschaft gegenüber Forderungen wissenschaftlich interessierter und sachlich qualifizierter Studenten gezeigt hat und Schutzmöglichkeiten verweigert werden, offensichtlich dysfunktional waren oder fehlgeschlagen sind.

Abschließend wäre festzustellen, daß angesichts der ungeklärten Rechtslage und der theoretischen wie praktischen Widersprüchlichkeiten der konkreten Konfliktsituation die Vereinigung nicht darum herumkommt, zu den hier aufgeworfenen Fragen eine politische, wertende Entscheidung zu treffen – oder ihre Entscheidungsunfähigkeit festzustellen. Im Gestrüpp von gegenseitigen Anschuldigungen, Ansprüchen und Verfehlungen muß Stellung bezogen werden, welche Rechte und Ansprüche im Zweifelsfalle und angesichts der bestehenden Konfliktlagen an unseren Hochschulen vorzugsweise geschützt werden sollen und gegen welche Gefahren die Vereinigung ihre (schwachen) Kräfte einsetzen sollte.

*(Sonder- und Minderheitsvoten)**

1. Sondervotum Lehmbruch zu Teil II, Typ (1a) und 1b)

Der Überlegung, daß gegenüber dem Hochschullehrer grundsätzlich nur strafrechtliche, nicht aber beamtenrechtliche Sanktionen greifen sollten, vermag ich nicht zu folgen. Im Gegenteil bin ich der Meinung, daß gerade sie keine praktikable Lösung der uns gestellten Aufgabe erlaubt, weil sich daraus eine Verpflichtung des Vorstandes ergeben würde, auch in solchen Fällen beamtenrechtlicher Sanktionen gegen Hochschullehrer zu intervenieren, in denen der zugrunde liegende Tatbestand keinen erkennbaren Zusammenhang mit Forschung und Lehre aufweist. Das ganze Argument steht aus einer Reihe von Gründen auf schwachen Füßen und läuft darauf hinaus, daß wir für unsere Profession einen »Jagdschein« beanspruchen. Mir erschiene es vernünftiger, je nach der Lage des konkreten Falles im Zweifel den Schutz von Art. 5 Abs. 3 in Anspruch zu nehmen, wenn die Lehr- oder Forschungsfreiheit möglicherweise tangiert sein könnte.

Im übrigen wäre zu bemerken, daß im Falle beamtenrechtlicher Sanktionen gegen Hochschullehrer die Frage der Wissenschaftsfreiheit zu unterscheiden ist von der Problematik obrigkeitsstaatlicher Restbestände in Beamtenrecht und Disziplinarrechtsprechung. Es kann Sanktionen gegen einen Hochschullehrer oder eine zur Berufung anstehende Person geben, die zwar nicht einen Angriff gegen die Freiheit von Forschung und Lehre darstellen, aber die allgemeinen Beamtenrechte und -pflichten in allzu restriktiver Weise interpretieren. Hier gegebenenfalls zu intervenieren würde jedoch in erster Linie Auf-

* Vorstand und Beirat haben sich den angehängten Minderheitsvoten nicht mehrheitlich angeschlossen.

gabe der gewerkschaftlichen oder Berufs-Vertretung sein.

Nicht anzuschließen vermag ich mich auch der Überlegung, daß die Vereinigung »an einen berufsethischen Ehrenkodex unter ihren Mitgliedern appellieren« könne. Ein solcher Ehrenkodex müßte, da mit dem hergebrachten akademischen Standesbewußtsein auch hergebrachte ständische Verhaltensregeln obsolet geworden sind, erst neu definiert werden. Das hätte aber nur dann einen Sinn, wenn es auch angemessene Sanktionsmechanismen gäbe. Appelle an die Mitglieder sind nur unter dem Aspekt der Wahrung einsehbarer gemeinsamer Interessen sinnvoll. Die Vereinigung kann aber nicht die Autorität beanspruchen, ein moralisches Magisterium auszuüben.

2. Minderheitsvotum a) der Kommissionsmitglieder Massing und Gantzel-Kress zu den Typen (3) und (4), ad a)

Eine Minderheit der Kommissionsmitglieder legt hierzu eine *abweichende Stellungnahme* vor: Wird die Kompetenz, über die Sachrelevanz einer von Studenten geforderten Diskussion (ihre Berechtigung, Tragweite und Folgen), wie die Mehrheit der Kommissionsmitglieder dies befürwortet, an das formale Kriterium der »Veranstaltungsleitung« gekoppelt, so wird dadurch nicht nur ein Herrschaftsmoment der alten Ordinarienuniversität in die vom BVerfG immerhin sanktionierte »Gruppenuniversität« hinübergerettet. Diese Art Kompetenz ist vielmehr selber keine sachrelevante mehr, sondern verdeckt – unter Berufung auf abstrakte Verantwortung »der« Wissenschaft gegenüber – die Unfähigkeit des betroffenen Wissenschaftlers, sich

aa) auf *konkrete* Ausbildungsbedürfnisse einzustellen,

bb) auf hochschuldidaktisch möglicherweise innovative ›Umweg-Produktion‹ einzulassen,

cc) den Prozeß des forschenden Lernens als einen Ablauf von trial-and-error-Schritten zu organisieren, d. h. sinnlich erfahrbar und

dd) damit sein Verständnis von wissenschaftlicher Lehre didaktisch plausibel zu machen.

Auszugehen ist demgegenüber von der Erfahrung, daß es möglich ist, und von der hochschuldidaktischen Forderung, daß es nötig ist, einen Diskussionsprozeß beispielsweise über die Ausgestaltung eines Seminars usw. (Inhalte, Formen, Arbeitsverteilung, Verlauf und Organisation etc.) so anzulegen, daß er selbst als *wissenschaftlicher Vorgang* erfahrbar wird, in dem beide Seiten ihre wissenschaftlichen Überzeugungen (und Informationen) zu verantworten haben und wobei aus der Konfrontation kontroverser Ansätze (wissenschaftstheoretischer Basissätze, Methoden usw.) für beide Seiten ein Lernprozeß in Gang kommen kann. Dabei ist die Einsicht in die Möglichkeit des Scheiterns selber Bestandteil wissenschaftlicher Erkenntnis und ihre reaktive »Verarbeitung« selber Bestandteil wissenschaftlicher Verhaltensweisen.

Nicht erzwungen werden kann und darf, daß ein wissenschaftlich Tätiger seine wissenschaftlichen Überzeugungen aufgibt. Das ihm zustehende Recht der Wissenschaftsfreiheit aus Art. 5 Abs. 3 GG sichert ihm unabdingbar die Freiheit, »über die Inhalte von Forschung und Lehre sowie die Kundbarmachung der Ergebnisse in autonomer Selbstbestimmung zu entscheiden [. . .] und kann daher als das ›Unabstimmbare‹ bezeichnet werden« (abweichende Meinung der Richter Dr. Simon und Rupp-v. Brünneck zum Urteil des Ersten Senats des BVerfG vom 29. Mai 1973).

Als unzumutbar kann jeder »Druck« angesehen werden, der jenen Schwellenwert erreicht, von dem aus ein Wissenschaftler (Hochschullehrer) in seinen (sonstigen) bürgerlichen Rechten verletzt wird.

Andererseits aber kann, ebenso legitim, von ihm ein Lernprozeß im Hinblick auf die Erfordernisse erwartet werden, die seine Funktion als Ausbilder ihm abnötigt. Zeigt er sich jedoch weder lernbereit noch lernfähig, so wird er – gemessen an studentischer Lernfreiheit und seinen eigenen Ausbildungsverpflichtungen – gegebenenfalls dysfunktional für die Ausbildung von Studenten.

Im Hinblick darauf stehen diesen legitime Sanktionsmöglichkeiten zu (z. B. Umfunktionierungsversuche; Annahmeverweigerung des Lehrangebots usw.), denen der betroffene Hochschullehrer – ebenso legitim zunächst – sein Recht auf Verweigerung des Lehrangebots (äußerstenfalls: extramurale Veranstaltungen) entgegensetzen kann. Den Universitätsgremien (Fachbereich, Präsident) kommt in solchen Fällen eine

Vermittlungsfunktion zugunsten der Sicherstellung eines den berechtigten Ausbildungserfordernissen Rechnung tragenden Lehrangebots zu.

3. Minderheitsvotum b) der Kommissionsmitglieder Massing und Gantzel-Kress zu den Typen (3) und (4), ad b)

Zur Ergänzung dieser Interpretation:
Die vorstehend gebrauchten Formulierungen sind insoweit irreführend, als im Kontext des erwähnten BVerfG-Urteils die Teilhabeberechtigung am Wissenschaftsprozeß, die den Studenten aufgrund des auch ihnen als Mitgliedern des universitären Wissenschafts- und Ausbildungsbetriebes zustehenden Schutzrechtes aus Art. 5 Abs. 3 GG konzediert wird, keineswegs nur auf die Wahrnehmung von Selbstverwaltungsbefugnissen (der akademischen Selbstverwaltung) beschränkt wird.

Im Gegenteil. Gerade weil auch den Studenten das Grundrecht aus Art. 5 Abs. 3 GG ungeschmälert zusteht, »solange und soweit sie an der Forschung und wissenschaftlichen Lehre teilnehmen«, können daraus erst recht – so jedenfalls argumentiert das BVerfG – keine verfassungsrechtlichen Bedenken gegen ihre Mitsprache in der akademischen Selbstverwaltung hergeleitet werden. Zwar räumt das BVerfG ein, daß der *Gruppe* der Hochschullehrer (nicht zu ihrer aller gesamten Hand!) die Pflege von Forschung und Lehre »vornehmlich anvertraut ist«. Dennoch wird dieser Grundsatz in dem Maße abgeschwächt, d. h. relativiert, wie die Ausstrahlung der Wertentscheidung des Art. 5 Abs. 3 GG abnimmt. Diese wird »naturgemäß um so schwächer, je notwendiger die Koordination zwischen den verschiedenen Aufgaben, Interessen und Beteiligten wird und je ferner die zu treffenden Entscheidungen dem der autonomen Persönlichkeit vorbehaltenen Bereich des ›Unabstimmbaren‹ stehen« (abweichende Meinung der Richter Dr. Simon und Rupp-v. Brünneck zum Urteil des Ersten Senats des BVerfG vom 29. 5. 1973).

Daher stellt das BVerfG ausdrücklich fest:

»Mag auch nur ein verhältnismäßig kleiner Teil der Studenten zur aktiven Beteiligung am Wissenschaftsprozeß gelangen, *so ist doch das Studium an der Universität auf solche Teilnahme hin angelegt.* Die Studenten sind keine Schüler und *nicht bloße Objekte der Wissensvermittlung,* sondern sie sollen selbständig mitarbeitende, an den wissenschaftlichen Erörterungen beteiligte Mitglieder der Hochschule sein. Deshalb kann die studentische Mitsprache nicht generell als ›wissenschaftsfremd‹ angesehen werden. Außerdem sind sie durch die Art und Weise, in der die Universität ihre Ausbildungsfunktion erfüllt, *unmittelbar betroffen.* Schließlich rechtfertigt *das Interesse des Studenten an einem Ausgleich und Gegengewicht zu der sozialen Abhängigkeit,* in der er sich zur Universität *als der Vermittlerin seiner Berufs- und Lebenschancen* befindet, *grundsätzlich* eine Mitsprache bei der Erfüllung der der Universität gestellten Aufgaben.« (Hervorhebungen von uns).

Spezifiziert wird diese Feststellung durch die Forderung der WRK (Godesberger Erklärung vom 6. Januar 1968; »Alternativ-Thesen« vom 12. Mai 1970), die sich das BVerfG zu eigen macht, wonach primär zwar »vom Vorrang der individuellen Einzelinitiative der Hochschullehrer auszugehen ist«, daß danach aber subsidiär die »korporative Initiative« zum Zuge kommen müsse.

Die von der WRK aufgebotenen Gutachter (Mallmann/Strauch) hatten vor dem BVerfG dargetan, daß wegen des körperschaftlichen Charakters der Universität die Kompetenz, sich um den Fortschritt der Wissenschaft zu bemühen sowie wissenschaftliche Fragestellungen, Verfahrensweisen und Erkenntnisse öffentlich darzulegen, kein Privileg bestimmter Personengruppen sei, sondern auch den Lernenden zustehe. Gleichwohl müßte die Relevanz der jeweiligen Beiträge nach Kriterien einer funktionalen Differenzierung der Beiträger beurteilt werden.

Diesen Gedanken greift das BVerfG auf und präzisiert ihn dahingehend, daß in der Regel (und zwar aufgrund seiner sachgemäßen Kompetenz) der zuständige Fachvertreter (bzw. ihre Gesamtgruppe) ein verläßliches Urteil über die Ziele der Forschung und die Inhalte der Lehre auf seinem (ihrem) Fachgebiet habe.

Im Bereich der wissenschaftsrelevanten Angelegenheiten hypostasiert infolgedessen das BVerfG einen »Vorrang der individuellen Eigeninitiative der Hochschullehrer«, konstatiert aber gleichzeitig, »daß die *korporative Initiative* im Regelfall nur *subsidiär* dann zum Zuge kommt, wenn diese beispielsweise zur Koordination von Eigeninitiativen oder zur Kompensation fehlender Eigeninitiative erforderlich ist« Hervorhebungen von uns).

In der Vorlage der WRK hatte sich diese »korporative Initiative« zusätzlich auf folgende Problembereiche erstreckt: Selbstkontrolle der Universitätsmitglieder; Selbstergänzung ihres Lehr- und Forschungskörpers; Neubegründung von Studiengängen und Forschungseinrichtungen; Einrichtung und Ausgestaltung von Lehrprogrammen und einzelnen Lehrveranstaltungen . . .

Konsequent hat daher das BVerfG die *formelle* Mitsprache der Studenten (und ihrer Vertreter) sowohl in Berufungskommissionen als auch bei den Entscheidungen über Angelegenheiten von Lehre und Forschung, erst recht jedoch in den vorgesehenen Studienkommissionen als verfassungskonforme organisationsrechtliche Ausgestaltung angesehen.

Die ihnen zukommende formelle Mitsprache können jedoch die Studenten(vertreter) nur dann legitimerweise, d. h. auch sachgerecht wahrnehmen, ohne daß es zu unnötigen Reibungsverlusten im Wissenschaftsbetrieb und seiner Verwaltung kommt, wenn sie *an der Universität selber gelernt* haben, in Eigeninitiative und von einer (permissiven) Hochschulverfassung nicht daran gehindert, sich wissenschaftliche Kompetenz *anzueignen* und sie gleichzeitig *praktisch* zu erproben.

Anmerkungen

1 Urteil des Ersten Senats des BVerfG vom 29. Mai 1973 – 1 BvR 424/71 –; – BvR 325/72 –; BVerfGE 35, 79-170 (79).

2 Vgl. den im Anhang zu diesen Ausführungen abgedruckten *Bericht der von Vorstand und Beirat der Deutschen Vereinigung für Politische Wissenschaft eingesetzten Enquête-Kommission zu Art. 5 Abs. 3 GG*, zuerst in: *Politische Vierteljahresschrift* (= *PVS*), 16. Jg., 1975, H. 2, S. 278-284.

3 BVerfGE 35, S. 117.

4 Ebd., S. 121.

5 Ebd., S. 125.

6 Vgl. Leitsatz (7) und BVerfGE 35, S. 114 ff.

7 Ebd., S. 127.

8 Ebd., S. 128.

9 Ebd., S. 128.

10 Abweichende Meinung der Richter Dr. Simon und Rupp-v. Brünneck, vgl. BVerfGE 35, S. 148-170 (168).
11 Ebd., S. 115.
12 Ebd., S. 122.
13 Ebd., S. 112.
14 Ebd., S. 112.
15 Ebd., S. 113.
16 *JöR*, N. F. 1, 1951, S. 92.
17 Vgl. Leibholz/Rinck: *GG*, Köln 1966, S. 130. Hinter diesen Ansatz ist das BVerfG jedoch mit seinem Beschluß vom 22. 5. 1975 wieder zurückgefallen. Dort leitet es die Loyalitätsanforderungen, die für den öffentlichen Dienst reklamiert werden und die in besonderer Weise im Hochschulsektor auf die Grundrechtsgarantien der Meinungs- und Wissenschaftsfreiheit ausstrahlen, nicht aus dem Prinzip der Gesetzmäßigkeit des Verwaltungshandelns ab (Art. 20 Abs. 3 in Verbindung mit Art. 33 Abs. 2 GG), sondern aus dem belasteten Begriff einer *besonderen politischen Verfassungstreue,* die es aus den hergebrachten Grundsätzen des Berufsbeamtentums (Art. 33 Abs. 5 GG) herausdestilliert. Dadurch aber reduziert es den Demokratiebegriff der Verfassung auf die Vorstellungsgehalte einfacher Beamtengesetze und reaktiviert gleichzeitig alte, obrigkeitsstaatliche Tendenzen der deutschen politischen Tradition. Vgl. BVerfG 39, S. 334-391.
18 BVerfGE 35, S. 112.
19 Ebd., S. 123.
20 Ebd., S. 123.
21 Ebd., S. 123 f.
22 Ebd., S. 124.
23 Vgl. BVerfGE 35, S. 112 ff.
24 BVerfGE 35, S. 114.
25 Ebd., S. 115.
26 Ebd., S. 115 f.
27 Ebd., S. 120 ff.
28 Ebd., S. 121 f.
29 Ebd., S. 131.
30 Ebd., S. 125 f.
31 Ebd., S. 113.

Günter Püttner
Die verfassungsgerichtliche Rechtsprechung zu Verwaltungsrecht und zur Verwaltungsstruktur

1. Allgemeine Bemerkungen

Verfassungsgerichte und andere Obergerichte haben sich immer dem Dilemma gegenübergesehen, daß ihre Entscheidungen in die Politik eingreifen und daß es unmöglich ist, sich aus der Politik herauszuhalten. Diesem Dilemma kann der demokratische Rechtsstaat nicht auf dem bequemsten Wege, nämlich durch Abschaffung der Verfassungsgerichtsbarkeit, entrinnen. Er braucht, gerade in der Verfassungssphäre, immer wieder eine Instanz, die nicht unmittelbar zum politischen Handeln (oder zur Opposition) aufgerufen ist und als neutraler Wahrer der Ordnung und der »Spielregeln« eingesetzt werden kann. Und da es eine über den politischen Instanzen stehende Autorität, einen Ältestenrat, einen König, einen Teiresias nicht mehr gibt und mangels anerkannter Legitimation nicht geben kann, bleibt nur die Inanspruchnahme der Gerichtsbarkeit, die bei allen Wirren und Zweifeln in den letzten Jahrhunderten insgesamt ein beachtliches Prestige als neutrale Instanz hat aufbauen und wahren können.[1]

Auf die Frage der Politik und das genannte Dilemma können Verfassungsgerichte in verschiedener Weise reagieren; sie können nämlich entweder

- den Versuch machen, sich nur auf das Recht und die Rechtswahrung ohne Rücksicht auf politische Folgen und politischen Beigeschmack zurückzuziehen, was ihnen dann nicht selten den Vorwurf einträgt, politisch blind zu sein und politische Implikationen des eigenen Handelns nicht zu begreifen[2], oder
- mit vollem Bewußtsein ihren politischen Spielraum nutzen und aktiv-gestaltend in das politische Geschehen eingreifen, womit allerdings über kurz oder lang die Rolle und das Prestige einer ausgleichenden Instanz verloren gehen[3]; oder

– umgekehrt jede politische Frage dezidiert ausklammern und unbehandelt lassen, eine Selbstbeschränkung, die im Extremfall auf Rechtsverweigerung in allen politisch bedeutsamen Angelegenheiten hinausläuft.[4]

Welchen dieser Wege das Bundesverfassungsgericht und die Verfassungsgerichte der Länder eingeschlagen haben oder einzuschlagen im Begriff sind, läßt sich nicht leicht angeben. Die vielfach recht vorwurfsvoll geäußerte und auch in diesem Band vertretene[5] These, man habe sich auf den erstgenannten Weg versteift, läßt sich zwar aus dem Stil mancher Urteilsbegründungen sicherlich belegen, steht aber mit allgemeinem Verhalten der Gerichte und der einzelnen Richter doch wohl in Widerspruch. Mag dies sein, wie es will, spätestens mit dem Urteil zum Grundvertrag[6] ist – trotz gegenteiliger Beteuerung im zweiten Leitsatz – deutlich geworden, daß beim Bundesverfassungsgericht auch Tendenzen bestehen, den zweiten Weg einzuschlagen.[7] Allerdings wird nur ein schmaler Handlungsspielraum in Anspruch genommen und im übrigen eher der dritte Weg beschritten.

Wer den Einfluß des Bundesverfassungsgerichts auf die Verwaltung ermessen und bewerten will, tut gut daran, von diesem dritten Weg auszugehen. In der mehr oder weniger dezidierten Option für diesen Weg spiegelt sich nicht nur die »Tugend des judicial self-restraint« (wie BVerfG-Präsident Ernst Benda kürzlich formulierte)[8] im Interesse der Wahrung der gerichtlichen Neutralität und der politischen Prärogative von Legislative und Exekutive, sondern auch immer wieder die Scheu vor einer Verantwortung, die man nicht glaubt übernehmen zu können. Bemerkenswert ist in diesem Zusammenhang, daß diese unterschiedliche Bewertung richterlicher Selbstbeschränkung im wesentlichen mit den zwei unterschiedlichen Ebenen der Rechtsprechung in Verwaltungssachen zusammenfällt: Wo es um den Schutz des Bürgers gegenüber der Verwaltung geht, wird eine politisch oder kompetenziell motivierte Zurückhaltung der Rechtsprechung in Abkehr von der französischen Lehre von den »actes de gouvernement« kaum in Betracht gezogen[9]; wo es aber um den Streit der Staatsorgane und der verschiedenen Verwaltungsinstanzen untereinander oder auch um den Streit von Regierung und Opposition geht[10], ist die vorsichtigste Zurückhaltung eher die Regel, wie unten näher zu zeigen sein wird.

Man mag gegen diese Bewertung der Rechtsprechung einwenden, daß sich hinter der zur Schau gestellten Zurückhaltung durchaus eine unbewußte oder bewußte, aber kaschierte Option für einen Standpunkt oder eine Interessengruppe verbergen kann. Hierüber wird man, je nach Standort und Erkenntnisinteresse, wohl immer streiten können. Meines Erachtens ist viel häufiger eine Verlegenheit der Richter spürbar: Sie sehen sich keinem Interesse verpflichtet, finden auf beiden Seiten achtbare Anliegen und haben die Qual der Wahl.

2. Der Schutz des Bürgers gegen die Verwaltung

Das Bundesverfassungsgericht und zum Teil auch die Verfassungsgerichte der Länder sind im Rahmen der Verfassungsbeschwerde gegen Akte der öffentlichen Gewalt (Art. 93 Abs. 1 Nr. 4a GG) zur Verteidigung der Rechte des Bürgers gegenüber dem Staat aufgerufen. Wenn sich auf diesem Felde bisher keine besonders ausgedehnte und keine »sensationelle« Rechtsprechung entwickelt hat, dann deshalb, weil das BVerfG diese Aufgabe nur subsidiär hinter der in erster Linie zuständigen Verwaltungsgerichtsbarkeit (Art. 19 Abs. 4 GG) zu erfüllen hat und weil die Verwaltungsgerichtsbarkeit dieser Aufgabe im ganzen durchaus gerecht wird. In der hier zu behandelnden Frage politischer Rücksichtnahme auf die Regierung kann festgestellt werden, daß die Verwaltungsgerichte bis auf verschwindende Ausnahmen[11] keine justizfreien Hoheitsakte anerkannt haben. Das BVerfG brauchte deshalb hier kaum einzugreifen und konnte sich auf die ihm allein zustehende Normenkontrolle beschränken. Fälle, in denen die Verwaltungsgerichte einen Bürger abschlägig beschieden und vom BVerfG korrigiert wurden, sind relativ selten, kommen jedoch durchaus vor.[12] Eine unterschiedliche Einstellung der Gerichte zur politischen Frage ist dabei höchstens in Nuancen erkennbar. Immerhin läßt sich beobachten, daß die Verwaltungsgerichte eher Verständnis für die Verfahrens- und Sachnöte der Verwaltung aufbringen als die Verfassungsgerichte.[13] Insofern ist der zusätzliche Schutz des Bürgers durch die

Verfassungsgerichte nicht zu verachten. Bei den erwähnten Gelegenheiten hat das BVerfG auch zu einigen Einzelheiten des Verwaltungsrechts Stellung genommen.

Ein Schwergewicht der Verfassungsgerichtsbarkeit liegt, wie gesagt, auf der ihr vorbehaltenen Normenkontrolle hinsichtlich der Gesetzgebung. Diese Bedeutung ist durch die Entscheidung, daß sich Art. 19 Abs. 4 GG nicht auf Akte der Gesetzgebung bezieht[14], sogar noch gestiegen. Der Dialog mit dem Gesetzgeber wird vom Verfassungsgericht allein bestritten. Auf dem Gebiet des Verwaltungsrechts wirkt sich die Normenkontrolle beispielsweise darin aus, daß Gesetze, die der Verwaltung entgegen dem Rechtsstaatsgebot zu viel freien Spielraum einräumen, aufgehoben werden. So muß die Ermächtigung der Exekutive zum Erlaß von Verwaltungsakten hinreichend bestimmt sein[15] und im Falle von Genehmigungserfordernissen eine tatbestandsmäßige Normierung der Genehmigungsvoraussetzungen erfolgen.[16]

Was den Schutz des Bürgers gegen Einzelakte der Verwaltung betrifft, so ist, wie schon gesagt, eher die Verwaltungsgerichtsbarkeit als Vorreiter aufgetreten und die Verfassungsgerichtsbarkeit nachgefolgt. Belegen läßt sich dies wohl am klarsten mit der Rechtsprechung zur Überwindung der Bedürfnisprüfung, die vom BVerwG für viele Gewerbezweige mit viel Elan ins Werk gesetzt und vom BVerfG in der Apotheken-Frage fortgesetzt wurde, wenn auch mit ausgefeilter und vertiefter Begründung.[17] Der eigentliche »Mutakt« des Aufbrechens eingefahrener Verwaltungsgrundsätze ist dem BVerwG zuzurechnen. Aber darauf soll hier nicht näher eingegangen werden, weil es sich gleichzeitig um Judikatur zu Grundrechtsfragen handelt, die an anderer Stelle dieses Bandes gewürdigt wird.[18]

Unter der Rücksicht politischer Implikation der Rechtsprechung sind aber noch zwei Beispiele wichtig und daher anzubringen. Der erste interessierende Fall betrifft Gnadenentscheidungen, die nach traditioneller Auffassung gerichtlich nicht überprüfbar sind. Dem folgte das Gericht bei Stimmengleichheit im Senat[19], wobei die tragende Begründung auf die nicht beseitigte Tradition und die dissentierende Begründung auf Unvereinbarkeit irrationaler Gnadenentscheidungen mit dem Rechtsstaatsprinzip verweisen. Bemerkenswert ist, daß beide Begründungen streng auf das eigentümliche Institut der Gnade als Gegensatz zum Recht (man erinnert sich an Shakespeares Kaufmann von Venedig) beschränkt sind und in keiner Weise zur allgemeinen Frage justizloser Hoheitsakte Stellung beziehen. Die Entscheidung läßt sich deshalb nicht als Beleg für die erwähnte Zurückhaltung der Rechtsprechung gegenüber politischen Hoheitsakten werten, wiewohl die Erwähnung politischer Amnestien in der Entscheidung[20] ein Eingehen auf diese Frage nahegelegt hätte. Immerhin war der Antragsteller im konkreten Fall ein »gewöhnlicher« Betrüger; ob auch politisch motivierte Amnestien unüberprüft bleiben sollen, wäre doch besser gesondert erörtert worden. Man kann dem Gericht aber allenfalls den Vorwurf machen, daß es für eine künftig vielleicht auftretende Grundfrage die Weichen nicht gestellt habe, ein Vorwurf, der angesichts der gerichtlichen Tradition, nur das jeweils Notwendige zu entscheiden, nicht besonders schwer wiegt und jedenfalls keine Anschuldigungen in Richtung politischer »Blindheit« rechtfertigen kann. Eine Auslieferung des wehrlosen Bürgers an die Exekutive ist nicht erfolgt.

Eher in die gegenteilige Richtung weist außerdem die zweite zu erwähnende Entscheidung, die dem überkommenen »besonderen Gewaltverhältnis« entgegentritt und auch für die Einschränkung der Grundrechte der Strafgefangenen ein förmliches Gesetz fordert.[21] Das Gericht schiebt damit ohne lange Begründung die bekannten Praktikabilitätsargumente der Verwaltung beiseite und verhilft den Gewaltunterworfenen zu einer gesicherten Rechtsposition. Der erweiterte Gesetzesvorbehalt wird voraussichtlich in den nächsten Jahren vor allem im Schulrecht Bedeutung erlangen und dort die »Reformer« zwingen, Neuerungen auf dem Gesetzeswege und nicht durch Verwaltungserlasse zu verwirklichen.[22]

Zusammenfassend kann man deshalb wohl feststellen, daß das Bundesverfassungsgericht[23] die von den Verwaltungsgerichten entwickelte Linie des Schutzes des Bürgers ohne Gewährung eines politischen Freiraumes für die Regierung aufgegriffen und fortentwickelt hat. Man kann freilich auch das als eine politische Marschrichtung werten; wenn es bisher zu keinem politischen Konflikt zwischen dieser Richtung und den politischen Entscheidungsinstanzen gekommen ist, so kann man das als Zeichen dafür nehmen, daß im Grundgesetz die Sphäre der Politik und die Rechte des Bürgers gegenüber Staat und Verwaltung im ganzen sinnvoll und vernünftig abgegrenzt wurden. Ob sich unter dem Grundgesetz die Konkordanz von politischer Handlungsfähigkeit und Schutz der Bürgerrechte auch künftig erhalten und bewähren wird, bleibt freilich abzuwarten. Aufgabe der Rechtsprechung ist es, diese Konkordanz wie bisher mit politischem Fingerspitzengefühl zu bewahren.

3. Die Streitentscheidung zwischen den Verwaltungsinstanzen

Ein durchaus anderer Eindruck drängt sich auf, wenn man die Entscheidung der Verfassungsgerichte zu Streitigkeiten innerhalb der Verwaltung ins Auge faßt. Diese Streitigkeiten entwickeln sich in unserem Staatswesen wegen des stark ausgebildeten Föderalismus und wegen der Verfassungsgarantie für die kommunale Selbstverwaltung (Art. 28 Abs. 2 GG) immer wieder zwischen den verschiedenen Verwaltungsebenen, zwischen Bund und Ländern, zwischen Ländern und Gemeinden. Der Streit zwischen den Ressorts, vor allem die Priorität von Aufgaben und die Gewichtung bei der Aufgabenerfüllung, ist dagegen innerhalb jeder Verwaltungsebene politisch auszutragen und von den Volksvertretungen oder Regierungen zu entscheiden. Die Verfassungsgerichte sind von dieser Entscheidung ausgeschlossen, was allerdings im Grundgesetz nicht verbal zum Ausdruck kommt, sondern sich aus dem Zuständigkeitskatalog des Art. 93 GG und der Rechtsprechungstradition ergibt.

Aus der Fülle der Streitigkeiten zwischen den Verwaltungsebenen kann hier nur ein Ausschnitt behandelt werden. Trotz der größeren politischen Wichtigkeit des Verhältnisses von Bund und Ländern[24] erscheint es sinnvoll, aus dem Bereich des Verhältnisses von Ländern und Gemeinden ein aktuelles Gebiet aufzugreifen, nämlich die in allen Flächenstaaten in den letzten zehn Jahren durchgeführte *kommunale Gebietsreform,* die eine Flut von Rechtsprechung ausgelöst hat.[25] Es handelt sich auch insofern um ein interessantes Rechtsgebiet, als sich schon der Staatsgerichtshof für das Deutsche Reich im Jahre 1929 unter der Herrschaft des Art. 127 WV mit mehreren Eingemeindungsstreitigkeiten zu befassen hatte und die Grundlage der heutigen Rechtsprechung gelegt hat.[26] Es handelte sich auch damals nicht um vereinzelte Eingemeindungsmaßnahmen, sondern wie heute um Teilakte eines größeren Reformprogramms zur Verbesserung der öffentlichen Verwaltung. Kennzeichnend für die politischen-rechtlichen Grundlagen der »Gebietsreform« ist heute wie damals das Recht der übergeordneten staatlichen Instanz, Gemeinden auch gegen ihren Willen aufzulösen und mit anderen Gemeinden zusammenzuschließen, allerdings nicht willkürlich, sondern »aus Gründen des öffentlichen Wohls«, wie es beispielsweise Art. 74 Abs. 1 der Baden-Württembergischen Verfassung formuliert. Die Gemeinden sind insoweit nicht Partner, sondern Objekt des staatlichen Gesetzgebers, ähnlich wie die Länder bei der Länderneugliederung.[27] Der Streit geht darum, ob sich aus dem Rekurs auf die »Gründe des öffentlichen Wohls« nicht doch eine gewisse Einschränkung der Gesetzgebungshoheit ergibt, wie diese zu bemessen ist und welche Schutzwirkung sich daraus für die betroffenen Gemeinden herleiten läßt.

Die Verfassungsgerichte haben durchweg, dem früheren Staatsgerichtshof folgend, den Gemeinden zwar Rechtsschutz gewährt, aber dabei stets betont, daß es Sache der politischen Gewalt des Gesetzgebers sei zu entscheiden, was dem »öffentlichen Wohl« dient und was nicht.[28] Daraus ergibt sich nur eine äußerst begrenzte Nachprüfung der gesetzgeberischen Akte, die der VerfGH NW dahin umschreibt, daß nicht zu überprüfen sei, ob der Gesetzgeber zweckmäßig und gerecht gehandelt habe, sondern nur, ob er die »äußersten Grenzen seines Ermessens« eingehalten habe.[29] Andere Verfassungsgerichte ziehen im gleichen Sinne die vom BVerfG für andere Zwecke entwickelte Formel heran, wonach nur zu prüfen ist, ob die wertende Ausfüllung des Begriffs »öffentliches Wohl« durch den Gesetzgeber »eindeutig widerlegbar« oder »offensichtlich fehlsam« ist oder der »verfassungsrechtlichen Wertordnung« widerspricht.[30] Dieser Standpunkt liefe bei strikter Handhabung nahezu auf eine Rechtsverweigerung im Gewande wohlklingender Formulierungen hinaus, und es wäre dann die Frage, ob die Gerichte nicht besser zur offenen Rechtsverweigerung übergehen sollten, wie es Friesenhahn mit der Behauptung der Unüberprüfbarkeit von Neugliederungsmaßnahmen vorgeschlagen hat.[31]

Freilich ist in praxi die »Kontrolldichte« nicht so mager; die Verfassungsgerichte haben durchaus unter Deduzierung präziserer Kontrollmaßstäbe eine Reihe von Eingemeindungen aufgehoben.[32] Aber erst eine spätere Systematisierung dieser Fälle wird zeigen können, ob es sich dabei im Verhältnis zu den gescheiterten Verfassungsbeschwerden um einen klar und einleuchtend abgrenzbaren Kreis von Fällen handelt oder ob nicht mehr oder weniger »zufällig« zur Eindämmung gesetzgeberischen Übermuts einige Fälle herausgegriffen wurden. Dazu unten einige Bemerkungen.

Zuvor sei noch erwähnt, daß das BVerfG – wegen fehlender Verfassungsbeschwerde in einigen Ländern mit der Sache befaßt – bisher sämtliche erhobenen Verfassungsbeschwerden nicht zur Entscheidung angenommen, sondern im »Dreierausschuß« (§ 93 a BVerfGG) verworfen hat[33], anfangs mit etwa vierseitiger Begründung, später nur noch mit dem lapidaren Hinweis, es sei nicht ersichtlich, daß der Gesetzgeber nicht von Gründen des öffentlichen Wohls ausgegangen sei. Hier liegt die Rechtsverweigerung bzw. der absolute Vorrang der Politik fast auf der Hand. Das BVerfG hat praktisch zu einer grundlegenden Veränderung der öffentlichen Verwaltung in Deutschland überhaupt nicht Stellung genommen; zumindest wäre am Anfang ein Grundsatzurteil angebracht gewesen.

Die Verfassungsgerichte der Länder haben sich demgegenüber der Sache angenommen und auch einige Kriterien im Rahmen der »Gründe des öffentlichen Wohls« entwickelt, die trotz grundsätzlicher Anerkennung der freien Wertung des Gesetzgebers eine gewisse Kontrolle ermöglichen. Es handelt sich dabei insbesondere um die Gesichtspunkte »Systemtreue« oder »Systemgerechtigkeit«[34] und »Verhältnismäßigkeit«[35] des Eingriffs in die Selbstverwaltung. Beide Kontroll-Kriterien beziehen sich auf außergewöhnliche Fälle, besonders das erstgenannte. Der Gesetzgeber wird daraufhin kontrolliert, ob er den selbstgesetzten Zielen im Einzelfall treu geblieben ist (oder hinreichende Gründe für die Abweichung geltend machen kann) und ob die Härte des Eingriffs durch die gesetzten

Ziele gedeckt ist. Damit bleibt, was sehr wesentlich ist, das Ziel der Neugliederung, das Programm des Gesetzgebers, letztlich unüberprüft.[36] Vor allem ist die Frage, ob der Gesetzgeber gegen den Willen der betroffenen Gemeinden nur einzelne Eingemeindungen – gleichsam zur Systemanpassung – vornehmen kann oder ob er auch die gesamte Gebietseinteilung (Gemeindestruktur) programmgemäß umgestalten darf, niemals ernstlich in Streit gezogen, sondern mehr oder weniger rasch bejaht worden.[37] Dabei wäre gerade diese Frage als die Grundfrage der Reform besonders wichtig gewesen. Es mag sein, daß der Gesetzgeber mit der Reform nicht das Wesen der gemeindlichen Selbstverwaltung verändern, sondern dieses Wesen bewahren und die Gebietsstruktur zu diesem Zwecke den Veränderungen in der Verwaltungswirklichkeit anpassen wollte. Aber diese Frage war (und ist) umstritten und hätte eine eingehende verfassungsrechtliche Würdigung verdient. So ist der Eindruck entstanden, daß der Gesetzgeber mehr oder weniger kontrollfrei entscheiden konnte und entscheiden kann, was er als das heute maßgebliche »Wesen« der Selbstverwaltung ansehen will.

Das Prinzip der »Verhältnismäßigkeit« leistet nicht mehr als das der Systemgerechtigkeit und kann die Kontrolldichte nicht wesentlich erhöhen. Es dient dazu, Übertreibungen zu beanstanden, wobei wiederum das vom Gesetzgeber gesteckte Reformziel als unkontrollierte Größe vorausgesetzt wird.[38]

Es soll nicht verkannt werden, daß die Verfassungsgerichte mit Hilfe der genannten Kriterien immerhin einige Barrieren gegen Reformwillkür aufgerichtet und den Übereifer des Gesetzgebers gebremst haben, vielleicht, wie oben bemerkt, um den Preis einer nicht unbedingt systematischen Erfassung der ungerechten Reformopfer. Es wird auch in Rechnung zu stellen sein, daß die Rechtsprechung aus einer äußerst unbestimmten Schutzformel nicht leicht einen präzisen, kalkulierbaren und effektiven Schutz ableiten kann. Dennoch bleibt die Frage, ob nicht ein zu großer »judicial self-restraint« im Spiele war und die untere Verwaltungsebene allzu sehr der freien Disposition des übergeordneten Gesetzgebers ausgeliefert wurde.

In diesem Zusammenhang fällt dem langjährigen Beobachter der Reform- und Rechtsprechungsszene besonders auf, daß die Gerichte kaum auf das häufig vorgebrachte und z. T. konkret belegte Argument vieler Kommunen eingegangen sind, für die Entscheidung des Gesetzgebers seien in Wahrheit überhaupt nicht die vorgeschobenen Gründe »des öffentlichen Wohls«, sondern rein politische Macht- oder Kompromißerwägungen[39] maßgebend gewesen.[40] Soweit auf diese Weise Lösungen, die an sich durch Gründe des öffentlichen Wohls gerechtfertigt waren, mit politischen Einflußmitteln verhindert wurden, mag das hingehen, weil die auf diese Weise nicht Begünstigten nach allgemeinen Rechtsprinzipien keinen Anspruch auf gleiche Schonung hatten und haben. Doch verlieren die behaupteten Notwendigkeiten der Reform an Überzeugungskraft, wenn aus reinen Machterwägungen die angeblich notwendigen Maßnahmen in Einzelfällen unterbleiben. Bedenklich sind vor allem die Fälle, wo sich Orts- oder Kreis-»Fürsten« mit starker politischer Hausmacht eine Erweiterung ihres »Reiches« zielbewußt erkämpften. In diesen Fällen konnten die Opfer das Lied vom öffentlichen Wohl verständlicherweise nur als einen Hohn empfinden. Es tauchte die Frage auf, ob eine Verfassungsrechtsprechung, die sich hier taub stellte und nicht auf die Klagen einging, noch als eine Kontrolle der Politik verstanden werden konnte, oder ob nicht besser durch Abschaffung der Verfassungsbeschwerde die Verantwortung hätte klargestellt werden sollen. Die durch die Reform vernichteten, in Zukunft handlungsunfähigen Opfer der Gebietsreform können keine Kritik mehr vorbringen und keine Schwierigkeiten mehr bereiten; um so mehr sind sie schutzwürdig. Wenn man den vergleichsweise starken Schutz der Länder gegenüber dem Bund zum Kontrast heranzieht, würde man zu deduzieren geneigt sein, daß dem Schwächsten der geringste Rechtsschutz zuteil wurde. Zum Glück ist das im Verhältnis zwischen Bürger und Staat gerade nicht die Maxime der Rechtsprechung.

Man wird also nicht leugnen können, daß die Verfassungsrechtsprechung beim Schutz der Gemeinden und beim Schutz der Bürger unterschiedliche Akzente gesetzt hat. Der Bürger wird mehr geschützt als eine öffentliche Körperschaft.[41]

Es läßt sich aber durchaus darüber streiten, ob es nicht eher umgekehrt sein müßte; denn der Schutz der Bürger ist in erster Linie Sache der Verwaltungsgerichte, der Schutz der

Verwaltungsinstanzen im Staatsgefüge dagegen ist eine genuin verfassungsrechtliche Angelegenheit, der sich die Verfassungsrechtsprechung anzunehmen hat.[42] Die Gemeinden und Kreise, die beispielsweise rund zwei Drittel der öffentlichen Investitionen bestreiten und im Finanzplanungs- und Konjunkturrat vertreten sind, erscheinen bei der Gebietsreform plötzlich in einem ganz anderen Gewande, nämlich dem der fast völligen Abhängigkeit von den Dispositionen des Gesetzgebers.

Aber diese Frage interessiert hier nicht als solche. Es geht vielmehr um das aus diesem Anlaß sichtbar gewordene Verhältnis der Verfassungsgerichte zur Politik. Der so oft gelobte »judicial self-restraint« zeigt im hier erörterten Bereich eine deutliche Schwäche; denn im Ergebnis läuft die Rechtsprechungspraxis auf eine fast absolute Prädominanz des politischen Willens des Landes hinaus, während der politische Wille der Gemeinden und Kreise praktisch nicht zur Geltung kommt. Auch wenn die Ursache weitgehend in der Verfassung liegt, ist doch die Frage zu stellen, ob die Verfassungsgerichte nicht etwas »mehr Politik« hätten treiben sollen, d. h. ob sie in einer so wichtigen Frage der Staatsorganisation nicht am Anfang ein deutlicheres Wort hätten sprechen sollen, wie es sonst durchaus geschieht. Es hätte sich dabei angesichts der jeweils unterschiedlichen politischen Richtungen, die die Reform betrieben, nicht um das Votieren für eine politische Seite gehandelt, auch nicht für eine gesellschaftspolitische Richtung. Die Rechtsprechung wählte das Zögern, der Politik in den Arm zu fallen, ein Zögern, das man freilich als weise Zurückhaltung loben, aber auch als Schutzloslassen der Betroffenen tadeln kann. Wer soll, wenn es die Verfassungsrechtsprechung nicht tut, der Politik die Schranken zeigen?

1 Als Beleg mögen die Rechtsweggarantie (Art. 19 Abs. 4) und der Ausbau der Verfassungsgerichtsbarkeit (Art. 93) im Grundgesetz dienen. – Die Behauptung, daß die Verfassungsgerichte in Wahrheit »Regierungsorgane besonderer Art« und keine Gerichte seien (so besonders Martin Drath, *Die Grenzen der Verfassungsgerichtsbarkeit,* in: *VVdStRL* H. 9, S. 17, S. 96), trifft deshalb die Verfassungsgerichtsbarkeit im Kern und würde, wenn sie voll zutrifft, diese Gerichtsbarkeit gänzlich entwerten. Freilich bleibt zu fragen, ob das GG die Erwartungen an unabhängige Gerichtsbarkeit nicht überspannt.

2 Freilich wird dieser Vorwurf regelmäßig von der unterlegenen Partei erhoben, die im übrigen – um sich zu rechtfertigen – gern das Gericht verdächtigt, parteiisch (= politisch einseitig) gehandelt zu haben (vgl. Erich Kaufmann, *Die Grenzen der Verwaltungsgerichtsbarkeit,* in: *VVdStRL* H. 9, 1952, S. 6).

3 Diese Gefahr wird meistens nicht deutlich genug gesehen, wenn vom »politischen Richter« die Rede ist.

4 Davon wird unten im dritten Abschnitt näher die Rede sein.

5 Vgl. die in anderen Beiträgen zu diesem Band vertretenen Positionen.

6 BVerfGE 36, S. 1 ff.

7 Man beachte den VI. Abschnitt der Urteilsbegründung (BVerfGE 36, S. 35/36).

8 Rede auf dem rechtspolitischen Kongreß der CDU/CSU am 4. 12. 75 in Karlsruhe, Manuskript S. 31, unter Hinweis auf das in Anm. 6 zitierte Urteil des BVerfG (E 36, S. 1, S. 14).

9 Eine gute Einführung in diese bis 1822 zurückverfolgbare Lehre des Conseil d'Etat gibt Ernst Forsthoff, *Allg. Verwaltungsrecht,* 7. Aufl. 1958, S. 466 ff. Während es in Frankreich spätestens seit Paul Duez (*Les actes de gouvernment,* Paris 1935) eher einen Trend gegen diese Lehre gibt, findet sie andernorts (z. B. in Italien, vgl. Art. 31, Gesetz über den consiglio di Stato: atti politici) und auch bei uns immer wieder Anklang. Zur Stellung des BVerfG siehe unten im 2. Abschnitt.

10 Kennzeichnend sind insofern BVerfGE 36, S. 1 ff. (vgl. Anm. 6) und 39, S. 96 ff., jeweils mit dem Versuch, beiden Seiten teilweise recht zu geben und eine »Entscheidung« zu vermeiden. Ob die nahe an der Rechtsverweigerung liegende Ansicht des VerfGH NW zur Haushaltsüberschreitung ohne Nachtragshaushalt (DöV 1969, S. 67 ff.) vom BVerfG übernommen wird, war bei Abschluß des Manuskripts noch nicht abzusehen (eine Klage der CDU ist anhängig).

11 Vgl. BVerfGE 15, S. 63 ff. – Anordnung von Bereitschaftsdienst.

12 Aus neuerer Zeit ist der Ausländer-Beschluß (BVerfGE 38, S. 52 ff.) zu nennen.

13 Vgl. etwa BVerfGE 27, S. 297 ff. – Pflicht zur Ermessensentscheidung über erneute Sachbehandlung nach Eintritt der Unanfechtbarkeit eines Verwaltungsaktes. Siehe auch den in Anm. 12 genannten Fall.

14 BVerfGE 24, S. 33 (49 ff.); es wäre übrigens interessant, diese Entscheidung einmal näher auf ihre politischen Implikationen zu untersuchen, wiewohl die Existenz der Verfassungsbeschwerde der Entscheidung nur zweitrangige Bedeutung beläßt.

15 BVerfGE 8, S. 274 (325).

16 BVerfGE 20, S. 150 (157 ff.).

17 Vgl. BVerwGE 1, S. 48 ff. (für Gaststätten); 4, S. 167 ff. (für Apotheken); BVerfGE 7, S. 377 ff. (Apotheken).

18 Vgl. den Beitrag von Erhard Denninger in diesem Band.

19 BVerfGE 25, S. 352 (S. 357 ff.).

20 A.a.O., S. 359, wird die Begnadigung von 24 000 Personen durch Kaiser Wilhelm II. anläßlich seines 25. Regierungsjubiläums erwähnt.

21 BVerfGE 33, S. 1 (9-11).

22 Zum Gesetzesvorbehalt im Schulwesen vgl. Bernd Löhning, *Der Vorbehalt des Gesetzes im Schulverhältnis,* Berlin/München 1974. – Der Deutsche Juristentag befaßt sich im Herbst 1976 mit dem Schulrecht.

23 Von den Landesverfassungsgerichten hat nur das bayerische (infolge besonderer Ausgestaltung der Verfassungsbeschwerde) nennenswerte Beiträge zum Thema geleistet, die aber in der Tendenz von denen des BVerfG nicht wesentlich abweichen und daher keiner gesonderten Behandlung bedürfen.

24 Als maßgebliches und typisches Konfliktbeispiel kann immer noch der Fernsehstreit (BVerfGE 12, S. 205 ff.) gelten.

25 Vgl. die Zusammenstellung von Werner Hoppe – Hans-Werner Rengeling, *Rechtsschutz bei der kommunalen Gebietsreform,* Frankfurt a. M. 1973.

26 Entscheidungen in *RGZ* 126, S. 9* ff. und S. 14* ff.

27 So BVerfGE 13, S. 54 (73 f.) mit dem Hinweis, daß die Länder insoweit keine Rechte haben.

28 Vgl. StGH Dt. Reich, *RGZ* 126, S. 13* (a.a.O.).

29 Urteil vom 21. 2. 1959, OVGE 14, S. 377 (382); seitdem st. Rspr.

30 Vgl. insbesondere VerfGH Rhl.-Pfalz, *AöR* 95 (1970), S. 598 (602) und StGH Bad.-Wü., *DöV* 1975, S. 385 (387).

31 Ernst Friesenhahn, *Die verfassungsrechtliche Garantie der kommunalen Selbstverwaltung,* in: *Festschrift für Max Imboden,* 1972, S. 115 ff.

32 Bekannteste Fälle (keine Anhörungsfehler) sind: Nideggen/Heimbach; Weingarten/Ravensburg; Wesseling/Köln; Gladbek-Bottrop-Kirchhellen.

33 Vgl. Reinhard Granderath, *Die kommunale Gebietsreform in der Praxis des Bundesverfassungsgerichts,* in: *DöV* 1973, S. 332 ff.; dazu muß betont werden, daß bisher keine Rspr., sondern nur eine Ablehnung von Rspr. vorliegt, lediglich in einer Staatsvertragssache (Neustadt bei Coburg) ist das BVerfG rechtsprechend auf die Sache eingegangen (BVerfGE 34, S. 216 ff.). Zu große Hoffnungen auf das BVerfG setzte Herbert Bethge, *DöV* 1972, S. 155 ff.

34 Vgl. sinngemäß VerfGH NW a.a.O., deutlich dann VGH Rhl.-Pfalz *AöR* Bd. 95 (1970), S. 598 (608 f.) und StGH Bad.-Wü., *DöV* 1973, S. 163 (165), zur Kreisreform und *DöV* 1975, S. 385 ff., zur Gemeindereform.

35 Vgl. besonders VerfGH NW in OVGE 25, S. 310 (314), bei Kottenberg-Steffens, Nr. 5 zu § 14 GO NW und in OVGE 28, S. 291 (294) usw.; StGH Bad.-Wü., *DöV* 1975, S. 385 (389 f.).

36 Vgl. G. Püttner, in Anm. zu VerfGH Rhl.-Pfalz, *AöR* Bd. 95, S. 610 (613). Immerhin geht der StGH Bad.-Wü. (a.a.O.) ausführlich auf die Ziele des Gesetzgebers ein und hält diese für verfassungskonform. Ob aber das aus den Zielen entwickelte Programm dem Gesichtspunkt der Selbstverwaltung wirklich Rechnung getragen hat, ist eine weitergehende Frage, zu der noch manches zu sagen wäre.

37 Vgl. StGH Bad.-Wü. (*DöV* 1973, S. 163, 165), der die Gegenansicht von Ule (*Festschrift für Gebh. Müller,* 1970), mit einem Satz abtut.

38 Vgl. die in Anm. 35 genannten Urteile.

39 Vgl. etwa die Tätigkeit des »Zehnerklubs« in NRW und dazu Hans-Albert Berkenhoff, in: *Mitt. des Städte- und Gemeindebundes NW 1974,* S. 2 ff.

40 Immerhin ist der StGH Bad.-Wü. im Kreisreform-Urteil (*DöV* 1973, S. 163, 167) auf diese Frage eingegangen und hat sich dadurch der Schwierigkeiten entho-

ben, daß er auf den objektivierten Willen des Gesetzgebers und nicht auf die Motive einzelner Abgeordneter abstellte; im übrigen nimmt der StGH näher zum parlamentarischen Willensbildungsverfahren Stellung, und zwar mit akzeptablem Ergebnis.

41 Das entspricht übrigens der Ansicht, die öffentliche Behörden durch Art. 19 Abs. 4 GG nicht als geschützt ansieht, vgl. OVG Berlin, *DöV* 1963, S. 587 f.; Maunz-Dürig-Herzog, Rdnr. 16 zu Art. 19 Abs. 4 GG.

42 Allerdings ist dafür die Baden-Württemberg bereits gegebene Normenkontrolle wohl angemessener als die Verfassungsbeschwerde.

Hans Erich Troje

Die Familienpolitik des Bundesverfassungsgerichts

Vorbemerkung

Die Darlegungen der folgenden Seiten nehmen ungefähr folgenden Verlauf: ich gehe von recht alltäglichen, selbstverständlichen Voraussetzungen aus: Die Spielregeln, die Umgangsformen, die Normen des Lebens einer bestimmten Familie ändern sich, von einem Augenblick zum anderen, von Tag zu Tag, von Jahr zu Jahr mit dem Älterwerden der Kinder und der Eltern. Definitionen der Elternrolle und der Kinderrolle, Ausgestaltungen des Arbeitsbündnisses zwischen den Eltern, der Arbeitsteilung zwischen ihnen und zwischen Eltern und Kindern, die Verteilung der Zuständigkeiten und Verantwortlichkeiten und was immer sonst die Grundordnung einer Familie ausmacht, die gestern noch richtig waren, sind heute schon falsch. Im großen und ganzen kann man, grob gesprochen, die Entwicklung in einer jeden Familie vom Säuglingsalter der Kinder bis zu deren Mündigkeit in »Analogie« zur europäischen Geschichte der Neuzeit als Entwicklung »vom Feudalismus zur bürgerlichen Gesellschaft« oder »vom Absolutismus zur Demokratie« bezeichnen. Vom Kleinkind werden Vater und Mutter als absolutistische Herrscher von Gottes Gnaden erlebt. Das Elternpaar muß sich selbst auch ähnlich begreifen; im Laufe der Zeit aber wird es von den »Untertanen« mehr und mehr zur konstitutionellen Regierungsweise gezwungen und muß schließlich seine Macht mit dem »Volke« teilen, wenn nicht gar sie an es abgeben. Bis dahin ist alles selbstverständlich. Ich werde aber nun behaupten: Die Gesellschaft der Bundesrepublik Deutschland hat in den letzten dreißig Jahren in ihrem politischen Bewußtsein eine Art Entwicklung vom »Säugling« zum »Erwachsenen« bzw. vom »Untertanen« zum »Bürger« durchgemacht, die sich auf das Verhältnis zwischen »Kindern« und »Eltern« auswirken muß. Für das »Kleinkind« war insbesondere das Bundesverfassungsgericht (auch einzelne als Individuen besonders hervorgetretene Bundesverfassungsrichter) eine Art allwissender, fast allmächtiger Vater.[1] Ich werde die Frage aufwerfen: Hat das Bundesverfassungsgericht in jenem Wandlungsprozeß von der »Kindheit« zum »Erwachsensein« (vom Feudalismus zur bürgerlichen Gesellschaft; vom Absolutismus zur Demokratie) seine »Vater-Stellung« gehörig zurückgenommen, seine Vaterrolle entsprechend umdefiniert? Hat es, in *diesem* Sinne, gute Familienpolitik gemacht?

I.

Die Entscheidung eines Richters, der je zu einer bestimmten Zeit Verfassungsprogramme präzisiert und konkretisiert, ist – das darf dieser Beitrag für unbestritten setzen – (persönliche) politische Entscheidung. Verfassungsrichter und Verfassungsgerichte »machen Politik«; insoweit ihre Politik die Familie betrifft und trifft – und welche Entscheidung täte das nicht –, machen sie Familienpolitik. Probleme der Familie werden in den kommenden Jahren in dem Maße größere Beachtung finden und heftiger diskutiert werden, wie wir erkennen, daß die Familie der eigentliche »Produzent« unzähliger anderer Probleme ist (z. B. Ausbildungsprobleme jeder Art, damit auch Strukturprobleme der Schule und aller Bildungs- und Ausbildungsinstitutionen; Probleme der Arbeitsformen, Umgangsformen, Motivationen, der Leistungsbereitschaft, des Arbeitsethos, der Leistungsverweigerung, der Arbeitslosigkeit, des Generationenkampfes, des »revolutionären Kampfes«, des Terrorismus ect.). Familienprobleme und Familienpolitik werden in dem Maße öffentliche Aufmerksamkeit auf sich ziehen, wie wir begreifen, daß sich die in (bzw. von) der Familie produzierten Probleme nicht durch Maßnahmen wie Bildungsreform, Schul- und Hochschulbauten, Konjunkturspritzen, Behördengründung, Strafvollzugsmaßnahmen, Gewaltverherrlichungsverbote, Verstärkung von Bundeskriminalamt und Verfassungsschutz lösen lassen. Ich stelle die These voran (auf einige der Gründe komme ich am Schluß zu sprechen): Familienpolitik wird in den kommenden Jahren in das Zentrum der Anstrengungen um die Erhaltung, also Veränderung der Grundordnung, um die Erhaltung, also Steigerung der Lebensfähigkeit von Gesellschaften und Staaten treten. Es wird sich zeigen: Familienpolitik hat Vorrang. Sie ist wichtiger, folgenreicher, allerdings auch schwieriger als irgendeine sonstige »Bindestrich-Politik«. Die Aufgaben, die sich in Bereichen wie Finanzen, Verkehr, Wirtschaft stellen, sind vergleichsweise Kinderspiel. Alle Plagen dieser Welt: Hunger und Seuchen, Sturm und Flut, Knappheit und Überfluß sind leichter zu bemeistern als die Schwierigkeiten, mit denen Familienleben und Familienpolitik fertigwerden muß. Die Plagen, die auf uns zukommen werden, wenn Familienleben und Familienpolitik weiter scheitern, sind schlimmer als alle jene Plagen. Alle Artistik dieser Welt: große Brücken, tiefe Tunnel, hohe Türme, selbst der Mondflug sind leichter zuwege und zustande zu bringen als das Kunststück gelingenden Familienlebens und gelingender Familienpolitik. Die Familie ist das denkbar komplexeste System. Es erfolgreich am Leben zu erhalten, erfordert alle humanen Fähigkeiten der Beteiligten. Familie zu sein ist die Leistung, die dem Menschen das äußerste an Verständnis, Intelligenz, Haltung, Wandlungsfähigkeit usw. abverlangt. Die Entwicklung und verantwortliche, zuverlässige Handhabung der modernen, hochgefährlichen Technologien setzen Menschen voraus, die in einem – nicht scheiternden, sondern gelingenden – Familienleben jenes Äußerste an Zuverlässigkeit, Verständnis etc. aufzubringen gelernt haben. Die Art von Familie, um die es uns geht, ist das bisher größte und mit den meisten Risiken behaftete Wagnis der Menschheit. Um dieses gewagte Unternehmen glücklich weiterzuführen, werden ganz neue Arten und Formen von Politik geboren werden müssen. Das Dilemma ist: Solange sie nicht geboren sind, kann niemand wissen, wie sie aussehen werden. Wir wissen aber: Wo Familienpolitik bloß nach Art etwa der Finanz-, Verkehrs- und Wirtschaftspolitik »gemacht« wird, ist sie schon gescheitert. An der vor uns liegenden großen familienpolitischen Anstrengung müssen wir alle beteiligt sein.[2] In den immer schon »irgendwie« ausgetragenen Konflikten zwischen Mann und Frau, Eltern und Kindern muß stärker herausgearbeitet und zum Bewußtsein gebracht werden, worum es dabei geht. Vielleicht werden solche Institutionen, die bisher leider allzu oft bloß Kaderschmiede der »Unterdrückung« waren, zur Arena ehrlicher Auseinandersetzungen umgewandelt werden können.

II.

Die Familie hat eine Grundaufgabe und damit eine Grundordnung: Ein Elternpaar gibt die Fähigkeit, zu leben (»zu arbeiten und zu lieben«), an seine Kinder weiter. Indem es die Kinder fähig macht, »zu leiden, zu weinen, zu genießen und zu freuen sich«, »formt es Menschen nach seinem Bilde, ein Geschlecht, das ihnen gleich sei«. Das Elternpaar erfüllt diese Aufgabe ebenso freiwillig wie widerwillig. Indem es sie, recht und schlecht, erfüllt, gehorcht es, so könnte man sagen, der Grundordnung des Lebens, der Grundordnung schlechthin: Was wir uns einbrockten, müssen wir auslöffeln. Mann und Frau haben Sexualität erlebt, und zwar so tief, gründlich, umfassend, daß dabei auch gezeugt und geboren wurde (hier freiwillig, dort widerwillig, in Wirklichkeit ebenso freiwillig wie widerwillig). Nun ist die Suppe eingebrockt. Das Kind, die Kinder sind da und setzen täglich neue Aufgaben. Zwei Menschen, die zufällig aneinander gerieten, sind bei Strafe des Scheiterns ihrer Existenz für gut zwei Jahrzehnte aneinandergeschmiedet, zur Zusammenarbeit verurteilt, vor die Aufgabe gestellt, bei Strafe des Verlustes allen Lebenssinns diesem Zufall Sinn zu geben.

Keine Familie gleicht der anderen. Jede Familie hat ihre eigene Grundordnung. Leben heißt: ums Überleben kämpfen. So ist auch Familienleben wesentlich Kampf und Selbstbehauptung (z. B. auch »Arbeitskampf«: Wer tut was? Wer wird wann, wo bedient? Wer läßt sich bedienen? Vgl. § 1360, § 1619 BGB). Die Art und Weise der Teilung der Arbeiten, Aufgaben, Verantwortlichkeiten, Zuständigkeiten, die Spielregeln, die Umgangsformen, die Lebensnormen, die Wirklichkeiten, kurz die »Grundordnung« einer bestimmten Familie konstituiert sich in jedem Falle neu, und zwar zunächst durch das Elternpaar allein, später mit den Kindern.[3] Jedes der Elternteile bringt die Grundordnung seines bisherigen Lebens (die von ihm eingelebten, vorgelebten, dargestellten Vorstellungen »richtigen« Familienlebens) in die Ehe und künftige Familie ein. Damit beginnen, hieraus entstehen die größten Schwierigkeiten. In der Kultur, die das Inzestverbot errichtet hat bzw. auf der es sich errichtet hat, dürfen Geschwister einander nicht heiraten. Im neuen Paar treffen verschiedene Grundordnungen aufeinander. Eine jede von beiden hält sich für selbstverständlich, will sich durchsetzen, die Oberhand behalten. Der auf dem Tiefpunkt (oder Höhepunkt) ehelicher Auseinandersetzungen zu hörende Stoßseufzer: »Ich verstehe die Welt nicht mehr«, bezeugt die Erschütterung darüber, daß die Herkunftswirklichkeiten des Einen von denen des Anderen verschieden sind. Er bringt gut zum Ausdruck, worum es hier geht: um den notwendigen Zusammenbruch der Naivität, welche die Ordnungsvorstellungen der Herkunftsfamilie für selbstverständlich und allgemeingültig hielt. Die Wirklichkeit des neuen Paares ist also alsbald und auf lange Sicht ein Kampf. Sie ist Kämpfen gegeneinander ebenso wie um ein Gemeinsames. Wie der Kampf geführt wird, was als gemeinsame Wirklichkeit aus ihm entsteht und was nicht, wie das Gemeinsame aussehen wird, kann niemand vorhersagen. Zu den unzähligen Gegebenheiten der Ausgangslage (Altersabstand, sozialer Abstand, Durchhaltevermögen, Konfliktfähigkeit, Gesundheit und Krankheit und was sonst immer das Kräfteverhältnis bestimmen und jeden Moment verändern kann) treten bald die Kinder als neue Faktoren hinzu. Wichtig wird werden: wie viele Kinder, in welcher Folge, welcher Altersabstand, welchen Geschlechts, welche Geschlechterproportionen, von welchem Geschlecht das Älteste etc. Kinder sind zwar schon ein Stück des Gemeinsamen; aber als potentielle Verbündete, mit denen der eine Elternteil den Kampf um die neue Grundordnung zugunsten seiner Herkunftsvorstellungen gegen den anderen entscheiden will, sind sie auch ein Trennendes. Die Grundordnung einer konkreten Familie bestimmt sich demnach aus Faktoren wie Alter, Altersabstand der Eltern untereinander, Alter der Kinder, Altersabstand untereinander und zu den Eltern, Kampfbereitschaft und Durchsetzungsvermögen der Elternteile und Kinder, Geltungskraft der jeweiligen Formen sozialen Lebens, dem sie entstammen oder auf das sie hinstreben, und vielem anderen mehr. So verschieden sich diese und andere Hauptfaktoren und die Unzahl weiterer Randfaktoren miteinander mischen können, so verschieden und einzigartig ist die Grundordnung einer jeden Familie. Richtige Familienpolitik muß der Ausbildung dieser Verschiedenheit, der Konstituierung der je eigenen Wirklichkeit einer jeden Familie Raum lassen. Aber damit nicht genug. Die einzelne Familie bleibt sich nicht gleich, kommt nie zur Ruhe. Der Naive denkt: Wie einfach wäre es, wenn eine jede Familie ihre einmal gefundene Grundordnung dann künftig nur einzuhalten hätte. Der Kampf wäre beendet, der Friede hergestellt, die Ruhe eingekehrt. Doch er wird erfahren: Die »Harmonie« solchen »ein für allemal« geordneten Familienlebens ist die Hölle selbst. Mit den Harmoniehymnen werden Teufel angelockt, nicht ausgetrieben. Wer mit gezückter Angriffswaffe, mit der Hand am Colt, um Frieden bittet, kann ebensogut »Hände hoch!« kommandieren. Der Kampf um die »richtige« Wirklichkeit, um die »richtige« Politik dieser Familie wird nie ein Ende finden. Der Friede wird nie hergestellt werden, die Ruhe nie einkehren. All die ungeheuren Schwierigkeiten (und, wie wir jetzt schon zu begreifen beginnen: die unerschöpflichen Vorräte an Lebensinhalten und Lebenssinn: »Leiden, Weinen, Genießen, Sichfreuen«) wachsen nach.

III.

Mit solchen Gemeinplätzen ist wenig gewonnen. Wir müssen endlich der Wirklichkeit näher auf den Leib rücken, sie uns näher auf den Leib rücken lassen. Fangen wir an: Da ist der Säugling. Er ist winzig und hilflos. Er wächst und lernt, sich zu helfen. Das kleine Ungetüm lernt sitzen, stehen, hält sich an Stuhl-, Tisch- und Menschenbeinen fest. Der Winzling von damals ist bald ein großes Ungetüm, ein stämmiger, den Eltern über den Kopf gewachsener Kerl. Die Nase, die damals nur Matratzen, Teppiche und Rasen beschnüffeln konnte, wird hoch und höher getragen. Sie steigt von unten, von den Beinen her am Körper der Erwachsenen hoch, reicht bis zu den Knien, bis zum Schoß (ein besonders aufregendes Alter mit vergessenen und doch bleibenden Erfahrungen), bis zum Gürtel, bis zur Brust, bis an Hals und Schultern, langt schließlich bei der Nase der Eltern an, entdeckt und verkennt die Ähnlichkeit (je ähnlicher der eigenen, um so weniger wird dem Heranwachsenden die Nase der Eltern oder, noch trauriger, seine eigene Nase passen), um bald möglichst hoch über den Eltern getragen zu werden. Hat er sich etwas in den Kopf gesetzt, ist er allein unterwegs, so *weiß* er sich ausgezeichnet zu helfen. Doch zu Hause *läßt* er sich weiterhin gern helfen, bedienen und bemuttern. Soll *er* einmal ein wenig »helfen«, so scheint er wieder hilflos wie der Säugling von damals. Er hat tausend Ausreden, warum gerade *er* nicht beansprucht und warum er gerade *jetzt* nicht beansprucht werden dürfe. »Lieber Gott, erhalte mir meine guten Ausreden« ist, wenn oft auch bloß heimlich, ein Lieblingsgebet vieler Kinder. Doch Eltern können an den Ausreden, die sie zur Weißglut bringen, auch ihre Freude haben: in der Kunst, gute Ausreden zu erfinden, entfaltet sich der kindliche Intellekt.

Diejenigen Schwierigkeiten des Familienlebens, die hier zunächst Thema sein sollen (insgesamt nur ein kleiner Teil) entstehen (und vergehen?) sozusagen durch bloßen Zeitablauf, verdanken sich dem Umstand, daß Zeit nicht angehalten werden kann. Kinder wachsen, werden groß und stark, ändern sich. Sie wollen das auch, sind stolz und glücklich auf alles Erlernte, auf jede neue Fähigkeit, jedes Stück Selbständigkeit. Doch zur gleichen Zeit wollen sie es nicht. Alles soll bleiben, wie es war. Art und Weise der Teilung von Arbeiten, Verantwortlichkeiten, Zuständigkeiten sollen eingehalten, die Maßstäbe, nach denen geurteilt wird, sollen festgehalten werden. Doch damit nicht genug: Die Eltern nämlich sind nicht viel besser. Auch für sie gilt: Sie sehen die Veränderung und wollen sie auch – und wollen sie nicht. Es soll alles beim alten bleiben. Sie sehen: der Winzling ist ein stämmiger Kerl; doch für sie ist er immer noch der »Kleine«. Sie sehen: Er kann schon recht viel; doch lassen sie ihn noch nicht tun, was er jetzt kann oder könnte. Sie spüren sich altern und ermüden; doch wollen sie stets hilfsbereite, rüstige, unerschöpfliche Eltern sein und bleiben. Auch sie kennen, bei jedem Schritt, die Mischung der Gefühle aus Vorwärtsdrängen und Zögern, aus Freude am Neuen und aus Abschiedsschmerz. Genaugenommen sind die Eltern die »Ursachen« der hier angedeuteten Widersprüche. *Ihre* Gefühle sind es, die von den Kindern aufgenommen und zurückgegeben werden – wie sollte es anders sein.

Sehen wir, wie es weitergeht. Irgendwann wird es »zeitwidrig« (anachronistisch), wenn Eltern den ihnen über den Kopf gewachsenen Sohn den »Kleinen« nennen. Irgendwann wird, allem Zögern und Stehenbleiben, allen Erhaltungstendenzen zum Trotz, die ehemals »richtige« Grundordnung offensichtlich falsch und unzuträglich. Sie wird geändert, ändert sich, hier im nüchternen Übergang von einer Tagesordnung zur anderen, dort in der Feststimmung etwa des Geburtstages, der Konfirmation, der »Hochzeit«, hier in friedlichem Kampfe, dort mit Haß und Erbitterung. Kinder sagen: »Ich will's nicht mehr hören: tu dies, laß das, geh weg, komm her ...« Aber diese Kinder, die jetzt mehr und mehr am Erwachsenenleben teilhaben und teilnehmen und Erwachsenenvorrechte ausüben wollen, sind sie denn auch zur Übernahme der Erwachsenenpflichten bereit? Wissen sie denn überhaupt, wessen es heutzutage bedarf, um über die Runden zu kommen? Merken sie, daß die Eltern bei wachsender beruflicher Anstrengung im gleichfalls wachsenden Lebensbereich »Haushalt« ohne ein gewisses Maß an Hilfe der Kinder jetzt tatsächlich schwer auskommen, ohne ihre Hilfe wirklich nicht mehr über die Runden kommen können? – Eltern sagen: »Ich will's nicht mehr hören, eure ewigen Ausreden, ihr seid groß und stark, füllt mit euren Leibern, Kleidern und Sachen den stets viel zu engen gemeinsamen Lebensbereich, freßt uns die Haare vom Kopf, macht uns täglich mehr Arbeit und Sorgen, habt immer neue Ansprüche und wollt doch keinen Finger rühren und nichts dazu beitragen, daß wir überleben.« Also gut: Fortschritt, neue Verteilung von Arbeit und Verantwortlichkeit! Jedoch, so einfach geht es nicht. Herrschaft und Herrschaftssymbole, die unbestritten und eingelebt sind, werden nicht kampflos hergegeben. Sind denn diese Eltern bereit, sich überhaupt helfen zu lassen? Wer sich helfen lassen muß, muß es auch ertragen, daß der Helfer, der ja schließlich kein Roboter oder Sklave ist, eigene Meinungen über den Weg zur Lösung der Aufgaben, über die Art und Weise, wie man über die Runden kommt, zum besten gibt. Wer auf Mitarbeiter angewiesen ist, muß sich in sein Konzept hereinreden lassen können – oder er wird, je mehr Terror er verbreitet, nur widerwillige, lethargische, angstvolle und ungeschickte Mitarbeiter haben. Wer vorher allein entscheiden konnte und an diesen Zustand gewöhnt war, muß sich jetzt auf Diskussionen einlassen. Der Alte hat, das glaubt er zumindest, den Vorsprung an Erfahrung. Darauf pocht er. Im Namen seiner höheren Verantwortung will er gewagte Neuerungen unterbinden. Dem Jungen macht Mitarbeit nur Spaß, wo er, auf das Risiko des Scheiterns hin, eigene Pläne ins Werk setzen kann.

Wie er plant und was er zur Verwirklichung unternimmt, ist oft genug gar nicht ungefährlich. Der Heranwachsende kennt weder die Zerbrechlichkeit der ihn umgebenden Systeme, noch weiß er, wie schwer sie sich, trotz aller ihrer Unvollkommenheiten, einmal zerstört, wieder errichten lassen, noch kennt er das Ausmaß seiner eigenen Zerstörungskräfte. Er muß den Umgang mit seinen so rasch gewachsenen Kräften ja erst erlernen. Am Anfang sind Tisch und Stühle unzerbrechlich. Plötzlich geht alles in die Brüche. Der plötzlich Erstarkte weiß selbst noch nicht, warum, was früher standhielt, jetzt zerbricht, warum, was man früher duldete, ihm jetzt als Gewalttätigkeit gegen Sachen und Menschen angekreidet wird. Das Hin-und-Her der Stimmungen und Tendenzen (z. B. massive Disziplinierung nach »autoritätsfreier« Erziehung), das unberechenbare Einschränken der früher unberechenbar ausgeweiteten Freiräume macht ihn nicht gerade sicherer. Umgekehrt kann sich der Alternde schwer daran gewöhnen, daß ihm seine Kräfte nicht mehr in der alten Ausdauer und Zuverlässigkeit zur Verfügung stehen. Schwierigkeiten über Schwierigkeiten. Der schönste Fortschrittsplan wird von der Reaktion durchkreuzt: Festhalten des Status quo, Bewahren (Konservieren), Zögern, zumindest Abschiedstrauer. Wie bisher bleiben die Kinder die Kleinen, setzen sich ins gemachte Nest, öffnen Türen, die sie nicht schließen, entzünden Lichter, die sie nicht kontrollieren und löschen, lassen sich bedienen, spielen die Herren, *sind* insoweit die Herren. Wie bisher spielen die Eltern Antiherrschaft (Oberherrschaft?), halten Ordnung, sehen nach dem Rechten, machen Anfang und Schluß.

IV.

Es bleibt also alles beim alten? Oh nein, so ist es nicht. Es bleibt schon deshalb nicht beim alten, weil, was gestern richtig war, heute falsch geworden ist. Das ist für sich allein genommen schon eine sehr beachtliche Veränderung. Sie zieht weitere Veränderungen nach sich. Früher oder später, in welchen Formen auch immer, muß das ehemals Richtige, jetzt Falsche, unangemessen, lächerlich, gefährlich Gewordene, wie schwer auch immer der Abschied uns fallen, wie stark auch immer das Konservative, der Konservativismus sein mag, doch abgestoßen werden. Familien ohne tagtägliche Änderung der Lebensnormen gibt es nicht.

Ein einziges Beispiel: Kleine Kinder brauchen viel Schlaf. Eltern, die sich mit kleinen Kindern abgeben, wollen vielleicht (hoffentlich!) auch einmal unter sich und ihresgleichen sein. Der Kinder und der Eltern wegen muß abends zu bestimmter Zeit energisch mit den Kindern »Schluß gemacht« werden. Aber eines Tages sind die Kleinen groß, brauchen weniger Schlaf, stören nicht mehr die Geselligkeit der Eltern, erweisen sich als aufmerksame Zuhörer, interessierte Frager, anschauliche Erzähler. Die Eltern, die gewohnt waren, den Abend unter sich und ihresgleichen zu verbringen, sehen sich »mit einem Male« auch am späten Abend noch in Gesellschaft ihrer Kinder. In dem Maße, wie dies geschieht, werden jene allmählich zu »ihresgleichen«. Es wird nicht mehr auf die alte Weise »Schluß gemacht«. Die Kinder gehen, wenn sie »genug haben«. Man weiß ihre Gesellschaft zu schätzen, sieht die Vorteile des neuen Zustandes. Doch leider bietet oft genug noch dieser harmlose Wandlungsprozeß Anlaß zu Komplikationen. Die neue Gesellschaft am späten Abend stört vielleicht eine liebe Gewohnheit der Eltern (z. B. zu dieser Stunde in Arbeiten oder Gedichte, Romane und Sonaten zu versinken). Kinder haben andere Bedürfnisse, wollen action und Gespräch, und ihre Musik ist, ob Nachahmung oder Protest, gegenüber der Eltern-»Stimmung« jedenfalls eine andere Musik. Der harmlose Streit um das Abendprogramm geht rasch wieder ins Grundsätzliche: »Ihr Jungen wollt Rechte, aber keine Pflichten!« Es gibt Familien, in denen Kämpfe um jedes bißchen Änderung, Zögern, Widerstände, Festhalten zu viele Kräfte beanspruchen. Umgekehrt gibt es Familien, in denen zu viel auf einmal experimentiert, geändert, preisgegeben, zugemutet wird. Eltern wie Kinder werden mit Versuchen von Fortschritt und Emanzipation überfordert. In welchem Maße Familienleben gelingen wird, ist also eine Frage des rechten Augenblicks und rechten Maßes der Veränderung: ein schmaler Grat zwischen Festhalten und Verändern der Grundordnung und der Maßstäbe. Das ist leicht gesagt und schwer getan.

Wir haben jetzt begriffen: Eltern und Kinder nehmen ihr Älterwerden, ihr eigenes und das ihres Gegenüber, wohl wahr und nehmen es doch nicht wahr. Sie sehen es – und sehen es nicht (weil sie den guten alten Zustand festhalten wollen), sehen es, machen sich aber nicht die richtigen Gedanken dazu, ziehen nicht die rechten Folgerungen. Eltern sehen wohl die Entwicklung des Kindes und begreifen doch nicht: jetzt braucht es mehr Freiheit. Um zu lernen, sich selbst zu erfahren, sich wahrzunehmen, sich selbst und der eigenen Wahrnehmung zu vertrauen, braucht es jetzt einen weiteren Bereich unkontrollierten Eigenlebens. So sehen sie auch nicht die Entwicklungsleistungen, die das Kind gewissermaßen gegen den Widerstand der Eltern erbringt: die Anzeichen größerer Reife, weiterer eigener Erfahrungsmöglichkeit, wachsenden Selbstvertrauens, sich ankündigender Ablösungsbereitschaft. Kinder sehen wohl die Entwicklung ihrer Eltern: sie werden langsamer, rascher erschöpfbar, irgendwann auch gebrechlich, können nicht mehr unermüdlich helfen und dienen (also in der Form des Bedienens, wie der klassische Diener der Komödie, den Herrn beherrschen), sie sind ihrerseits müde und auf Hilfe angewiesen, müssen gegen tausend eigene und fremde Widerstände zur (kindlichen) Herrschaftsform des Sich-bedienen-Lassens zurückkehren. Doch Kinder können, solange Eltern leben, schwerlich sich ganz damit abfinden, daß Eltern nicht mehr »Helfende«, sondern Hilfsbedürftige sind. Weil Kindsein so schön ist, sind sie, wie erwachsen sonst auch immer, imstande, die Zeichen der Müdigkeit und Rückzugsbereitschaft oder gar Todesnähe in den Gesichtern der Eltern zu übersehen. Die Eltern, solange sie nicht wirklich sterben wollen (und auch dann noch), leisten dieser Täuschung Vorschub. Weil sich ein jeder über sein Gegenüber täuscht und täuschen will, können Eltern und Kinder so lange an falscher Pflichtenverteilung festhalten. Und auch wer alles mit offenen Augen sieht, kann doch außerstande sein, die Konsequenzen zu ziehen, die Verhaltensprogramme zu ändern, die Rollen zu wechseln.

Weil alte, eingespielte Verhaltensprogramme zu lange festgehalten werden, gibt es Spannungen, Aufgestautes, mehr oder weniger heftige Entladungen, die zur Neudefinition der Spielregeln führen können (aber nicht führen müssen). Andererseits gibt es in den Zeiten zwischen den förmlichen Novellierungen oder Neuinterpretationen der Verfassung durch das tägliche Leben selbst tatsächliche, wirkliche Änderungen und Verschiebungen. Je unmerklicher, unbemerkbarer, desto reibungsloser geschehen sie. Bei solcher faktischen Derogation bedarf es im günstigsten Falle gar keiner förmlichen Novellierung oder Neuinterpretation. Die alte Grundordnung wird einfach vergessen, wird lautlos novelliert, man kann nicht alle Zeit mit Novellieren vertun, das Leben selbst ist wichtiger. Wer, um sein Gesicht zu wahren oder aus Prinzipienstrenge oder wer weiß warum, einer ausdrücklichen Änderung und Neuformulierung von Rechten und Pflichten sich widersetzen müßte und würde, kann der faktischen Derogation und der Herausbildung neuen Gewohnheitsrechts gleichwohl aufgeschlossen sein. Je weniger fixierte Grundordnung, desto leichter die tagtägliche Anpassung. Geschehen Verfassungsänderungen ruckweise, nach zu langem Stillhalten, in zu großen Stufen, gegen Widerstände, unter schweren Kämpfen, mit Proklamationen und großem Novellierungsaufwand, so sind dies häufig genug schon Zeichen des gestörten Ablaufes. Der ungestörte Ablauf ist: unmerklicher, vielleicht auch bemerkter, aber nicht kommentierter, stillschweigend geduldeter Wandel. Nun fällt es uns aber schwer, zuzusehen, daß Entwicklungen anders verlaufen, als wir sie uns ausgedacht haben. Es fällt uns überhaupt schwer, Zukunft auf uns zukommen zu lassen. Zwischen den beiden Alles-und-nichts-Wegen, also falschen Wegen: »*Nichts* dem Zufall überlassen« und »*Alles* dem Zufall überlassen«, liegt die menschlichste aller Aufgaben – den Zufall hinnehmen, ihm Sinn geben und damit der Vergangenheit und Gegenwart eine Zukunft geben.

V.

Wir führen den Gedankengang nun in die nächste Runde und ziehen um unser Thema einen weiteren (engeren) Kreis. Das längst eingekreiste Problem »Familienpolitik und Verfassungsinterpretation« wird dabei um einige Grade deutlicher und plastischer sichtbar werden. Von der Schwierigkeit, daß die Grundordnung der Familie zunächst zwischen den Eltern selbst umkämpft sein, von ihnen erkämpft sein muß, war oben die Rede. Jetzt ist nicht so sehr der Geschlechter-, sondern der Generationenkampf unser Thema: Wir leben nach Maßstäben. Familie ist der Ort, in dem sich Maßstäbe tradieren. Die

Welt ändert sich. Es gibt Entwicklungen (ob vorwärts oder rückwärts spielt hier keine Rolle). Verändertes Leben braucht veränderte Maßstäbe. Um Erhaltung und Veränderung der Maßstäbe und um das Innehaben der relevanten Positionen gehen der Streit und der Konflikt der Generationen. Grob gesprochen: Die Alten wollen festhalten an ihrer Stellung und an den Maßstäben ihres gelebten, eingelebten Lebens; die Jungen bezweifeln den Sinn solcher Maßstäbe, wollen weniger »Repression«, wollen das kreatürliche Wohlbehagen weniger eindämmen, wollen der Kultur weniger große Opfer bringen, wollen vor allem die Alten ablösen. Das Dilemma ist nun: Positionen und Maßstäbe sind nötig, müssen festgehalten und verteidigt werden, und sie müssen doch umkämpft, in Frage gestellt, auch verändert, angepaßt werden. Wer die Maßstäbe der Alten wegwirft, wird scheitern. Wer die Maßstäbe des Alten aber allzu stark und rigoros, mit zuviel Strenge und Gewalt verteidigt, wird ebenfalls scheitern. Zwischen Festhalten und Nachgeben ist wiederum nur ein schmaler Grat. Im ständig durchgehaltenen Festhalten müssen wir doch stets leise nachgeben. Oft genug aber geht es ruckweise, in Wellen, in gefährlichen Ausschlägen des Pendels, mit dramatischen Tendenzwenden oder wie wir dieses Loslassen und Festhalten der Maßstäbe und Positionen auch beschreiben mögen.[4]

Das Grundthema auch dieser Variation ist: die Zeitstruktur des Lebens. Der einzelne Mensch hat eine bestimmte Lebenszeit. Er lebt nicht ewig. Er kann in seinen Kindern überleben. Das sollte ihm genügen. Aber es genügt ihm nicht, oder besser: es genügt ihm nur, wenn sichergestellt ist, daß die Kinder wirklich *sein* Leben fortsetzen oder wiederholen. Er will deshalb den Künftigen die Lebensmöglichkeiten und Lebensordnungen *dieses*, des heutigen Lebens hinterlassen. Er will künftiges Leben vorausplanen *und sich damit aneignen.* Der feine Unterschied zwischen Voraus*sorgen* und Voraus*planen,* der freilich menschliche von unmenschlichen Kulturen scheidet, ist schwer zu begreifen und schwer zu akzeptieren. Es gibt ja auch so viele gute Gründe, das Leben unserer Kinder gleichsam in die eigene Hand zu nehmen. Die Fähigkeit zum menschlichen Leben (genauer: zum Leben in einer nach Raum und Zeit bestimmten Kultur) ist keinem angeboren. Sie muß von den Jungen erworben, von den Alten weitergegeben werden. Aber sie muß sich bei diesem Weitergeben, indem sie sich erhält, mehr oder weniger verändern. Wir müssen die Zukunft, das Leben unserer Kinder, bedenken, meinetwegen auch »planen«, und uns doch damit abfinden, daß die Zukunft nicht uns, sondern den Nachkommen gehört – was immer wir für sie vorsorgen (oder vorzusorgen unterlassen), sie werden ein eigenes Leben führen, ihr Weg wird nicht der unsere und auch nicht der von uns für sie geplante sein. Ob und wie es mit der Gesellschaft und der Kultur weitergeht, weiß man nicht. Die Nachkommen stehen auf unseren Schultern, können also höher hinaus, werden aber auch von der Last unserer Verfehlungen und Versäumnisse niedergedrückt. Ihr Leben hat, wie das unsere, seinen eigenen Zyklus, Anfang und Ende, ist aber, wie das unsere, auch Moment und Teilabschnitt einer großen (von den meisten Lebenden kaum begriffenen, kaum wahrgenommenen) Bewegung. Die heutige Familie kann als einzelne in ihrer Verfassung nicht viel höher hinaus, aber auch nicht viel tiefer gedrückt werden, als jener große Menschenverband (Westeuropa und Nordamerika) gekommen ist, und die »große« Familie kann nicht höher hinaus und nicht tiefer gedrückt werden, als eine Mehrheit oder zumindest eine Minderheit der kleinen Familien es sich gefallen läßt.

Nun vollziehen sich dieselben und vergleichbare Entwicklungen überall gleichzeitig in vielerlei Zeitdimensionen. Eine Fliege lebt einen Tag, ein Hund zehn, ein Mensch siebzig oder achtzig Jahre, Kulturen unter Umständen Hunderte von Jahren. In den kurzen, langen Jahren vom Säuglingsalter bis zur sozialen Mündigkeit der Kinder ereignet und wiederholt sich in einer jeden Familie eine Entwicklung, für welche die westeuropäischen Kulturen einige Jahrhunderte gebraucht haben, ohne zum Abschluß gekommen zu sein: die Entwicklung vom »Feudalismus zur bürgerlichen Gesellschaft« oder »vom Absolutismus zu Konstitutionalismus und Demokratie«. Am Anfang der Kindheit wird das Elternpaar als absolutistischer Herrscher von Gottes Gnaden erlebt. Auch es selbst muß sich aus guten Gründen so oder ähnlich begreifen. Auf dem Elternpaar, auf ihm allein, ruht alle Verantwortung. Die Eltern müssen alles tun. Sie sind das A und O, sie fangen an und machen Schluß. Im Laufe der Zeit aber wird das Herrscherpaar von seinen »Untertanen« entmachtet. Vielleicht braucht man, übergangsweise, eine Konstitution. Aber mit oder ohne ausformulierter Grundordnung – die Eltern können gar nicht mehr allein herrschen, sie müssen die Macht teilen, stückweise abgeben. In dem Maße, wie sie mündige, erwachsene Kinder heranziehen und einstweilen auch im eigenen Hause haben wollen, müssen sie zur »Demokratie« übergehen. Die Frage »Parlamentarismus oder Rätesystem« stellt sich an dieser Stelle nicht. Je lautloser, je weniger ruckweise dies alles geschieht, desto besser, desto eher können wir von gelingendem, gelungenem Familienleben, von »richtiger« Familienpolitik sprechen.

Zwischen der kurzphasigen Entwicklung (Säuglingsalter bis Mündigkeit eines Kindes) und der langphasigen Entwicklung (Geschichte der bürgerlichen Gesellschaft) gibt es (von noch kürzeren und noch längeren einmal abgesehen) Entwicklungsphasen, die mit dem kurzphasigen Tempo nicht Schritt halten, die aber in jener langphasigen Gesamtentwicklung wiederum nur eine Zwischenphase mit (hoffentlich) bleibenden Ergebnissen darstellen. Als solche Zwischenphase oder als einen Teil davon möchte ich die dreißig Jahre Versuch der Einübung von Demokratie, die der Bundesrepublik Deutschland nach dem Kriege bisher zugestanden waren, ansehen. Bis 1945 hatte dieses Land von Demokratie wenig gesehen, weniger als die meisten westeuropäischen Nachbarländer, von den bald 200 Jahren halbwegs gelungener Demokratie in den USA einmal ganz abgesehen. In Deutschland war die bürgerliche Revolution von 1848 gescheitert. Eine genuine bürgerliche Gesellschaft hat sich nicht konstituiert. Eine Entwicklung dahin, daß die Bürger ihre Nase ebenso hoch (oder gar höher) tragen als der Adel, hat unser Land nicht erlebt. Im Kaiserreich, in der Weimarer Republik und in der Bonner Republik blieb der Adel wo nicht Führungsschicht, so doch in Führungsschichten überrepräsentiert. Der Bürger hat den Kopf nicht hochgereckt, hat auch (Gottseidank!) den Gegner keinen Kopf kürzer gemacht. So konnten die alten Hochnäsigkeiten überleben. Reste altfränkischen, baronesken Gebarens blieben der deutschen Staatlichkeit (»Obrigkeit«) bis heute erhalten. Im Laufe der letzten drei Jahrzehnte hat sich jedoch einiges geändert. Ob die Chance zur Demokratie in der Restaurationsphase zumal genügend genutzt worden ist, kann man bestreiten. Vielleicht ist die Wiederetablierung alter Hochnäsigkeiten und, noch schlimmer, die Inthronisierung neuer Hochnäsigkeiten nicht energisch genug verhindert worden. Ob sich mehr hätte erreichen lassen, soll hier nicht interessieren. Das, was erreicht wurde, rechtfertigt die Behauptung: Wir haben 1975 mehr Demokratie gesehen und erfahren als 1945. An keinem Menschen, an keiner Institution sind die drei Jahrzehnte spurlos vorübergegangen. Die Debatte um Mitbestimmung ist bis in die hintersten Winkel des Paternalismus hinein geführt worden. Die »reaktionärsten« Institutionen haben sich zumindest eine Zeitlang aufs Debattieren einlassen müssen. Ob das Erkämpfte erhalten bleibt, ist eine andere Frage. Erneute Rückschläge müssen in der Tat befürchtet werden. Die Entwicklung ist auch bisher nicht gleichmäßig verlaufen, sondern ruckweise, in Wellen, mit starken Ausschlägen (zuletzt: Studentenbewegung, Reformversuche und jetzt »Tendenzwende«). Die Erinnerung an Kampf, Zugeständnis und Widerruf wird sich schwer auslöschen lassen. Die Studentenbewegung hat jedenfalls Spuren hinterlassen. Trotz aller Einschüchterungen, die heute unter Ausnutzung einer weltweiten Wirtschaftskrise unternommen werden, wird sich nicht alles Erkämpfte ungestraft zurücknehmen lassen.[5]

Verändertes »öffentliches« Leben (»Wirtschaft«, »Politik«) ist an verändertes »privates« Leben gekoppelt. Das Öffentliche wirkt aus dem Privaten heraus und in das Private zurück. In dem Maße, wie Mitbestimmung, Demokratie, und sei sie auch noch so zaghaft (Schülermitverwaltung; Teilhabe des »Mittelbaus« an der Willensbildung der Gremien der Max-Planck-Gesellschaft) in öffentlichen Institutionen anerkannt, zugestanden, geprobt wurde, mußte und konnte sie auch den Absolutismus im Elternhaus in Frage stellen. In dem Maße, wie sich der Absolutismus des Elternpaares in Frage stellen läßt und ließ, konnten »draußen« die Versuche der Einübung von Demokratie gelingen. Mit dieser Einsicht gehen wir in die letzte Runde unserer Überlegungen.

VI.

Für das Bundesverfassungsgericht und seine »Familienpolitik« ergibt sich zunächst folgendes: was über »Änderung der

Spielregeln« gesagt wurde (Schwierigkeit der Wahrnehmung von Veränderung, faktische Derogation, Gewohnheitsrecht, Novellierung, wieviel Konstitutionalismus brauchen wir, Festhalten und Loslassen, Loslassen und Festhalten der Maßstäbe), darf als Versuch gelten, die Schwierigkeiten der Verfassungsnovellierung und der maßgeblichen, maßstabsetzenden Verfassungsinterpretation mittels der Übertragung in eine von jedermann erfahrene und nachvollziehbare Wirklichkeit verständlich zu machen. In der Hoffnung, daß wir in den letzten dreißig Jahren (nicht zuletzt durch das Bundesverfassungsgericht) doch ein wenig Demokratie gelernt haben, wird man einschärfen dürfen: Die Menschen von heute sind anders; die Probleme sind andere; die Lösungen müssen andere sein. Die seinerzeit und im Laufe der Entwicklungsphase gesetzten oder eingeschärften, losgelassenen und festgehaltenen Maßstäbe müssen ständig weiter überprüft und in jener schmalen Gratwanderung des ständigen Loslassens und Festhaltens abgeändert werden. Aus der Einsicht, daß wir in den letzten dreißig Jahren (gerade durch das Bundesverfassungsgericht) ein wenig Demokratie gelernt haben, würde weiterhin folgen, daß sich die »Umgangsformen«, daß sich die das Verhältnis zwischen Verfassungsrichter (Verfassungsgericht) und »Bürger« bestimmenden »Spielregeln« ihrerseits ändern müssen. Als wir, was unsere Demokratenexistenz betrifft, noch Säuglinge waren, mußten wir den Verfassungsgeber, den Parlamentarischen Rat, das Parlament, vor allem aber den Verfassungshüter als Halbgott, als eine Art absolutistischer Herrscher von Gottes Gnaden erleben. Von allen Instanzen, in denen wir »Väter« suchten und fanden, hat das Bundesverfassungsgericht am dauerhaftesten des »kindlichen« Aufblicks sich würdig erweisen können (die anderen Instanzen, der Bundestag zumal, waren zu »durchwachsen«: Alt *und* Jung, Rechts *und* Links, von der Lobby der Verbände umzingelt). Das Bundesverfassungsgericht wurde und war Instanz letzter und höchster Einsicht, Hort politischer Erfahrung und Weisheit. Die »Säuglinge« und »Untertanen« wollten es gottähnlich denken dürfen. Richter und Senate waren solchen höchsten Ansprüchen in Taten und Worten auch einigermaßen gewachsen.

Doch die Säuglinge sind nun ein Stück weit gewachsen. Die Untertanen sind ein wenig mündig geworden. Also muß auch jene väterliche Instanz (zumal auch die väterlichen Repräsentanten der ersten Stunde abgetreten sind) in ihrem Verhältnis zu den »Kindern« sich selbst umdefinieren, sie muß an den »Kindern« die Anzeichen größerer Reife, weiterer eigener Erfahrung, wachsenden Selbstvertrauens, sich ankündigender Ablösungsbereitschaft wahrnehmen, mehr »Mitbestimmung« und »Eigenbestimmung«, mehr »Integrität und Autonomie der Person gegenüber Organisation« (Schelsky) zulassen.[6] Das Bundesverfassungsgericht macht dann »richtige« Familienpolitik, wenn es von seiner »Väterlichkeit«, von seiner Zuständigkeit und Verantwortlichkeit im Rahmen der verfassungsmäßig gezogenen Grenzen in kleineren und größeren Stücken etwas abgibt, die Argumente und Einwürfe der Gegenseite sich geduldiger anhört, sich ins eigene Konzept hereinreden läßt, mehr Raum für diese eigene Verantwortlichkeit gewährt. Richtige Familienpolitik mache ich dann, wenn ich überall, wo ich Vater oder Quasivater sein muß, ein möglichst guter Vater bin. Dies kann ich nur sein, wenn ich erstens die Probleme und Schwierigkeiten heutiger Familie ein wenig kenne und zweitens – weit schwieriger noch – in die rätselhafte Welt menschlichen Fühlens ein wenig eingedrungen bin.

In der Entscheidung des ersten Senats vom 29. 7. 1959 (BVerfGE 10, 59-89) mit welcher § 1628 und § 1629 Abs. 1 BGB aufgehoben und die volle Gleichordnung von Vater und Mutter auch im Bereich der elterlichen Gewalt gefordert und insoweit auch »verwirklicht« wurde, hat das Gericht der Familie zu neuen Chancen verholfen. Ich knüpfe an das oben Gesagte an: Leben ist ein ständiges Streiten um Maßstäbe. Sie sind umstritten zwischen Mann und Frau, Jung und Alt »Oben« und »Unten«. So ist auch Familienleben notwendig ein ständiges Streiten, ein permanenter Kampf, sowohl zwischen den Kindern und dem Elternpaar (daß wir das Elternpaar als Einheit setzen konnten, ist erst durch die Entscheidung vom 29. 7. 59 »möglich« gemacht worden) als auch zwischen den Eltern selbst. Noch einmal: In der Kultur, die die Geschwisterehe verbietet, stammen Mann und Frau, die das Elternpaar bilden, aus verschiedenen Herkunftsfamilien. Die beiden Elternteile streiten gegeneinander als Angehörige ihres Geschlechts und ihrer Herkunftsfamilie gegen das andere, fremde Geschlecht und die andere, fremde Herkunftsfamilie. In ihren (verschiedenen) Herkunftsfamilien haben sie ihre Art zu leben gelernt. Hieraus stammen ihre Vorstellungen, was sich bei welchen Anlässen gehört (wann und wie man aufsteht, sich wäscht, sich kleidet, ißt, arbeitet, ruht, feiert und schläft). Der Kampf um das richtige Leben tobt 365 Tage im Jahr und rund um die Uhr. Aus diesem Kampf entsteht die neue Wirklichkeit dieser neuen Ehe und Familie. Wo aber der eine Teil den anderen mit seinen eigenen Vorstellungen zudecken, totreden, niederhalten kann, wo der andere sich an die Wand drücken, seine Vorstellungen widerspruchslos entwerten lassen muß, kann Familienleben nicht gelingen. »Richtige« Familienpolitik, gelingendes, gelungenes Familienleben ruht auf der Grundordnung »leben und leben lassen« (»Gegenseitigkeit auf Dauer«, »Gleichheit bei Verschiedenheit«). Dieser Kampf um eine neue, gemeinsame Wirklichkeit ist dort gestört und verhindert, wo der eine Teil schon von vornherein weiß: Mir gehört das letzte Wort, mein ist der Stichentscheid, ich muß den Streit nicht bis zum Ende, zum Moment der Gefährdung meiner eigenen Position durchhalten. Erst durch die Beseitigung des väterlichen Alleinentscheidungsrechts hat das Bundesverfassungsgericht »richtiges« Streiten und damit die Selbstbehauptung eines jeden Familienmitglieds gemäß seinen »natürlichen« (nicht »juristischen«) Fähigkeiten rechtlich möglich gemacht. Das war gute Familienpolitik – eine hohe Hürde, ein ärgerliches, gefährliches Hindernis auf dem Wege zu gelingendem, gelungenem Leben ist genommen bzw. ausgeräumt worden.

Eine ähnlich mutige Entscheidung zum Verhältnis »Elternpaar« – Kinder steht noch aus. Die Entscheidungen über Inhalt und Grenzen elterlicher Gewalt berücksichtigen, wie ich finde, nicht genügend die Notwendigkeiten eines schrittweisen, besser stufenlosen Abbaus der absoluten, absolutistischen Gewalt von Eltern über Kinder, des allmählichen Übergangs zur Mitbestimmung, Mitverantwortung, »Demokratie«. Die elterliche Gewalt wird noch allzu unumschränkt und unveränderlich gesehen. Nur mit streitbaren, konfliktfähigen Partnern kann aber Familienleben gelingen.

Andererseits hat das Bundesverfassungsgericht die elterliche Gewalt gerade dort, wo sie vielleicht den Eltern gänzlich unumschränkt zustehen sollte (soll das Kind überhaupt zur

Welt kommen?), in einer Weise eingeschränkt, die dem Umstand, daß die Menschen hierzulande inzwischen ein wenig mündiger geworden sind, meines Erachtens nicht genug Rechnung trägt. Mit der Entscheidung zu § 218 StGB ist dem Bürger die ihm zustehende Mündigkeit meines Erachtens vorenthalten worden. Es sind, so scheint mir, in der Entscheidung viele Gesichtspunkte nicht deutlich und nicht offen genug zur Sprache gekommen. *Einen* derartigen Gesichtspunkt möchte ich darum hier so deutlich und offen als möglich kurz zum Thema machen, auf die Gefahr hin, daß dem Leser damit ein relativ marginaler Nebenaspekt der »sozialen Indikation« zu stark gewichtet erscheinen muß. Es ist ein altes, ehrwürdiges und möglicherweise unsterbliches Thema: das Glück und Verhängnis der »neuen Liebe«. Ehe schützt vor »neuer Liebe« nicht. Das war schon immer so. Kein noch so drakonisches Strafrecht hat den »Ehebruch« (um dieses böse, den Tatbestand ganz falsch beschreibende Wort ein letztesmal zu gebrauchen) verhindern können. Wie wir von den Göttern Griechenlands (»Ihr wandelt droben im Licht«) bzw. von den (von Hölderlin ja letztlich gemeinten) Angehörigen des europäischen Feudaladels wissen, braucht eine neue Liebe bei genügender menschlicher Reife (Diskretion, Gewissen, Haltung, Rücksicht, Vorsicht, Takt) der Beteiligten keineswegs zur Ehezerrüttung oder gar Eheauflösung zu führen. Das hat sich nun herumgesprochen. Darin sehe ich kein Zeichen umsichgreifender Verwahrlosung, sondern ein Anzeichen dafür, daß immer mehr Menschen irgendwann im Laufe ihres Lebens den Abschied von der Kinder- und Untertanenmoral auszuhalten lernen und auch insoweit mündig werden, als sie ihr Recht auf »Herzensangelegenheiten«, zuvor ein Privileg reicher Leute, auszuüben beginnen. »Diese Demokratisierung des ›Rechts auf affektives Leben‹ muß der heutigen Zeit zugute gehalten werden« (Muldworf). Damit verbinden sich aber bekanntlich einige Probleme. Wir können heute, vielleicht besser als je, Empfängnis verhüten. Dieter Claessens, dem wir so viel Ermutigung zur Fortsetzung des Wagnisses Familie verdanken, sagt an einer Stelle, die das ganze Leben der Vergangenheit durchdringende Sorge um die »Reinhaltung des Familienblutes« sei durch die Möglichkeit gesteuerter Elternschaft antiquiert und kategorial ad absurdum geführt worden.[7]

Diese 1970 geäußerte Zuversicht ist uns seither wieder ein wenig abhanden gekommen. Die hormonale Empfängnissteuerung wird in dem Maße aus der Mode kommen, wie Frauen sich mit ihrer Körperlichkeit wieder versöhnen, ihren Zyklus in allen Dimensionen (den psychischen zumal) wahrnehmen, erleben und genießen wollen. Es scheint, als ob sich die alte Natur an dieser, ihrer lebenswichtigsten, Stelle nicht überlisten und auf Distanz bringen lassen wolle. Wie dem auch sei, im Moment jedenfalls ist auch hierzulande die »Geburtenkontrolle« noch recht unzulänglich. Trotz aller Mittel der Empfängnisverhütung gab und gibt es serienweise scheineheliche, in Wahrheit außereheliche Empfängnis. Es gibt Schätzungen, nach denen 5 bis 10% der als ehelich zur Welt gebrachten Kinder in Wahrheit einen anderen Vater haben. Die Beteiligten haben, solange Eltern und Kinder durch die ödipale Verstrickung aneinander gebunden sind, solange »Herkunft« das große Thema der Adoleszenz ist, auf alle Fälle schwere Zeiten vor sich. Ich würde meinen, daß in solchen Fällen die Frau allein entscheiden können sollte, was sie kann und will. Erst wenn sie frei ist, auch *dieses* Kind haben zu wollen, kann sie es akzeptieren, kann sie die unendlichen Konflikte, die auf sie, dieses Kind und alle anderen Beteiligten warten (»Übersehen«, Anfechtung, förmliche Ehelicherklärung und was sonst alles), mutig und zuversichtlich auf sich nehmen. Sie (Maria) allein kann einigermaßen übersehen, ob sie den Konflikt mit sich selbst und ihren Nächsten wird aushalten können, und ob sie ihn wenn schon sich selbst, dann auch den Nächsten, zumuten kann. Kann sie das bejahen, um so besser für sie, für das Kind, für die Nächsten (Josef und die Hirten), für die Welt, die aus solchen Weihnachtswundern Hoffnungen schöpft. Kann sie es nicht, so müssen wir den Verzicht respektieren. Gewiß, sie opfert der Angst, dem Kleinmut, der Schwachheit. Sie opfert aber auch dem Gesetz, der Ordnung, die die Menschheit in Angst vor dem Rückfall in die alte Natur errichtete. Distanzierung von Kulturleistungen ist nötig und möglich und die Forderung der Stunde. Doch darf sie ebensowenig erzwungen werden wie die Kulturleistung selbst. Der Weg des Verzichts, der von denen, die »oben im Licht wandeln«, immer relativ gefahrlos begangen werden konnte, kann nicht durch einen Indikationskatalog oder durch die Entscheidung einer Beratungsstelle eröffnet werden. Derartige Entscheidungen sind, wie die Eheschließung selbst, »höchstpersönlich«. Mit dem Plädoyer zu solcher Entscheidungsfreiheit bin ich von dem oben als »Grundordnung des Lebens« apostrophierten Prinzip der Folgenverantwortlichkeit (»die eingebrockte Suppe ist auszulöffeln«) um kein Jota abgerückt. Das Prinzip bleibt gültig. Der Verzicht auf ein Kind der »neuen Liebe« bringt ja nicht nur Erleichterung, sondern fordert auch seinerseits den Preis lebenslanger Schuldgefühle und Trauer.

Dies ist eine Randbemerkung – nicht mehr. Ein derart tiefgründiger Problemkomplex kann hier ebensowenig diskutiert werden wie das wichtige Urteil des Bundesverfassungsgerichts. Ich wollte nur andeuten: Hier ist, für mein Gefühl, falsche Familienpolitik gemacht worden in dem doppelten Sinne: der Verfassungsrichter hat sich dargestellt und vielleicht auch gefühlt als jemand, der sich über teilweise doch recht gut begründete Einwände der Gegenseite kraftvoll hinwegsetzen, alte Maßstäbe unbeirrt festhalten will und muß. Er hat ferner die Familien mit teilweise doch nicht gesehenen oder jedenfalls nicht deutlich und offen genug diskutierten Konfliktstoffen belastet und somit heutigen Menschen Möglichkeiten der Selbstbestimmung dort vorenthalten, wo diese zu solcher Selbstbestimmung vielleicht schon reif geworden sind.

Einen gemischten, teils positiven, teils negativen Eindruck hinterläßt schließlich das neue, zweite Urteil des Bundesverfassungsgerichts zur Witwerrente (vom 12. 3. 1975, NJW 1975, S. 919-922). Positiv wirkt zunächst, daß das Gericht überhaupt von einer älteren Entscheidung in dieser Deutlichkeit abrückt und so den Fällen der Einschränkung der Selbstbindung einen wichtigen weiteren hinzufügt. »Was gestern noch verfassungsmäßig war, kann heute verfassungswidrig sein.« Positiv wirkt weiter die relativ sorgfältige Analyse und Kommentierung der Wandlungen des »Erwerbsverhaltens der verheirateten Frau« und der »Bedarfslage beim Tode eines Ehegatten«. Positiv wirkt schließlich (wenn man von der durchschimmernden Hoffnung auf eine »Tendenzwende« einmal absieht) die abwartende Haltung – man muß sehen, wie der Trend weitergeht, was die Menschen, die Menschenpaare, die Frauen der jungen Generation aus ihrem Leben machen. Alte geheiligte Vorstellungen, die den Mann zum Geldverdienen im Erwerbsleben, die Frau zum Geldausgeben im Haushalt verpflichteten, können ins Wanken geraten, sich vielleicht in Nichts auflösen, sie können aber auch eine Bekräftigung erleben. Negativ wirkt indessen, das haben schon die Urteilsrezensenten betont, daß sich das Bundesverfassungsgericht erneut als »dritte Kammer«, als oberste, ratgebende, kontrollierende Instanz des Gesetzgebungsverfahrens, als – in meinem Bilde – Vatergremium über allen Vätern zu verstehen scheint oder jedenfalls so aufzutreten versucht und den beiden »demokratischen« Kammern ihre »Mündigkeit« auch insoweit zu bestreiten scheint.

VII.

Familie, sagte ich, wird in den kommenden Jahren und Jahrzehnten als Herd der Krisen erkannt werden, als Instanz, welche die krisenstiftenden Probleme produziert, und in welcher diese folglich, wenn nicht nur an Symptomen kuriert werden soll, gelöst werden müssen. Eine der Schwierigkeiten richtiger Familienpolitik rührt nun daher, daß diejenigen Erwachsenen, die die Problematik heutiger Familie »am eigenen Leibe« erfahren haben und auch einigermaßen über die Runden gekommen, also halbwegs gute Mütter und Väter geworden und gewesen sind, in der Politik und im öffentlichen Leben nicht genügend zu Worte kommen und erst recht nicht zur Macht gelangen. So wie Politik und Öffentlichkeit heute organisiert sind, lassen sich öffentlicher Einfluß oder gar politische Macht und gelungenes Familienleben nur schwerlich miteinander vereinbaren. Der Scheinwerfer der Öffentlichkeit stört die Familie, und die Familie stört die Tagesordnung (und Abendordnung) der Organisationen der Meinungs- und Machtbildung. Die Lauten im Lande schütten ihren Hohn über die Lebensform der »Stillen im Lande«. Von den Medien und Gremien ist das Wagnis Familie allzu oft lächerlich gemacht worden. Die »Stillen im Lande«, die das Kunststück einigermaßen zu spielen gelernt haben, müssen deshalb eine neue Form von Öffentlichkeit und Politik finden. Wie mag das aussehen? Ich stelle mir vor: Wir begreifen das

Leben als schöne, gefährliche Gratwanderung mit unvermeidlichen Schwierigkeiten und Gefahren, die aber zu bemeistern sind. Wir werden uns in die Geheimnisse, wie die riskanten Passagen zu überwinden sind, besser einweihen, beim Klettern mehr Führung, Hilfe, Sicherung voneinander verlangen (geben und nehmen). Wir werden den lautstarken Wichtigtuern, die, ohne den Weg selbst recht zu kennen, große Gruppen führen wollen, ebenso mißtrauen müssen wie denen, die statt der beschwerlichen Fußwanderung zu einer Gipfelfahrt im Schwebelift raten.

Damit ist die Frage nach »Öffentlichkeit« und »Privatheit« von Familie gestellt.[8] Das Absinken (oder Aufsteigen) von Familie zum Bereich des »bloß Privaten«, ja die gesamte Trennung von »privat« (der Bereich scheinbar überschaubarer, scheinbar autonom gestalteter Verhältnisse) und »öffentlich« (scheinbar anonyme, scheinbar undurchschaubare, scheinbar unbeeinflußbare Institutionen) ist lange Zeit ein Hauptpunkt der Kritik an Ideologie und Wirklichkeit der Familie gewesen. Als »Familie« noch nicht zur Kernfamilie geschrumpft und, Produktionsstätte und Ort öffentlichen Lebens, mit den Nachbargemeinschaften und den nächstgrößeren Gemeinschaften mehr verflochten war, konnte das gesellschaftliche Gesamtwissen über die jeweiligen Gefahrenstellen und über die Umgehungswege vielleicht rascher formuliert und den jeweils Bedürftigen vermittelt werden. Aber lassen wir solche Spekulationen. In dem Maße, wie die industrielle Revolution die Trennung von Lebenswelt und Arbeitswelt notwendig machte, wie Lebensraum und Organisationsraum der Familie nicht mehr darauf zugeschnitten waren, daß hier zuallererst oder zumindest auch produziert, gesellschaftlicher Reichtum erarbeitet wurde, wie der Familienraum von der »Last«, Produktionsstätte sein zu müssen, »befreit« war, konnte und mußte Familie zur Angelegenheit bloß privater Lebensgestaltung absinken (oder aufsteigen). In dem Maße, wie, wiederum infolge der industriellen Revolution, die öffentlichen Institutionen (»Wirtschaft« und »Politik« oder, konkreter: Fabrik, Unternehmen, Verkehr, Gemeindeverwaltung, Stadtverwaltung, Landesregierung, Bundesregierung, EWG, UNO etc.) immer größer, nach Breiten- und Tiefenwirkung übergreifender, mächtiger und zugleich undurchsichtiger und anonymer, näher und zugleich ferner wurden, mußte sich, anders hätte der Mensch sein Leben vielleicht nicht aushalten können, eine Sphäre herausbilden, die der Einzelne für überschaubar halten, nach seiner (scheinbar) eigenen Einsicht verantworten durfte. Es schien so, daß die Anstrengungen, die öffentlichen Institutionen zu durchschauen, zu beeinflussen, in ihnen gar so mitzuarbeiten, daß man sie nicht mehr als fremde und übermächtige erlebt, nicht nur dem einzelnen »Jedermann« nicht zugemutet werden, sondern auch gesamtgesellschaftlich nicht verkraftet werden können. Um den gesellschaftlichen Reichtum erhalten und steigern zu können, schien es notwendig, daß die Mehrheit der Menschen die »große« Welt »sich selbst« überließ, sich in die kleine und kleinste Welt des Privaten zurückzog und dadurch Kräfte einsparte, um diese anderswo einzubringen. Aber Fabriken und Städte, die bei solcher Haushaltung und Lenkung der Kräfte entstanden, wurden bald eingeäschert – das Sparprogramm wurde (und ist) Ursache der schlimmsten Vergeudung. Heute wissen wir: Nur durch jedermanns Anstrengung um das Öffentliche, nur durch ein gewisses Maß von Teilhabe und Teilnahme eines jeden an öffentlichen Entscheidungen können wir den gesellschaftlichen Reichtum dadurch erhalten und steigern, daß durch die Wachsamkeit der Vielen dem sinnlosen Verschleißen und Zerstören menschlicher Kräfte durch den erst unkontrollierten, dann unkontrollierbaren Wahnsinn von einigen Wenigen ein Ende gesetzt oder wenigstens eine Grenze gezogen wird. Die Einsicht, vor einem gewissen Maß Anstrengung um das Öffentliche dürfe sich niemand drücken, ändert allerdings nichts daran, daß wir auf »natürliche« Freiräume einer (wenn auch nur scheinbar) autonomen Gestaltung lebensnaher Wirklichkeit schwerlich verzichten können. Stammtisch, Hobby, Sport und dergleichen reichen als Freiraum entweder nicht hin oder lassen sich zu leicht manipulieren und rauben. Das »natürliche« Recht von Menschen, die einander zufällig begegnen und freiwillig (widerwillig) zum Elternpaar werden, ist die Erfüllung der »zuvörderst ihnen obliegenden Pflicht« der »Pflege und Erziehung der Kinder«. »Familie« ist deshalb nicht zufällig die »natürlichste« und privilegierteste Form eigenhoheitlicher Lebensverwirklichung, gibt nicht zufällig mehr Lebensinhalt und Lebenssinn als jede andere Lebensform, wird nicht zufällig als Ort von »Hier bin ich Mensch, hier darf ichs sein« am höchsten geschätzt.

An dieser Stelle möchte ich einen oben eingefügten Zitatsplitter in seinem Zusammenhang wiedergeben: »Die Geschichtsschreiber des Mittelalters und des Ancien régime schildern uns die Familie als ein komplexes und lockeres Milieu, in welchem die Mehrheit der Beziehungen und Interessen so beschaffen sind, daß keine allzu direkten oder tieferen Bindungen entstehen können. [. . .] Seither hat sich manches verändert: Das Privatleben hat eine Erweiterung erfahren, die affektiven Bindungen sind reicher geworden. Die Unterscheidung zwischen ›privaten Bindungen‹ und ›gesellschaftlichen Beziehungen‹ erscheint uns als beträchtlicher Fortschritt. Die Affektivität wird dadurch bereichert, die Empfindsamkeit verfeinert und der Individualisierungsprozeß der Persönlichkeit gefördert. ›Herzensangelegenheiten‹ sind heute nicht das Privileg der ›Reichen‹ und ›Vornehmen‹. Diese Demokratisierung des ›Rechts auf affektives Leben‹ muß der heutigen Zeit zugutegehalten werden.« (Muldworf)

In dem Maße, wie »Familie« als der eigentliche Topos des sogenannten Privaten zu gelten hat und galt, konnte und mußte auch das öffentliche Gespräch über die Sorgen und Nöte der Familie verstummen. Was der Gestaltung durch die öffentliche Hand entzogen zu sein schien, brauchte und durfte nicht zum Gegenstand der öffentlichen Diskussionen politischer Programme werden. Damit war natürlich keineswegs das öffentliche Interesse an »Familie« eingeschlafen; es wurde fingiert, daß Familie im Privaten am besten gedeiht, Familie ihre Aufgaben um so besser wahrnehmen kann und tatsächlich wahrnimmt, je weniger man in sie hineinreglementiert, daß es allenfalls einer gewissen Kontrolle zur Abwendung von Mißbräuchen bedarf, daß eine Art staatlicher Ausfallbürgschaft für den Fall geleistet werden muß, daß ein Elternpaar oder Großeltern und Verwandte nicht zur Verfügung stehen oder ihrerseits versagen. Dem Finanzminister war das recht, er konnte die öffentlichen Gelder anders vergeben.

Diese Einstellung hat zu einer Überlastung von Familie, sei es als Institution oder repräsentiert durch viele einzelne Familien, geführt. Familie, so scheint es, ist überlastet, im Stich gelassen, ausgenutzt, an die Grenze des Erträglichen geführt. Sie tut ihr Bestes, kostet fast nichts, wird schlecht gefüttert, gleichwohl aber nur kritisiert und beschimpft. Es gibt zu wenige Einrichtungen und Dienste, die Familienleben leichter machen könnten. So gut die Substrukturen des Marktes (Straßen, Brücken, Tunnel . . .), so schlecht sind die Substrukturen der Familie. Diejenige »öffentliche« Unterstützung, die der Familie heute zur leichteren Wahrnehmung ihrer schwierigen Aufgaben vielleicht gut täte, läßt sich aber wiederum nicht nach der Art und Weise »herstellen«, wie eben sonst Güter und Zustände produziert zu werden pflegen. Alles, wessen Wirtschaft und Markt bedürfen (Straßen, Brücken, Tunnel, Kirchen und Schulen, sogar Geigen und Orgeln), kann man planen und nach Plan verwirklichen. Familienleben (und was Familienleben erleichtert) gelingt nicht mit guten Plänen und guten Vorsätzen, sondern mit guten Gefühlen und guten Intuitionen, nicht auf Ansporn und Kommando eines öffentlichen Auftraggebers, sondern nur im Glauben an die Möglichkeit der »Selbstverwirklichung« und »Nächsten-Liebe« (oder deren beider Schein), nicht in der von öffentlichen Institutionen gelenkten oder manipulierten Masse, sondern in der (die Führung, Hilfe, Sicherung von erfahrenen Mitwanderern allerdings nicht ausschlagenden) Selbstbehauptung. Sollte sich gleichwohl ein Netz sozio-kultureller Dienste, die die Familie entlasten, knüpfen lassen, so bliebe wiederum die Gefahr, daß, wer bezahlt, auch kontrollieren und manipulieren will.

Aber »irgendwie« wird man sich denn wohl doch um Familie und Familienleben kümmern müssen. Wenn Familienleben überall zu mißlingen droht, es überall nach Krise riecht, gute Eltern immer knapper und glückliche Kinder immer seltener werden, wenn, wohin man schaut, Enttäuschung, Müdigkeit, Resignation, Scheidung und Scheitern um sich greifen, so werden wir wohl »irgend etwas« (viel genauer kann man es im Moment wirklich nicht sagen) unternehmen müssen. Daß wir auf die berühmten »Alternativen« zur Familie große Hoffnungen gesetzt haben, war ebenso Wirkung wie Ursache jener Hilflosigkeit in den Familien. Von den Hoffnungen auf die »Alternativen« ist wenig geblieben. Wir müssen den Familien selbst auf die Beine helfen. Gute Eltern vermehren sich leider nicht in der Geschwindigkeit, in der in der Nachkriegszeit die

Zahl der Familiengründungen und der Geburten angestiegen ist. Familienpolitik, die den unerfahrenen neuen Eltern bestenfalls Wohnungs- und Möbeldarlehen anzubieten weiß, aber sich sonst keine Gedanken macht, wie der Massenansturm auf den ausgesetzten Grat, zu dem ohne Vermehrung von Begleitern, Ratgebern, Helfern geblasen wurde, bewältigt werden soll, ist eben unzulänglich. Über Massenunfälle dürfen wir uns nicht wundern. Alle diese überanstrengten, ratlosen Eltern werden zunächst einmal wieder Mut schöpfen müssen. Wer Kinder in die Welt setzt und aufbringt, wird in jedem Fall hart herangenommen. Das war zu allen Zeiten so und ist in Ordnung. Sie haben ihren Lohn dafür nicht nur in der Freude an den Kindern, sondern auch in der öffentlichen Geltung, die der Tatsache Rechnung trägt, daß sie mit ihren Aufgaben gewachsen und gereift sind. Den Zerfall dieser öffentlichen Geltung dürfen wir nicht länger hinnehmen. Ein Land, in welchem der Wettlauf um die sogenannten Spitzenpositionen der öffentlichen Institutionen so ausgeschrieben und so durchgeführt wird, daß Menschen, die »nebenher« noch gute (und das heißt: zeitaufwendige) Elternarbeit leisten, aus dem Rennen geworfen werden, macht familienfeindliche Politik. Wo Kinderreichtum zum Disqualifizierungsgrund wird, ist auch mit der Einschärfung des Abtreibungsverbotes nichts mehr auszurichten.

Nachbemerkung

Die Stärke (der Witz, der Pfiff) dieses Beitrages ist zugleich auch seine Schwäche, seine Achillesferse. Was zunächst unfraglich möglich schien: die parallelisierte Betrachtung (»Analogie«) der Grundordnung des Staates und der Familie, wird am Ende erst richtig zum Problem, kann als Problem herausgearbeitet werden. Was für »Familie« im eigentlichen Sinne gut und richtig ist, läßt sich dies auch irgendwie in anderen, größeren Menschengruppierungen wiederfinden oder einführen?[9] Gibt es Familien jenseits der Familie, gibt es insbesondere so etwas wie die große Familie, die nach allem Entdeckten und allem Geschehenen ja eigentlich nicht mehr der Nationalstaat, auch kein atlantisches Bündnissystem, sondern die

Menschheit sein müßte? Haben die öffentlichen Institutionen ihren eigenen Funktionsmodus, z. B. den der Bürokratie? Wenn Recht und Rechtswissenschaft, wenn Verwaltungsakt und Urteil im gesamten Bereich von Familie (und Sexualität) als Mittel der Regulierung und Konfliktaustragung nichts taugen, müssen sie dann überhaupt als Ordnungsmittel und damit die Juristen als Ordnungsmächte abtreten oder dürfen bzw. müssen sie sich in anderen Zonen um so fester etablieren? Derartige Fragen (Fragen einer Rechtsanthropologie?) sind schwerlich theoretisch entscheidbar. Die Antwort bleibt der Zukunft überlassen.

Anmerkungen

1 Neuere wichtige Literatur zum Vaterproblem vgl.: Hans Füchtner, *Vater sein,* Sammelrezension, in: *Psyche,* Jahrgang 30, Heft 5, Mai 1976, S. 452-458. Die wichtigste der dort besprochenen Arbeiten liegt indessen in deutscher Übersetzung vor: Bernhard Muldworf, *Von Beruf Vater,* Benzinger Verlag, Zürich/Köln 1975, Bf Sachbuch 17. Daraus stammen die Zitate im Text.

2 Die Diskussion des Familienproblems in der Bundesrepublik Deutschland ist auf erschreckend niedrigem Niveau und in Gefahr, das früher bereits einmal erreichte Problembewußtsein wieder zu verlieren und den Anschluß an Fortschritte in verwandten Ländern zu verpassen. Dies ist eine Folge der unten in Abschnitt V skizzierten historischen Besonderheiten (Scheitern der bürgerlichen Revolutionen, Zusammenbrüche des Liberalismus, Aufeinanderfolge verschiedener Vaterherrschaften: Bismarck – Adenauer etc.). In dem *Zweiten Familienbericht* der Bundesregierung bzw. der »Expertenkommission« ist z. B. Dieter Claessens Buch *Familie und Wertsystem* (1. Aufl. 1962, 3. Aufl. 1972), obgleich thematisch sehr einschlägig, weder verarbeitet noch ins Literaturverzeichnis aufgenommen.

3 Zum folgenden vgl. P. L. Berger und H. Kellner, *Die Ehe und die Konstruktion der Wirklichkeit,* in: *Soziale Welt,* 16. Jahrgang, 1965, Nr. 3, S. 220-235.

4 An dieser Stelle müßte im Rahmen einer ernsteren Gedankenführung das Problem solcher sozialer Spannungen, die *nicht* auf »Generationenkonflikt« reduzierbar scheinen oder sind, die aber ihrerseits einerseits »durch die Familie« gehen und in die andrerseits auch das Bundesverfassungsgericht ständig eingegriffen hat und noch eingreift, zum Thema gemacht werden. Ich zitiere statt dessen folgende – gewiß problematische – Sätze aus einem wichtigen Beitrag zur Diskussion auch moderner Familienprobleme: »Capitalism and Communism are no longer relevant categories, for in every major country in the world the young are fighting with the old, demanding that the old justify their leadership in some way. Although obscured by local differences, the fundamental split between generations is increasingly one between the old who embrace the narcissistic pattern, yearning for mastery, lost in competitive dreams of glory, seeking libidinal expression in vicarious violence, and the young who are trying to escape the pattern, who are yearning for a world of

cooperation and brotherhood, of simple sensual pleasure and experiential immediacy. The conflict is confused, inchoate, the arguments inappropriate, inconsistent, the coalitions shifting and uncertain, as is always the case in periods of major potential change. But for perhaps the first time in Western history, the major premises of our civilization are being widely questioned. The slogan, ›Make Love Not War‹, is the most radical rejection of Western culture ever made.« Philip E. Slater, *The Glory of Hera. Greek Mythology and the Greek Family*, Boston, Beacon Press, 1968. Vgl. auch Anm. 7.

5 Dieser Aufsatz wurde im Herbst 1975 geschrieben.

6 Helmut Schelsky, *Systemfunktionaler, anthropologischer und personfunktionaler Ansatz der Rechtssoziologie,* in: *Jahrbuch für Rechtstheorie,* hrsg. von W. Maihofer und H. Schelsky, Band I, 1970, S. 39-89.

7 Dieter Claessens, Nova natura. Anthropologische Grundlagen modernen Denkens, Düsseldorf/Köln, Diederichs Verlag, 1970, S. 94. Dort passim und, z. B. S. 97, auch die von mir übernommene Forderung nach »Leistung neuer Distanzierung, nämlich von den bisherigen Kulturleistungen«. Vgl. auch Anm. 4.

8 Vgl. Berger/Kellner (Anm. 3), aber mit abweichenden Folgerungen.

9 Die hier mehr angedeuteten als aufgeworfenen Fragen werden, soweit ich sehe, am eindringlichsten – und auch im Hinblick auf »Demokratisierung« und Demokratietheorie – diskutiert in den *Schlußbemerkungen* (S. 274-298) von Philip E. Slater, *Mikrokosmos: Eine Studie über Gruppendynamik,* Frankfurt, S. Fischer Verlag, 1970 (englisch 1966). »Die wichtigste Frage ist jedoch, ob es überhaupt gerechtfertigt ist, Schemata der individuellen kognitiven Entwicklung, der Gruppenentwicklung, religiöser und mythologischer Stadien und sozialer Strukturmuster so zu arrangieren, als ob sie alle untereinander in einer organischen Beziehung stünden. Was für einen Sinn haben beispielsweise all die auf die Familie bezogenen Symbole?« (S. 291) Slater neigt zunächst zur Bejahung und betont sogleich die »engen Beziehungen« zwischen familiären Erfahrungen und der Entwicklung des Bewußtseins. Es folgen dann aber die angemessenen Einschränkungen (S. 293): »Behaupten wir damit, die Gruppe rekapituliere die Situation in der Familie? Das wäre eine nicht unvernünftige Theorie, aber wenn man alles aus Erfahrungen in der Familie herleitet, setzt man sich damit ziemlich enge Grenzen.« Mein Versuch, trotz der schon anderweitig festgelegten Zeit- und Arbeitspläne, zu diesem Bande beizutragen, hält sich, als Versuch wohlgemerkt, als Experiment, im Rahmen dieser »engen Grenzen«. Die notwendige, bisher noch nirgendwo so recht unternommene Analyse einer repräsentativen Anzahl von Bundesverfassungsgerichtsentscheidungen im Hinblick auf die Familienentwicklung der Bundesrepublik Deutschland bleibt ein Versprechen.

Anhang

Die Abweichende Meinung der Richterin Wiltraut Rupp-v. Brünneck und des Richters Helmut Simon

(Zur Novellierung des § 218 StGB)

Das Leben jedes einzelnen Menschen ist selbstverständlich ein zentraler Wert der Rechtsordnung. Unbestritten umfaßt die verfassungsrechtliche Pflicht zum Schutz dieses Lebens auch seine Vorstufe vor der Geburt. Die Auseinandersetzungen im Parlament und vor dem Bundesverfassungsgericht betrafen nicht das *Ob*, sondern allein das *Wie* dieses Schutzes. Die Entscheidung hierüber gehört in die Verantwortung des Gesetzgebers. Aus der Verfassung kann unter keinen Umständen eine Pflicht des Staates hergeleitet werden, den Schwangerschaftsabbruch in jedem Stadium der Schwangerschaft unter Strafe zu stellen. Der Gesetzgeber durfte sich sowohl für die Beratungs- und Fristenregelung wie für die Indikationenlösung entscheiden.

Eine entgegengesetzte Verfassungsauslegung ist mit dem freiheitlichen Charakter der Grundrechtsnormen nicht vereinbar und verlagert in folgenschwerem Ausmaß Entscheidungskompetenzen auf das Bundesverfassungsgericht (A). Bei der Beurteilung des Fünften Strafrechtsreformgesetzes vernachlässigt die Mehrheit die Singularität des Schwangerschaftsabbruchs im Verhältnis zu anderen Gefährdungen des Lebens (B I 1). Sie würdigt nicht hinreichend die vom Gesetzgeber vorgefundene soziale Problematik sowie die Ziele der dringlichen Reform (B I 2). Schon weil jede Lösung Stückwerk bleibt, ist es verfassungsrechtlich nicht zu beanstanden, daß der deutsche Gesetzgeber – im Einklang mit den Reformen in anderen westlichen Kulturstaaten (B III) – sozialpolitischen Maßnahmen den Vorrang vor weitgehend wirkungslosen Strafdrohungen gegeben hat (B I 3-5). Eine gesetzliche »Mißbilligung« sittlich nicht achtenswerten Verhaltens ohne Rücksicht auf ihre tatsächliche Schutzwirkung schreibt die Verfassung nirgends vor (B II).

A.

I.

Die Befugnis des Bundesverfassungsgerichts, Entscheidungen des parlamentarischen Gesetzgebers zu annullieren, erfordert einen sparsamen Gebrauch, wenn eine Verschiebung der Gewichte zwischen den Verfassungsorganen vermieden werden soll. Das Gebot richterlicher Selbstbeschränkung (judicial self-restraint), das als das »Lebenselixier« der Rechtsprechung des Bundesverfassungsgerichts bezeichnet worden ist[1], gilt vor allem, wenn es sich nicht um die Abwehr von Übergriffen der staatlichen Gewalt handelt, sondern wenn dem vom Volk unmittelbar legitimierten Gesetzgeber im Wege der verfassungsgerichtlichen Kontrolle Vorschriften für die positive Gestaltung der Sozialordnung gemacht werden sollen. Hier darf das Bundesverfassungsgericht nicht der Versuchung erliegen, selbst die Funktion des zu kontrollierenden Organs zu übernehmen, soll nicht auf lange Sicht die Stellung der Verfassungsgerichtsbarkeit gefährdet werden.

1. Die in diesem Verfahren begehrte Prüfung verläßt den Boden der klassischen verfassungsgerichtlichen Kontrolle. Die im Zentrum unserer Verfassung stehenden Grundrechtsnormen gewährleisten als *Abwehrrechte* dem Bürger im Verhältnis zum Staat einen Bereich freier, eigenverantwortlicher Lebensgestaltung. Die klassische Funktion des Bundesverfassungsgerichts liegt insoweit darin, Verletzungen dieses Freiheitsraums durch übermäßige Eingriffe der staatlichen Gewalt abzuwehren. In der Skala der staatlichen Eingriffsmöglichkeiten stehen Strafvorschriften an der Spitze: Sie befehlen dem Bürger ein bestimmtes Verhalten und unterwerfen ihn bei Zuwiderhandlungen empfindlichen Freiheitsbeschränkungen oder finanziellen Belastungen. Verfassungsgerichtliche Kontrolle solcher Vorschriften bedeutet daher die Prüfung, ob der mit dem Erlaß oder der Anwendung der Strafvorschrift verbundene Eingriff in die grundrechtlich geschützte Freiheitssphäre zulässig ist, ob also der Staat überhaupt oder in dem vorgesehenen Umfang strafen *darf*.

Im vorliegenden Verfassungsstreit wird gerade umgekehrt erstmalig zur Prüfung gestellt, ob der Staat strafen *muß*, nämlich ob die Aufhebung der Strafvorschrift gegen den Schwangerschaftsabbruch in den ersten drei Monaten der Schwangerschaft mit den Grundrechten vereinbar ist. Es liegt aber auf der Hand, daß das Absehen von Strafe das Gegenteil eines staatlichen Eingriffs ist. Da die teilweise Rücknahme der Strafvorschrift nicht zur Begünstigung von Schwangerschaftsabbrüchen geschah, sondern weil sich die bisherige Strafdrohung nach der durch Erfahrung erhärteten, unwiderlegten Annahme des Gesetzgebers weitgehend als wirkungslos erwiesen hat, läßt sich nicht einmal mittelbar ein staatlicher »Eingriff« in das ungeborene Leben konstruieren. Weil es daran fehlt, hat der Österreichische Verfassungsgerichtshof eine Verletzung des nach innerösterreichischem Recht geltenden Grundrechtskatalogs durch die dortige Fristenregelung verneint.[2]

2. Da die Grundrechte als Abwehrrechte von vornherein ungeeignet sind, den Gesetzgeber an der Beseitigung von Strafvorschriften zu hindern, will die Senatsmehrheit die Grundlage dafür in der weitergehenden Bedeutung der Grundrechte als *objektive Wertentscheidungen* finden.[3] Danach normieren die Grundrechte nicht nur Abwehrrechte des Einzelnen gegen den Staat, sondern enthalten zugleich objektive Wertentscheidungen, deren Verwirklichung durch aktives Handeln ständige Aufgabe der staatlichen Gewalt ist. Diese Auffassung ist vom Bundesverfassungsgericht in dem begrüßenswerten Bemühen entwickelt worden, den Grundrechten in ihrem freiheitssichernden und auf soziale Gerechtigkeit angelegten Gehalt größere Wirksamkeit zu verleihen. Die Senatsmehrheit berücksichtigt jedoch die für die verfassungsgerichtliche Kontrolle wesentlichen Unterschiede der beiden Grundrechtsaspekte nicht hinreichend.

Als Abwehrrechte haben die Grundrechte einen verhältnismäßig deutlich erkennbaren Inhalt; in ihrer Auslegung und Anwendung hat die Rechtsprechung praktikable, allgemein anerkannte Kriterien zur Kontrolle staatlicher Eingriffe – etwa den Grundsatz der Verhältnismäßigkeit – entwickelt. Demgegenüber ist es regelmäßig eine höchst komplexe Frage, *wie* eine Wertentscheidung durch aktive Maßnahmen des Gesetzgebers zu verwirklichen ist. Die notwendig allgemein gehaltenen Wertentscheidungen können insoweit etwa als Verfassungsaufträge charakterisiert werden, die zwar für alles staatliche Handeln richtungweisend, aber notwendig auf eine Umsetzung in verbindliche Regelungen angewiesen sind. Je nach der Beurteilung der tatsächlichen Verhältnisse, der konkreten Zielsetzungen und ihrer Priorität, der Eignung der denkbaren Mittel und Wege sind sehr verschiedene Lösungen möglich. Die Entscheidung, die häufig Kompromisse voraussetzt und sich im Verfahren des trial and error vollzieht, gehört nach dem Grundsatz der Gewaltenteilung und dem demokratischen Prinzip in die Verantwortung des vom Volk unmittelbar legitimierten Gesetzgebers.[4]

Freilich kann schon wegen der wachsenden Bedeutung fördernder Sozialmaßnahmen für die Effektuierung der Grundrechte auch in diesem Bereich nicht auf jede verfassungsgerichtliche Kontrolle verzichtet werden; die Erarbeitung eines geeigneten, die Gestaltungsfreiheit des Gesetzgebers respektierenden Instrumentariums wird möglicherweise zu den Hauptaufgaben der Rechtsprechung in den nächsten Jahrzehnten gehören. Solange es aber daran noch fehlt, droht die Gefahr, daß die verfassungsgerichtliche Kontrolle sich nicht auf die Nachprüfung der vom Gesetzgeber getroffenen Entscheidung beschränkt, sondern diese durch eine andere, vom Gericht für besser gehaltene ersetzt. Diese Gefahr besteht in erhöhtem Maße, wenn – wie hier – in stark kontroversen Fragen eine nach langen Auseinandersetzungen getroffene Entscheidung der Parlamentsmehrheit von der unterlegenen Minderheit vor dem Bundesverfassungsgericht angegriffen wird. Unbeschadet der legitimen Befugnis der Antragsberechtigten, verfassungsrechtliche Zweifel auf diesem Wege klären zu lassen, gerät hier das Bundesverfassungsgericht unversehens in die Lage, als politische Schiedsinstanz für die Auswahl zwischen konkurrierenden Gesetzgebungsprojekten in Anspruch genommen zu werden.

Der Gedanke der objektiven Wertentscheidung darf aber nicht zum Vehikel werden, um spezifisch gesetzgeberische Funktionen in der Gestaltung der Sozialordnung auf das Bundesverfassungsgericht zu verlagern. Sonst würde das Gericht in eine Rolle gedrängt, für die es weder kompetent noch ausgerüstet ist. Daher sollte das Bundesverfassungsgericht weiter die Zurückhaltung wahren, die es bis zum Hochschul-Urteil geübt hat (vgl. BVerfGE 4, 7 [18]; 27, 253 [283]; 33, 303

[333 f.]; 35, 148 – abw. M. – [152 ff.]; 36, 321 [330 ff.]). Es darf dem Gesetzgeber nur dann entgegentreten, wenn er eine Wertentscheidung ganz außer acht gelassen hat oder die Art und Weise ihrer Realisierung offensichtlich fehlsam ist. Demgegenüber legt die Mehrheit dem Gesetzgeber trotz vermeintlicher Anerkennung seiner Gestaltungsfreiheit faktisch zur Last, er habe eine an sich anerkannte Wertentscheidung nach ihrer Auffassung nicht bestmöglich verwirklicht. Sollte das zum allgemeinen Prüfungsmaßstab werden, so wäre damit das Gebot richterlicher Selbstbeschränkung preisgegeben.

II.

1. Unser stärkstes Bedenken richtet sich dagegen, daß erstmals in der verfassungsgerichtlichen Rechtsprechung eine objektive Wertentscheidung dazu dienen soll, eine *Pflicht* des Gesetzgebers *zum Erlaß von Strafnormen*, also zum stärksten denkbaren Eingriff in den Freiheitsbereich des Bürgers zu postulieren. Dies verkehrt die Funktion der Grundrechte in ihr Gegenteil. Wenn die in einer Grundrechtsnorm enthaltene objektive Wertentscheidung zum Schutz eines bestimmten Rechtsgutes genügen soll, um daraus die Pflicht zum Strafen herzuleiten, so könnten die Grundrechte unter der Hand aus einem Hort der Freiheitssicherung zur Grundlage einer Fülle von freiheitsbeschränkenden Reglementierungen werden. Was für den Schutz des Lebens gilt, kann auch für andere Rechtsgüter von hohem Rang – etwa körperliche Unversehrtheit, Freiheit, Ehe und Familie – in Anspruch genommen werden.

Selbstverständlich setzt die Verfassung voraus, daß der Staat zum Schutz eines geordneten Zusammenlebens auch seine Strafgewalt gebrauchen kann; der Sinn der Grundrechte gehe jedoch nicht dahin, solchen Einsatz zu fordern, sondern ihm Grenzen zu ziehen. So hat der Supreme Court der Vereinigten Staaten die Bestrafung von Schwangerschaftsabbrüchen, die mit Einwilligung der Schwangeren im ersten Drittel der Schwangerschaft durch einen Arzt vorgenommen werden, sogar als Grundrechtsverletzung angesehen.[5] Dies ginge nach deutschem Verfassungsrecht zwar zu weit. Jedoch braucht auch nach dem freiheitlichen Charakter unserer Verfassung der Gesetzgeber eine verfassungsrechtliche Rechtfertigung dafür, daß er straft, nicht aber dafür, daß er von Strafe absieht, weil nach seiner Auffassung eine Strafdrohung keinen Erfolg verspricht oder aus anderen Gründen als unangemessene Reaktion erscheint (vgl. BVerfGE 22, 49 [78]; 27, 18 [28]; 32, 40 [48]).

Die entgegengesetzte Grundrechtsinterpretation führt zwangsläufig zu einer nicht minder bedenklichen Ausweitung der verfassungsgerichtlichen Kontrolle: Es ist nicht mehr allein zu prüfen, ob eine Strafvorschrift zu weit in den Rechtsbereich des Bürgers eingreift, sondern auch umgekehrt, ob der Staat *zu wenig* straft. Dabei wird das Bundesverfassungsgericht entgegen der Mehrheitsmeinung[6] nicht bei der Frage stehenbleiben können, ob der Erlaß irgendeiner Strafnorm gleich welchen Inhalts geboten ist, sondern klären müssen, welche Strafsanktion zum Schutz des jeweiligen Rechtsguts hinreicht. In letzter Konsequenz könnte das Gericht sogar zu der Prüfung genötigt sein, ob die Anwendung einer Strafnorm im Einzelfall dem Schutzgedanken genügt.

Ein verfassungsrechtliches Festschreiben von Strafnormen – wie die Mehrheit es fordert – ist schließlich auch deswegen abzulehnen, weil gerade die Leitgedanken des Strafrechts nach den Erfahrungen der letzten Jahrzehnte und der zu erwartenden Entwicklung im Bereich der Sozialwissenschaften einem schnellen und starken Wandel unterliegen. Dies zeigt nicht allein ein Blick auf die grundlegenden Veränderungen etwa in der Beurteilung der Sittlichkeitsdelikte – z. B. Homosexualität, Ehegattenkuppelei, Exhibitionismus –, sondern läßt sich speziell für die Strafvorschriften gegen Abtreibung belegen. Die Straflosigkeit der ethisch (kriminologisch) indizierten Abtreibung, die heute der ganz überwiegenden Rechtsauffassung entspricht, war noch in den sechziger Jahren äußerst umstritten.[7] Die von der Bundesregierung 1960 und 1962 vorgelegten Entwürfe eines Strafgesetzbuches lehnten diese Indikation ausdrücklich ab[8]; zur sozialen und eugenischen Indikation begnügten sie sich mit dem Hinweis, daß sich die Ablehnung »von selbst verstehe«.[9]

2. Auch die *Entstehungsgeschichte* des Grundgesetzes spricht dagegen, aus Grundrechtsnormen eine Pflicht zum Strafen abzuleiten. Wo der Parlamentarische Rat Strafsanktionen von Verfassungs wegen für geboten erachtete, hat er dies ausdrücklich in das Grundgesetz aufgenommen: Art. 26 Abs. 1

für die Vorbereitung eines Angriffskrieges und Art. 143 in der ursprünglichen Fassung für Hochverrat. Demgegenüber finden sich in den Materialien zu Art. 2 Abs. 2 GG, wie auch die Mehrheit einräumt[10], keine Anhaltspunkte für eine Verpflichtung, das ungeborene Leben strafrechtlich zu schützen. Eine nähere Analyse der Entstehungsgeschichte des Artikels spricht darüber hinaus dafür, daß die strafrechtliche Bewertung von Schwangerschaftsabbrüchen bewußt der eigenverantwortlichen Entscheidung des einfachen Gesetzgebers überlassen bleiben sollte. Die insoweit erheblichen Äußerungen der Abgeordneten Heuss und Greve und die Ablehnung des Antrages des Abgeordneten Seebohm[11] müssen vor ihrem zeitgeschichtlichen Hintergrund verstanden werden. In der Weimarer Zeit war die Bestrafung der Abtreibung außerordentlich umstritten; es handelte sich damals um ein ungleich schwerer wiegendes Problem, weil es die heute allgemein verbreiteten und leicht anwendbaren Mittel zur Empfängnisverhütung noch nicht gab. Dieser Zustand dauerte zur Zeit des Parlamentarischen Rates unverändert fort. Wenn unter diesen Umständen die beantragte Aufnahme einer ausdrücklichen Bestimmung über den Schutz keimenden Lebens abgelehnt worden ist, so ist das in Verbindung mit den erwähnten Äußerungen nur dahin zu verstehen, daß die Reform des umstrittenen § 218 StGB durch die Verfassung nicht präjudiziert werden sollte.

Ein gegenteiliger Standpunkt läßt sich nicht damit begründen, daß die Aufnahme des Art. 2 Abs. 2 GG unstreitig der Reaktion auf die unmenschliche Ideologie und Praxis des nationalsozialistischen Regimes entsprang.[12] Diese Reaktion bezieht sich auf die Massenvernichtung menschlichen Lebens von Staats wegen in Konzentrationslagern und bei Geisteskranken, auf behördlich angeordnete Sterilisierungen und Zwangsabtreibungen, auf medizinische Versuche mit Menschen gegen deren Willen und auf die in zahllosen anderen staatlichen Maßnahmen zum Ausdruck kommende Mißachtung des individuellen Lebens und der Menschenwürde.

Hieraus Schlußfolgerungen für die verfassungsrechtliche Bewertung einer nicht vom Staat, sondern von der Schwangeren selbst oder mit ihrem Willen von Dritten vorgenommenen Abtötung der Leibesfrucht zu ziehen, ist um so weniger am

Platze, als das nationalsozialistische Regime entsprechend seiner biologisch-bevölkerungspolitischen Ideologie gerade dazu einen rigorosen Standpunkt eingenommen hatte. Neben neuen Vorschriften gegen die Werbung für Abtreibungen oder Abtreibungsmittel wurde durch entsprechende staatliche Maßnahmen darauf hingewirkt, im Gegensatz zur Praxis in der Weimarer Zeit eine striktere Anwendung der Strafbestimmungen durchzusetzen.[13] Diese an sich schon hohen Strafdrohungen wurden 1943 wesentlich verschärft. Während bisher sowohl für die Schwangere wie für den nicht gewerbsmäßig handelnden Helfer nur Gefängnisstrafe vorgesehen war, wurde nunmehr die Selbstabtreibung in besonders schweren Fällen mit Zuchthaus belegt. Die Fremdabtreibung war, abgesehen von minder schweren Fällen, stets mit Zuchthaus zu bestrafen; hatte der Täter »dadurch die Lebenskraft des deutschen Volkes fortgesetzt beeinträchtigt«, sogar mit Todesstrafe. Angesichts dieser, bei der Entstehung des Grundgesetzes noch unveränderten, lediglich durch das alliierte Verbot grausamer oder übermäßig hoher Strafen in ihrer Anwendung gemilderten Bestimmungen können die Gründe, die zur Aufnahme des Art. 2 Abs. 2 GG führten, schlechterdings nicht zugunsten einer verfassungsrechtlichen Pflicht zur Bestrafung von Abtreibungen herangezogen werden. Vielmehr gebietet die mit dem Grundgesetz vollzogene, entschiedene Abkehr vom totalitären nationalsozialistischen Staat eher umgekehrt Zurückhaltung im Umgang mit der Kriminalstrafe, deren verfehlter Gebrauch in der Geschichte der Menschheit schon unendlich viel Leid angerichtet hat.

B.

Selbst wenn man entgegen unserer Auffassung mit der Mehrheit eine verfassungsrechtliche Pflicht zum Strafen für denkbar hält, kann dem Gesetzgeber hier kein Verfassungsverstoß zur Last gelegt werden. Die Mehrheitsbegründung begegnet – ohne daß es eines Eingehens auf jedes Detail bedarf – den folgenden Einwänden:

I.

Auch nach Meinung der Mehrheit soll eine verfassungsrechtliche Pflicht zum *Strafen* nur *als ultima ratio* in Betracht kommen.[14] Macht man damit wirklich Ernst, so setzt eine Pflicht zunächst voraus, daß geeignete Mittel milderer Art fehlen oder ihr Einsatz sich als wirkungslos erwiesen hat; darüber hinaus muß die Strafsanktion geeignet und erforderlich sein, um das erstrebte Ziel überhaupt oder besser zu erreichen. Beides muß – folgt man der bisherigen Rechtsprechung (vgl. etwa BVerfGE 17, 306 [313 f.]) – zweifelsfrei nachgewiesen werden. Denn wenn schon die Zuverlässigkeit einer bestehenden Strafvorschrift davon abhängt, ob sie zum Schutz des jeweiligen Rechtsgutes geeignet und erforderlich ist, dann bedarf es eines solchen Nachweises erst recht, wenn der Gesetzgeber sogar gegen seinen Willen zum Strafen gezwungen werden soll. Soweit es dafür auf die Beurteilung der Sachlage und der Effektivität beabsichtigter Maßnahmen ankommt, hat das Gericht die Auffassung des Gesetzgebers zugrunde zu legen, solange sie nicht als offensichtlich irrig widerlegt wird (vgl. BVerfGE 7, 377 [412]; 24, 367 [406]; 35, 148 – abw. M. – [165]).

Diesen Anforderungen genügt die Urteilsbegründung nicht. Sie verstrickt sich wiederholt in Widersprüche und kehrt am Ende die Beweislast geradezu um: Ein Verzicht auf Strafsanktionen soll dem Gesetzgeber nur noch erlaubt sein, wenn zweifelsfrei feststeht, daß die von ihm bevorzugten milderen Maßnahmen zur Erfüllung der Schutzpflicht »zumindest« ebenso wirksam oder gar wirksamer sind.[15]

1. Die zunächst eindrucksvollen Ausführungen über den unbestrittenen hohen Rang des Lebensschutzes vernachlässigen die *Singularität des Schwangerschaftsabbruchs* im Verhältnis zu anderen Gefährdungen menschlichen Lebens. Es handelt sich hier nicht um die akademische Frage, ob der Einsatz der staatlichen Strafgewalt zum Schutz vor Mördern und Totschlägern, auf die in keiner anderen Weise präventiv eingewirkt werden kann, unumgänglich ist. In der europäischen, kirchlich beeinflußten Rechtsgeschichte ist stets zwischen geborenem und ungeborenem Leben unterschieden worden. Auch die Wertentscheidung der Verfassung läßt bei der Auswahl der erforderlichen Schutzmaßnahmen Raum für eine solche Differenzierung, zumal da das Grundrecht des Art. 2 Abs. 2 GG nicht – wie die Mehrheit formuliert[16] – »umfassend« gewährleistet ist, sondern unter Gesetzesvorbehalt

steht. Anderenfalls ließe sich weder die ethische noch die eugenische oder gar die soziale Indikation begründen.

Auch die Mehrheit bezweifelt nicht die Berechtigung dieser Unterscheidung[17], trennt aber wiederum nicht zwischen den verschiedenen Aspekten der Grundrechtsnorm. Soweit es sich um die Abwehr staatlicher Eingriffe handelt, kann selbstverständlich nicht zwischen dem vor- und nachgeburtlichen Entwicklungsstadium unterschieden werden; der Embryo ist insoweit als potentieller Grundrechtsträger durchgängig in gleicher Weise zu schützen wie jedes geborene Menschenleben. Diese rechtliche Gleichbehandlung läßt sich schon auf die Verletzung ungeborenen Lebens durch Dritte gegen den Willen der Schwangeren nur begrenzt übertragen, keinesfalls aber auf die Weigerung der Frau, die Menschwerdung ihrer Leibesfrucht im eigenen Körper zuzulassen.

Die Besonderheit, daß in der Person der Schwangeren eine singuläre Einheit von »Täter« und »Opfer« vorliegt[18], fällt rechtlich bereits deswegen ins Gewicht, weil der Schwangeren – anders als dem Adressaten von Strafvorschriften gegen Tötungsdelikte – weit mehr abverlangt wird als nur ein Unterlassen: Sie soll nicht nur die mit dem Austragen der Leibesfrucht verbundenen tiefgreifenden Veränderungen ihrer Gesundheit und ihres Wohlbefindens dulden, sondern auch die Eingriffe in ihre Lebensgestaltung hinnehmen, die sich aus Schwangerschaft und Geburt ergeben, besonders die mütterliche Verantwortung für die weitere Entwicklung des Kindes nach der Geburt tragen. Anders als bei den genannten Tötungsdelikten kann und muß der Gesetzgeber ferner davon ausgehen, daß das Schutzobjekt – die Leibesfrucht – am wirksamsten durch die Mutter selbst geschützt wird und daß deren Bereitschaft zum Austragen der Leibesfrucht durch Maßnahmen verschiedenster Art gestärkt werden kann. Da es von Natur aus keiner Strafvorschrift bedarf, um die mütterliche Schutzbeziehung herzustellen und zu sichern, läßt sich schon deswegen fragen, ob einer Störung dieser Beziehung, wie sie bei Schwangerschaftsabbrüchen zutage tritt, gerade durch eine Strafsanktion in geeigneter Weise begegnet werden kann. Jedenfalls darf der Gesetzgeber darauf wegen der genannten Besonderheiten anders reagieren als auf die Tötung menschlichen Lebens durch Dritte.

Nach *Auffassung der unterzeichnenden Richterin* ist die Weigerung der Schwangeren, die Menschwerdung ihrer Leibesfrucht in ihrem Körper zuzulassen, nicht allein nach dem natürlichen Empfinden der Frau, sondern auch rechtlich etwas wesentlich anderes als die Vernichtung selbständig existenten Lebens. Schon deswegen verbietet es sich von vornherein, die Abtreibung im ersten Stadium der Schwangerschaft mit Mord oder vorsätzlicher Tötung prinzipiell gleichzustellen. Erst recht ist es verfehlt, wenn nicht unsachlich, die Fristenlösung in die Nähe der Euthanasie oder gar der »Tötung unwerten Lebens« zu rücken, um sie von daher zu diskriminieren – wie das in der öffentlichen Diskussion geschehen ist. Der Umstand, daß erst in einem längeren Entwicklungsprozeß ein vom mütterlichen Organismus trennbares selbständig existentes Lebewesen entsteht, legt es vielmehr nahe oder läßt es wenigstens zu, bei der rechtlichen Beurteilung zeitliche, dieser Entwicklung entsprechende Zäsuren zu berücksichtigen.[19] Die biologische Kontinuität der Gesamtentwicklung bis zur Geburt[20] – deren Beginn bei konsequenter Anwendung der Mehrheitsauffassung nicht erst bei der Einnistung, sondern bei der Empfängnis anzusetzen wäre – ändert nichts daran, daß den verschiedenen Entwicklungsstufen des Embryos eine Veränderung in der Einstellung der Schwangeren im Sinne einer wachsenden mütterlichen Bindung entspricht. Demgemäß ist es für das allgemeine Rechtsbewußtsein nicht das gleiche, ob ein Schwangerschaftsabbruch im ersten Stadium der Schwangerschaft oder in einer späteren Phase stattfindet. Dies hat zu allen Zeiten in in- und ausländischen Rechtsordnungen seinen Niederschlag in einer an solche zeitlichen Einschnitte anknüpfenden verschiedenen strafrechtlichen Bewertung der Abtreibung gefunden, wie etwa der Supreme Court eindrucksvoll dargestellt hat.[21] Für den deutschen Rechtsraum verdient Hervorhebung, daß das Kirchenrecht, gestützt auf die Beseelungslehre, bis zum Ende des 19. Jahrhunderts die Abtreibung in der Zeitspanne bis zum 80. Tag nach der Empfängnis als straflos angesehen hat; auch das weltliche Strafrecht sah bis zum Erlaß des Strafgesetzbuches von 1871 zeitliche Abstufungen für die Höhe der Strafdrohung vor.[22]

Der *unterzeichnende Richter* neigt dazu, diesen weiteren

Überlegungen zum Verhältnis zwischen der Schwangeren und ihrer Leibesfrucht rechtlich eine geringere Bedeutung beizumessen. Wenn jedoch die Rücknahme der Strafdrohung in den ersten drei Monaten der Schwangerschaft aus anderen – bereits genannten oder noch zu erörternden – Gründen verfassungsrechtlich nicht zu beanstanden ist, dann handelt der Gesetzgeber jedenfalls nicht sachfremd, wenn er den genannten Umständen bei seiner Regelung Rechnung trägt.

2. Die Prüfung, ob trotz der genannten Besonderheiten auch zum Schutz ungeborenen Lebens eine Pflicht zum Strafen als ultima ratio zu fordern ist, muß von dem *sozialen Problem* ausgehen, das den Gesetzgeber zu seiner Regelung veranlaßt hat. In der Mehrheitsbegründung finden sich lediglich knappe Hinweise auf die Komplexität dieses Problems und – im Zusammenhang mit der Indikationenregelung – einige Erörterungen über die sozialen Ursachen für Abtreibungen[23]; insgesamt unterbleibt jedoch wegen der mehr dogmatischen Betrachtungsweise eine hinreichende Würdigung der vom Gesetzgeber vorgefundenen Verhältnisse und der daraus folgenden Schwierigkeiten für die allseits als notwendig anerkannte Reform.

a) Diese Verhältnisse sind in erster Linie geprägt durch die enorme Dunkelziffer, die nicht damit bagatellisiert werden kann, daß – verständlicherweise – keine sicheren Daten zu ermitteln sind. Nach den Berichten des Sonderausschusses für die Strafrechtsreform ist »nach ernst zu nehmenden Untersuchungen« von 75 000 bis 300 000 illegalen Abtreibungen jährlich auszugehen[24]; innerhalb dieses Bereichs bewegen sich auch die von den Sachverständigen bei der öffentlichen Anhörung vor dem Sonderausschuß genannten Zahlen.[25] Noch bis vor kurzem, d. h. vor Beginn der Diskussion im Parlament, wurden allgemein weit höhere Zahlen angenommen.[26]

Auch wenn man nur die niedrigsten Schätzungen zugrunde legt, bleibt die Zahl erschreckend hoch. Ihr steht eine verschwindend geringe Zahl behördlich bekanntgewordener Abtreibungsfälle und gerichtlicher Verurteilungen gegenüber: für 1971 bei 584 bekanntgewordenen Straftaten 184 Verurteilungen, für 1972 bei 476 Fällen 154 Verurteilungen.[27] Ganz überwiegend wird dabei nur auf Geldstrafen erkannt; ausnahmsweise verhängte kurzfristige Freiheitsstrafen werden meist zur Bewährung ausgesetzt.[28] Die hierin erkennbare Nichtbeachtung der Strafvorschrift bedeutet nicht allein eine Entwertung des werdenden Lebens, sondern wirkt sich auch korrumpierend für die allgemeine Rechtsgeltung aus, zumal da unter diesen Umständen die strafgerichtliche Verfolgung zum reinen Zufall wird.

Den Gesetzgeber konnte es ferner nicht gleichgültig lassen, daß illegale Schwangerschaftsabbrüche auch heute noch zu Gesundheitsschäden führen, und zwar nicht nur bei Abtreibungen durch »Kurpfuscher« und »Engelmacherinnen«, sondern in größerem Umfang auch deswegen, weil bei ärztlichen Eingriffen die Illegalität den vollen Einsatz des modernen Instrumentariums und des erforderlichen Hilfspersonals beeinträchtigt oder eine notwendige Nachbehandlung verhindert. Als Übelstand erscheint weiter die kommerzielle Ausbeutung abtreibungswilliger Frauen im In- und Ausland und die damit verbundene soziale Ungleichheit; besser gestellte Frauen können, besonders durch Reisen ins benachbarte Ausland, weit leichter eine Abtreibung durch einen Arzt erreichen als ärmere oder weniger gewandte. Schließlich kommt die sogenannte Folgekriminalität hinzu; so steht die Erpressung mit der Kenntnis eines illegalen Aborts in der Reihe der Erpressungsmittel an dritter Stelle.[29]

b) Für die Entscheidung des Gesetzgebers, wie diese Zustände am besten zu reformieren sind, war besonders bedeutsam, daß der Entschluß zum Schwangerschaftsabbruch regelmäßig aus einer Konfliktsituation erwächst, die auf mannigfaltigen, stark von den Verhältnissen des Einzelfalles geprägten Motivationen beruht. Neben wirtschaftlichen oder materiellen Gründen – etwa unzulängliche Wohnverhältnisse, nicht ausreichendes oder ungesichertes Einkommen der vielleicht schon vielköpfigen Familie, Notwendigkeit einer Erwerbstätigkeit beider Ehegatten – stehen persönliche Gründe: die immer noch nicht beseitigte gesellschaftliche Diskriminierung der unverheirateten Mutter, der Druck des Erzeugers oder der Familie, die Furcht vor einer Gefährdung der Partnerbeziehung oder einem Zerwürfnis mit den Eltern, der Wunsch oder die Notwendigkeit, eine begonnene Ausbildung fortzusetzen oder einen Beruf weiter auszuüben, Schwierigkeiten in der Ehe, das Gefühl, der Betreuung weiterer Kinder physisch oder psychisch nicht mehr gewachsen zu sein, bei Alleinstehenden auch die Ablehnung einer nicht zu verantwortenden Heimerziehung des Kindes. Die Angst der Schwangeren, daß die ungewollte Schwangerschaft zu einem irreparablen Einbruch in ihre persönliche Lebensgestaltung oder den Lebensstandard der Familie führen wird, das Empfinden, daß sie beim Austragen ihrer Leibesfrucht nicht auf eine wirksame Hilfe der Umwelt rechnen kann, sondern daß die nachteiligen Folgen eines nicht nur von ihr zu verantwortenden Verhaltens sie allein treffen, lassen ihr die Schwangerschaftsunterbrechung häufig als einzigen Ausweg erscheinen. Selbst wo nach der persönlichen Situation nicht-einsichtige Motivationen der Bequemlichkeit, des Egoismus, besonders des Konsumstrebens im Vordergrund stehen, kann dies nicht ausschließlich der Frau zur Last gelegt werden, sondern spiegelt zugleich die materialistische, weitgehend kinderfeindliche Gesamteinstellung der »Wohlstandsgesellschaft« wider. Auch haben Staat und Gesellschaft bisher noch keine hinreichenden Einrichtungen und Lebensformen entwickelt, die es der Frau ermöglichen, Mutterschaft und Familienleben mit einer chancengleichen persönlichen Entfaltung, besonders auf beruflichem Gebiet zu verbinden.[30]

3. In dieser Gesamtsituation ist die »Eindämmung der Abtreibungsseuche« nicht nur ein »gesellschaftspolitisch erwünschtes Ziel«[31], sondern gerade auch im Sinne eines besseren Lebensschutzes und zur Wiederherstellung der Glaubwürdigkeit der Rechtsordnung dringend geboten. Im Bemühen um eine Lösung diser höchst schwierigen Aufgabe hat der Gesetzgeber alle wesentlichen Gesichtspunkte erschöpfend gewürdigt. Die Reform des § 218 StGB hatte bereits die in dieser Frage tief gespaltene Öffentlichkeit nachhaltig beschäftigt. Die parlamentarischen Beratungen sind auf diesem Hintergrund mit großem Ernst und ungewöhnlicher Gründlichkeit durchgeführt worden. Hierbei wurden die Wertentscheidungen der Verfassung ausdrücklich herangezogen; namentlich bestand Einigkeit über die staatliche Pflicht zum Schutz des ungeborenen Lebens. Bei der Ermittlung der maßgeblichen Faktoren und Argumente für eine sachgerechte Entscheidung entsprach das Vorgehen der Gesetzgebungsorgane ganz dem, was das KPD-Urteil als charakteristisch für eine legitime Willensbildung im freiheitlich-de-

mokratischen Staat ansieht (BVerfGE 5, 85 [135, 197 f.]).

Bei der gewählten Lösung konnte der Gesetzgeber davon ausgehen, daß angesichts des Versagens der Strafsanktion die geeigneten Mittel zur Abhilfe im sozialen und gesellschaftlichen Bereich zu suchen sind, daß es darauf ankommt, einerseits durch präventive psychologische, *sozial- und gesellschaftspolitische Förderungsmaßnahmen* der Mutter das Austragen des Kindes zu erleichtern und ihre eigene Bereitschaft dazu zu stärken, andererseits durch bessere Information über die Möglichkeit der Empfängnisverhütung die Zahl ungewollter Schwangerschaften zu vermindern. Auch die Mehrheit bezweifelt offenbar nicht[32], daß solche Maßnahmen insgesamt gesehen am wirksamsten sind und am ehesten einer Effektuierung der Grundrechte im Sinne größerer Freiheit und vermehrter sozialer Gerechtigkeit entsprechen.

Förderungsmaßnahmen dieser Art können in ein Strafgesetz schon wegen der verschiedenen staatlichen Kompetenzen begreiflicherweise nur begrenzt Eingang finden. Das Fünfte Strafrechtsreformgesetz enthält daher insoweit lediglich eine Pflicht zur Beratung. Nach der Konzeption des Gesetzgebers soll dadurch die Schwangere – ohne Furcht vor Strafe – aus ihrer Isolierung herausgeholt, die Bewältigung ihrer Schwierigkeiten soll ihr durch offene Kontakte mit ihrer Umwelt und durch eine auf ihre persönliche Konfliktsituation abgestellte individuelle Beratung erleichtert werden. Daß die vorgeschriebene Beratung dem Schutz werdenden Lebens dienen soll, indem sie die Bereitschaft zum Austragen der Leibesfrucht weckt und stärkt, wo dem nicht schwerwiegende Gründe entgegenstehen, ergibt sich bereits aus den in der Urteilsbegründung zitierten Gesetzesmaterialien und der dort erwähnten Entschließung der Bundestagsmehrheit.[33]

Wir bestreiten nicht, daß diese Beratungsregelung – wie im Urteil dargelegt[34] – noch Schwächen aufweist. Soweit diese sich nicht durch eine verfassungskonforme Auslegung des Gesetzes und entsprechende Durchführungsregelungen der Länder hätten ausräumen lassen, wäre aber eine verfassungsrechtliche Beanstandung allein auf diese Mängel zu beschränken gewesen und durfte nicht die Fristen- und Beratungsregelung in ihrer Gesamtkonzeption in Frage stellen. Nicht zuletzt hängt der Erfolg einer Beratungsregelung wesentlich davon ab, ob der beratenen Frau Hilfen angeboten oder vermittelt werden können, die ihr Auswege aus ihren Schwierigkeiten eröffnen. Fehlt es daran, dann ist auch das Strafrecht nichts anderes als ein Alibi für das Defizit wirksamer Hilfen; Verantwortung und Lasten werden allein auf die schwächsten Glieder der Gesellschaft abgewälzt. Die Mehrheit erklärt sich – in Übereinstimmung mit der bisherigen Rechtsprechung – außerstande, insoweit die Gestaltungsfreiheit des Gesetzgebers zu beschränken und ihm eine Erweiterung sozial-präventiver Maßnahmen vorzuschreiben.[35] Wenn aber dafür richterliche Selbstbeschränkung gilt, dann darf das Verfassungsgericht den Gesetzgeber erst recht nicht zum Einsatz der Strafgewalt als des stärksten staatlichen Zwangsmittels zwingen, um soziale Pflichtversäumnis[36] durch Strafdrohung zu kompensieren. Dies entspricht gewiß nicht der Funktion des Strafrechts in einem freiheitlichen Sozialstaat.

4. Auch die Mehrheit erkennt die gesetzgeberische Absicht, durch Beratung Leben zu erhalten, als »achtenswertes Ziel« an[37], hält aber – in Übereinstimmung mit den Antragstellern – die Anordnung *flankierender Strafsanktionen* für unabdingbar; weil der durchgängige Verzicht auf Bestrafung in den Fällen, in denen der Schwangerschaftsabbruch auf keinerlei achtenswerten Gründen beruhe, eine »Schutzlücke« hinterlasse.[38]

a) die Eignung von Strafsanktionen für den beabsichtigten Lebensschutz erscheint jedoch von vornherein als zweifelhaft. Auch die Mehrheit räumt ein, daß die bisherige generelle Strafbarkeit des Schwangerschaftsabbruchs das werdende Leben gerade nicht ausreichend geschützt und möglicherweise sogar dazu beigetragen hat, andere wirksame Schutzmaßnahmen zu vernachlässigen.[39] Sie glaubt – wenn sie sich dessen auch nicht ganz sicher ist[40] –, diesem Versagen des Strafschutzes werde durch eine differenzierende Strafdrohung abgeholfen, nach der der Schwangerschaftsabbruch in den im Gesetzgebungsverfahren erörterten Indikationsfällen straflos bleiben soll. Hinsichtlich der schon bisher anerkannten oder praktizierten medizinischen, ethischen und eugenischen Indikation bringt diese Indikationslösung freilich keine wesentliche Veränderung des bisherigen unbefriedigenden Rechtszustandes. Eine wirkliche Differenzierung liegt nur in der Anerkennung der sozialen Indikation, sofern der Gesetzgeber bei der ihm obliegenden Abgrenzung nicht übermäßig streng verfährt und wenigstens hier die erwähnte Wechselbeziehung zwischen geschuldeter sozialer Hilfe und vertretbarem Strafen beachtet: Je weniger der Staat seinerseits zur Hilfe imstande ist, desto fragwürdiger und zugleich wirkungsloser sind Strafdrohungen gegenüber Frauen, die sich ihrerseits der Pflicht zum Austragen der Leibesfrucht nicht gewachsen fühlen.

Die von der Mehrheit insgesamt zugunsten der Indikationslösung angestellten Erwägungen verdienen rechtspolitisch gewiß Berücksichtigung. Verfassungsrechtlich ist aber entscheidend, daß sich bei realistischer Betrachtung auf keinem Wege, auch nicht mit differenzierenden Strafdrohungen, ein lückenloser Lebensschutz erreichen läßt und daß daher keine Lösung verfassungsrechtlich »festgeschrieben« werden kann. Die Mehrheit bleibt schon den ihr obliegenden Nachweis schuldig, daß im Zeitalter des »Abtreibungstourismus« von innerstaatlichen Strafvorschriften ein günstiger Einfluß gerade auf solche Frauen zu erwarten ist, die ohne einsichtigen Grund zur Abtreibung entschlossen sind. Wenn überhaupt, so läßt sich ein solcher Erfolg nur in einer gewissen Zahl von Fällen – besonders bei Angehörigen sozial schwächerer Gruppen – erreichen. Bei an sich beeinflußbaren Frauen zeigt sich die ambivalente Wirkung von Strafdrohungen unter anderem darin, daß diese einerseits einen gewissen Rückhalt gegen das Abtreibungsverlangen des Erzeugers oder der Familie bieten mögen, andererseits zur Erhöhung der Aborte beitragen können, indem sie die Schwangere in die Isolierung treiben, dadurch erst recht solchen Pressionen aussetzen und zu Kurzschlußhandlungen veranlassen.

b) Wie immer aber die Schutzwirkung von Strafdrohungen zu beurteilen sein mag, jedenfalls beruht ihre teilweise Rücknahme auf Erwägungen, die gerade unter dem Gesichtspunkt des Lebensschutzes Gewicht haben und sich – mindestens bei einer verbesserten Beratungsregelung – keinesfalls als offensichtlich fehlsam widerlegen lassen.

Der Gesetzgeber hatte bei seiner Konzeption das ganze Spektrum der Abtreibungsproblematik vor Augen, besonders die Vielzahl jener Schwangeren, die einer Beeinflussung zugänglich sind. Er durfte davon ausgehen, daß sich Frauen normalerweise nicht leichten Herzens und ohne Grund einem solchen Eingriff unterziehen. In aller Regel liegt ein ernst zu nehmender, jedenfalls verständlicher Konflikt vor; die Entscheidung zum Schwangerschaftsabbruch wird »in Tiefen der Persönlichkeit getroffen, in die der Appell des Strafgesetzes nicht eindringt«.[41] Gerade in diesen Fällen setzt nach Auffassung des Gesetzgebers die erfolgreiche Verwirklichung der Beratungsregelung zwingend voraus, daß eine gleichzeitige Strafdrohung entfällt; denn zur Abtreibung geneigte Frauen werden die Beratungsstellen nicht aufsuchen, solange sie befürchten müssen, dadurch ihre Entscheidungsfreiheit zu verlieren und sich durch das Bekanntwerden ihrer Schwangerschaft im Falle eines späteren illegalen Eingriffs strafrechtlicher Verfolgung auszusetzen. Diese auf das Urteil vieler Sachverständiger gestützte und zudem der Lebenserfahrung entsprechende Auffassung ist weder von den Antragstellern in der mündlichen Verhandlung noch von der Senatsmehrheit widerlegt worden.

Der Gesetzgeber befand sich daher in dem Dilemma, daß sich nach seiner Beurteilung präventive Beratung und repressive Strafdrohung in ihrer lebensschützenden Wirkung teilweise ausschließen. Seine Erwägung, auf eine mögliche abortverhindernde Wirkung von Strafsanktionen in einer wahrscheinlich geringen Zahl von Fällen zu verzichten, um möglicherweise in einer größeren Zahl von Fällen anderes Leben zu retten, läßt sich nicht damit abtun, dies sei eine »pauschale Abwägung von Leben gegen Leben«, die mit der verfassungsrechtlichen Pflicht zum individuellen Schutz jedes einzelnen ungeborenen Lebens unvereinbar sei.[42] Mit dieser Argumentation verschließt sich die Mehrheit in schwer verständlicher Weise der Einsicht, daß sie selbst tut, was sie dem Gesetzgeber vorwirft. Denn sie nötigt ihrerseits den Gesetzgeber sogar von Verfassungs wegen zu einer Verrechnung, indem sie ihn durch die Forderung nach Beibehaltung der Strafvorschrift zwingt, solches ungeborene Leben schutzlos zu lassen, das bei einer Rücknahme der Strafdrohung durch geeignete Beratung gewahrt bleiben könnte.

Der Rigorismus der Mehrheit verträgt sich zudem schwer mit der ausdrücklichen Zulassung einer Abwägung nicht nur von Leben gegen Leben, sondern sogar von Leben gegen minderrangige Rechtsgüter bei indizierten Schwangerschaftsabbrüchen. Soweit bei der Indikationenregelung über diese Abwägung staatlich ermächtigte Gutachterstellen befinden müssen, durfte der Gesetzgeber es als einen spezifischen Nachteil dieser Lösung werten, daß danach das Abtöten einer Leibesfrucht ausdrücklich amtlich legitimiert wird. Die Mehrheit läßt freilich für den Fall der sozialen Indikation offen, ob die Prüfung der Voraussetzungen vorweg durch Gutachterstellen vorzunehmen oder einem späteren Strafverfahren zu überlassen ist.[43] Der zweite Weg würde aber ein wesentliches Anliegen der Reform verfehlen, weil er eine rechtsstaatlich höchst bedenkliche Unsicherheit für die betroffenen Frauen und die beteiligten Ärzte zur Folge hätte.

5. Da nach alledem jede Lösung unter dem Gesichtspunkt des Lebensschutzes Stückwerk bleibt, durfte der Gesetzgeber zugunsten der Fristenlösung *weitere* – von der Mehrheit außer acht gelassene – *verfassungsrechtliche, gesundheits- und kriminalpolitische Gesichtspunkte* berücksichtigen. Er konnte besonders davon ausgehen, daß diese Regelung die Eigenverantwortung der Frau und Mutter in einer ihr Lebensschicksal betreffenden Frage am besten respektiert und vermeidet, sie den schon mit der Verfahrensprozedur vor einer Gutachterstelle verbundenen Eingriffen in ihren Persönlichkeitsbereich auszusetzen. Er durfte auch berücksichtigen, daß der Schutz des werdenden Lebens über die physische Existenz hinausgeht und die Lebenschancen für ein nach entsprechender Beratung von der Mutter eigenverantwortlich angenommenes Kind besser sind, als wenn sie es nur aus Angst vor Strafe austrägt. Wesentlich konnte ferner sein, daß die mit illegalen Abtreibungen verbundenen Gesundheitsschäden wegfallen und das Rechtsbewußtsein nicht mehr durch eine leer laufende Strafdrohung oder deren bagatellisierende Anwendung erschüttert wird.

Nicht zuletzt war es nicht offensichtlich fehlsam, wenn der Gesetzgeber, gestützt auf Erfahrungen im Ausland, einen wesentlichen Nachteil der Indikationenlösung darin sah, daß es als schwierig, wenn nicht unmöglich erscheint, objektivierbare, einheitliche Abgrenzungsmerkmale für die – unter dem Blickpunkt der Reform allein relevante – soziale Indikation zu finden.[44] Die starken Kontroversen bei den Gesetzesberatungen haben offenbar gemacht, daß gerade in diesem Bereich kein Konsens über die Grenze des Zulässigen besteht. Voraussichtlich wird daher die behördliche Beurteilung darüber, wann die Gefahr einer schwerwiegenden sozialen Notlage vorliegt und welche anderen Maßnahmen zur Abwendung dieser Gefahr von der Schwangeren hinzunehmen sind, regional und nach der persönlichen Einstellung der Gutachter und Richter weit auseinandergehen. Das Ergebnis wäre eine schwer erträgliche Rechtsunsicherheit und Rechtsungleichheit für die betroffenen Frauen und die beteiligten Ärzte sowie weiterhin ein Ausweichen in die Illegalität.

Aus allen diesen Gründen durfte der Gesetzgeber den Versuch wagen, die jetzigen unhaltbaren Zustände im Wege der Beratungs- und Fristenlösung zu reformieren, auch wenn eine sichere Voraussage der weiteren Entwicklung nicht möglich ist. Da auch die Mehrheit zutreffend davon ausgeht, daß das bekannte Zahlenmaterial einen sicheren Schluß in der einen oder anderen Richtung nicht erlaubt[45], bedarf es keines weiteren Eingehens auf die kritischen Äußerungen gegen die Prognose des Gesetzgebers.[46]

II.

Die Mehrheit begründet die Aufrechterhaltung einer – differenzierten – Strafdrohung nachdrücklich damit, die verfassungsrechtlich geforderte *»Mißbilligung«* nichtindizierter Schwangerschaftsabbrüche müsse klar zum Ausdruck kommen.[47] Soweit damit die general-präventive Wirkung des Strafrechts angesprochen sein soll, d. h. das Bestreben, eine Tat durch Auferlegung eines Übels zu mißbilligen und dadurch das tatsächliche Verhalten der Rechtsunterworfenen zu beeinflussen, ist – wie erörtert – nicht dargetan, daß die Indikationenlösung ihrerseits effektiven Lebensschutz gewährleistet. Es ist daher vielleicht kein Zufall, daß die Mehrheit »zweispurig« argumentiert: Sie verlangt auch unabhängig von der angestrebten tatsächlichen Wirkung eine Mißbilligung als Ausdruck eines sozialethischen Unwerturteils, das die unmotivierten Abtreibungen deutlich als Unrecht kennzeichnet.

1. Es kann dahingestellt bleiben, wieweit die neuere Strafrechtswissenschaft einer derartigen Auffassung über die Funktion des Strafrechts und seine Zuordnung zur Ethik zu-

stimmt[48] und ob damit nicht doch das Strafrecht zum Selbstzweck erhoben wird. Selbstverständlich sind unmotivierte Schwangerschaftsabbrüche ethisch verwerflich. Gegenüber der Mehrheitsbegründung ist aber zunächst zu bedenken, daß das Absehen von Strafe hier wie auch sonst nicht den Schluß aufdrängt, ein nicht mehr strafbares Verhalten werde gebilligt. Hierfür ist namentlich dann kein Raum, wenn der Gesetzgeber eine Strafvorschrift aufhebt, weil sie nach seiner Meinung wirkungslos oder sogar schädlich ist oder weil dem bisher strafbaren, sozialschädlichen Verhalten auf andere Weise begegnet werden soll. So wird wohl niemand aus der Aufhebung oder Einschränkung der Strafvorschriften gegen Prostitution, Drogenmißbrauch, Ehebruch oder Ehegattenkuppelei schließen, entsprechende Handlungen erfreuten sich nunmehr der offiziellen Anerkennung als rechtmäßig und sittlich. Die Auseinandersetzungen um die Reform des § 218 StGB bieten keinen Anhaltspunkt dafür, als sei das Abtöten ungeborenen Lebens im Ernst als »normaler sozialer Vorgang« angesehen worden.

Soweit die Mehrheit in diesem Zusammenhang zur Beurteilung der Beratungs- und Fristenregelung im Fünften Strafrechtsreformgesetz das bisher von den gesetzgebenden Körperschaften noch nicht abschließend behandelte Strafrechtsreform-Ergänzungsgesetz heranzieht[49], kommt es darauf schon deswegen nicht an, weil beide Gesetze auch nach Auffassung der Mehrheit inhaltlich voneinander unabhängig sind.[50] Erst wenn das Strafrechtsreform-Ergänzungsgesetz erlassen würde, wäre selbständig zu prüfen, ob die geplante generelle Kostenerstattung und Lohnfortzahlung bei nicht strafbaren Schwangerschaftsabbrüchen eine unzulässige staatliche Förderung für die nicht indizierten Fälle enthielte oder ob dies aus bestimmten gewichtigen Gründen noch hinzunehmen wäre, etwa wegen der Bekämpfung der mit illegalen Abtreibungen verbundenen Gesundheitsgefahren, die den Supreme Court sogar zum verfassungsrechtlichen Verbot des Strafens veranlaßt haben.[51] Im ersten Fall ließe sich dieser Mangel innerhalb des Strafrechtsreform-Ergänzungsgesetzes korrigieren, z. B. durch Beschränkung der Kostenerstattung auf indizierte Fälle, wobei die erforderliche Prüfung auch nach dem Schwangerschaftsabbruch, also ohne Zeitdruck, vorgenommen werden könnte. (Auf diese Weise hätte sich übrigens zugleich die gewünschte Mißbilligung unmotivierter Abtreibungen erreichen lassen.)

2. Unser wesentlichster Einwand richtet sich dagegen, daß die Mehrheit nicht darlegt, woraus verfassungsrechtlich das Erfordernis der Mißbilligung als einer selbständigen Pflicht hergeleitet werden soll. Nach unserer Auffassung schreibt die Verfassung nirgends vor, ethisch verwerfliches oder strafwürdiges Verhalten müsse per se ohne Rücksicht auf den damit erzielten Effekt mit Hilfe des Gesetzesrechts mißbilligt werden. In einem pluralistischen, weltanschaulich neutralen und freiheitlichen demokratischen Gemeinwesen bleibt es den gesellschaftlichen Kräften überlassen, Gesinnungspostulate zu statuieren. Der Staat hat darin Enthaltsamkeit zu üben; seine Aufgabe ist der Schutz der von der Verfassung gewährleisteten und anerkannten Rechtsgüter. Für die verfassungsrechtliche Entscheidung kommt es allein darauf an, ob die Strafvorschrift zwingend geboten ist, um einen effektiven Schutz des werdenden Lebens unter Berücksichtigung der schutzwürdigen Interessen der Frau zu sichern.

III.

Daß die Entscheidung des deutschen Gesetzgebers für die Fristen- und Beratungsregelung weder einer sittlich noch rechtlich zu mißbilligenden Grundhaltung entspringt noch von offensichtlich falschen Prämissen in der Beurteilung der Lebensverhältnisse ausgeht, wird durch gleiche oder ähnliche *Reformvorschriften in zahlreichen ausländischen Staaten* bestätigt. In Österreich, Frankreich, Dänemark und Schweden ist der von einem Arzt mit Einwilligung der Schwangeren vorgenommene Schwangerschaftsabbruch in den ersten zwölf (in Frankreich zehn) Wochen der Schwangerschaft nicht strafbar; in Großbritannien und den Niederlanden gilt eine Indikationenregelung, die in der praktischen Anwendung auf das gleiche hinausläuft.[52] Diese Staaten können sich zum Teil einer eindrucksvollen Verfassungstradition rühmen und stehen sämtlich in der unbedingten Achtung vor dem Leben jedes einzelnen Menschen der Bundesrepublik gewiß nicht nach; einige von ihnen haben ebenfalls geschichtliche Erfahrungen mit einem menschenverachtenden Unrechtssystem. Ihre Entscheidung erforderte eine Auseinandersetzung mit den gleichen rechtlichen und sozialen Problemen wie in der Bundesrepublik. In allen diesen Staaten gilt zudem rechtsverbindlich die Europäische Menschenrechtskonvention, deren Artikel 2 in Absatz 1 (»Das Recht jedes Menschen auf das Leben wird gesetzlich geschützt«) der Verfassungsvorschrift des Art. 2 Abs. 2 Satz 1 GG nahekommt und der im ganzen eher weiter gehen könnte als die innerdeutsche Norm. Der Österreichische Verfassungsgerichtshof hat ausdrücklich festgestellt, daß die dortige Fristenlösung mit der Menschenrechtskonvention, der in Österreich Verfassungsrang zukommt, vereinbar ist.[53]

IV.

Insgesamt war es daher nach unserer Ansicht dem Gesetzgeber durch die Verfassung nicht verwehrt, auf eine nach seiner unwiderlegten Auffassung weitgehend wirkungslose, inadäquate und sogar schädliche Strafdrohung zu verzichten. Sein Versuch, dem in den gegenwärtigen Zuständen offenbar werdenden Unvermögen von Staat und Gesellschaft im Dienste des Lebensschutzes durch sozial adäquatere Mittel abzuhelfen, mag unvollkommen sein; er entspricht aber dem Geist des Grundgesetzes mehr als die Forderung nach Strafe und Mißbilligung.

Anmerkungen

1 Leibholz, *VVDStRL* 20 (1963), S. 119.

2 Vgl. das Erkenntnis vom 11. Oktober 1974 – G 8/74 – II 2 b der Entscheidungsgründe, *EuGRZ* 1975, S. 74 (76).

3 C I 3 und C III 2 b des Urteils.

4 Vgl. dazu näher unsere abweichende Meinung zum Hochschul-Urteil, BVerfGE 35, 148 (150, 153, 155 f.).

5 Roe v. Wade, 410 U.S. 113 (1973) = 93 S.Ct. 705 = 41 U S Law Week 4213.

6 D I.

7 Vgl. die Auseinandersetzungen im Bundesrat und Bundestag (Niederschrift über die 254. Sitzung des Bundesratsrechtsausschusses vom 26. Juni 1962 S. 30 ff.; Verhandlungen des Bundesrats 1962 S. 140 f., 153, 154 f.; Verhandlungen des Deutschen Bundestages, 4. Wp., StenBer. der 70. Sitzung vom 28. März 1963, S. 3188, 3208, 3210, 3217, 3221); s. ferner die Nachweise bei Lang-Hinrichsen, *JZ* 1963, S. 725 ff.

8 Vgl. §§ 140 f., 157 und die Begründung BTDrucks. III/2150 S. 262, 274 f.; BTDrucks. IV/650 S. 278, 292 f.

9 BTDrucks. III/2150 S. 262, IV/650 S. 278.

10 C I 1 d.

11 C I 1 d mit den dortigen Nachweisen.

12 Vgl. aber C I 1 a und D IV des Urteils.

13 Vgl. über den Anstieg der Verurteilungen im Dritten Reich: Dotzauer, *Abtreibung*, in: *Handwörterbuch der Kriminologie*, hrsg. von Sieverts, 2. Aufl., Bd. I (1966), S. 10 f.

14 C III 2 b.

15 D III, C III 3; vgl. auch D II 2 c.

16 C II 1.

17 C III 2 a.

18 So auch die Mehrheit unter C II 2, C III 3.

19 Vgl. das Erkenntnis des Österreichischen Verfassungsgerichtshof unter II 5 b der Entscheidungsgründe, *EuGRZ* 1975, S. 74 (80); Lay, *JZ* 1970, S. 465 ff.; noch weiter gehend bezeichnet es Roman Herzog (*JR* 1969, S. 441) als Sache des Gesetzgebers, »von welcher Entwicklungsphase an [der] staatliche Schutz für das werdende Leben wirksam werden soll«.

20 Siehe C I 1 b.

21 410 U.S. 113 (132 ff., 160 f.).

22 Vgl. Dähn in: *Das Abtreibungsverbot des § 218 StGB* (hrsg. von Baumann), 2. Aufl., 1972, 331 f.; Supreme Court, a.a.O., 134; Simson-Geerds, *Straftaten gegen die Person und Sittlichkeitsdelikte in rechtsvergleichender Sicht*, 1969, S. 87; Sonderausschuß für die Strafrechtsreform, 7. Wp., Anlage zur 15. Sitzung, StenBer. S. 690 ff., 697 f.

23 C, C III 2, C III 3, D II, D II 3.

24 Vgl. BTDrucks. 7/1981 (neu) S. 6; 7/1982 S. 5; 7/1983 S. 4, je mit weiteren Nachweisen.

25 Vgl. Sonderausschuß für die Strafrechtsreform, 6. Wp., 74., 75. und 76. Sitzung, StenBer. S. 2173, 2218, 2241.

26 Vgl. die Nachweise in der Antwort des Bundesministers der Justiz auf eine Kleine Anfrage der Fraktion der CDU/CSU, BTDrucks. VI/2025 S. 3; s. auch E.-W. Böckenförde, der 200 000 bis 400 000 illegale Aborte zugrunde legt (*Stimmen der Zeit*, Bd. 188 [1971], S. 147 [152]).

27 *Statistisches Jahrbuch für die Bundesrepublik Deutschland*, 1973, S. 117, 121; 1974, S. 116, 121.

28 Vgl. Statistisches Bundesamt, Fachserie A *Bevölkerung und Kultur*, Reihe 9 *Rechtspflege*, 1972, S. 100 f., 144 f., 160 f.

29 Geerds, *Erpressung*, in: *Handwörterbuch der Kriminologie*, a.a.O., S. 182.

30 Vgl. zu alledem etwa das Memorandum des Bensberger Kreises zur Reform des § 218 StGB (*Publik-Forum* Sonderdruck) unter I 1 sowie die Ausführungen der Sachverständigen und des Regierungsvertreters vor dem Sonderausschuß für die Strafrechtsreform, 6. Wp., 74., 75. und 76. Sitzung, StenBer. S. 2219 mit der tabellarischen Übersicht in Anlage 3 S. 2368 (Rolinski); S. 2233 (Dotzauer); S. 2251 ff. (Pross); 7. Wp., 23. Sitzung, StenBer. S. 1390 f.; s. ferner die Berichte des Sonderausschusses für die Strafrechtsreform, BTDrucks. 7/1981 (neu) S. 7; 7/1982 S. 7; 7/1983 S. 7; 7/1984 (neu) S. 5.

31 D II 2 b.

32 C III 1, D II, D III.

33 A I 6 d, D II, D II 3, D II 3 b; s. weiter die Ausführungen von Regierungsvertretern und Abgeordneten in der 2. und 3. Beratung (Abg. de With, Frau Funcke, Frau Eilers, Dr. Eppler, Scheu, Bundesminister Frau Dr. Focke und Bundeskanzler Brandt) 95. Sitzung, StenBer. S. 6383 [D]; 6384 [A]; 6391 [A]; 6402 [B]; 96. Sitzung, StenBer. S. 6471 [B]; 6482 [B]; 6499; 6500 [B].

34 D II 3.

35 C III 1.

36 Vgl. dazu Rudolphi, *Straftaten gegen das werdende Leben, ZStrW* 83 (1971, S. 105 [114 f., 128 f., 134]).

37 D II 2 b, D II 1.

38 A II 2 c, C III 2 b, D II 2.

39 D II.

40 Vgl. D III.

41 Rolinski, *Sonderausschuß für die Strafrechtsreform,* 6. Wp., 74., 75. und 76. Sitzung, StenBer. S. 2219.

42 So D II 2 b-c.

43 C III 3.

44 Vgl. u. a. BTDrucks. 7/1981 (neu) S. 12 sowie den unter A I 5 zitierten Alternativ-Entwurf, a.a.O., S. 27.

45 D II 2 c.

46 Nach neuesten Berichten aus der DDR, wo seit 1972 die Fristenregelung gilt, soll die Zahl der Schwangerschaftsunterbrechungen in den beiden letzten Jahren wesentlich zurückgegangen sein. Dies wird auf die intensiven staatlichen Maßnahmen zur Förderung junger Familien und den Ausbau der Ehe- und Sexualberatung zurückgeführt (vgl. Mehlan, *Das deutsche Gesundheitswesen* 1974, S. 2216 ff.).

47 C II 3, C III 2 b, C III 3, D II 1, D II 2, D III.

48 Vgl. etwa Baumann, *Strafrecht. Allgemeiner Teil,* 6. Aufl., 1974, S. 7 f., 27 f.; ders., *Das Verhältnis von Moral und Recht,* in: *Moral* (hrsg. von Anselm Hertz, 1972) S. 60 ff.; Hanack, *Verhandlungen des 47. DJT 1968,* Bd. I, S.A. 29 ff.; Sax, *Grundsätze der Strafrechtspflege,* in: Bettermann-Nipperdey-Scheuner, *Die Grundrechte,* Bd. III/2, 1959, S. 930 f.; 955 f.; Arthur Kaufmann, *Recht und Sittlichkeit,* 1964, S. 42 ff.

49 D II 1.

50 B 4.

51 410 U.S. 113 (148 ff., 162 ff.).

52 Für die Vereinigten Staaten vgl. oben A II 1 mit Fußn. 1 der abweichenden Meinung.

53 A.a.O. unter II 3 b der Entscheidungsgründe. Auch in Frankreich hat die Konvention Vorrang vor innerfranzösischen Gesetzen, vgl. Art. 55 der französischen Verfassung, s. auch die Entscheidung des Conseil constitutionnel vom 15. Januar 1975, *Journal officiel* vom 16. Januar 1975, S. 671.

Mehdi Tohidipur
Nachbemerkung und Bibliographie

> »Im Auslegen seid frisch und munter!
> Legt ihr's nicht aus, so legt was unter.«
> Goethe

Die Ergebnisse der in diesem Band vereinigten Arbeiten lassen sich nicht in wenigen Sätzen zusammenfassen. Zu vielfältig und differenziert sind die Probleme der Verfassungsgerichtsbarkeit und ihre Lösungen. Es kam dem Herausgeber darauf an, durch den hier vorgelegten Sammelband die wesentlichen Funktionszusammenhänge und Probleme der Verfassungsgerichtsbarkeit in der Bundesrepublik Deutschland unter den gesellschaftlichen Bedingungen unserer Zeit deutlich zu machen. Dabei konnte freilich nur eine erste Orientierung gegeben werden. Als *Generalergebnis* ist folgendes festzustellen:

Im Unterschied zu den Staaten, in denen die Volksvertretung als gesetzgebende Gewalt, durch einen parlamentarischen Untersuchungsausschuß, ihre Entscheidungen und Handlungen und die Wirkungsweisen der staatlichen Gewalt in allen ihren Formen an der Verfassung mißt bzw. über die Fragen der Auslegung und Anwendung der Verfassung entscheidet, gehört die *Bundesrepublik Deutschland* zu den Staaten, in denen es die unumschränkte Parlamentsgewalt nicht gibt und der *Vorrang der Verfassung* von den obersten Verfassungshöfen durch *das Recht der richterlichen Prüfung* aufrechterhalten wird.

Der oberste Verfassungsgerichtshof der Bundesrepublik Deutschland ist das *Bundesverfassungsgericht*, eine Institution mit einer Kompetenzfülle ohne Parallele in Gegenwart und Geschichte.

In der Frage, ob *Verfassungsgerichtsbarkeit* eine gute bzw. notwendige oder eine für die aktive Politik und den gesellschaftlichen Fortschritt schlechte bzw. überflüssige Institution sei, gibt es unter den Rechts- und Politikwissenschaftlern, aber auch unter den Politikern keine Einigkeit. Dies zeigt sich vor allem in den jüngsten Auseinandersetzungen und wissenschaftlichen Debatten in der Bundesrepublik Deutschland – aber auch im Ausland – um die Entscheidungen und die Arbeitsweise des Bundesverfassungsgerichts. Obwohl das Bundesverfassungsgericht ausschließlich berufen ist, über Fragen der Auslegung und Anwendung der Verfassung zu entscheiden, wäre es dennoch nicht exakt und realitätsgerecht und würde zu vereinfachenden, ja sogar falschen Schlußfolgerungen führen, wenn man behauptete, das Bundesverfassungsgericht überwache die Einhaltung der Verfassungsordnung des GG durch die staatlichen Organe mit justizförmigen Mitteln in gerichtsförmigen Verfahren (»Recht und nur Recht sprechen«) unter Ausklammerung jeder politischen Frage. Denn einerseits ist die verfassungsgerichtliche Judikatur vielfach verquickt mit der gesellschaftlichen und politischen Einstellung der Richter und der allgemeinen politischen Willensbildung; dadurch verbinden sich mit der verfassungsrechtlichen Argumentation die sozio-ökonomischen und politischen Faktoren. Andererseits gibt es kaum einen politischen Konflikt, der nicht von der Kompetenz des Bundesverfassungsgerichts erfaßt oder überlagert würde. Hinzu kommen die Tendenz zur Restauration in der verfassungsgerichtlichen Rechtsprechung, angefangen etwa beim KPD-Verbotsurteil bis zum jüngsten Radikalen-Urteil, und der insbesondere in jüngster Zeit belegbare Bruch mit dem Gebot richterlicher Selbstbeschränkung (»judicial self-restraint«) sowie der inhaltlich mit diesem Gebot eng verknüpften »political-question-Doktrin«.

Dabei muß man allerdings bedenken, daß selbst das *Grundgesetz* das Bundesverfassungsgericht von einem Obersten Bundesgericht, das die »absolute Reinheit der Rechtssphäre« garantieren soll, abtrennt und somit eine institutionell und sachlich verselbständigte Jurisdiktion über Verfassungsfragen in weitestem Umfang schafft. Durch diese institutionelle und sachliche Verselbständigung und Eigenständigkeit gegenüber anderen Gerichtsbarkeiten und weil Verfassungsstreitigkeiten politische Streitigkeiten sind – will man Verfassungsrecht als politisches Recht begreifen –, wird die Verfassungsgerichtsbarkeit zur politischen Gerichtsbarkeit.

Ergänzende Bibliographie

Die folgenden Hinweise auf Bücher und Aufsätze (als Ergänzung zu der im Text angegebenen Literatur), in denen die in diesem Sammelband erörterten Themen ausführlicher behandelt werden, sind bewußt knapp gehalten: In den meisten dieser Schriften wird der Leser auf weiterführende Literatur verwiesen.

Abendroth, W., *Das KPD-Verbotsurteil des Bundesverfassungsgerichts*, in: *Ztschr. f. Pol.* Bd. 3, 1956, S. 305 ff.

ders., *Berufsverbot/BVG. Ein Urteil, das politische Diskriminierung nach freiem Belieben gestattet*, in: *b:e* H 9, 1975, S. 15 ff.

Anschütz, G., *Die Verfassung des Deutschen Reiches* (Kommentar), 10. Aufl., Berlin 1929.

Arndt, A., *Das BVerfG, DVBL.* 52, S. 1.

Arndt, K. F., *Parlamentarische Geschäftsordnungsautonomie und autonomes Parlamentsrecht*, Berlin 1966.

Bachof, O., *Verfassungswidrige Verfassungsnormen?*, Tübingen 1951.

ders., *BVerfG und obere Bundesgerichte*, in: *JZ* 56, S. 272.

ders., *Rechtsweg, Parteifähigkeit, Prozeßführungsrecht und Sachlegitimation im Verfassungsstreit*, in: *AöR* 79, S. 107.

ders., *Grundgesetz und Richtermacht*, Tübingen 1959.

ders., *Verfassungsrecht, Verwaltungsrecht, Verfahrensrecht in der Rechtsprechung des Bundesverwaltungsgerichts*, 2. Aufl., Tübingen 1964.

ders., *Anmerkungen zum Urteil des OLG Stuttgart vom 7. 9. 1966*, in: *DÖV* 67, S. 132.

Bay, J., *Der Preußenkonflikt 1932/33. Drei Kapitel aus der Verfassungsgeschichte der Weimarer Republik*, Diss., Erlangen 1965.

Bitter, G., *Inhalt und Grenzen der Dispositionsmaxime im Verwaltungsstreitverfahren*, in: *BVBl.* 58, S. 41.

Blomeyer, K., *Das BVerfG und das Verfahrensrecht*, in: *MDR* 53, S. 65.

Bockelmeyer, P., *Geschäftsverteilung und gesetzlicher Richter*, in: *JZ* 56, S. 641.

Böckenförde, E. W., *Die Organisationsgewalt im Bereich der Regierung. Eine Untersuchung zum Staatsrecht der Bundesrepublik Deutschland*, Berlin 1964.

Canaris, C. W., *Die Feststellung von Lücken im Gesetz. Eine methodologische Studie über Voraussetzungen und Grenzen der richterlichen Fortbildung praeter legem*, Berlin 1964.

Coing, H., *Die juristischen Auslegungsmethoden und die Lehren der allgemeinen Hermeneutik*, Köln, Opladen 1959.

Denkschrift des BVerfG. Die Stellung des BVerfG, in: *JZ* 53, S. 157.

Doering, K., *Der »pouvoir neutre« und das Grundgesetz*, in: *Der Staat*

64, S. 201 ff.
Eckl, P., *Der Streitgegenstand im Verfassungsprozeß*, Diss. München 1956.
Elze, H., *Lücken im Gesetz. Begriff und Ausfüllung*, München 1916.
Engisch, K., *Der Begriff der Rechtslücke. Eine analytische Studie zu Wilhelm Sauers Methodenlehre*, in: *Festschrift für W. Sauer*, Berlin 1949.
Entscheidungen des BVG, hrsg. von den Mitgliedern des BVG, Tübingen.
Erath, H. N., *Der Beschluß des Bundesverfassungsgerichts vom 8. 12. 1952*, in: *NJW* 54, S. 1310.
Ermacora, F., *Verfassungsrecht durch Richterspruch*, Karlsruhe 1960.
Esser, J., *Grundsatz und Norm in der richterlichen Rechtsfortbildung*, 2. Aufl., Tübingen 1964.
ders., *Interpretation und Rechtsneubildung im Familienrecht*, in: *JZ* 53, S. 521.
Federer, J., *Die Rechtsprechung des Bundesverfassungsgerichts zum Grundgesetz der Bundesrepublik Deutschland*, in: *JöR* n. F. 3, S. 15.
Flad, W., *Verfassungsgerichtsbarkeit und Reichsexekution*, Diss. Heidelberg 1929.
Flume, W., *Der Beschluß des Bundesverfassungsgerichts vom 8. Dezember 1952*, in: *DVBl.* 53, S. 65.
ders., *Richterrecht im Steuerrecht*, in: *Steuerberater-Jahrbuch* 64/65, S. 55 ff.
ders., *Richter und Recht*, in: *Verhandlungen des 46. Deutschen Juristentags Essen 1966*, München und Berlin 1967, Bd. II, Teil 12, S. 22 ff.
Forsthoff, E., *Die Umbildung des Verfassungsgesetzes*, in: *Festschrift für C. Schmitt zum 70. Geburtstag*, Berlin 1959.
ders., *Zur Problematik der Verfassungsauslegung*, Stuttgart 1961.
ders., *Lehrbuch des Verwaltungsrechts*, 9. Aufl., München 1966.
Fraenkel, E., *Das richterliche Prüfungsrecht in den Vereinigten Staaten von Amerika*, in: *JöR* 2, 1953, S. 35 ff.
Friesenhahn, E., *Die Staatsgerichtsbarkeit, Handbuch des Dt. Staatsrechts*, Bd. 2, Tübingen 1932, S. 523 ff.
ders., *Die Verfassungsgerichtsbarkeit in der Bundesrepublik Deutschland*, in: Hermann Mosler, *Verfassungsgerichtsbarkeit in der Gegenwart*, Heidelberg 1961 – Köln 1962.
Gebhard, R., *Die einstweilige Anordnung des BVerfG*, Diss. München 1965.
Geiger, W., *Gesetz über das Bundesverfassungsgericht vom 12. März 1951, Kommentar*, Berlin und Frankfurt 1952.
Germann, O. A., *Auslegung und freie Rechtsfindung*, Sonderabdruck in der *Schweizerischen Zeitschrift für Strafrecht*, Bern 1941, S. 143.
ders., *Zum Verhältnis zwischen Rechtsquellen und Rechtsfindung*, in: *Festschrift für H. Lewald*, Basel 1953.

ders., *Präjudizien als Rechtsquelle*, Stockholm, Göteborg, Upsala 1960.
Giese, F., *Die Verbindlichkeiten gutachtlicher Beschlüsse des BVerfG. Kritische Bemerkungen zum Plenarbeschluß des BVerfG vom 8. 12. 52 über ein vom Bundespräsidenten erbetenes Gutachten*, in: *AöR* 53, S. 389.
Goessl, M., *Organstreitigkeiten innerhalb des Bundes*, Berlin 1961.
Grundmann, W., *Zum Streitgegenstand bei monopolisierter Zuständigkeit*, in: *DVBl.* 59, S. 272.
Haller, W., *Der Supreme Court - Oberstes Gericht und politischer Faktor in den USA*, in: *JöR* 22, 1973, S. 539 ff.
v. Hammerstein, Chr., *Das Verhältnis von Bundes- und Landesverfassungsgerichtsbarkeit*, Göttingen 1960.
Haustein, G., *Der Streitgegenstand im Verwaltungsprozeß*, Diss. München 1954.
Herholz, F., *Bestätigung vorkonstitutioneller Gesetze durch den Gesetzgeber?*, in: *DÖV* 59, S. 371 ff.
Herzog, R., *Die Vollstreckung von Entscheidungen des BVerfG*, in: *Der Staat* 1965, S. 37 ff.
Hofmann, G., *Die Verfassungsstreitigkeit innerhalb eines Landes nach Art. 19 der Reichsverfassung von 1919*, Leipzig 1933.
Huber, E. R., *Reichsgewalt und Staatsgerichtshof*, Oldenburg i. O. 1932.
Jahreiss, H., *Das »Wesen« des »Rechtsprechens« als Argument des BVerfG in einer sehr umstrittenen Entscheidung, in: Festschrift für H. Lehmann zum 80. Geburtstag*, Bd. I, Berlin 1956.
Jellinek, G., *Allgemeine Staatslehre*, 4. Aufl., Berlin 1922.
Jerusalem, F. W., *Die Staatsgerichtsbarkeit*, Tübingen 1930.
Joel, C., *Die Rechtsprechung des Staatsgerichtshofs für das Deutsche Reich.* Ein Vortrag von Curt Joel, gehalten im Februar 1933 in der Juristischen Gesellschaft in Bremen, in: *AöR* Bd. 77, S. 133 ff.
Kadenbach, E., *Zur bindenden Wirkung der Entscheidungen des BVerfG*, in: *AöR* 80, S. 385 ff.
Kafka, G. E., *Der gesetzgebende Richterspruch. Grundprobleme der verfassungsgerichtlichen Normenkontrolle in Österreich*, Graz 1967.
Kant, I., *Metaphysik der Sitten*, 3. Aufl., Leipzig 1919.
ders., *Über den Gemeinspruch: Das mag in der Theorie richtig sein, taugt aber nicht für die Praxis*, in: *Werke in 12 Bänden*, Bd. XI, Ffm. 1968, S. 127-172.
Karl, G., *Die Grenzen zwischen Rechtsprechung und Gesetzgebung in der Bundesrepublik. Eine rechtstheoretische Untersuchung eines Problems der Verfassungsgerichtsbarkeit in der Bundesrepublik Deutschland*, Diss. Kiel 1966.
Kaufmann, E., *Untersuchungsausschuß und Staatsgerichtshof*, Berlin 1920.
ders., *Die Grenzen der Verfassungsgerichtsbarkeit*, in: *VVdStRL* Heft 9,

Berlin 1952, S. 1 ff.
Kauper, P. G., *Judical Review of Constitutional Issues in the United States,* in: Hermann Mosler, *Verfassungsgerichtsbarkeit in der Gegenwart,* S. 568 ff.
Kelsen, H., *Reine Rechtslehre. Einleitung in die rechtswissenschaftliche Problematik,* Leipzig 1934.
Kirchheimer, O., *Politische Herrschaft. Fünf Beiträge zur Lehre vom Staat,* Ffm. 1967.
Klein, F., *Der Beschluß des BVerfG zur Ehegattenbesteuerung in verfassungsrechtlicher Sicht,* in: *DÖV* 57, S. 577 ff.
ders., in: Maunz, Sigloch, Schmidt-Bleibtreu, Klein, *Bundesverfassungsgerichtsgesetz, Kommentar,* München und Berlin 1967.
Knittel, W., *Zum Problem der Rückwirkung bei einer Änderung der Rechtsprechung,* Bielefeld 1965.
Koban, H., *Über das Verhältnis der Verfahrensarten vor dem Bundesverfassungsgericht,* Diss. Köln 1964.
Koellreuther, O., *Die verfassungsrechtliche Bedeutung des Beschlusses des Bundesverfassungsgerichts (BVerfG) vom 8. Dezember 1952,* in: *DÖV* 53, S. 261.
KPD-Prozeß, *Dokumentarwerk zu dem Verfahren über den Antrag der Bundesregierung auf Feststellung der Verfassungswidrigkeit der Kommunistischen Partei Deutschlands vor dem Ersten Senat des Bundesverfassungsgerichts,* hrsg. von Gerd Pfeiffer und Hans-Georg Strickert, Bd. 1-3, 1955.
Kriele, M., *Theorie und Rechtsgewinnung, entwickelt am Problem der Verfassungsinterpretation,* Berlin 1967.
Lammers, H. H., *Besprechung der Entscheidung des Staatsgerichtshofs für das Deutsche Reich vom 10. 10. 1925,* in: *JW* 1926, S. 377 ff.
Larenz, K., *Über das Verhältnis von Interpretation und richterlicher Rechtsfortbildung,* in: *Festschrift für Olivecrone,* Stockholm 1964.
Laufer, H., *Verfassungsgerichtsbarkeit und politischer Prozeß,* Tübingen 1968.
Laux, M., *Die Verfassungsgerichtsbarkeit und die Entscheidung abstrakter Rechtsfragen,* Diss. Würzburg 1964.
Lechner, H., *Bundesverfassungsgerichtsgesetz,* München und Berlin 1967.
Leibholz-Rupprecht, *Bundesverfassungsgerichtsgesetz, Rechtsprechungskommentar,* Köln-Marienberg 1968.
Leibholz, G., *Der Status des Bundesverfassungsgerichts,* in: *JöR* n. F. 6, S. 109 ff.
ders., *Verfassungsgerichtsbarkeit im demokratischen Rechtsstaat,* in: *Strukturprobleme der modernen Demokratie,* Karlsruhe 1958, S. 168 ff.
ders., *Die Gleichheit vor dem Gesetz,* 2. Aufl., Berlin und München 1959.
ders., *Der Status des Bundesverfassungsgerichts,* in: *Das Bundesverfas-*

sungsgericht, Karlsruhe 1963, S. 61 ff.
Leisner, W., *Die quantitative Gewaltenteilung*, in: *DÖV* 69, S. 405.
Lerche, P., *Berliner Sachen als verfassungsprozessualer Begriff*, in: *Festschrift für G. Leibholz. Die moderne Demokratie und ihr Recht*, Tübingen 1966, S. 465 ff.
Less, G., *Vom Wesen und Wert des Richterrechts*, Erlangen 1954.
Luhmann, N., *Gesellschaftliche und politische Bedingungen des Rechtsstaates*, in: Luhmann, N., *Politische Planung*, Opladen 1971, S. 53 ff.
v. Mangoldt-Klein, *Das Bonner Grundgesetz*, Berlin, Frankfurt/M. 1966.
Marcic, R., *Vom Gesetzesstaat zum Richterstaat*, Wien 1957.
ders., *Verfassung und Verfassungsgericht*, Wien 1963.
ders., *Verfassungsgerichtsbarkeit als Sinn der Reinen Rechtslehre*, in: *Festschrift für G. Leibholz. Die moderne Demokratie und ihr Recht*, Tübingen 1966, S. 481 ff.
Massing, O., *Recht als Korrelat der Macht*, in: G. Schäfer u. a. (Hrsg.), *Der CDU-Staat I*, Ffm. 1969, S. 211 f.
Maunz-Dürig-Herzog, *Grundgesetz, Kommentar*, München und Berlin 1961 f. (zitiert MD).
Meier-Hayoc, A., *Der Richter als Gesetzgeber*, Zürich 1951.
Meister, R., *Das Rechtsstaatsproblem in der westdeutschen Gegenwart*, Berlin 1966.
Montesquieu, Ch., *L'Esprit des Lois*, Neuauflage, Amsterdam 1777.
Müller, G., *Nicht Herr, sondern Diener des Rechts*, in: *Bulletin des Presse- und Informationsamtes der Bundesregierung vom 21. 2. 1951*, S. 321 ff. (322).
Nawiasky, H., *Allgemeine Staatslehre*, Einsiedeln 1956, 3. Teil.
Oppermann, H., *Erledigung der Hauptsache und Gesetzesänderung während des Verwaltungsstreitverfahrens*, *DÖV* 54, S. 211.
Ossenbühl, F., *Die Bindung der Verwaltung an die höchstrichterliche Rechtsprechung*, in: *AöR* 92, S. 478.
ders., *Probleme und Wege der Verfassungsauslegung*, in: *DÖV* 65, S. 649.
Oswald, F., *Vor- und nachkonstitutionelles Recht?* in: *DVBl.* 58, S. 563.
Preuß, U. K., *Nachträge zur Theorie des Rechtsstaates*, in: *Kritische Justiz* H. 1, 1971, S. 16 ff.
Raether, J., *Das Prinzip des Rechtsstaats in der Rechtsprechung des Bundesverfassungsgerichts und der oberen Bundesgerichte*, Hamburg 1967.
Reifenberg, A., *Die Bundesverfassungsorgane und ihre Geschäftsordnungen*, Diss. Göttingen 1958.
Rinck, H. J., *Die Vorprüfung der Verfassungsbeschwerde. Ein Beitrag zur Interpretation des § 91 a BVerfGG*, in: *NJW* 59, S. 169 ff.
Ritter, K., *Die verfassungsrechtlichen Streitigkeiten vor dem Staatsgerichtshof für das Deutsche Reich*, Heidelberg 1930.
Schäfer, H., *Verfahrensfragen der konkreten Normenkontrolle nach Art.*

100/I GG, in: *NJW* 54, S. 409.
Schätzel, W., *Prozessuale Fragen des BVerfG*, in: *AöR* 53, S. 229.
Scheiner, U., *Der Bereich der Regierung*, in: *Festschrift für R. Smend. Rechtsprobleme in Staat und Kirche*, Göttingen 1952, S. 253 ff.
ders., *Probleme und Verantwortungen der Verfassungsgerichtsbarkeit in der Bundesrepublik*, in: *DVBl.* 1952, S. 293 ff.
ders., *Die Rechtsprechung des Bundesverfassungsgerichts und das Verfassungsgericht der Bundesrepublik*, in: *DVBl.* 1952, S. 613 ff., 645 ff.
Schmitt, C., *Das Reichsgericht als Hüter der Verfassung*, in: *Die Reichsgerichtspraxis im deutschen Rechtsleben*, Festgabe des jur. Fakultätentages zum 50jährigen Bestehen des Reichsgerichts, Berlin, Leipzig 1929.
ders., *Der Hüter der Verfassung*, Tübingen 1931.
ders., *Politische Theologie*, München und Leipzig 1934.
Schmitz, G., *Die Bedeutung von Anträgen für die Einleitung und Beendigung des Verfassungsprozesses*, Diss. München 1968.
Schneider, H., *Betrachtungen zum Bundesverfassungsgericht*, in: *NJW* 53, S. 802 ff.
ders., *Die Bedeutung der Geschäftsordnungen oberster Staatsorgane*, in: *Festschrift für R. Smend. Rechtsprobleme in Staat und Kirche*, Göttingen 1952, S. 303 ff.
ders., *Die Verbindlichkeit von Entscheidungen des BVerfG*, in: *DVBl.* 54, S. 184 ff.
Schüle, A., *Das Problem der einstweiligen Verfügung in der deutschen Reichsstaatsgerichtsbarkeit*, Berlin 1932.
Schumann, E., *Verfassungs- und Menschenrechtsbeschwerde gegen richterliche Entscheidungen*, Berlin 1963.
Seifert, J., *Rechtsprechung nach dem, »was auf der Hand liegt«. Das Bundesverfassungsgericht zur Frage der Beschäftigung sogenannter Radikaler im öffentlichen Dienst*, in: *Vorgänge* 17, 1975, S. 4 ff.
Seuffert, W., *Die Abgrenzung der Tätigkeit des Bundesverfassungsgerichts gegenüber der Gesetzgebung und der Rechtsprechung*, in: *NJW* 69, S. 1369.
Simons, W., *Das Reichsgericht in Gegenwart und Zukunft*, in: *DJZ* 1924, Sp. 241 ff., 325 ff.
Sieveking, K., *Die Entwicklung des sozialistischen Rechtsstaatsbegriffs in der DDR*, Berlin 1975.
Smend, R., *Festvortrag zur Feier des zehnjährigen Bestehens des Bundesverfassungsgerichts am 26. 1. 1962*, in: *Das Bundesverfassungsgericht*, Karlsruhe 1962, S. 22 ff.
Spanner, H., *Die richterliche Prüfung von Gesetzen und Verordnungen*, Wien 1951.
ders., *Bundesverfassungsgericht und freies Ermessen*, in: *BVBl.* 1958, S. 1 ff., 38 ff.
ders., *Verfassungsprozeß und Rechtsschutzbedürfnis*, in: *Festschrift für*

Jahreiss, Köln, Berlin, Bonn, München 1964, S. 411.
Stammler, R., *Theorie der Rechtswissenschaft,* 2. Aufl., Halle 1923.
Starck, C., *Autonomie und Grundrechte,* in: *AöR* 92, S. 449.
Stern, K., in: *Bonner Kommentar zum Grundgesetz,* Hamburg 1950 ff. (BK).
ders., *Gesetzesauslegung und Auslegungsgrundsätze des Bundesverfassungsgerichts,* Diss. München 1956.
Strauß, W., *Vorwort zu Joel, C., Rechtsprechung des Staatsgerichtshofs für das Deutsche Reich,* in: *AöR* 77, S. 129.
Thoma, R., *Die Staatsgerichtsbarkeit im deutschen Rechtsleben,* Bd. 1, Leipzig 1929, S. 179 ff.
ders., *Das richterliche Prüfungsrecht,* in: *AöR* 43, S. 267 ff. (283) a. F.
ders., *Gutachten betreffend die Stellung des Bundesverfassungsgerichts,* in: *JöR* n. A. 6, S. 161 ff.
Tüttenberg, H. P., *Die einstweilige Anordnung im verfassungsgerichtlichen Verfahren,* Diss. Mainz 1968.
Ueberschaer, H. Ch., *Bundesverfassungsgericht, Rechtsstaat, Justizstaat,* Diss. Heidelberg 1964.
Ule, C. H., *Anmerkungen zum Beschluß des BVerfG vom 30. 11. 1955,* in: *DVBl.* 56, S. 132.
Wacke, G., *Zur Funktionsfähigkeit unseres Rechtsprechungsstaates,* in: *DVBl.* 68, S. 537.
Welzel, H., *An den Grenzen des Rechts. Die Frage nach der Rechtsgeltung,* Köln und Opladen 1966.
Wilms, G., *Die Formen gerichtlicher Beiordnung und der Beschluß des Bundesverfassungsgerichts vom 8. 12. 52,* in: *NJW* 53, S. 481.
Wintrich, J., *Über Eigenart und Methoden verfassungsgerichtlicher Rechtsprechung,* in: *Festschrift für Laforet,* München 1952, S. 227 ff.
ders., *Aufgaben, Wesen und Grenzen der Verfassungsgerichtsbarkeit,* in: *Festschrift für Nawiasky,* München 1956, S. 191 ff.
ders., *Die Verfassungsgerichtsbarkeit im Gesamtgefüge der Verfassung,* in: *BVBl.* 56, S. 97 ff., 132 ff.
ders., *Die Verfassungsgerichtsbarkeit* (Abschnitt 1), in: Bettermann-Nipperdey-Scheuner, *Die Grundrechte,* Bd. 2, Berlin 1959, 2. Hlb., S. 642 ff.
Wittig, P., *Politische Rücksichten in der Rechtsprechung des Bundesverfassungsgerichts,* in: *Der Staat* 69, S. 137 ff.
Wolf, G., *Allgemeine Prozeßgrundsätze im Verfahren vor dem BVerfG,* in: *DVBl* 66, S. 885.
Wolff, B., *Die Rechtsprechung des Bundesverfassungsgerichts von 1954 bis 1957,* in: *JöR* 7, 1958, S. 107 ff.
ders., *Die Rechtsprechung des Bundesverfassungsgerichts von 1957 bis 1959,* in: *JöR* 9, 1960, S. 69 ff.
Zippelius, R., *Wertungsprobleme im System der Grundrechte,* München,

Berlin 1962.
ders., *Zum Problem der Rechtsfortbildung*, in: *NJW* 64, S. 1981 ff.
Zittelmann, E., *Lücken im Recht*, Leipzig 1903.
Zuck, R., *Der Tod des Beschwerdeführers im Verfassungsbeschwerde-Verfahren vor dem BVerfG*, in: *DÖV* 65, S. 836.
Zweigert, K., *Die Verfassungsbeschwerde*, in: *JZ* 1952, S. 321 ff.

Abkürzungsverzeichnis

AöR	Archive des öffentlichen Rechts
b:e	betrifft: erziehung
DJZ	Deutsche Juristenzeitung
DÖV	Die Öffentliche Verwaltung
DVBL	Deutsches Verwaltungsblatt
JöR	Jahrbuch des öffentlichen Rechts der Gegenwart
JW	Juristische Wochenschrift
JZ	Juristenzeitung
MDR	Monatsschrift für deutsches Recht
NJW	Neue Juristische Wochenschrift
VVdStRL	Veröffentlichungen der Vereinigung der Deutschen Staatsrechtslehrer

Im übrigen werden die Abkürzungen nach Hildebert Kirchner, *Abkürzungsverzeichnis der Rechtssprache,* 2. Aufl., Berlin 1968, vorgenommen.

Über die Autoren

Denninger, Erhard, Professor für Öffentliches Recht und Rechtsphilosophie an der Universität Frankfurt/Main.

Laufer, Heinz, Professor für Politische Wissenschaft an der Universität München.

Massing, Otwin, Professor für Wissenschaft von der Politik an der Technischen Universität Hannover.

Negt, Oskar, Professor für Soziologie an der Technischen Universität Hannover.

Püttner, Günther, Professor für Öffentliches Recht insbes. Staats-, Verwaltungs- u. Kommunalrecht, Verwaltungslehre an der Hochschule für Verwaltungswissenschaften Speyer.

Rasehorn, Theo, Dr. jur., Vorsitzender Richter am Oberlandesgericht Frankfurt/Main.

Seifert, Jürgen, Professor für Wissenschaft von der Politik an der Technischen Universität Hannover.

Tohidipur, Mehdi, Leiter des Instituts für Gesellschafts- und Bildungspolitik, Hattersheim/M. – Bonn – Teheran; Studium der Rechtswissenschaften (1962-1966) und der Soziologie (1966-1971) in Frankfurt/Main.

Troje, Hans Erich, Professor für Rechtsgeschichte, Rechtstheorie und Bürgerliches Recht an der Universität Frankfurt/Main.

420 Georg Trakl, Gedichte
421 Günter Eich, Katharina
422 Alejo Carpentier, Das Reich von dieser Welt
423 Albert Camus, Jonas
424 Jesse Thoor, Gedichte
425 T. S. Eliot, Das wüste Land
426 Carlo Emilio Gadda, Die Erkenntnis des Schmerzes
427 Michel Leiris, Mannesalter
428 Hermann Lenz, Der Kutscher und der Wappenmaler
429 Mircea Eliade, Das Mädchen Maitreyi
430 Ramón del Valle-Inclán, Tyrann Banderas
431 Raymond Queneau, Zazie in der Metro
433 William Butler Yeats, Die geheime Rose
434 Juan Rulfo, Pedro Páramo
435 André Breton, L'Amour fou
436 Marie Luise Kaschnitz, Gedichte
437 Jerzy Szaniawski, Der weiße Rabe
438 Ludwig Hohl, Nuancen und Details
439 Mario Vargas Llosa, Die kleinen Hunde
440 Thomas Bernhard, Der Präsident
441 Hermann Hesse – Thomas Mann, Briefwechsel
442 Hugo Ball, Flametti
443 Adolfo Bioy-Casares, Morels Erfindung
444 Hermann Hesse, Wanderung
445 Ödön von Horváth, Don Juan kommt aus dem Krieg
446 Flann O'Brien, Der dritte Polizist
447 Giuseppe Tomasi di Lampedusa, Der Leopard
448 Robert Musil, Törleß
449 Elias Canetti, Der Überlebende
450 Robert Walser, Geschwister Tanner
451 Alfred Döblin, Berlin Alexanderplatz
452 Gertrude Stein, Paris Frankreich
453 Johannes R. Becher, Gedichte
454 Federico García Lorca, Bluthochzeit/Yerma
455 Ilja Ehrenburg, Julio Jurenito
456 Boris Pasternak, Kontra-Oktave
457 Juan Carlos Onetti, Die Werft
458 Anna Seghers, Die schönsten Sagen vom Räuber Woynok
464 Franz Kafka, Der Heizer
465 Wolfgang Hildesheimer, Masante
466 Evelyn Waugh, Wiedersehen mit Brideshead

467 Gershom Scholem, Walter Benjamin
468 Rainer Maria Rilke, Duineser Elegien
470 Alain, Die Pflicht glücklich zu sein
471 Wolfgang Schadewaldt, Der Gott von Delphi und die Humanitätsidee
472 Hermann Hesse, Legenden
473 H. C. Artmann, Liebesgedichte
474 Paul Valery, Zur Theorie der Dichtkunst
476 Erhart Kästner, Aufstand der Dinge
477 Stanisław Lem, Der futurologische Kongreß
478 Theodor Haecker, Tag- und Nachtbücher
479 Peter Szondi, Satz und Gegensatz
480 Tania Blixen, Babettes Gastmahl
481 Friedo Lampe, Septembergewitter
482 Heinrich Zimmer, Kunstform und Yoga
483 Hermann Hesse, Musik
486 Marie Luise Kaschnitz, Orte
487 Hans Georg Gadamer, Vernunft im Zeitalter der Wissenschaft
488 Yukio Mishima, Nach dem Bankett
489 Thomas Bernhard, Amras
490 Robert Walser, Der Gehülfe
491 Patricia Highsmith, Als die Flotte im Hafen lag
492 Julien Green, Der Geisterseher
493 Stefan Zweig, Die Monotonisierung der Welt
494 Samuel Beckett, That Time/Damals
495 Thomas Bernhard, Die Berühmten
496 Günter Eich, Marionettenspiele
497 August Strindberg, Am offenen Meer
498 Joseph Roth, Die Legende vom heiligen Trinker
499 Hermann Lenz, Dame und Scharfrichter
500 Wolfgang Koeppen, Jugend
501 Andrej Belyj, Petersburg
504 Juan Rulfo, Der Llano in Flammen
505 Carlos Fuentes, Zwei Novellen
506 Augusto Roa Bastos, Menschensohn
508 Alejo Carpentier, Barockkonzert
509 Elisabeth Borchers, Gedichte
510 Jurek Becker, Jakob der Lügner
512 James Joyce, Die Toten/The Dead
513 August Strindberg, Fräulein Julie
514 Sigmund Freud, Eine Kindheitserinnerung des Leonardo da Vinci
515 Robert Walser, Jakob von Gunten
517 Luigi Pirandello, Mattia Pascal
519 Rainer Maria Rilke, Gedichte an die Nacht
520 Else Lasker-Schüler, Mein Herz
521 Marcel Schwob, 22 Lebensläufe

704 Joachim Hirsch, Staatsapparat und Reproduktion des Kapitels
705 Neues Hörspiel O-Ton. Der Konsument als Produzent. Herausgegeben von Klaus Schöning
707 Franz Xaver Kroetz, Oberösterreich, Dolomitenstadt Lienz, Maria Magdalena, Münchner Kindl
708 Was ist Psychiatrie? Herausgegeben von Franco Basaglia
709 Kirche und Klassenbindung. Herausgegeben von Yorick Spiegel
710 Rosa Luxemburg oder Die Bestimmung des Sozialismus. Herausgegeben von Claudio Pozzoli
711 Rudolf Rocker, Aus den Memoiren eines deutschen Anarchisten
712 Hartwig Berger, Untersuchungsmethode und soziale Wirklichkeit
713 Werkbuch über Tankred Dorst. Herausgegeben von Horst Laube
714 Wilhelm Alff, Materialien zum Kontinuitätsproblem der deutschen Geschichte
715 Karsten Prüß, Kernforschungspolitik in der Bundesrepublik Deutschland
718 Perspektiven der kommunalen Kulturpolitik. Herausgegeben von Hilmar Hoffmann
719 Peter M. Michels, Bericht über den polit. Widerstand in den USA
720 Lelio Basso, Gesellschaftsformation u. Staatsform
722 Jürgen Becker, Umgebungen
723 Paul Mattick/Alfred Sohn-Rethel/Helmuth G. Haasis, Beiträge zur Kritik des Geldes
724 Otwin Massing, Politische Soziologie
726 Ernst Bloch, Ästhetik des Vor-Scheins 1
727 Peter Bürger, Theorie der Avantgarde
728 Beulah Parker, Meine Sprache bin ich
729 Probleme der marxistischen Rechtstheorie. Herausgegeben von H. Rottleuthner
730 Jean-Luc Dallemagne, Die Grenzen der Wirtschaftspolitik
731 Gesellschaft, Beiträge zur Marxschen Theorie 2
732 Ernst Bloch, Ästhetik des Vor-Scheins 2
733 Alexander Kluge, Gelegenheitsarbeit einer Sklavin
734 Henri Lefebvre, Metaphilosophie. Prolegomena
735 Paul Mattick, Spontaneität und Organisation
736 Noam Chomsky, Aus Staatsraison
737 Louis Althusser, Für Marx
738 Spazier/Bopp, Grenzübergänge. Psychotherapie
739 Gesellschaft, Beiträge zur Marxschen Theorie 3
740 Bertolt Brecht, Das Verhör des Lukullus. Hörspiel
741 Klaus Busch, Die multinationalen Konzerne
742 Methodologische Probleme einer normativ-kritischen Gesellschaftstheorie. Herausgegeben von Jürgen Mittelstraß
744 Gero Lenhardt, Berufliche Weiterbildung und Arbeitsteilung in der Industrieproduktion
745 Brede/Kohaupt/Kujath, Ökonomische und politische Determinanten der Wohnungsversorgung

746 Der Arzt, sein Patient und die Gesellschaft. Herausgegeben von Dorothea Ritter-Röhr
747 Gunnar Heinsohn, Rolf Knieper, Theorie des Familienrechts
749 Rudolf zur Lippe, Bürgerliche Subjektivität
751 Brechts Modell der Lehrstücke. Herausgegeben von Rainer Steinweg
754 Zur Wissenschaftslogik einer kritischen Soziologie. Herausgegeben von Jürgen Ritsert
756 Hannelore/Heinz Schlaffer, Studien zum ästhetischen Historismus
758 Brecht-Jahrbuch 1974. Herausgegeben von J. Fuegi, R. Grimm, J. Hermand
759 Der Weg ins Freie. Fünf Lebensläufe überliefert von H. M. Enzensberger
760 Lodewijk de Boer, The Family
761 Claus Offe, Berufsbildungsreform
762 Petr Kropotkin, Ideale und Wirklichkeit in der russischen Literatur
764 Gesellschaft, Beiträge zur Marxschen Theorie 4
766 Laermann/Piechotta/Japp/Wuthenow u.a., Reise und Utopie
767 Monique Piton, Anders Leben
768 Félix Guattari, Psychotherapie, Politik und die Aufgaben der institutionellen Analyse
769 Jahoda/Lazarsfeld/Zeisel, Die Arbeitslosen von Marienthal
770 Herbert Marcuse, Zeit-Messungen
771 Brecht im Gespräch. Herausgegeben von Werner Hecht
772 Th. W. Adorno, Gesellschaftstheorie u. Kulturkritik
773 Kurt Eisner, Sozialismus als Aktion
775 Horn, Luhmann, Narr, Rammstedt, Röttgers, Gewaltverhältnisse und die Ohnmacht der Kritik
776 Reichert/Senn, Materialien zu Joyce »Ein Porträt des Künstlers«
777 Caspar David Friedrich und die deutsche Nachwelt. Herausgegeben von Werner Hofman
778 Klaus Fritzsche, Politische Romantik und Gegenrevolution
779 Literatur und Literaturtheorie. Hrsg. von Peter U. Hohendahl und Patricia Herminghouse
780 Piero Sraffa, Warenproduktion mittels Waren
782 Helmut Brackert, Bauernkrieg und Literatur
784 Friedensanalysen 1
787 Gesellschaft, Beiträge zur Marxschen Theorie 5
790 Gustav W. Heinemann, Präsidiale Reden
791 Beate Klöckner, Anna oder leben heißt streben
792 Rainer Malkowski, Was für ein Morgen
793 Von deutscher Republik. Hrsg. von Jost Hermand
794 Döbert R./Nunner-Winkler, G., Adoleszenzkrise und Identitätsbildung
795 Dieter Kühn, Goldberg-Variationen
797 Brecht Jahrbuch 1975
798 Gespräche mit Ernst Bloch. Herausgegeben von Rainer Traub und Harald Wieser

799 Volker Braun, Es genügt nicht die einfache Wahrheit
800 Karl Marx, Die Ethnologischen Exzerpthefte
801 Wlodzimierz Brus, Sozialistisches Eigentum und politisches System
802 Johannes Gröll, Erziehung im gesellschaftlichen Reproduktionsprozeß
803 Rainer Werner Fassbinder, Stücke 3
804 James K. Lyon, Bertolt Brecht und Rudyard Kipling
806 Gesellschaft, Beiträge zur Marxschen Theorie 6
807 Gilles Deleuze/Félix Guattari, Kafka. Für eine kleine Literatur
808 Ulrike Prokop, Weiblicher Lebenszusammenhang
809 G. Heinsohn / B. M. C. Knieper, Spielpädagogik
811 Ror Wolf, Auf der Suche nach Doktor Q.
812 Oskar Negt, Keine Demokratie ohne Sozialismus
815 Giselher Rüpke, Schwangerschaftsabbruch und Grundgesetz
816 Rainer Zoll, Der Doppelcharakter der Gewerkschaften
817 Bertolt Brecht, Drei Lehrstücke: Badener Lehrstück, Rundköpfe, Ausnahme und Regel
818 Gustav Landauer, Erkenntnis und Befreiung
821 Otto Kirchheimer, Von der Weimarer Demokratie zum Faschismus
822 Verfassung, Verfassungsgerichtsbarkeit, Politik. Herausgegeben von Mehdi Tohidipur
824 Altvater/Basso/Mattick/Offe u. a., Rahmenbedingungen und Schranken staatlichen Handelns
825 Diskussion der ›Theorie der Avantgarde‹. Herausgegeben von W. Martin Lüdke
827 Gesellschaft, Beiträge zur Marxschen Theorie 7
828 Rolf Knieper, Weltmarkt, Wirtschaftsrecht und Nationalstaat
833 Peter Weiss, Dramen I
834 Friedensanalysen 2
835-838 Bertolt Brecht, Gedichte in 4 Bänden
841 Fernando H. Cardoso/Enzo Faletto, Abhängigkeit und Entwicklung in Lateinamerika
847 Friedensanalysen 3
848 Dieter Wellershoff, Die Auflösung des Kunstbegriffs
852 Über Max Frisch II
853 Brecht-Jahrbuch 1976
854 Julius Fučík, Reportage unter dem Strang geschrieben
858 Silvio Blatter, Genormte Tage, verschüttete Zeit
861 Blanke/Offe/Ronge u.a., Bürgerlicher Staat und politische Legitimation. Herausgegeben von Rolf Ebbighausen
864 Über Wolfgang Koeppen. Herausgegeben von Ulrich Greiner
868 Brede/Dietrich/Kohaupt, Politische Ökonomie des Bodens
873 Produktion, Arbeit, Sozialisation. Herausgegeben von Th. Leithäuser und W. R. Heinz
874 Max Frisch/Hartmut von Hentig, Zwei Reden zum Friedenspreis des Deutschen Buchhandels 1976

Alphabetisches Verzeichnis der edition suhrkamp